李德復　著

九死不悔

一個黑五類的回憶錄

推薦序

中國近代史著名歷史學家、原華中師範大學校長／章開沅

德復：

謝謝你寄來的書稿。你雖然是華師老校友，但由於過去直接交往不多，瞭解非常膚淺。直到看了這部《九死不悔——一個黑五類的回憶錄》，我才真正瞭解Who you are！

知夫莫如其妻，「雞扒命，死不安分」。一句話，七個字，就活靈活現概括了你的一生。我特別欣賞這句話，因為它濃縮著湘人的「霸蠻」精神。我想這部分書也未嘗不可改名為「雞扒先生傳」。

我老婆也曾為我做過一生鑒定：「過去是問題少年，現在是問題老年。」口氣比尊夫人緩和一些，但也有「雞扒一生」之意。有些年輕同事用網路語言來表述，就是「從憤青到憤老」。正是由於有相類似的人生經歷，因此我對你這部自述感受更深。

我比你癡長七歲，但你的人生經歷比我更豐富、更坎坷、更曲折。這樣的人生經歷，本身就是一筆寶貴財富，所以我們都敬愛的羅明同志才會說：「有痛苦，正好享受。」只有經歷過極大痛苦、悲憤、孤獨而且有所感悟的人，才能說得出或者聽得懂這句話。他提到的傑克．倫敦與高爾基，都是我少年時代特別喜愛的作家。正是高爾基的自傳系列——《童年》、《在人間》、《我的大學》，哺育著我的成長，並且在我掙扎在社會底層的時候，給我以生活的信心、鬥志與勇氣，可以說是受益終生。

時下「國學」虛熱，炫古成風。但很少見人提起《孟子．告子下》中的一段話：「故天將降大任於斯人也，必先苦其心志，勞其筋骨，餓其體膚，空乏其身，行拂亂其所為，所以動心忍性，曾益其所不能。」羅明講的「享受痛苦」，似乎不僅脫胎於傑克．倫敦與高爾基，很可能還淵源上述孟子這樣的傳統「中國元素」。是耶？非耶？望德復有以教我。

一九九五年一月，我在香港中文大學「知識份子與中國社會」研討會上，曾經對孟子這段話有所解釋：「中國傳統知識份子之所以常受磨難，是由於他們被夾在道統與君統之間，常常面臨著嚴峻的兩難選擇。長期受儒家文化薰陶的知識份子，當然希望生逢有道明君與太平盛世，君統與道統相符合，給他們提供施展『內聖外王』之學的足夠空間。但現實往往不盡如此，君統與道統相悖時有發生。『君有道則仕，君無道則隱』，未嘗不是聰明的辦法。但或則由於君統的網羅嚴密而無從逃遁，或則由於知識份子以天下為己任，偏偏要抱持道統與君統對抗，其結局之慘烈可想而知。不過，『天下興亡，匹夫有責』，應該看作是中華文化的優良傳統，具有這樣高度責任感的知識份子一代一代薪火相傳，我們的民族與國家才得以繁衍與興盛，並且在二十世紀中葉以後歷經劫難而並未喪失自己的生命活力。」

現今，我國已經一掃歷史陰霾，日漸臻於富強，國家軟硬實力與人民生活水平均有空前提升。在新的時代與新的社會環境中，還大談什麼「享受痛苦」，「勞其筋骨，餓其體膚」，似乎顯得有些迂腐。其實，我並不希望一般知識份子自許太高、自律太嚴、自責太深，因而活得太苦、太累。知識份子也是人，有自己的價值與尊嚴，也有自己生活與工作所必須的條件。在隨著經濟發展而增多的社會福祉中，他們理應享有與自己貢獻相應的份額。知識份子本身仍然需要以無私奉獻自勵，而社會理應給知識份子以寬厚。從這個意義上來說，知識份子在理解「享受痛苦」的同時，也應該懂得並且完全有權利「享受生活」。但現在的問題是，知識人多至難以數計，而真正稱得上知識份子的則日益成為「稀缺生物」。表現在「享受生活」的理解上，重視物質生活者多，重視精神生活者少；物慾追求過度，理想信念缺位。其結果必然物慾橫流，急功好近，浮躁成風，而道德觀念日趨淡薄！

德復者，道德復歸也，此為當務之急。我願德復健康長壽，繼續「扒個不休」。深望讀者能從他的自傳中多獲人生感悟。

一孔之見，難以概全。是否可以充序，請酌。

二〇一〇年三月三日

推薦序

王慶生

新春伊始，我從海南返回武漢。回到學校後，收到李德復先生寄給我的信和書，信中說：「我於上星期出院，癌症已基本控制。醫生說，目前在我身上暫時查不出癌細胞，但害怕它神出鬼沒地再冒出來，因此，我一兩個月要到醫院復查一次，『敵人』如再出現，則繼續用化療懲治。寄上我的自傳長篇，請您審閱指正，如您覺得還有點價值，能否賜我一個序」。看完這封信，我感到十分高興。記得去年春天，我和凃光雍教授去醫院看他的時候，他正躺在病床上輸液，當時我們為他得了絕症焦慮擔憂，但他坦然地說：「沒有關係，病會好的，馬克思還沒要我去報到呢。」一年的時間很快過去了，沒想到他這麼快就恢復了健康。他不僅初步戰勝了癌症，而且在病床上完成了三十多萬字的自傳長篇《九死不悔——一個黑五類的回憶錄》。這是一件多麼了不起的事啊，沒有樂觀向上的心態、沒有堅強的毅力是很難做到的。

德復是我的老朋友，與我是同時代人。早在二十世紀五〇年代初期，我們同在華中師範學院學習，他讀俄語系，我讀中國語言文學系，當時我們之間的交往不多，但我知道他是一個很有活力的人。一九五八年，他寫的《典型報告》在文藝界產生了很大影響，使他一舉成名。此後他創作的小說、報告文學，反映的多是當代社會的現實生活、深刻地打上了時代的烙印，少有作者個人風格的印記和個人情感的表達。這次他寫的《九死不悔——一個黑五類的回憶錄》卻與以往的作品有很大不同，這是一本自傳體作品，帶有強烈的個人色彩，具有很強的紀實性。它通過第一人稱的敘述，真實地展現了一位作家在成長過程中所走過的人生之路，形象地反映了中國大陸共和國六十年的歷史變革在一代知識份子身上的投影。可以說，這是一代知識份子心靈歷程的真實寫照，也是中國大陸六十年（主要是「文革」時期）歷史的一個縮影。

德復這部作品，寫的是自己一生中所經歷的事。作者說：「多年來，我最喜歡的一本書是盧梭的《懺悔錄》。學盧梭，我想把自己幹的好事、風光的事，以及見不得人的事均在此展覽展覽，見見光吧」。的確，當我讀完《九死不悔——一個黑五類的回憶錄》之後，深感這部作品所受到的盧梭的深刻影響。我們知道，作為法國啟蒙主義思想家、文學家的盧梭（1712-1778）晚年寫的《懺悔錄》，是一部推動和啟發了二十世紀法國文學的重要作品。在這部作品中，盧梭以真誠坦率的態度講述了自己一生的歷史，如他所說，「我要把一個人的真實面目赤裸裸地揭露在世人面前，這個人就是我」、「我當時就是這樣的人，不論善和惡我都同樣坦率地寫了出來。我既沒有隱瞞絲毫壞事，也沒有增添任何好事。」「這是世界上絕無僅有，也許永遠不會再有的一幅完全依照本來面目和全部事實描繪出來的人像。」德復也正是以《懺悔錄》為樣版，本著率真坦誠的態度書寫著自己的風雨人生。不同的是，這部作品沒有從頭寫起，而是「攔腰一斬」，把重點放在了「文革」時期，因為在作者看來，「文革」這場給國家和人民帶來嚴重災難的浩劫，是自己「一生中最黑暗、最痛苦、最想死、最想活之時，亦最骯髒、最清白的一頁頁生命、一聲聲靈魂之音！」通過個人的遭遇寫「文革」，既是對「文革」的徹底批判和否定，也是提醒人們不要忘記「文革」歷史的慘痛教訓，不要讓「文革」的歷史重演。如巴金所說：「只要『文革』歷史不再來，我什麼都不怕。」

作為一部自傳性作品，真實是它的生命，離開了真實，也就談不上作品的思想和藝術價值。劉勰在《文心雕龍・辨騷》中說，「酌奇而不失其真，玩華而不墮其實」，魯迅也在〈漫談（漫畫）〉中說，「因為真實，所以也有力。」巴金的《隨想錄》之所以成為一部代表當代散文最高成就的作品，就在於它的真實，在於說真話。巴金說：「人只有講真話，才能夠認真地活下去。說真話並不容易，不說假話更加困難。」講真話不過是「把心交給讀者，講自己心裏的話，講自己相信的話，講自己思考過的話。」不能說，真話就是真理，「我們這一代人的毛病就是空話說得太多」、「人不能靠說大話、說假話、說套話過一輩子」。德復這部作品的最大意義和價值，就在於說真話、敘真事、抒真情，把一個真實的「我」交給讀者。

像許多五〇年代就讀大學的人那樣，德復與我們同在一片藍天下成長，沐浴著中國大陸的陽光，同在共和國階級鬥爭的暴風雨中經受考驗，同在改造思想的大熔爐中接受洗禮，經過六十年的磨練，終於成長、成人、成才。不同的是，德復所走的人生道路比我們這一代的許多人更為曲折和複雜，所經受的磨難也更多：第一，由於「可怕的家庭出身」，常常使他焦急、痛苦，加之「年少好盛，性子急，又好喜功」，常常成為運動的對象；第二，十九歲參加土改，由於在土改中犯的違反土改政策的錯誤和「濃厚的資產階級名利思想」受到批判，被「批得吐血住進了湖北醫院」，此後在歷次運動中，「有三次是運動的批判對象，泡在水裏一至三年」，最後結論仍是思想問題；第三，改革開放後，德復獲得了第二次解放，有了一個穩定的創作環境，照說有條件潛心寫作了，但他不甘寂寞，決心「冒險下海：九死而不悔」，用他夫人李婉靈的話說：「你是天生的雞扒命，哪兒有霉頭，就往哪裏奔，拖不住，攔不住，還說不得」。這三個方面也是德復與眾不同的經歷。如何在自傳性作品中寫出自己的獨特經歷，寫出帶有個性特徵的曲折人生？德復給我們作出了很好的回答。

一九九四年四月，他在〈從巴金的《隨想錄》看巴金的真誠〉一文中說，祝賀巴老九十歲誕辰，應當向巴金學習什麼，「最應該學的，是他的真人、真心、真言」，我想用這六個字來評價德復的這部自傳體作品，也許是合適的。在這部作品中，作者說真話，交真心，用犀利的解剖刀解剖自己，審視自己的言行，不論是對的，還是錯的；是好的，還是壞的；是美的，還是醜的；是見得人的，還是見不得人的，都無保留地袒露出來，把一個真實的「我」展示在人們面前，任由人們評說。

比如，作者寫到自己第一次受到批判後，為了避開階級鬥爭達到向上爬的目的，給自己制定了五條做人行動綱領，後來調到襄樊農校後，又在這五條行動綱領的基礎上加了五條，這前後五條加起來共十條，作為他當時做人做事的實踐方針。如提出「我家庭成分不好，政治背景太差，即使如此，也要積極入團入黨。我知道這要花費我一輩子的精力，特別是入黨，……事實上，三十歲前，我怎麼努力表現，積極改造，也沒有解決，我曾為此痛哭了一天一夜……」為了爭取入黨，「不管在什麼時候，對聽黨的話，要從最基層做起，即要聽每個黨團員的話，聽自己所在小組、所在單位黨、團領導同志的話，自己思想通肯定聽，自己思想不通，也絕對聽。否則，對自己就會產生大小程度不一的負面效果。」「要永遠記住，對黨的領導，對每個黨員，不論他們如何誠懇地要自己提意見，只能說好的，不能說壞的」，「一定要忍住、忍住、忍住！即使他們一定要自己提缺點，也只能講些不關痛癢的，雞毛蒜皮的小事，且意見中要自然地帶出有肯定性的表揚……」他說，這樣做的目的，「無非是讓小領導看得起自己，再讓大領導能用自己，最後達到黨喜歡自己——發展我入神聖的中國共產黨」。這些書寫，不僅符合當時的歷史狀況，而且真實地暴露了他經歷政治運動批判後的原始思想，揭示了他內心的矛盾和痛苦。這是就大的方面而言，就是在日常生活方面，作者也勇於解剖自己。如寫到他帶妻子、孩子回長沙看望父母，「只是蜻蜓點水，點一下就飛」，一進家門，剛向老人請安，就直統統地說，「我工作忙得很，明天就得走」，弄得老人搖頭歎氣，很不高興。作者說，「說實話，我並非那麼忙，在家多呆一兩天毫無關係，但不知怎麼搞的，心就那麼急，似乎只有回單位工作才安心……是真的就那麼忙？是真的那麼積極？是真的那麼愛黨、愛社會主義？不能說沒有這個因素，但最根本的是為了表現、表現、表現！一種藏於心底層的自私、自私、自私！」。雖是一件小事，也能坦誠地敘說出來，檢討自己的私心。

德復這部作品寫於「七十而從心所欲，不逾矩」的晚年時期，這部凝聚著他一生酸甜苦辣經歷的自傳，為我們敘說了一位在中國大陸成長成才的知識份子的苦難歷程，展示了一個平凡而又意味的世界。在這部「完全按自己的心願譜曲，憑自己的本嗓唱歌」的作品裏，我們不僅看到一位「老不甘心」的知識份子所走過的人生道路，而且使我們從中得到許多有益的啟示。

啟示之一，人生道路是不平坦的，一個人要在社會上有所為，就要有明確的理想和信念。列夫‧托爾斯泰說：「理想是指路明星，沒有理想，就沒有堅定的方向，而沒有方向，就沒有生活。」丁玲說：「人，只要有一種信念，有所追求，什麼艱苦都能忍受，什麼環境都能適應。」理想，是使人奮鬥的精神支柱和力量。一個人生活在世界上，不可能一帆風順，總會遇到這樣或那樣的困難挫折乃至不幸，如何面對這一切，德復的這部作品為我們作出了回答。德復是一位有激情、有才華、有追求的人，早在青年時期，就想施展自己的才能，大有所為，但他一生所走過的道路並不平坦，歷經坎坷磨難，命運多舛，從十八歲參加土改起，就在多次政治運動中受到批判，特別是在「文革」中被「突然」揪出來，受到殘酷的批判鬥爭，這些使他感到莫大的委屈和痛苦，在他感到絕望的時候曾經自殺過，後來是什麼力量支撐著他，使他振作起來？是對理想、信念的執著追求。〈羅明同志教我「三享受」〉一節中寫到時任省委宣傳部副部長的羅明與他的談話，就清楚地表明瞭這一點。羅明同志說：「千萬不能把痛苦僅僅當痛苦，而要把它當財富。」「有痛苦，正好享受。」「德復呀，孤獨有什麼不得了，有什麼可怕，又怎麼能擋住你想走的路」，「關鍵是你要有信心，相信自己，相信毅力能跨越那似乎邁不過的坎，否則，你只有在孤獨中自生自滅，自己打敗自己。」羅明同志的這席談話是德復一生中「最大的精神享受，最好的一次靈魂洗滌」。老一輩的諄諄教誨，使德復在痛苦中站起來，堅守自己的信念，千方百計地達到自己確定的人生航標。〈冒險下海：九死而不悔〉就寫到德復為創辦《書刊導報》的艱難歷程，儘管自己右眼視網膜剝脫、失明，左眼晶體混濁，儘管辦刊困難重重，德復依然繼續前行，不達目的，誓不甘休，正是對理想信念的執著追求，才使他度過了危機。這也印證了《聊齋志異》的作者蒲松齡說的一段話：「有志者，事竟成，破釜沉舟，百二秦關終屬楚；苦心人，天不負，臥薪嚐膽，三千越甲可吞吳」。成功者，總是在戰勝挫折和失敗中，認識自己，戰勝自己，不虛度年華，使自己的人生綻放異采。德復就是這樣一位堅守信念、從不言敗的成功者。

啟示之二，一個人要在社會上有所為，就要正確認識和對待自己。人貴有自知之明。古人云：「自知者英，自勝者雄」、「欲勝人者必先自勝，欲論人者必先自論，欲知人者必先自知」，「沒有自知之明的人徒有其智」。盧梭也說：「缺乏自知之明是最愚昧的」。要做到自知也是不易的，「知人易，自知難」，而要做到自知，就要不斷解剖自己，正確認識自己，如魯迅所說：「我的確時時解剖別人，然而更多的是更無情面地解剖我自己」。讀德復的自傳性作品，深感他一生經歷的磨難很多，遭受的委屈也不少，儘管如此，他沒有怨天尤人，也沒有因此意志消沉，一蹶不振，他總是不斷地反省自己，審視自己，在反思中探求人生的真諦。在〈父親說我似一隻插上孔雀羽毛的小烏鴉〉一節，記述了他受到父母批評之後反思自己的故事。他從襄樊回到長沙拜見父母，詳細地傾訴了他在「文革」中的種種遭遇，原以為二老會為兒子的痛苦而安慰他，沒想到父母卻嚴厲地批評了他，告訴他「在追求進步的過程中，自己對自己應該有一個客觀的認識和估計」，「我們家庭成份和出身都不好，你揭發和批判的也沒有完全錯，但你應該客觀地對待過去的歷史以及那個歷史階段的人與事」，並向他講述了克雷洛夫的寓言《烏鴉》的故事，說他：「你該不是那隻尾巴上插上孔雀毛卻四不像的小烏鴉吧」，父母的批評使他無言以對，他感到自己不論在哪，「確實像那隻小烏鴉，混在布爾什維克的精神隊伍裏，裝模作樣地自以為是，結果自然是遭受小烏鴉同樣的命運。」正是在不斷地自我反思中，使他成熟起來。在〈水蛇吞噬傻青蛙的啟示和秋瓜幼苗引來的人性〉一節中，作者寫四個冤家被分配到「五・七幹校」一起勞動改造的故事，作者從水面上密密地浮了一層綠草的池沼中，觀察到一條青光閃閃的水蛇捕捉青蛙的可怕景象，感到青蛙群始終不接受教訓，一隻又一隻青蛙被水蛇吞噬，由此反思自己在歷次運動中所經歷的那麼多事，感到有了點自己的思考，通過作者的反省，重新認識自己，從而吃一塹長一智，獲得生活的勇氣和力量，思想境界也進一步得到提升。

啟示之三，在一個人處於危難之時，最需要的是什麼？我想最需要的是人間真情，是在患難中建立的親情、愛情和友情。培根說：友情「對於人生，真像煉金術士所要尋找的那種『點金石』，它能使黃金加倍，又能使墨鐵成金」，它在危難之中，滋潤人的心靈，給人以戰勝困難的勇氣。德復的這部自傳性作品，有許多地方寫到情與愛的力量。在〈人間自有真情在〉一節中，寫到許多朋友在他危難時給予的幫助。作者寫到著名作家徐遲在德復受到批鬥之後，捧著剛出版的《哥德巴赫猜想》一書送給他，說：「德復，你看看吧！」書的扉頁還寫下一句話：「德復同志留念，徐遲」。德復接到書後，心情久久不能平靜，因為當時沒有人稱他為「同志」，而徐遲在贈書中寫下「同志」兩個字，「這兩個字重千斤——高過泰山，寬過大海！什麼叫寬容？什麼叫鼓勵？什麼叫不一棍子打死？什麼叫給黑暗中的人一絲希望？就是『同志』這兩個字！徐遲給我的這兩個字，不光在當時讓我內心燃起了一團火，且在之後多少年，只要我遇到了困難，它就能給我力量。感情這個東西是很奇怪的，有時候它能要人的命，有時候卻又能讓人起死回生。」作者還寫到洪洋、王成才、曹志勤、涂懷章、謝文禮、黃秀文、陳東華、陳金安、邱祥凱、周代等同志和那個看門的陳老頭對他的幫助，從這些朋友的關愛和幫助中，作者體會到：「在最黑暗中，也有最光明的情；在最痛苦的時候，也有最動心的愛。」是的，危困知友情，患難見真情。作者在寫到愛情、親情時，更使我們體會到情與愛的魅力。在「四周階級鬥爭的烈火熊熊、熱氣衝天中」，德復成了眾矢之的，幾乎分分秒秒都孤獨的時候，為什麼還能活著，「因為有一個女獵手的槍口放出的是溫馨的氣息，救命的微笑。」這位女獵手就是他的同班同學，與他結為終身伴侶的李婉靈。正是她的出現，使德復已死的心產生了希望，在殘酷的鬥爭中度過一個又一個難關，享受到人間真摯、純潔的愛情。記得有誰說過，「愛情，我們心中一種無限的情感和外界一種有形的美好理想的結合」，「愛情是與陽光同在天上的光輝，它點亮了人的理性」，「生命因為付出了愛情而更為富足」。在德復的這部作品裏，有不少篇章寫到親情，如〈殘酷鬥爭中的情與愛〉、〈悲劇中有喜劇嗎？有〉、〈特殊蜜月的親情感應〉、〈孕育出第一個孩子和第一篇小說的新房〉等，都真實地描寫了特殊年代的人間真情，譜寫了一曲動人的愛的頌歌。從德復和婉靈的結合中，從德復的親人和朋友的關愛中，我們可以看到純真無私的愛所迸發的潛能。正如葛伽丘所說：真正的愛「能夠鼓舞人，喚醒他內心沉睡的力量和潛藏著的才能」。

上述幾點啟示，是我讀了德復作品後的一些感受，不可能包括全部。德復這部自傳性作品所蘊含的內容比我感受到的還要豐富、複雜。臺灣的時報出版社近期出版了陳柔縉的一本著作《人人身上都是一個時代》，書中有這樣一段話：「時代不屬於誰，人人身上都是一個時代，記憶不能靠幾座古跡和英雄書上的幾個人，故事不計大小，都值得流傳，誰又能預料哪個故事會在哪個心靈發光與發熱呢？」是的，時代不屬於哪一個人，人人身上都是一個時代。在德復的作品裏，我們不僅看到德復一生走過的足跡和他在已逝的時光中留下的人生記憶，而且看到一個時代的過去與現在，看到盛世年華所產生的巨大活力與希望，儘管前行的路上還有荊棘，還有許多意料不到的風險和障礙，但道路已經打通，未來的時代會比今天更美好。在這樣的時代裏，希望德復在〈還沒有到謝幕的時候〉，能夠早日完成《九死不悔——一個黑五類的回憶錄》的續篇，如有可能，完成他想要寫的一部「思考多年的長篇，即以晚清到中國大陸為歷史背景的連環油畫」。我相信：德復的這一願望一定會實現，我們熱切地期待著。

二〇一〇年四月匆寫於武昌桂子山

目次

前言

二〇〇六年六月十二日，是我與老婆李婉靈的金婚紀念日。這天，我請她給我這一生來個鑒定。她說了兩個短語、七個字：「雞扒命，死不安分。」

想想也是的，而今扒了七十七年，不僅汗流浹背，還血流浹背過，卻沒扒出什麼自己稍微滿意的、像樣的東西。既可憐，也討人嫌。

按說，如今在名義上我是退休了，別再雞扒命地扒個不休吧。

五十年前的李德復和李婉靈

可老了老了，老不心甘，總想說點什麼，寫點什麼：說點過去想說卻沒有說出來的，寫點過去想寫卻不敢寫出來的。若說私心，是想自己給這個培育我的地球留一粒塵土——哪怕是烏黑的灰燼哩！至於對後人有什麼利弊，他們喜歡還是討厭，我就顧不得了。寫這個東西，我唯一的自信是：只要寫出來就有人看，哪怕是罵娘咧，也得看下去。

我這一生經歷了蔣介石時代、毛澤東時代、鄧小平時代、江澤民時代、還生活在胡錦濤時代。每個時代，我都有不同的感受，不同的遭遇，不同的覺悟……每個時代都在我身上打下了烙印：有的烙印淺，有的烙印深，其中有大悲大喜，亦有自暴自棄，自慚形穢和小小的自得其樂……這一切，與我同時代的男女老少都會有同感的。因為世上的每一個人都是一部長篇小說，一本厚厚的書，問題是你願不願意講出來，寫出來。

多年來，我最喜歡的一本書是盧梭的《懺悔錄》。學盧梭，我想把自己幹的好事、壞事、風光的事，以及見不得人的事均在此展覽展覽，見見光吧。

不管怎麼說，自己耍了幾十年的筆桿子，可不少時候，是高高在上的大腦指揮我的小腦袋，是一隻巨手掌握我的馴服之手，叫我寫什麼我就寫什麼，而且，我十萬分心甘情願！現在，我蠻想用自己的腦、自己的手寫寫自己。孔子在《論語・為政》中不是說「七十而從心所欲，不逾矩」麼？我真想隨心所欲一下，至於逾不逾矩？過去沒逾矩，卻常被批判為逾矩，現今，即使客觀允許逾點矩，怕也難逾了。幾十年的媳婦熬成婆，想裝嫩也裝不成了啊。我就試一「湯火」吧！老朽老朽，腐朽之前，總能冒一點出其不意的真經！

二十世紀九〇年代的李德復

也許看家要問，你既然寫自己，為什麼不從頭寫起，卻攔腰一斬，從「文革」寫起呢？這是因為，這段歷史是我一生中最黑暗，最痛苦，最想死，最想活之時，亦最骯髒、最清白的一頁頁生命、一聲聲靈魂之音！

動筆之前，我還要聲明一下，本文除講了些真名外，其他代號、文字均是用魯迅先生塑造人物的辦法，即：「沒有專用過一個人，往往嘴在浙江，臉在北京，衣服在山西，是一個拼湊起來的角色。有人說，我的那一篇是罵誰，某一篇又是罵誰，那是完全胡說的。」（錄自魯迅《創作的經驗》一書）。所以，萬望讀者不要對號入座。本文文體，我定為長篇紀實小說。一切源於生活，有的情節、細節高於生活；有的則低於生活。完完全全的真實——是可怕的美麗，美麗的可怕。

好啦，閒話少說，下面就言歸正傳。

我為什麼是這麼個「可怕的家庭出身」？

年輕的時候，我總埋怨自己的家庭出身，不論是在學校讀書還是後來參加了工作，特別是一九五九年被調到一個地方黨委首腦機關當幹事，心裏總是七上八下，猶豫不定，甚至焦急、痛苦。為什麼呢？這裏面隱藏著自己的私心、虛榮心。儘管黨的衡量幹部的政策是：有成份論，不唯成份論，重在政治表現。但若自己是工人、農民家庭生的，心裏有幾舒服！可自己的祖父、父親，還有外祖父，有兩個在滿清末年和民國初年當過官，一個在國民黨政府當過官，官不算大，也有那麼點官味、官氣。

我祖父叫李承燠（yu）、字耔疇，原來家境較窮，用解放後的土改政策對照，大約是個下中農。聽長輩們講，當年周圍鄰居笑我們家無米下鍋，卻有「書」和「字」撐門面。祖父讀書很用功，十年寒窗，換來光緒辛丑年間（1901）的舉人，後被公派到日本學習法律，回國後於宣統元年以候補七品知縣名撥歸廣西備用；民國二年則調至湖南寧鄉任地方審判廳長兼縣長三年。也就是在這個時候，他在老家湘中邵陽三民鄉置田地近五十畝和建庭院一座，取名為「花庭子」。我的地主家庭成份，來源於此。

我的父親李先頤

我父親叫李先頤（yi），字爾康（1901-1981），他青少年時代畢業於湘潭益智中學，後在祖父去世、家產逐漸敗落的情況下，隨一個美國傳教士於一九二一年去美國打工學習，先後苦讀八年，獲得美國烏斯特大學化學學士，以及俄亥俄大學（Ohio University）化學碩士。回國後，曾任天津一區區長黃一歐（黃興長子）的英文秘書、北京中央大學和工業大學教授、南京國民政府實業部工業司化工科科長和簡任技正；在抗日戰爭期間，任重慶國民政府中央工業試驗所化工部主任；抗戰勝利後，任國民政府行政院臨時駐北平辦事處和天津辦事處主任；一九四五年至一九四八年十二月，先後任天津商品檢驗局局長和天津恒大公司總經理。恒大公司是國民黨的黨產，董事長是蔣介石的紅人陳立夫，按階級分析，我父親不僅是解放前的舊官僚，還跨進了官僚資產階級的行列。儘管我聽父親講，他一生沒主動地申請加入國民黨，也不是恒大公司的股東，是被聘去當二把手——利用他所學的化工技術，建立了公司的物質基礎：恒大煙草廠、東亞麵粉廠和中華火柴廠。可根據國民黨當時的一個不成文的潛規矩：父親既然是國民黨高層黨產的一個總經理，也自然是國民黨的黨員了。否則，是沒有權力管這個公司的。故我的官僚資產階級家庭成份，為父親所賜。

在此，我還想談一下我的外祖父鄺榮光，他是滿清同治年間（1872-1875），與詹天佑一起，被派往美國的一二〇名九歲到十五歲「留美幼童」中的一個。

他就學於美國拉菲亞礦冶專科學校，光緒七年（1881）奉召回國，是清朝當年採礦業的創始人之一，做過開灤礦務局等十幾個重點礦業的總工程師及官吏。

他一直住在天津和平區，我少年時到他家玩，他那時已九十歲了，還能教我功課。故我於解放後的歷次運動中，同事們在我交代我母親和外祖父的歷史時，自然把我上綱上線為官僚資產階級的後代了。

總之，從我青年時代起，我的家庭成份逐漸成為我經常做惡夢的根源。剛解放，一九四九年，我十七歲，對此還沒什麼感覺。慢慢地，我就知道這

部分留美幼童，其中有我的外祖父鄺榮光

出國數年後部分留學人員合影
（右二是我的外祖父鄺榮光）

個問題的沉重和厲害了。在實踐中，我體察到，「有成份論」是第一性的，「不唯成份論」是次要的，「重在政治表現」是參考資料。當我在解放初期的一兩次運動中喝了苦水、差一點給「淹死」後，我就學乖了，拼命在「重表現」上下功夫，什麼苦都能吃，什麼重活、髒活、難活都願幹，並能幹得漂漂亮亮，得不到領導的口頭表揚，也會得到他們內心的表揚。可是，我總逃不過「好人占百分之九十五以上，壞人僅為百分之一、二、三……」的、歷次政治運動的不變規矩。只要運動一來，我幾乎都在百分之一、二、三……中。對這個問題，在若干年後，特別是我進入了中年，我忽地豁然開朗：每次運動初期，基本是「懷疑一切」，不先抓你官僚資產階級兼地主階級的後代，還能抓工人階級和貧下中農的後代麼？這怎麼可能！好在每次運動後期都要落實，只要自己老老實實，不做假，不亂咬，不自殺，也就是許多老領導、老同志、老共產黨員講的：「相信黨，相信群眾，堅持黨性，堅持信仰」，你就可能平反，可能回到黨的懷抱裏來；不是沒有冤枉的與回不來的，但你要拼命爭取呀，要死死抓住那信念的鋼筋或者是稻草呀，它是自己唯一的光明和希望。

部分留學幼童於1890年耶誕節合影
（站者左二是詹天佑；左六是我的外祖父鄺榮光）

老實說，我在改革開放前的多次運動中，有三次是運動中的批判對象，泡在水裏一至三年，最後落實是思想問題，有幸沒戴帽子；還有兩次是歷經十五年，被打成「黑幫」和「反革命」，最後落實——結論仍是思想問題，又恢復了工作。使我根本沒預料到的是：改革開放後，黨的領導和黨的政策把我這個官僚資產階級兼地主階級的後代——那時我已五十三歲了——培養昇華到一個我自己也夢想不到的高度！生活是什麼？生命是什麼？我真想用我近七十年的體驗，在我的博客中與大家一起感受和研討了。現在，我就先從「文革」這個年輪切口開始——一點一滴地、自言自語地說給自己聽和說給願意瞭解這一切的人們聽吧……

我突然在汽車上被拽下來

現在回憶起來，一九六六年六月在中國的確是個翻雲覆雨的歷史大動盪。在之前，一九六五年十一月十日，姚文元的〈評新編歷史劇《海瑞罷官》〉在《文匯報》上發表，這是「文化大革命」的序幕，把一個偌大的中國攪得沸沸揚揚，人人為之震驚；接著到一九六六年三月、四月，毛主席嚴厲指責以彭真為首的文化革命五人小組制定的《二月提綱》，彭真等同志被打倒；五月，中央政治局擴大會議通過了《五・一六通知》，與此同時，北大聶元梓等人在康生指示下貼出了所謂的《第一張馬列主義大字報》，六月一日《人民日報》刊載了這張大字報，二日，全國又轉載此文……於是，紅衛兵運動突然興起，文化大革命猶如濤濤洪水猛獸，衝擊著全國每一個縣、每一個區、每一個公社、每一個單位，每一個家、每一個人。

我那時已在中共湖北襄陽地委工作了將近七年，按說，在地方黨委首腦機關做事，對政治應有相當的敏感性，可自以為聰明的我，卻十分遲鈍，絲毫沒覺察到有什麼風雨，既吃得下，又睡得著，領導交與的任務，也完成得挺愉快。

這也難怪，當年三十四歲的我，正是風華正茂、春風得意之時，領導器重，工作順利，組織上正培養我入黨，且得到些資訊：省委工教部準備調我，省文聯準備調我，武漢市文聯也準備調我……我成了好幾個單位的香餑餑。心在想，文化大革命也好，別的什麼運動也好——只管來吧！我只要聽黨的話，出色地完成領導交辦的事，前途肯定是光明似錦。

開始，一切似乎全如己見，當年六月初的一個上午，正上班時，經常指示我起草文件的地委副秘書長沈漢民同志把我叫到他的辦公室，一開始就說：「恭喜你呀，德復。」

「啥事？秘書長。」我好奇地問。

「好事。」他說：「省裏在調你。」

「調哪？」

「省文聯。」漢民同志說，「你不簡單啦，是省委書記處書記許道琦同志親筆寫的信，讓你立刻到省文聯當工作員。組織部的調令隨後就到。」

「工作員？什麼工作的工作員，秘書長？」

「這你還不明白？中央號召各地開展文化大革命，省裏也正在搞。上級將向各個單位派工作組。道琦書記在省裏主管意識形態——包括宣傳、文化、理論、電影、戲劇……以及社會科學、自然科學等各個方面，你去還不是叫你在文聯搞調研……」

我心裏一下明白，問：「啥時候走？」

「上面催得緊，明早就動身！我們地委王耀副書記也去。他是被調到省華中工學院當文革工作組的組長。你就搭他的小車吧。」又囑咐我：「今晚六點，我在機關中灶食堂為你餞行，你把你愛人也請來吧！」

我從漢民同志辦公室出來時，他還緊緊地握了我的手，望著我的眼睛說：「德復，別辜負黨對你的期望，要對得起道琦書記對你的培養。」

我衷心地點了點頭，腦子裏立刻閃現出道琦同志一雙炯炯有神的眼睛。

一個省委書記處書記，級別不知比我高多少倍，怎麼看上我、選上我這個還沒有加入共產黨的、家庭成份是官僚資產階級兼地主階級的毛頭年輕人呢？

這要從一九六三年說起。

這一年，根據中央要求，全國開展小「四清」試點。作為湖北省委的領導，道琦同志為此來到襄陽，並和地委書記焦德秀同志一起，在隨縣寨灣公社五星大隊蹲點——作小「四清」樣板。道琦和德秀同志帶了個工作組，我有幸成為這個工作組的一名工作員。我那會兒工作勁頭蠻大，但幹事毛手毛腳，且常常感情衝動，做些不合「規格」的事。比如道琦、德秀同志有時召集地、縣領導和其他小「四清」工作組組長開碰頭會，像我這樣的小幹事，按常規只有做記錄和給與會者倒茶水的份，可我聽著聽著，筆一放，也情不自禁地彙報一番，分析一番，道理一番，弄得好多領導，包括直接管我的主任、科長都用奇異的目光瞪著我，意思是：「這是你發言的地方麼？」好在這時候，道琦同志總衝著我微笑，不管我講的淺薄或還有點價值，那笑裏都帶著鼓勵和支持。這就使我敢於和他接近，敢於和他聊天。那時，我就知道，這個省委書記處書記對文學、文藝評論有興趣，有較深的造詣，有時晚飯後我就鑽到他房裏（生產大隊小學的一間小教室），與他談我想寫的小說、散文，以及我對文學的一些看法。他總是抽著煙，微笑著，聽我東扯葫蘆西扯葉，不時還點撥點撥。記得有次我向他彙報五星大隊一個盲人黃庭友的素材，他說：「這題材挺有味，你準備寫什麼？」

「我想寫篇通訊。」

「可惜了，應帶著感情，寫散文，一篇有血有淚的散文。」

「怕寫不好。」

「你再深入瞭解，反覆體驗嘛，不要用你的感情去代替描繪對象的感情，而要用他自己的感情去坦述在舊社會的苦難和在光明時代的追求……」

我似乎明白，又不太明白。

他彈了彈手中的煙灰，語重心長地說：「德復，你要真愛文學、愛寫作的話，要始終記住一條——把感情傾瀉給窮人，給弱者，給受苦的老百姓。你不是在大學學俄語的麼？陀思妥耶夫斯基的《窮人》、《被侮辱與被損害的》你都讀過吧？學其中的長處，學文學大師們怎麼用苦難者的眼睛去觀察世界、描繪世界、改造世界……要知道，馬克思是最愛窮人的，是真正站在窮人、弱者的立場，為窮人、弱者講話——去追求世界真理的。」

我望著他微笑的眼睛，接受了這段話，並真心真意在創作中實踐這段話。貧農瞎子黃庭友的素材，後來我寫成了散文〈一雙明亮的眼睛〉，在一九六四年《湖北日報》的一個文藝版上發表，得到了讀者和評論家的好評。

也許道琦同志喜歡我這號無大無小、無上無下、口無遮攔的、年輕人的談論和彙報，就指名調我到省文聯作他的資訊工作員了。

對此，我是高興的，我當天就告訴了在襄樊第一中學教俄語的妻子李婉靈。她也蠻高興。

這天晚上，沈漢民副秘書長代表地委機關請我和我愛人吃飯，並倒酒與我們碰杯。我們好高興啊。漢民同志不僅鼓勵我到省城好好幹，還說，只要我在省裏幹得好，我愛人很快就會調過去。這些話，讓我和妻子心裏樂開了花。

可世界上的事總是叫人難以預料：是樂極生悲呢，還是一夜狂風，落花凋零！第二天早上，當我把簡單的行李放到王耀副書記的小車上，準備和他一起赴省城上任時，他靜靜地望了我一眼，什麼話也沒說，叫他的通訊員把我的行李拿下，放到路邊。我腦子猛地懵了——我不是由省委許書記調往省裏了麼？怎麼變卦了？這是為什麼、為什麼呀？恰恰這時，襄樊城裏的、我們地委機關的廣播都響了，四面八方傳來《人民日報》近日發表的〈橫掃一切牛鬼蛇神〉的社論，以及北京批「三家村」、省裏批鬥武漢大學校長李達的現場新聞……生活啊，就像萬里晴空忽地烏雲密佈、驚雷炸崩！

我難道又被拋出來了麼？

第一次階級鬥爭的味道

當我的行李被通訊員從王副書記的小轎車上拿下來後，又聽到廣播裏傳來北京和省裏批鬥「牛鬼蛇神」的聲響……開始，我有點疑惑：自己是不是又要被揪出示眾了？

是的，儘管那時我三十郎當歲，三十而立而沒有立，但在階級鬥爭、路線鬥爭的洪流中已被浸泡了三次，洗刷了三次。多少有點體會和經驗，在此，先講第一次鬥爭的感覺吧。

這次是在二十世紀五〇年代初，我在湖北教育學院戲劇科讀書，期間經過抗美援朝和土地改革運動，儘管我的家庭出身不好，但在解放前上小學、中學時，喜歡讀巴金、魯迅、茅盾、郭沫若、胡風等作家的書，受到一些進步思潮的影響；特別在三年解放戰爭時期，聽到了解放區種種新鮮的、革命的傳聞，和同學們一起暗暗興奮地學唱〈山那邊呀好地方〉，有時還激情地參加反內戰、反饑餓、反貪污腐敗等針對國民黨政府的遊行……談不上自己有什麼政治覺悟，一方面是跟著大同學跑，好玩，一方面的確對共產黨和解放區有好感。我老記得魯迅在〈答托洛茨基派的信〉中講的一句話：「那切切實實，足踏在地上，為著現在中國人的生存而流血奮鬥者，我得引為同志，是自以為光榮的。」我那時也自不量力地把魯迅先生的話當作自己心裏的圖騰。故解放後我高中沒畢業，才二年級，就從長沙跑到武漢報考中原大學、湖北教育學院，因武漢解放得比長沙早，中原大學、湖北教育學院是當時中原地區革命的高等學府嘛！我以第一名的成績被教育學院戲劇科錄取，但在學院沒讀多久的書，激勵全國人心的、抗美援朝的高潮便湧來了，我積極報名

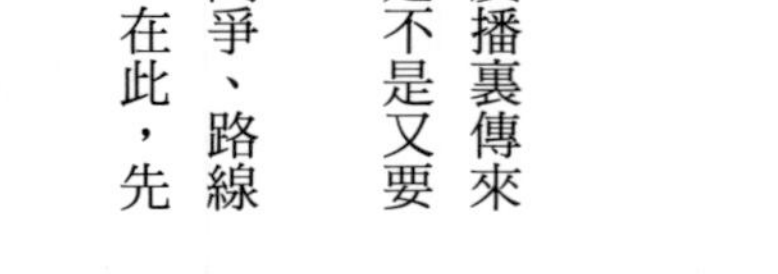

原湖北教育學院舊址（現為省總工會）

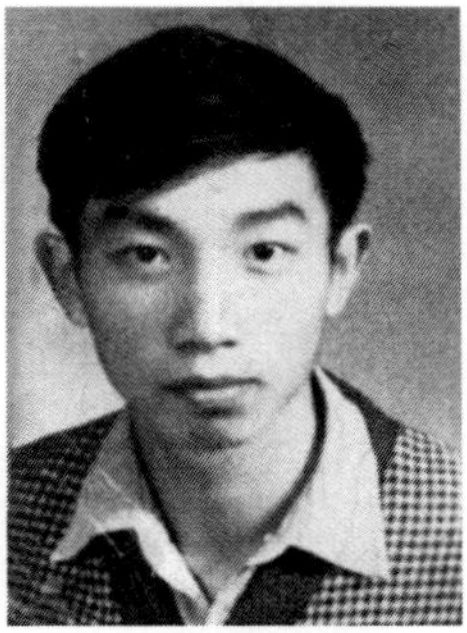

在教育學院的李德復

參加志願軍，估計是家庭成份問題沒被批准，只能在歡送的參軍會上，羨慕地注視被批准的同學——穿著那身英武的志願軍軍服和一臉燦爛的、報效祖國的笑容。我呢？為了表現，就把我來校前母親給我買的一件新呢子大衣和一塊新手錶——作為捐贈，獻給了抗美援朝！那陣子，真是「年輕人，火熱的心」，人人都願為祖國出力、出錢、甚至獻出自己的生命！

接著，一九五一年，土地改革運動來了，我和同學們都踴躍參加。我被學校分配到湖北陽新縣大王鎮姜祥山當土改工作員，領導了三個自然村，約數百家農戶。那會，我十八週歲，初生的牛犢不怕虎，加之剛讀了丁玲前輩寫的、獲史達林文學獎的土改小說《太陽照在桑乾河上》，於是在中共陽新縣委的領導下，就大刀闊斧地和群眾一起幹起來了，雖說自己是官僚資產階級兼地主階級的家庭出身，可當時完全沒有想到這一點，直覺是地主、富農壞，貧下中農和雇農好，並根據黨的政策，從札根串聯，批鬥地富，劃分階級，到分勝利果實和土地回老家，工作一直比較順利。

可我年少氣盛，性子急，又有好大喜功的毛病，故我在姜祥山結束土改工作下山時，上千群眾打著紅旗、放著震天響的土銃送我，我沒阻攔，還洋洋得意，自以為打了個大勝仗，結果陽新縣委令我寫檢討，通報全縣土改工作組，批評我驕傲自滿，浪費群眾資源！就在我下山被領導派往另一個村子幫助群眾分地富浮財和土地時，我為追逼一個土財主供出埋在地下的銀元寶，指使民兵打了他，導致他上吊自殺。這是個違反土改政策的錯誤，縣委自然又勒令我檢討，再次通報全縣。上面這兩個錯誤，是在農村搞土改犯的，我在下面認錯、挨批，很快就過去了，也沒太大的壓力。誰知，後來回學院學習，正碰上全社會開展熱火朝天的鎮

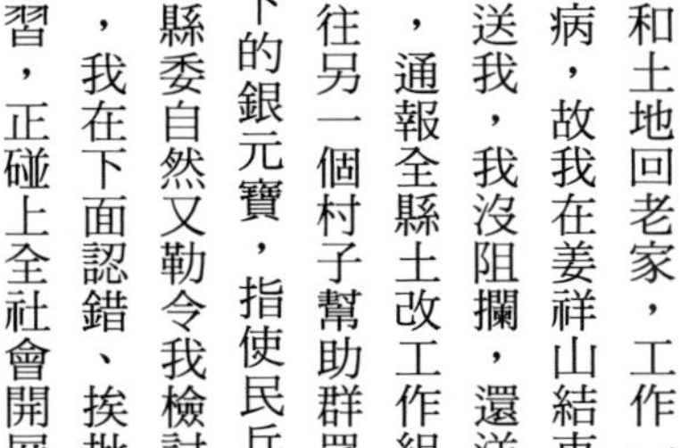

姜祥山（李德復曾在那兒當土改工作員）

壓反革命運動，學院則一面抓混入校內的國民黨特務，一面根據中央和省委指示開展知識份子的思想改造學習運動。我因在土改中犯的兩個錯誤就——被班上的輔導員提到鬥爭改造的議事日程上來了，特別要命的是，我在土改中還模仿丁玲的小說《太陽照在桑乾河上》寫了部長篇《太陽照在姜祥山上》[1]，於是，我犯的錯誤升級了，上升到「有濃厚的資產階級名利思想」，正如大家揭發的：「李德復下鄉不好好搞土改，而為名利寫作，其階級根源是他的官僚資產階級兼地主階級出身在起作用。」這一上綱上線，我此生正兒八經地第一次嚐到了階級鬥爭的味道和狠勁。那會兒，我經常站在教室中間，全班的同學在輔導員的領導下批判我。開始我只承認好大喜功和逼地主交浮財——致使他自殺有錯，對自己寫的《太陽照在姜祥山上》——認為不僅沒有錯，還有功。因為這是歌頌土改，歌頌農民千百年大翻身呀！但這樣頂的結果，促使階級鬥爭步步升級，先是在本班鬥，接著是幾個班聯合起來整，最後到全院開大會批！那個時候，還沒「批倒批臭」的「文革」語言，但一直批到我服服貼貼承認：「我就是有極其濃厚的資產階級和地主階級的剝削思想」，「我不是真心去土改，而是利用土改素材寫小說騙稿費，這是我的階級成份和滿腦子的名利臭思想所決定的。」此事一直批了我半年。我思想緊張極了，吃不好，睡不好，幾乎夜夜做惡夢；周圍的同學、老師都疏遠我，初識的女朋友也把我甩了，好孤獨，好難受啊！我每天都在想，如何寫檢討，如何認錯，如何讓批判我的輔導員、同學、老師滿意，最後能過關……從中，我也慢慢學會：怎樣給自己上綱到原則高度，怎樣把自己罵得狗血淋頭，怎樣揭發生我養我的父母以及供我從小學到大學讀書的家庭……我原來從革命小說中只曉得革

二十世紀九〇年代初，李德復重返姜祥山

命的浪漫，革命的美麗，革命的溫暖，現在才知道參加革命還有這一手呀！完全是自己沒有預料到的！自己的心，在一點一點地被撕碎，自己的皮也一釐米一釐米地被針刺得流血……最後，大會、小會的批判，把當時十九歲的我批得吐血住進了湖北醫院，直到不得不休學回長沙家休養半年。

現在想起來，這次階級鬥爭對我來說，是最輕的，也是最文明的。因為：一、儘管那會兒把我當學生中的壞典型來批，但從始至終並沒把我關起來，我還有點自由；二、批判我的範圍到學院為止，沒擴大到社會上去；三、除了狠批我的資產階級名利思想和我的不可改變的家庭成份外，只扣了個沒有改造好的、資產階級的小知識份子帽子。對這頂帽子，我樂意承受，因為我確實沒改造好：虛榮、好勝、自以為是，且沒有什麼知識；四、當時，正值全國轟轟烈烈鎮壓反革命，大約經過調查，我小小年紀——既沒參加國民黨，也沒參加三青團；開始有點強，之後還算老實，就沒給我腦袋安「反革命」的緊箍咒了。事後深思，這既實事求是也算萬幸。

這算不算是我的首次革命教育和幫助呢？我看應該算，莫看我為此大口吐血，它也給我靈魂裏安了些有益的零件，讓我明白：像我這號出身不好的人，該怎麼看世界，該怎麼約束自己了。

1 《太陽照在姜祥山上》後改名為《死角》，於一九八六年十月在農村讀物出版社出版。

五條深思熟慮的、避開階級鬥爭的、使勁向上爬的做人行動綱領

在回長沙養病的日子裏，一個是治我吐血的肺——十分嚴重的支氣管炎。在這方面，我可能有遺傳。父親的肺也不好，從我記事起，就見他多次吐血住院。他是老肺結核，往往工作繁忙，事業不順，性急，一發火，就吐血了。我在教育學院挨鬥吐血，亦是急火攻心，導致支氣管破裂，才與父親一樣地——受經不起打擊的、肺部的折磨。所以，醫生告誡我，除了打針吃藥外，關鍵是靜養——有什麼不愉快的事，要拿得起，放得下，心情需平和。這樣，藥物、針劑才會起到應有的作用，否則，治療效果要大打折扣。

我這個人有很多很多毛病，但也有個自小顯示的、自以為是的「優點」，即善忘，尤其對不高興的事、倒楣的事，過後就記不清了，痛苦也自然減輕了……只是老一輩人講：這叫沒記性、沒出息。比如我七八歲時，父親把我從四川陪都送回湖南邵陽故鄉伯父母家生活。因那時日本鬼子飛機經常轟炸重慶、北碚，父母就我這麼個獨苗男孩，便將我帶至老家保護起來。可小時的我非常調皮搗蛋，爬樹上房掏鳥窩，下河鑽溝摸魚鰍，有時還和一群放牛娃偷雞子，在山窩窩用黃泥巴糊牢實——火燒「叫化子」雞吃……為此，我沒少挨伯父的打。伯父此時常召集李家各房頭的男女老少在祭祖的大廳裏集合，接著令我跪在「天地君親師」的神壇和列祖列宗的牌位下，再高聲宣佈我的「罪狀」，這個程序一完，我的屁股就要承受竹篾片的抽打了。根據我的「罪惡」大小，經常是打「十下」，「二十下」，「三十下」，不會超過「五十下」。一般是伯父親自動手，有時是伯父讓家裏的長工或住家佃戶打。我不希望伯父打，他動真格的：奇疼、特疼；我喜歡長工和佃戶打，他們往往

手下留情，舉得高高的，落下輕輕的；樣子蠻凶，可實際上在保護我……間或，伯父會發現長工、佃戶做假，便一面罵他們，一面接過竹篾片重重揍我，我也就鬼哭狼嚎地大喊大叫，直到伯母和各房頭的長輩們把伯父拉開……這該不是什麼「階級鬥爭」吧，可也是「內部上下輩的皮肉鬥爭」，可我就是沒記性，打完就忘，除非屁股打得太狠，起不了床。否則，飯照吃，覺照睡，眼淚一抹就笑，轉身又和小夥伴們幹那些讓大人們皺眉頭的事。對伯父，挨打時我有點恨他，可一會兒就風吹雲散，見了面，仍親熱地叫「伯伯」。伯父叫李敬民，既是家裏的一家之長、本鄉本土有名的紳士，亦在當年湖南幾所中學擔任過訓導主任，教育界的知名人士。他對我的「不進油鹽」，常常感歎：「孺子可教否？朽木不可雕也。」

可能就因兒時這種「不進油鹽」的心態吧，故教育學院讓我嚐到的、這首次「階級鬥爭」的味道——苦是苦，卻沒在我的心中停留不走。當我在家中休養治療和自我心理調節一段時間後，我身心似乎基本恢復，又有點「好了創疤忘了痛」，只是不想再回教育學院的戲劇科了，一心想找個東方不亮西方亮的新道道，來開闢自己發展的新天地！那會是一九五二年秋到一九五三年春，我國與蘇聯簽定的《中蘇友好同盟互助條約》正在實施，國人稱蘇聯為「老大哥」，蘇聯稱我們是「好兄弟」；世界亦分為兩大陣營：一是以蘇聯為首的社會主義陣營；一是以美國為首的、當時稱之為腐朽的資本主義或垂死掙扎的帝國主義陣營。我們國家自然屬於社會主義陣營，且是主要成員。當時社會上有個流行語，叫：「一邊倒」，即倒向蘇聯；理髮店有一種髮式也叫「一邊倒」，仍是這個意思。從報紙上看，蘇聯的工業、農業以及好多業績已成為我們的榜樣；「蘇聯的今天就是我們的明天」，似乎是每個人的希望。學校裏的英語課大部分都改為俄語課，學俄語成了社會時尚，各地許多廣播電臺都有教俄語的節目……我當時就像抓救命稻草一樣抓住「學俄語」，說是投機思想也行，自認為學俄羅斯語言有輝煌前途，便下決心拋下原來喜歡的戲劇，天天跟著電臺學俄文字母：А、Б、В、Г、Д……恰恰這時，又得到消息，我原來所在的湖北教育學院與在武漢的中華大學合併，取名為華中師範學院，並開設了俄語系，於是我在一九五三年上半年到華中師範學院復學時，就轉學俄語了。我暗暗發誓：「昨天在戲劇科倒下去，今天要在俄語系站起來！」

我到俄語系學習是插班，是大一的第二學期，我雖在長沙家中跟著廣播電臺學了一陣子俄語，但與同班同學比，水平差一大截。在俄語系授課，是直接教學法。老師是俄羅斯人，課堂上教師、學生，全部講俄語，不許說中文。開始上課，我完全摸風，聽不懂，記不下筆記，每次ДИКТаНТ（即Dictation聽寫考試）我只得二分（俄式打分制分五等：二分，不及格；三分，及格；四分，良好；五分，優秀），不僅屢屢受老師批評，同學們也完全看不起，我的俄語名字叫Пемя（別加），有人在背後就喊我「別瞎哈」。我這個「別瞎哈」就憋著這口氣，日夜奮戰，早晨四、五點就起床，在路燈下讀課文，晚上熄燈鈴響後，便抱著課本躲在廁所裏背單詞，這樣堅持了三個月，ДИКТаНТ由二分到三分、四分——直上五分，且經常是五分，代價是我本一點五的、視力十分優秀的一雙眼睛近視了，由一百度，逐漸發展到一百五十度、兩百度，最後達到三百五十度。但我並不後悔，因我「別瞎哈」的綽號自然消失了，經常受到蘇聯老師的「Очень хорошо（very good，很好）」的表揚，以及同學們的驚異和稱讚。也就在這個時候，除了學好所有的功課外，我情不自禁地發揮我喜歡文學、藝術、理論、演講、演戲、寫作……等等方面的愛好，與外系的同學在學校舞臺上聯合演出契可夫的諷刺劇《求婚》以及十月革命歷史劇《母親》；在湖北日報、工人文藝、青年報發表散文、譯文：〈中國丹娘〉、〈友誼〉、〈媽媽〉、〈三顆子彈〉等等；同時，在每個星期六夜晚，於學校在體育館舉行的舞會上，與俄羅斯女老師跳古典Waltz（華爾滋），與一些舞蹈愛好者的同學表演水手舞、踢踏舞……大出風頭。自己之所以喜歡這樣，一方面是滿足自己作為年輕人的虛榮心，一方面在使勁消除教育學院那場批鬥給自己靈魂造成的陰影；再就是，自覺地深思：自己在教院為什麼會落到那個下場？自己今後如何能避免那一類批鬥？自己在共產黨領導下，怎樣才能既老實又巧妙地出人頭地，爬上去？

莫看我當時年輕、幼稚，我的的確確對此反覆地、認真地思考了一番，並在內心作出了行動綱領：一、我家庭成份不好，政治背景太差，即使如此，也要積極要求入團、入黨。我知道這要花費我一輩子的精力，特別是入黨，以申請十年為一個階段，十年不行，二十年；二十年不行，三十年；三十年不行，四十年……一直申請到離開這個世界；而入團，最好在三十歲來臨前解決，事實上，三十歲前，我怎麼努力表現，積極改造，也沒有解決，我曾為此痛哭了一天一夜。而入黨直到我耳順之年，似乎有機會解決，但最終仍沒有達到目的，這是後話。我有一個不變的觀念，年輕人若要在共產黨領導下有大的作為，特別在政治上有所作為，非入團入黨不可。這是放之中國五湖四海皆準的規律；二、不管自己怎麼挨整、挨批、挨鬥，永遠相信「重在表現」這一條，得像孫悟空那樣，不管唐僧怎麼冤枉自己，不相信自己，得表現、表現、再表現；忍受、忍受、再忍受，最終定要協助唐僧完成西天取經這件事；三、既然知道自己在政治上、階級上從生下來就不如工人、貧下中農純潔，那麼就要在讀書學習上、工作表現上、助人為樂上，特別在響應黨的號召上，要遠遠地超過他們，否則，自己再有本領，也只能是他們的尾巴；四、不管在什麼時候，對聽黨的話，需從最基層做起，即要聽每個黨團員的話，聽自己所在小組、所在單位黨、團領導同志的話……自己思想通肯定聽，自己思想不通，也絕對聽。否則，對自己就會產生小大程度不一的負面後果；五、要徹底明白，解放前的舊社會和解放後的新社會，絕對地不一樣，不是像有些理論書講的那麼合乎邏輯，也不是像有些文藝書講的那麼絕對的美和絕對的醜，自己不能一根腸子通屁股，一根筋強到底，而要曲線救國、曲線救自己。

我在二十郎當歲期間給自己訂的這五條做人行動綱領，是否能讓我避開階級鬥爭和達到向上爬的目的呢？美麗的生活和殘酷的生活在之後給了我真實的答案。

猝不及防：落入第二次階級鬥爭的深淵

當我一九五三年春天到華中師範學院復學後，經常反思我在教育學院遭遇的、階級鬥爭的苦頭，也算是真正吃一塹，長一智，所以，在一年多的時間裏，即一九五四年一整年，到一九五五年春天，我都穩穩當當，生活得還算快活，有一陣子，我還當了班上的、俄語課的課代表，加之自己的課外活動、文娛表演搞得紅火，系裏系外均有女孩子喜歡我，我也有點兒得意：怎麼樣？快翻身了吧！故在寒暑假回到長沙家裏向父母吹牛時，便情不自禁地揚揚灑灑，津津樂道。這個時候，我父親總是一面靜靜地聽我說，一面靜靜地看著我。我一說罷，沒見他有喜色，反而帶著憂鬱的聲調問我：「你還是那麼喜歡文藝，愛好寫作，總出風頭？我覺得不妥，是會給你惹是非的。」

當時我認為父親這麼講，完全是大驚小怪，毫無根據，難道一次被蛇咬，見了草繩也驚嚇……我知道他老人家對我喜歡文藝不高興，在我小時候就一直督促我學理工，特別學他一生從事的專業──化學。他在化工創業上一生有較大的成就，有多項輝煌發明，可我沒有他這方面的遺傳，反而有祖父讀書、寫文章的基因，而且越是不讓我學文，我越是朝學文的方向奔。儘管《太陽照在姜祥山上》這個長篇那時被整、被封殺，可心裏又在構思另一篇小說了。我也不知是怎麼回事，一生都得了這個驅之不去的「病」。

我父親還說：「這兩年，你看到黨和政府以及全國的報刊都在猛批電影《武訓傳》吧？」

1953年李德復與華師的同班同學

「看到了。」

「武訓先生為窮孩子乞討，辦了三個『義學』，卻被批判為狂熱地宣傳封建文化，向反動封建階級投降，否定了人民的階級鬥爭……你說厲害不厲害？誰能想得到？」

「是厲害，是想不到，可與我有麼牽連？我又不去辦義學。」

「你是不辦學，可這與學文，寫文藝作品有關聯……還有這幾年批判俞平伯在《紅樓夢》研究中的唯心主義觀點及胡適資產階級的唯心論——包括他的哲學思想、政治思想、文學思想、史學觀等等，你都知道點吧？」

「知道呀，《紅樓夢》我看過，胡適的《嘗試集》、《差不多先生傳》、《我的母親》我過去也讀過；他的『大膽假設，小心求證』是做學問的一個方法……但對這些我只是像讀別的書一樣。現在批判他們與我有啥關係？」

「是沒什麼直接關係！可這是個趨勢。依我看，搞自然科學，學理工，似乎保險一些；搞社會科學，學人文，很容易撞到槍口上。你沒看到，解放後——是一個政治運動接著一個政治運動啊！」

對父親的這一提醒，我那會兒也覺得有點道理，但並沒完全放在心上——自己是個「小蘿蔔頭」，又沒什麼大學問，未必那號矛頭又會對準我？我總不會次次倒楣吧？可事後證明，我父親這位在國民黨政府混過幾十年的、不大不小的簡任官——還是有從政的官場經驗和靈敏的政治嗅覺的。在這一點上，我比父親差遠了，故幾十年來，我次次都是逃不脫的「老運動員」，而父親，儘管在國民黨當過官，卻成了民革中央的一個委員會的委員，且很早就是湖南省政協的政協委員，也挨了一些「整」，但處境在很長的一段時間內比我強，比我好。這是在若干年後，我才悟出其中的味道。

就因自己這方面的「智商」差，到一九五五年夏天，全國批判胡風「反動」思想的運動一開始，我就毫無思想準備地被捲進去了。按說，當時華中師範學院只是在老師中抓胡風分子，中文系抓了個王鳳教授，因他與武漢地區的胡風好友曾卓有聯繫，而在學生中，俄語系一下把我逮住了，這正應了父親的觀點：愛好文藝的，寫文藝作品的，不保險，容易撞到刀口上！我是撞個正著。現在想起來，活該！之所以如此，我大概有如下幾條具體罪狀：

一、我在與我相好的同學中宣傳了胡風於〈關於創作發展的二三感想〉裏講的：作家應發揚「主觀戰鬥精神」，因為這精神是「生活底深入和胸懷底擴大」，「主觀戰鬥精神」並非「主觀唯心論」，而是作家對客觀的「融合」、「滲透」、「擁入」、「搏鬥」、「相生相剋」……「因為在實際生活上，對於客觀事物的理解和發現需要主觀精神的突擊……燃燒，才能使雜質成灰，使精英更亮，而凝成渾然的藝術生命。」我非常贊成胡風這個論點，甚至認為，這觀念不僅能在寫作上起激情的進攻作用，在幹任何事情和工作上都是前行的動力。而當時宣傳界、文藝界的一些領導和名人對此大加指責、批判，認為「主觀戰鬥精神」實際上是「主觀主義」，「是沒有階級內容的抽象東西」，「因而對文藝創作作出了主觀唯心論的回答。」特別指出「對於這種理論傾向的堅持，實際上成了一種對於毛澤東的文藝方向的抗拒了。」這一上綱上線，胡風自然成了反毛澤東文藝思想的幹將，我自覺不自覺地為這個「主觀戰鬥精神」搖旗吶喊，也必然成為批判的對象，毫不冤枉。

二、胡風肯定「文藝是從生活產生出來的」，但他反對「只有工農兵的生活才算生活，日常生活不是生活……」於是宣傳界、文藝界一些領導和名人認為胡風這是反對毛主席號召廣大文藝工作者深入基層，深入生產第一線，與工農兵打成一片。而我在一些相好的同學中說：毛主席〈在延安文藝座談會上的講話〉是完全正確的，號召作者深入工農兵生活也是第一性的，但胡風講的處處有生活、日常生活也是生活，也需體驗，也需吸取，亦是有道理的。要不，文藝作品中非工農兵生活如何表達？我這個解釋自然在運動中被揭發，被批判，被貶為胡風辯護的「可憐應聲蟲」，我也只有低頭認罪。

三、另外，我除了有上述這些「應聲蟲」的謬論外，對胡風弟子路翎的小說，如《財主的兒女們》、《求愛》——向許多相好的同學們推薦過，特別對他當時在《人民文學》上發表的、關於抗美援朝的短篇〈窪地上的戰役〉讚不絕口，認為是一篇用作者主觀戰鬥精神與朝鮮戰場的火與血結合的、最激動人心的佳品。作品中的主人翁、志願軍十九歲的年輕戰士王應洪，被駐地一個美麗聰慧的朝鮮姑娘金聖姬愛上了，但由於志願軍的紀律，王應洪不能回應異國姑娘的愛。他只有默默地幫姑娘的家裏挑水，以及幹各種各樣的活路。姑娘暗暗送他一雙取暖的手工襪套，他也立刻報告班長王順，上交給王順。王順是個愛護戰士的好班長，他不僅沒說小夥子一句不對，反而鼓勵王應洪在戰場上更努力地消滅敵人，以報答朝鮮人民對志願軍的關懷。也就在這個時候，班長王順帶著王應洪和全班戰士，在一個深夜到一個山窩窪地的前沿陣地抓俘虜。經過千辛萬苦，抓俘虜的任務完成了。在往回撤時，班長命令副班長帶著其他戰士押俘虜迅速歸隊，而他和王應洪斷後掩護。掩護中，王應洪受了傷，兩人便躲在一個隱蔽的、深深的窪坑中。這時，王應洪從口袋拿出一繡花手帕，手帕中間還有用朝鮮文繡的兩個名字，一個是志願軍戰士王應洪，一個是美麗的朝鮮姑娘金聖姬。王應洪說：「班長，這是金聖姬親自繡的，又悄悄塞到我掛包裏，我上了窪地戰場才發現，現在，我把它交給你，這是紀律。」班長王順好感動，說：「應洪，你還是好好把它收起來吧！為了朝鮮、為了祖國，我們在圓滿完成任務後，一定要活著歸隊。首長和同志們都在等著我們哩！」說時遲，來得快，一隊美帝巡邏兵衝過來了。王應洪急中生智，為幫班長脫險，立即拋出手雷，自己卻中了致命一擊。恰恰這當兒，志願軍的援軍到了，王順背起王應洪，在援軍的幫助下，奔回了本軍陣地。在王順的懷抱裏，年輕的王應洪犧牲了，那塊繡著他和姑娘名字的手帕——灑染著滴滴鮮血……王應洪在這次窪地的戰役中立了頭等功，志願軍首長讓班長王順去金聖姬家報這個訊和交還那染著中國年輕戰士鮮血的、謹守軍隊紀律的繡花手帕。當姑娘接過立功喜報和手帕，雪白雪白的臉，杏圓杏圓的大眼，默默遙望遼遠的天邊，白雲的深處，那兒有英俊的王應洪，有中朝人民凝成的鮮血的友誼、牢不可破的親情和愛情！紀律和愛情溶為一體，天和地合而為一！我當時就被這篇小說陶醉了，一直銘記到今天，但這個作品在反胡風運動中被批為誣衊志願軍的毒草，是資產階級「人性論」的惡劣展現。我當時也為此作了深刻檢討，但我的立場在心裏老轉不過彎來，總在念叨：「這樣的人性論又有什麼不好呢？」

四、再就是我特別喜歡胡風的另一弟子綠原的詩，也經常將他感染我的作品在相好的同學中傳閱，比方，綠原寫的一首〈螢〉：

蛾是死在燭邊的
燭是熄在風邊的

青的光
霧的光和冷的光
永不殯葬於雨夜

啊，我真該為你歌唱
自己的燈塔
自己的路

李德復和綠原、曾卓在一起

我很欣賞這道詩，認為這是為小人物的傲骨而寫的。可不是麼？即使死，也要死在烈烈火焰中，狂風暴雨中；那怕化為一瞬間的光，一縷縷淡淡的霧，也不悲悲切切在毛毛雨的夜；你說說，這樣的小螢火蟲、小人物不該歌頌麼？它和他有自己的星星之火，有自己的、但丁說的那條不為人左右的路！

這首短詩的哲學藝術性，這首詩的崇高人格化，在反胡風運動中亦被批得體無完膚——是無階級性的資產階級情調！而我李德復就愛這種反動的調調，若不挨批——批誰？

五、最後就是批判自己的反動「出新」和反動言論了。比方我在討論《聯共黨史》中講的辯證唯物論時，我曾向老師發問：「不是說由原始共產主義社會到奴隸社會，是從量變到質變；由奴隸社會到封建社會也是從量變到質變；再從封建社會到資本主義社會亦是從量變到質變；接著從資本主義社會到社會主義社會更是從量變到質變；最後由社會主義社會過渡到共產主義社會自然仍是從量變到質變……那到了共產主義社會——各盡所能，各取所需了，還有沒有從量變到質變呢？如有的話，那是個什麼社會？如沒有的話，這個辯證規律不是失效了麼？恩格斯講的否定之否定，不是到此打句號了麼？」我這一提，自然引起老師不滿，遭到同學們起哄，我這個准胡風分子便罪加一等了。

二十世紀五〇年代中期掀起的這場對胡風文藝思想的批判——後來發展到清查「胡風反黨反革命集團」，這與他上呈中央「三十萬言書」有關，這「三十萬言書」他自己概括為：批判他的人「在讀者和作家頭上放了五把『理論』刀子」，即：（一）作家要從事創作實踐，非得首先具有完善無缺的共產主義世界觀不可；（二）只有工農兵的生活才算生活；（三）只有思想改造好了才能創作；（四）只有過去的形式才算民族形式；（五）題材有重要與否之分……再加上他的主要弟子和朋友舒蕪等揭發他二十世紀四〇年代以來給他們寫的所謂私人密信，於是被定性為「他們的基本隊伍，或是帝國主義國民黨特務，或是托洛茨基分子，或是反動軍官，或是共產黨的叛徒，由這些人做骨幹組成了一個暗藏在革命陣營的反革命派別，一個地下王國」……看到各個報刊上公佈這些權威「批示」和「按語」，我當時幾乎嚇暈了，因為我的那些言行，至少與「五把刀子」擦了毛毛邊，挖我的思想根源、階級根源必然掛得上，繫得住，真是天網恢恢，我插翅難逃了。我只有一條路可走，那就是低頭認命，坦白，交代。上帝都救不了。

這次階級鬥爭與教育學院那次階級鬥爭的搞法有相同與不相同的地方。相同的地方是全班同學把我圍到中間，或讓我站在突出的臺子上由大家批判，我交代；若交代得不如大家的上綱上線，就繼續批，繼續鬥，直到我完全合乎大家的要求為止。我當時悟出的經驗是：只要自己把自己罵得豬狗不如，別人怎麼上綱加碼，自己就怎麼承諾答應，還要苦著臉，似乎真地被他們徹底征服，自己再狡猾也得交待……並看到批判的人們臉上忍著極痛快的微笑，那就說明——這一問題可以過關了。就這麼一關關地過，到大家認為我被徹底打倒——就等著組織處理、判決，才算了事。

可這一回，在上述的那個基礎上，加上了土改中行之有效的「札根串連」辦法，即團幹部、班幹部先做與我相好的、幾個同學的工作，把他們發動起來，揭露我的隱私言行，與胡風思想掛得上勾的「反動言論」，並對這類言行進行想像、加工、擴大，逼我只能走承認是反革命的這條路……那真叫「觸及靈魂深處」，真是「叫天天不應，叫地地不靈」，哀求沒有用，痛苦流涕也沒得門，唯有在心裏學魯迅的阿Q，用阿Q的精神救護法牽著自己的手走下去、活下去……當時，我只是悶著頭想，這階級鬥爭的藝術，這整人榨思想的技巧，真是越來越進步，越來越精巧了。

可以想像，我當時不僅是眾矢之的，幾乎分分秒秒都孤獨，猶如荒野裏的一條可憐的野狗，儘管四周階級鬥爭的烈火熊熊，熱氣沖天，似乎每一雙看我的眼睛——包括之前，在我各方面風頭正旺時的本系、外系女孩送來的頻頻秋波，現而今也都變成了獵槍的槍口，向我射出階級的、仇恨的子彈……我是不是死去了一百次、一千次、一萬次？可我為什麼還活著？因為有一個女獵手的槍口放出的是溫馨的氣息，救命的微笑……

殘酷鬥爭中情與愛

世界上有許多事情是想像不到的。想像得到的是，如果一個人的人生某個階段各個方面很好，那麼他的事業，他的愛情……等等均能進入佳期，一切會順順當當、美美滿滿！要是相反，則其事業、愛情，以及其他……恐怕就要落入不可知的災難深淵。因此，當自己在華中師範學院俄語系淪落為還沒定案的、新生的、也許是最年輕的胡風分子時，我就想，這回比在教育學院被打成「有濃厚資產階級名利思想的落後分子」要掉得大，一切希望，一切幻想，想入團，想出風頭，都會竹籃打水一場空；至於本系、外系對我有點意思的女同學，肯定也與教育學院「那位」一樣，見我落到如此下場，搞得不好，將來就是反革命了，還能跟我好嗎？不落井下石就是刀下留情了！開始，事實也的確是這樣發展的：原來外系的兩個給我送秋波女孩，偶爾在路上相逢，秋波便變成「恨階級敵人」的「仇波」了。本系本班的一個主動對我好的女生，這時突然由溫柔的波斯貓變成揮著大棒的、似乎一身正義的惡狠狠的武士，把我批得反動之至，狗屁不值！對這一切，我倒想得開，一是當時那批胡風的勁頭，如猛虎下山，似排山倒海，勢若破竹。我就是根爛竹子，還能不讓人家用階級鬥爭的砍刀破破嗎？再則，那會兒人人都與我劃清界線，與我有點關係的人更要與我分清敵我了，何況是將會成為我女朋友的人哩！故想不通也得認命……階級鬥爭啊，真是一抓就靈，靈得你毫無話說，不容質疑！

但是，在這不可測的深淵裏，卻來了點自己完全沒有想到的特殊性。這特殊性來之於同班的一個女同學李婉靈。她的俄文名字叫Нина（妮娜），河

李婉靈在華師時唱豫劇

南浙川人，一九三三年生，比我小一歲。在反胡風運動前，她與我還玩得來，但彼此尚未正式成為有那種意思的男女朋友。我那會兒正不可一世地在幾個女孩中挑選和對比，她自然是我對比、挑選中的一個。我之所以把她納入心中一員：一是，她在那幾個女同學中最漂亮。說老實話，男人找對象，絕大部分是以漂亮、美麗為第一標準，我也脫不了這個俗；二是，她和我一樣，喜歡文藝，豫劇唱得好，她在我們學院還公開演出過《白蛇傳》，我被她的扮相和唱腔迷住了；三是，她的俄語發音準確，背誦課文比我快，比我好，在我插班學俄語時，她無私地幫助過我。有時，星期天，我約她出去玩，她總讓我帶著俄語課本，在花園，在野外，一起做ДИКТАНТ（聽寫）的練習，不做好，不搞得滾瓜爛熟，不許進行其他「節目」，我的俄語由D等（不級格）到A等（優秀），就是這麼練出來的。一向好強的我對她這一點，特別感謝。就是現在，我到大學開「文學」與「成功學」這兩門課，有同學問我：「大學能否戀愛？」我的回答是：「每門功課達到八十分以上，可以戀，若在八十分以下，甚至有不及格的，就沒資格戀！特別是男孩子，功課學得一場糊塗，有臉戀愛嗎？就是戀，也是物以類聚，同等貨色，有什麼意思！」年輕人大都認同我這個觀點。

1954年春，李婉靈在華師的運動照

那陣子，我在運動中已是眾叛親離，幾乎沒人理我，沒人同情我。妮娜是不是這樣呢？開始，我感覺她也這樣。大家批判我，她亦跟著批；大家喊打倒我，她亦跟著喊。可我慢慢發現，她每次批我，到最後總有一句話：「Пемя（別加，我的俄文名字），只要你認識自己的錯誤，認真檢討，你還是可以回到人民的隊伍裏來的。」這句話似乎很平常，但其他同學沒講這話呀，這話裏有期待，有規勸，是希望我回歸呀，我覺得好溫暖、好暖和呵！尤其她喊我的俄文名字——

別加，深深打動了我，因別人批我，都是直呼「胡風的走狗、應聲蟲李德復」！別加，是俄語中的小名、愛稱，她在這種情況下如此稱呼——不是暗示我別著急，帶了一點感情麼？還有一次，她批判我，批著批著，她眼裏突然潤濕，含著淚……當然，她立刻忍住了。我當時心裏一跳：這個李婉靈，這個妮娜，她心中有我啊！她的這種表態，讓我已死的心產生了微微的希望。

什麼叫友情？什麼叫愛情？不是在你好的時候，飛黃騰達的時候，擁抱你，誇獎你，與你山盟海誓，海枯石爛；而是在你四面楚歌時，滅頂之災時，能靜靜地給你一個溫暖的眼神，一句暖心的話，那就是上帝之手啊，是拯救靈魂的浮命圈啊……對不對？

就她那句話，就她靜靜的眼神，敏感的我，頓時覺得有種力量讓我堅持、堅持、再堅持！那怕把我打成胡風分子、反革命，我也要活下去。我好的時候，不是有幾個女孩子喜歡我麼？我不是左比右比拿不定主意麼？現在，我可拿準了：烈火煉真金，艱難出真情！可我現在這號德性，這號千夫所指的批鬥對象，哪有資格想這個問題！這不是癩蛤蟆想吃天鵝肉！當然，當時只是想想而已，想想也有點甜蜜呀，儘管痛苦在一圈一圈地緊裹著我。

我更沒想到的是，在運動最緊張時刻，我被關在寢室裏，沒命令是絕不能出來的。而她總在每天下午下課後，吃晚飯前，在我寢室的窗下走三趟。第一次我沒有太多的感覺，以為這是偶然性，可她天天如此，我才知道這是有意為之，是叫我別著急，別著急，還有人把我放在心上呢！後來，我就坐在窗戶邊，每天下午就等她的腳步聲，「踏踏踏」走過來了，「踏踏踏」又走過去了，那聲音真美，是我的安神劑，是我的定心丸。只要我聽到這有節奏的音樂，我就知道這一天平安無事，我心裏便升起那可能又不可能的、回到教室學習的奢望。

我在寢室裏反省的這個階段，除了偶爾被拉出去批鬥外，一般就在屋子裏死坐。後來我知道——這是因為系裏管運動的領導認為把我批得差不多了，我腦子裏的「反動言論」也榨不出多少油水了，便暫時把我擱到一邊，同時派班上的黨團員到各處外調，看我是不是與胡風、或與胡風的骨幹、朋友有聯繫，如有，我就真正成為胡風反革命集團中的一員，也就是堂堂正正的反革命了。可這是他們高抬了我，我這小不點哪有資格高攀鼎鼎大名的胡風和他的骨幹喲，大不了，用現在的名詞叫「粉絲」，且是個沒什麼價值的「粉絲」。再就是黨的「實事求是」的政策還是管用的，經過調查，我與胡風集團沒有組織聯繫，於是沒多久，便把我從寢室裏放了出來，讓我復課，只是開班會或一些集體活動我不能參加。對此，我好高興，認為這是解放我的第一步，再過一陣，就可以完全回到同學中去了。妮娜那時大約也有這個看法，很快與我恢復了以前的狀態，一方面幫我復習因挨批而落下的功課；另方面穩定我的情緒，開導我認識錯誤重新做人，幾乎每天晚飯後都陪我散步，讓我寬心。我總是問她：「你跟我在一起，不怕大家在背後戳你的脊樑骨？」

她不作答，只笑笑。

我問的次數多了，她還是笑笑，仍不答。

我知道她是個內向的、沉穩的女孩，平常話少，似乎不愛說什麼，也不惹是非；但只要是她認准的事，她也毫不含糊，能大大方方、漂漂亮亮、有理有節地展現出來，如她在俄語課堂上回答蘇聯老師的問題，在政治理論討論會上與別人展開辯論，以及在校禮堂演出豫劇……那她現在與我的關係到底是怎麼想的呢？特別在此敏感時期，幾乎所有的人都把我當「不祥物」，當「另類」，她為什麼還與我走這麼近？似乎對我蠻好……有一回，我大膽地故意拉著她的手，她不掙扎，任我拉著，也不顧校園裏四周傳來的、異樣的、不解的目光。我這個自以為聰明的人就趁火打劫：「妮娜，如果這種時候，你能答應做我的女朋友，那真是天下奇跡，世上無雙！」

她還是笑笑，卻回答了：「你有這個感覺？」

「這個感覺是你給我的。」

「我給你的？那你就感覺吧！」

「好，我就感覺了！」我迅速地在她臉上吻了下，企圖一吻定「天下」。

這個「天下」定下來沒有呢？可真有點無聲驚雷、洶波駭浪。這生活，這老天爺還在考驗我們哩。

這個甜蜜的夢我沒做多久，我就從某領導的報告中，從一些蔑視我的眼光裏，以及聽各處傳來的小道消息：像我這號儘管與胡風集團沒組織聯繫，但思想受毒太深的同情分子，也要進行勞動改造，至少要遣送到艱苦的大山區去。我就想，如這樣，我在學校肯定待不長，要告別同學、特別是離開妮娜了。我是捨不得她，但我絕不能拖累她！與此同時，我還發現一個秘密，就是學院的某中層領導、妮娜的河南老鄉、一個長得比我英俊漂亮，且政治條件、業務修養都非常好的年輕俊傑在追求她。說老實話，開始，我有點吃醋，後來反覆思索：我有什麼資格吃醋？人家各方面條件比我好，能真正給妮娜帶來一生的幸福，而我，將來很可能是勞改犯，如纏著妮娜不放，那不會害她一輩子！如果自己真正喜歡她、愛她，就應該和她一刀兩斷，讓她有個健康、歡樂的歸宿！對此事，在我腦海裏鬥爭又鬥爭，打架又打架……幸虧我還有點真男人的氣魄——痛是極限的痛，但我最後還是下了決心，與妮娜分手。

就在一天晚飯後，妮娜約我出去散心，在一個山坡的柳樹下，我便向她攤牌了，「妮娜，我們還是別在一起了，我們在一起，對你太不公平，只有傷害……」

她聽了，大吃一驚：「你說什麼？對我傷害，不公平……可我不在乎！」

「你不在乎我在乎。我不能太自私！太自私就不是男人了，十足的小人！」

「你為什麼要這麼鄙賤自己？你的錯，不是品質的錯，是認識的錯，可能還有些誤會……我是自願和你在一起的……」

「那也不行！我一個人掉到火炕裏就算了，不能把你也拖到大火裏燒。我知道，現在有一個我不能與之相比的人，若比，是比我強一百萬倍，他能給你真正的幸福和快樂，你為什麼不去接受呢？一千個理由，一萬條道理，你都應該接受。要是別的女孩，拿我與他比，早就飛過去了。」

「李德復，你說什麼？你這不是誣衊人嗎？你以為我是見異思遷的人？你別門縫裏瞧鬼，把人看扁了。」

「我沒看扁。不管你怎麼說，我今天就是要與你分開，如果不是為你，我就是為我自己，行吧？」說完，我掉頭跑了。

她沒追上來，也沒喊我。

我一口氣跑回宿舍，心口跳得特別厲害，我的確捨不得，一千個、一萬個捨不得啊！但我性格裏殘餘的那一點自尊，那一點點為所愛所思的人著想，我不得不這樣做，不得不這麼處理。否則，今後湧來的災難，我無法面對她，更無法面對自己的良心。

那會兒，為讓自己的心靈安靜，我順手拿下掛在我宿舍床邊的二胡——這樂器是我在教育學院學的，學得還可以，特別是拉我喜歡的曲子：〈良宵〉。接著，我搬了把椅子，放在寢室外的竹籬笆旁，自己便坐在椅子上拉起〈良宵〉來，但我拉得悲悲切切，哪裏是〈良宵〉，完全是「苦宵」。苦就苦吧，誰讓我是這個命哩！

拉著拉著，我忽然聽到籬笆外有敲擊的聲音，停止拉弦後，我聽到妮娜溫和的聲音：「別加，出來，聽我慢慢給你說……」

有什麼辦法？女人要固執起來，十條水牯子也拉不回頭。

我出去了，籬笆外是學院大操場，跑道的中心地帶是一片綠茵茵的草坪。我和她坐在草坪上一直談到半夜。她說——不管你李德復下多大決心，我李婉靈都不會離開你。還說：「你不是喜

李德復和李婉靈1956年在華師

歡路翎的小說《窪地上的戰役》麼？那裏面有長長流水的真情，有死都斬不斷的愛情……那是一場戰鬥，一場血的洗禮，我們，是不是也是華中師院反胡風運動中的一場小小的窪地上的戰役呢？這裏頭難道沒真情？不容許一點愛……愛情是不分好環境與壞環境的，也不分幸福的愛情和苦難的愛情的。關鍵是真心。是真心——苦也樂；非真心——幸福也虛偽。要不，為什麼說——生命誠可貴，愛情價更高呢？別加，對不對？」

應該說，她當年這番話擊中了我的軟肋，我服了。便想，是禍是福，就按她的意志走下去吧！記得古人有一句形容女人的話：每遇大事有靜氣。她，文文靜靜的，在那讓人心境七上八下的年代，的確有一股鎮住人的靜氣，尤其對我這號人。

悲劇中有喜劇嗎？有！

我自認為，我的想像力是相當豐富的，可我萬萬沒想到：在這殘酷的階級鬥爭中，我還碰上了愛情，而且是真正的愛情。對此事，我曾經冷靜地分析過，我和妮娜在如此不可能的情況下——到底是什麼原因走到了一起？

是同病相憐麼？非也。我那時是被批鬥的對象，而她不是；我被劃到階級敵人一邊，她卻是人民中的一份子。

是原來就「山盟海誓」，定下情了麼？看來也不準確，在批鬥我之前，我們只是一般在學習上相互幫助的朋友；就進一步講，也沒登上那只「月濛濛，桃花笑春風」的愛之小船。

是女方的同情或是我有何德需要對方報恩——而演變成的愛麼？這就更挨不上邊、靠不上譜了。相反，妮娜對我學習俄語，助我從不及格的角色上升到全班佼佼者——卻有恩於我！

那這是怎麼回事呢？只能歸之於有緣、緣分。而緣分是個說不清的東西，是個不能用理智分析的東西，它似乎包羅萬象，又似乎有一個你永遠也解釋不清的、卻藏在內心的神聖與聖潔，列夫・托爾斯泰在《安娜・卡列尼娜》這本名著中說：「假使有千萬個人，就有千萬條心，自然有千萬副心腸，就有千萬種戀愛。」我想，我與妮娜的這種殘酷又美好的相戀，大概是那千萬種戀愛中的一種另類吧！

既然妮娜那時給了我希望，給我吃了定心丸，作為還有點男人氣概的我，就想鞏固這希望，把自己令人厭惡的身份、形象慢慢搞得好一點，目的是不讓妮娜因為我是她的男朋友而太丟面子。於是，我採取了三個辦法：其一、學校不是讓我繼續跟班上課嗎？那好，我就特別用功，發憤學習，不僅把本科的專業：基本俄語、俄語語法、俄羅斯文學學好，還把其他的公開課程，如蘇聯聯共黨史、馬列主義、辯證唯物論、教育學、心理學、政治經濟學、新民主主義論，甚至連體育（勞衛操）都學得棒棒的。這大概是愛情的力量，同時，也還有我個性中的、不服氣的、爭強好鬥的、在低潮困境中的性格展現：人們不是把我當反革命麼？不是說我思想反動至極麼？那就在學習上，考場上比試比試吧！我在政治上是永遠趕不上同學們的，曾經為入團──表現得再好，哭三天三夜也不中。可在讀書、做學問這條跑道上，我要跑到最前面！可能是上帝幫忙，妮娜鼓勵我，我還真做到了這一點！在一九五五年至一九五六年的所有考試中──包括大學畢業考試，我是這個班級三個考分最高學生中的一個，不光是專業課取得了最高分，就連一系列的政治課也都取得了最高分，有同學就在背後說我：「這傢伙思想那麼壞，那麼反動，怎麼聯共黨史、馬列主義、辯證唯物論、新民主主義論……也學得那麼好呢？」有人答曰：「這只能說明他更壞，更反動！」我知道後，一點也不生氣，反而在心裏得意：「怎麼樣？你們比輸了吧！我別加、李德復在政治思想方面搞不贏你們，可在學習政治理論上永遠戰勝你們！」我覺得，在這方面，我真給妮娜爭了口氣，爭了個隱性的面子……至少在學習上還值得一愛吧！其二、我故意在此期間剃了光頭。這是一個沒有聲明的聲明，沒有語言的語言，就是向學校當局、所有老師、同學表態：我李德復一定痛改前非，改過自新，你們就饒了我吧，讓我過關吧，我甚至想起毛主席寫的、〈憶秦娥・婁山關〉中的、幾句讓人讀一遍就不會忘記的佳句：「雄關漫道真如鐵／而今邁步從頭越／從頭越／蒼山如海／殘陽如血」。只不過毛主席他老人家寫這首詞是為革命，氣勢如虹的革命浪漫主義！而我記得這幾句，是小人物妄想解脫自己，恢復自由身，也真是「運動過關真如鐵／而今何處從頭越／越不越／坦白從寬／心裏湧血」。其三、為了讓大家對我有個改過的印象，有個立功自新的感覺，我冥思苦想，找到了一個竅門，就是在體育長跑上下功夫，因為我心臟好，小時候由於日本鬼子侵略──逃難時練就了奔跑耐力，現在再好好練，爭取在全校體育運動會上、武漢市大學生運動會上為本系、本校奪一兩個獎牌，不也是件好事，為妮娜再爭回點顏面麼。

一旦拿定主意，我每天凌晨五點起床，到操場練一萬米長跑，並請妮娜拿個錶記我跑一圈、三千米、五千米、以及一萬米的時間，並規定我每天都得有進步，那怕一天只快一秒呢，我和妮娜都感到高興。功夫不負苦心人和贖罪人，我在全院運動會上奪取了萬米長跑冠軍，在武漢市大學生運動會上取得了萬米長跑第三名。為本系、本校爭了光。這回同學們在背後表揚了我，說我是：「打不死的程咬金！」

有上面這點小成績，小挽回，自己是不是就放心了呢？就覺得平安無事、可以睡個安身覺了呢？可不敢。我對自己的前途仍一點也不樂觀，完全是個未知數啊！我想，自己犯了這麼嚴重的錯誤，上面能放過我嗎？領導、老師、同學，除了妮娜，誰會高抬貴手，估計一個都沒有。所以，我在此時也做了最光明的想像——讓我大學畢業，下放到最艱苦的地方去鍛煉；同時也做了最黑暗的打算——被送去勞動改造，戴上反動的黑帽子，把我的青春釘死在恥辱柱上。

也就在這時，我多次和妮娜商量，讓她幫我處理這「好的想像」和「壞的打算」，如果是前者，那沒問題，我會接受教訓，重新做人，讓她今後永遠放心。如果是後者，我請她把我的一切，轉告我父母，安慰我雙親：別掛牽我，別擔心我，我能在磨難中重生，總有一天，我會改造好回家的。同時，我也安慰妮娜和自我安慰——純粹是打腫臉充胖子，故意吹噓壯膽吧，說什麼：「我們不是學了俄羅斯文學史嗎？你知道我為什麼特喜歡二十世紀的俄國著名作家陀思妥耶夫斯基。他的作品，如《窮人》、《雙重人格》、《罪與罰》、《卡拉馬佐夫兄弟》和《被侮辱被損害的》等等都是世界名著——由此奠定了他在世界文學史上的輝煌地位。他能把各個階層人物的靈魂解剖得入木三分，能把當時社會的弊端描繪得絲絲入扣，這是因為他真正深入其中，有他所寫小說的、豐厚扎實的生活。他的不朽長篇《死屋手記》是怎麼寫出來的？是他反對沙皇，被流放到西伯利亞服苦役，有這方面的的特殊痛苦體驗，才創作出這宏偉巨著；他寫斷頭臺為何那麼逼真和令人震撼？是他原判為死刑，上斷頭臺前才被改判，故什麼是臨死的淒涼和死囚的壯烈……世上還沒有任何一個作家有他寫的那麼冷峻與深刻！而我，若被送去勞動改造或坐監，一方面是壞事，一方面也是好事。因我從小就想當作家嘛，當作家的首要條件就要有各種各樣的豐富生活：我有當官僚資產階級子弟的生活，有當地主大少爺的生活，有參加土地改革——瞭解農村各個階級，特別是貧下中農受剝削的生活，有解放前和解放後的生活，還有參加政治運動挨批鬥的大學生活……就是沒有勞改和坐牢的生活，現在不是機會來了嗎？那就別放過了，不僅要既來之，則安之，還要好好樂於其中，『不入虎穴，焉得虎子』啊，對不對？說不定某一天，我也能像陀思妥耶夫斯基那樣——寫出一本中國式的《死屋手記》——不，我要定名為《活命手記》……能這樣，這一輩子也值得了。是不？」

我記得，當時妮娜聽著聽著就笑了，是一種苦楚的、淒慘的笑，可也有點安撫我的笑。我想不出用什麼恰當的形容詞來概括此情此景，是不是悲劇中捎帶喜劇的幽默？反正也是生活的原汁原味……當時她歎息了一聲：「這是什麼時候了，你還如此窮快活、死快活……」

我亦幽它一默：「別人不給我快活，我自己難道還不能自行其樂麼？」

總之，當時對自己思索了萬全之策，兵來將擋，水來土掩：好有好的走法，壞有壞的設計。人到了那種時候，是沒有辦法的辦法，是死裏面找活的活法。

也許是老天爺可憐我，也許是爸媽給我取的名字李德復（福）的那個「福」字取得好，大難之中有「小福」啊，不，歸根結底，還是黨的實事求是的政策在我身上起了關鍵作用：不管怎麼說，我在組織上與胡風及其骨幹——只知其名確絕無聯繫，或用一句外調的行話：「事出有因，查無實據」，故這個「雄關漫道真如鐵」，終於讓我「千山萬水」地邁過去了。

邁過去了，我的情況就有了本質的變化：至少不是敵人了，至少是人民的一分子了，儘管不是個「好人民」，也算個「壞老百姓」吧。於是，到一九五六年夏天，我被允許在華師畢業，正兒八經給我發了文憑。只是後來在「文革」中，我才從貼我的大字報裏知曉，我的母校給我的畢業鑒定是：「思想反動，限制使用。」從那個時代的大形勢看，對一個「副」胡風分子下這個結論，也還是客觀的，沒有加油加醋。只是這個沉重包袱，在我身上不知不覺地背了好多年，自己不是沒感覺，可這感覺常常在我腦子裏像朵天上的雲，飄一飄就過去了，是我「好忘」的天性在起消化作用吧。

能畢業，能與妮娜在一起，那會兒我做夢都是喜流油的。為了畢業後能和心愛的人分配在一個地方工作，經領導批准，我與妮娜到學院旁邊的街道辦事處領了結婚證，專門到照相館照了結婚照，還用五塊人民幣買了喜糖，請全班批鬥我一年半的男女同學吃，大家嘻嘻哈哈祝賀我們，那階級鬥爭的烽火硝煙便一下煙消雲散了。從此，多年來我和同學們都保持著良好的關係，也算是「相逢一笑泯恩仇」吧！人間本無事，只因心太深啊！

只是——妮娜嫁給我的第一個回合就吃了虧，按說，她的學習成績優秀，政治操行亦好，且當時學俄語的大學本科畢業生較少，她是完全可以留在武漢市工作的，全班百分之九十的同學都是這樣分配的呀！據說，組織上先是準備把她分到省工業廳當翻譯，可因和我這個落後的叛逆分子配了對，就把她與我分到一起——到當時稱謂湖北西伯利亞的襄陽地區去了。我和她對此沒有絲毫意見，雖算不上「我是黨的一塊磚，放到哪兒就在哪兒安……」卻也歡歡喜喜走上我們人生的第一個工作崗位，到新辦的襄陽農業學校當教員。我是異常高興的。我沒料到，像我這號人，還能為人師表。生活對我來說，又有驚無大險地翻過去一頁。

悲劇中有喜劇嗎？看來，還是有啊！

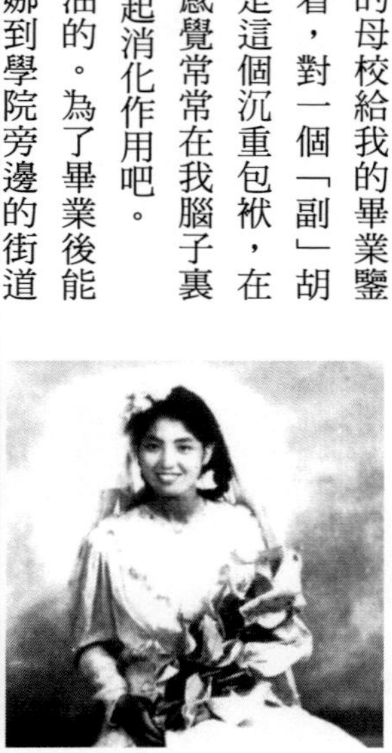
1956年的妮娜（我愛人李婉靈）

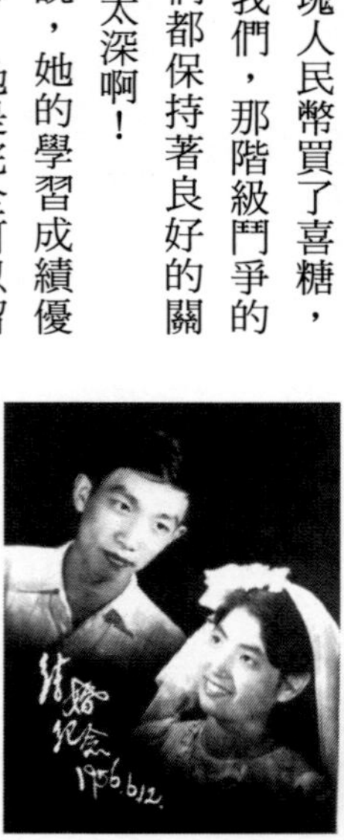

李德復和妮娜的結婚照

特殊蜜月的親情感應

現在想起來，我和妮娜結婚後的蜜月有點把特殊，是臨時決定的。開始，我對此還蠻擔心，之後卻讓我久久不能忘懷，在我腦海裏打下了深深的烙印。

我們並沒正規婚假，但畢業前學校給我們畢業班學生半個月的調整、休息。我和妮娜就把這作為老天賜於的蜜月。妮娜向我建議，是不是利用這兩個禮拜先到河南淅川她的家，然後再回湖南長沙我的家。醜女婿、俏媳婦總要見岳父母大人和公婆的面吧！

當時，我嘴上沒說什麼，心裏卻有顧慮——倒不是我長得太一般，有點醜，各方面都不如妮娜。根本問題是，我在反胡風運動中犯了嚴重錯誤，雖然沒戴上黑帽子，卻是地地道道的、被批鬥的、胡風的應聲蟲。在那個以階級鬥爭為綱的年代，任何人——不論是出身好的工農兵子弟，還是出身不好的、剝削家庭的子女，均以政治是否進步為「婚嫁」取捨的第一標準。要是婉靈的父母、弟妹、親戚、朋友知道我是這麼個「另類」，能容忍我、接納我麼？我們這個甜甜的蜜月不就變成痛苦的災月了嗎？

我把這個想法，吞吞吐吐地向妮娜透露了一些。

妮娜說：「你別瞎想，我們家不會那樣的。」

「真的？」

「真的！你一去就知道了。」

從她那裏，我知道，她父親李化時是豫西淅川數百里方圓內的著名大夫，他在縣城開了一家取名為「時慈」的大型診所，內科、外科、婦科、小兒科……他都內行，行醫數十年，經他治療的病人不計其數，均能妙手回春，被當地老百姓譽為神醫。他在國民黨時期還當過一陣商會的會長。解放後，與我岳父同時期的、縣裏的頭頭們，基本上都被鎮壓，唯獨把他留下：一是因他辦的診所救活了許多人，對一些窮人還免收治療和醫藥費，許多老百姓到政府為他求情；二是他信基督教，很虔誠，當個會長，為當地群眾做了不少好事，在民間的口碑甚好；三是經人民政府審查，他是個沒有任何劣跡的國民黨黨員，加之縣裏的醫學界沒合適的專業人才，就又派他去辦淅川縣人民醫院，由他當院長。這在當時是個稀罕的奇跡！岳母叫張慕真，出身農家，是個治家能手，她生了四女兩男——六個孩子。她不僅孩子帶得好，還能讓一個原來比較貧寒家庭逐漸變為幸福與智慧之家。她只有小學文化，卻讓孩子讀中學，上大學，說：「書是看不見的錢，能教人賺看得見的錢。」「知書達禮，忠孝兩全。」她還特別愛整潔，比我做大夫的岳丈還注意，是縣城裏有名的衛生模範。我到她家，每間房子，包括廚房、廁所都一塵不染；再就是她的記性、口才非常好。聽妮娜說，土改時，曾有人想拔高她家的階級成份，說她父親行醫賺錢，在縣裏置了大門面，還在鄉里置了點地——拼命拉她家朝剝削階級方面靠。她父親對此說不太清，她母親就在「劃階級」階段，當著幹部、群眾的面，親自上臺，按照土改法，把一家的財產、收入、人口說得一清二楚，滴水不漏。一經群眾評議，成份就降下來了——是個小土地出租兼自由職業者。周圍鄰居好佩服：「這女將真不簡單，一肚子的理性，政策都順著她的意哩。」妮娜說：「我媽才是咱家裏的、實實在在的裏外一把手。」

李德復岳父一家

聽妮娜講的這番話，我放了一半的心：她父親是個基督教徒，按照基督教的思想——是仁愛、博愛，寬恕有罪卻悔改的人。教堂裏的唱詩班不是這樣唱嗎：「人們是多麼容易被邪惡所吞食呀！那就求主吧，拋棄你的罪惡，虔誠地祈禱，主會幫助你悔改、回歸……」我岳丈是不是能以基督教徒的好心，原諒我這個跟著胡風走了一段邪路的人呢？還有能幹的丈母娘，您既然能在眾目睽睽之下，經過激烈辯論，把家庭成份準確地定位在人民這一邊，讓全家心中的一塊石頭落了地，那您是不是認為：您這個新女婿還不是敵人，雖犯了大錯、有罪，仍屬於百分之九十五這邊的自己人哩！至少還能勉勉強強與您女兒過日子吧？

說老實話，我初到丈老子、丈母娘家，確有些忐忑不安，特別是見他們一家把妮娜拉到裏屋談悄悄話，我心裏就七上八下。妮娜是個實話實說的人，對父母又很孝順，她不可能把我的情況瞞得嚴嚴實實，一點不漏……當然，她對我是認可的。但他父母家人是不是認可呢？不管怎麼說，這是個問號啊。

可幾天下來，岳父母和妮娜的弟妹個個把我當上賓，妮娜家的親戚輪流辦酒席請我：大大碗公酒、大大碗公肉、大大碗公魚、大大碗公雞……還有大大碗公麵，客氣得不得了。我碗裏的菜堆成了「山」，一碗酒剛下肚，下一碗就遞到你嘴邊。我雖不習慣，但特高興：他們沒把我當外人，基督教的教義起作用了，丈母娘的笑容說明，她喜歡我這個不成氣的女婿了。由此，我多次醉酒，都是妮娜給我解圍，扶我下桌。人生難得幾回醉！有喜醉，亦有悲醉。我這回是悲中有喜，大喜之醉！

玩了幾天，我們要走了，岳父母送給我們一百元人民幣。那時錢值錢呀，我和妮娜當初參加工作，每月工資僅五十點五元，雞蛋市價是五分錢一個。一百元幾乎是我們兩人一月的薪水。另外，他們還給我們一個金戒指，一個皮箱，算是妮娜的陪嫁吧。妮娜知足了，我更知足：心靈的知足，超越了有錢和金子的知足。

這個特殊蜜月麼樣？幾十年過去了，至今我還念念不忘。為什麼不忘？

李德復的岳父李化時

因在華師的、近一年半的階級鬥爭，我已習慣站在臺上，彎著腰低頭認罪；已習慣台下一雙雙憤怒的、直射我全身的仇恨眼光；已習慣台下一排排舉起的、握緊拳頭的手，及雷鳴般的、震撼玻璃窗的口號聲：「打倒胡風的應聲蟲、走狗李德復！」「李德復不投降，就叫他滅亡！」再就是自己無論是在校園裏走，在寢室裏坐，在食堂裏吃飯，在被指派的地方勞動……瞟到我身上的、都是人的白眼，有的還狠狠地咳一聲，朝地上吐口水……我的神經由受不了到麻木，我的臉由紅變青，最後變得有城牆厚；我的身心由想鑽地洞到想找個機會，跑進原始森林神農架，去當野人，永遠不出來……我當時才二十郎當歲啊，我不就讀了些胡風及他朋友、弟子的書嗎？為什麼就成了罪大深重的反革命？就該這樣挨批挨鬥挨整？就該這麼讓肉體受損，讓靈魂受刑、日夜不安嗎？真是想不通，可又非通不可，否則，只能到另一個世界去，到那不批判胡風的世界去。可誰又能保證那個世界不搞階級鬥爭呢？

這回，我頭次到妮娜家，恍恍惚惚地，像到了另一個世界，岳父母、郎舅、小姨們，以及他們的親戚朋友……眼光是那麼友善，面孔是那麼親切，待人是那麼熱情，真是酒醉人，茶醉人，空氣醉人：是笑聲的醉，心靈的醉，親情的醉，快樂的醉。這有幾好！為什麼一定要打打打，批批批，鬥鬥鬥？不如此，就不能解決問題麼？就會變天麼？江山就保不住麼？階級敵人就會從天而降！是不是有點自己嚇唬自己啊。大夥批判我是階級敵人的幫兇，我自己老覺得不是，從內心講，我是愛毛主席的，愛共產黨的，擁護社會主義的。我到華師來讀書，是想好好學本領，為人民服務的。我怎麼會是反革命那邊的人呢？

上述這些思想那會兒老在我腦子裏打轉轉。我好留戀妮娜的家，好希望在那兒待下去。過去，我對親情不是沒感受，但感受不深。這回，對比一下，突然認識到，親情太重要了，特別當自己在階級鬥爭中受了傷，遭到了打擊，親情可以默默地給你止血，給你包紮創口。這個，只有親身經歷，才會銘刻於腦、於心。

接著，我和妮娜回到我的、長沙的家。父母和兩個在長沙讀書的妹妹請我們在家裏吃了一頓豐盛的酒席，父母也給我和妮娜一百元人民幣、一個白金戒指、一口皮箱，外加一段布料，物質加精神的親情，亦讓我和妮娜感動不已。我這一生的結婚階段、蜜月過程似乎到此就打上了句號。

事後我想，人的命運是各種各樣的，帶來的婚姻也是各種各樣的，以至他們的蜜月也是各種各樣的。現在，有的人的蜜月是那麼浪漫，能到地球風景最美的地方去觀光；有的人的蜜月是那麼豪華，能花上千萬美元，遊遍全世界，還要上太空；有的人的蜜月則能隨心所欲，想蜜多長時間就有多長時間……而我和妮娜這自創的特殊蜜月，只在自個親人家裏匆匆地走了一趟，卻使我深深感受到有階級鬥爭和無階級鬥爭的兩重天。也可能至今我的思想還沒改造好吧，我有個隱隱地直覺：即階級鬥爭也有人為的、偽造的，並非全是歷史自然發展的！而這種偽造的階級鬥爭是歷史的反動，是最害人的，是讓成千上萬、甚至幾十萬、幾百萬人處於水深火熱中煎熬……把人間的愛情、婚姻、蜜月統統打入十八層地獄。這樣的「綱舉目張，一抓就靈」還能讓它死屍還魂麼？中國的歷史該不會再重複了吧！

孕育出第一個孩子和第一篇小說的新房

過完蜜月，我和妮娜悄悄回到學校。緊接著，我們全班同學——各人拿著各人的工作分配通知書，紛紛出發上任了：凡是在反胡風政治運動中表現好的、批鬥我十分積極的，一大部分留校；一部分則分到武漢市的大學、中學，以及外省的高等學校和重點中學。除此之外，還有一些分配到離武漢市較近的幾個地區學校教書。我和妮娜被分配到離武漢最遠的、當時稱之為鄂西北的窮山惡嶺——襄陽地區。我們，特別是我，不僅沒一丁點不舒服，內心已非常滿足。自己犯了那麼大的錯，組織上還讓我工作，我還有什麼想法呢？喜都喜不贏啊。

可能是樂極生悲吧！出發當天，我就出了事。因二十世紀五〇年代的交通運輸比較差，從武漢到襄陽地區的襄樊市——坐車得兩天，且是敞篷車；不像現在，是高速公路，坐軟座，三個小時就到達目的地。由於敞篷公汽沒座位，乘客上車紛紛搶地盤，非常之擠，而我又粗心大意，到車已離站幾十公里，妮娜問我：「我們那個手提網袋在哪裏？」我一下懵了，原來上車過於匆忙，我忘拿了，掉在漢口車站的候車室裏。對此，妮娜沒怎麼埋怨，只歎了口氣：「你呀，我新做的一件秋外套在網袋裏……還有一些洗漱的日常用品都在裏面，你就這麼給報銷了……」第一天天黑車到棗陽縣住宿，第二天清晨車便向襄樊市進發。途中，妮娜拉著我的左手腕看了看，問：「你手上戴的錶呢？」唉嗐，我又懵了——我早上在棗陽旅館洗漱時，把它丟在洗臉架上忘拿了。妮娜依然沒埋怨，只又歎了口氣：「你呀，什麼時候長點記性啦！」而今想起來，我這一生從小到老，除了對文字過細一點外，在其他方面確實缺心眼——家人都記得的，我常忘得一乾二淨。再就是每年不掉幾樣東西和幹一兩樣蠢事，那就不是李德復。

雖然掉了網袋裏的新衣服、日常用品和手錶，可到了襄樊市我們被分配的地區襄陽農校，我們還是挺高興的。學校位於襄城西郊，當時比較荒涼，街道大部分是解放前的石板路，商鋪稀稀拉拉，與今天聳立的高樓大廈完全不能比……農校的校舍也正在蓋，男女廁所簡陋得僅用一些木板搭成；沒有電燈照明，全部用煤油燈……可我們一去，學校領導見我們是新來的大學生，對我和妮娜是歡迎的、熱情的。見我倆是新婚夫妻，在當時全校用房十分緊張的情況下，分給我們一間十五平方米的、新蓋的紅瓦和磚石結構的平房：雪白的牆壁，乳灰色的水泥地，一個木門，一個木製的兩扇玻璃窗……真讓我與妮娜驚喜！這麼好的居住條件，超出我們的想像！

過去，在家，我們住父母的房子；到華師，我們住學校的宿舍，現在，我們終於有了自己的家——我們工作單位分配給我倆的新房！小麼？不小不小，兩個人住，夠寬了，夠大了！沒有桌子，學校配了張書桌；沒有椅子，學校配了把木椅；沒有床，學校總務科讓我們到木工房借兩條長凳、幾塊木板，就搭成令人滿意的新床。人是容易滿足的，知足就能長樂！當天傍晚，我還和妮娜到襄陽城鼓樓洞旁邊的一個餐館，一人吃了一碗熱呼呼的豬肉梢子鍋麵，以慶祝——我們住進了小小安樂窩。

在農校安定下來以後，我認真將自己這幾年的遭遇思考了一番。我常自己對自己說——再不能犯錯誤了，千萬不能再出什麼問題了。事不過三啊，我已在教育學院犯了一次，在華中師範學院又犯了一次，如果再犯，恐怕是沒得救了。但我這個官僚資產階級兼地主階級家庭出身的角色——要怎樣才不犯錯誤呢？怎樣才能把自己思想改造得與工農兵出身的子弟一樣呢？對此，我非常犯難。因為，從思想的表面看，我和工農兵出身的人一樣愛毛主席，愛共產黨，愛社會主義國家，內心沒有一點不忠，一絲疑惑。可是只要

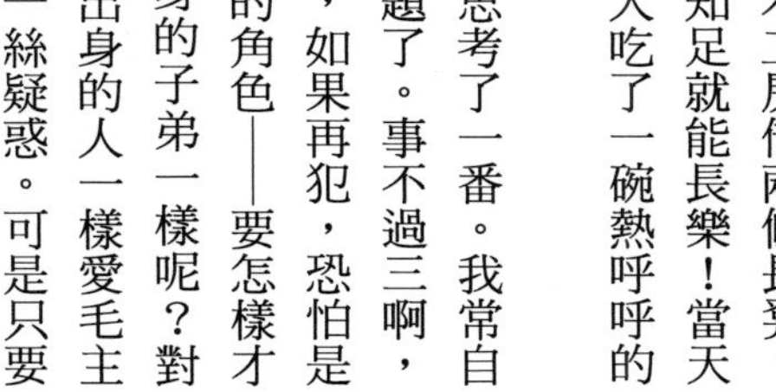

1958年，李德復在襄陽農校講大躍進的成績

政治運動一來，我就不行了，就馬上與成份好的人一分為二了，好像天生就要劃歸到那個與人民為敵的陰暗角落裏去。是偶然麼？幾乎是必然。之所以是必然，是因為我無法瞭解、掌握政治思想運動的規律。比方，我寫《太陽照在姜祥山上》時，怎麼會知道這是嚴重的資產階級名利思想呢？我讀胡風的書、路翎的小說、綠原的詩……怎麼會知道這會使自己變為反革命分子的走狗呢？真是無法設防，即使猜謎語也不知從哪兒入手啊。這種階級鬥爭，這種路線鬥爭，像我這樣的小知識份子，也只有任其擺佈。那雙「一抓就靈」的手，想把你捏成什麼東西就是什麼東西，所謂運動「不以人的意志為轉移」，特別是我這號家庭出身不好的人的意志。

但是，不管怎樣，不管自己如何無奈無法，我還是要總結前兩次挨整的經驗教訓，儘量不重複所犯過的、幼稚的、主觀的錯誤。就算是頭豬，吞噬了兩次鐵釘，下一回總不會再把鐵釘當美食了吧，何況我的生肖和大鬧天庭的孫悟空一致——是屬猴，猴子的腦袋瓜兒多少有點靈氣，對不對？

由此，我在第一次「倒楣」時總結出來的、五條避免犯錯誤的、行動綱領的基礎上，又加了五條：一、自己讀什麼書，包括所有的文學、藝術書籍，自己不能憑興趣、憑主觀願望去選擇，而是要看黨號召你看什麼書，讀什麼書，你就去看什麼，讀什麼，並能寫出較深刻的心得來。二、對自己主觀感興趣的書，是不是一本不讀？也不是。是讀了，不去宣傳，不去與別人議論，以免以後運動來了，判定這書是壞書，自己又中了毒，挨批挨鬥就會再次落到頭上。對這類書，千萬不要記筆記，寫心得，以防運動來了沒收抽查，自己又脫不了身。三、今後自己不論是寫小說、散文、詩歌、雜文……等，都先向黨員領導報告，領導批准了就寫，不批准就不寫，而且不能有絲毫不愉快的情緒。四、自己寫的東西發表了，一定要送給黨員領導看，並要誠懇表示，這是黨的培養，領導的栽培，絕對不能驕傲自滿，絕對不能在同事面前有得意之色。五、要永遠記住，對黨的領導，對每個黨員，不論他們如何誠懇地要自己提意見，只能說好的，不能說壞的。一定要忍住，忍住，忍住！即使他們一定要自己提缺點，也只能講些不關痛癢的、雞毛蒜皮的小事，且意見中要自然地帶出有肯定性的表揚來。

這樣，這前後五條——加起來是十條，作為我在農校敬重領導，重視同事，既尊師重道又尊生重道的、做人做事的實踐方針了。

此方針還真奏效。一九五六年下半年，我和妮娜在農校教俄語，領導、老師、同學反映甚好。一九五七年上半年，領導突然不讓我們教俄語了，要改教中國語文。後來我知道，這是因為蘇聯共產黨在一九五六年二月舉行黨的二十次代表大會上，赫魯雪夫揭露了史達林的種種錯誤，有的地方過分誇張，與我國的關係便開始惡化。於是，我國一些學校的俄語教學開始轉舵，改教英語了，農校就是其中之一。

也就在此時，領導不僅叫我教語文，還讓我當一個班的班主任，我真有點受寵若驚。這不是在政治上相信我這個犯過大錯的人嘛。我一定要更努力更積極地幹，把教學和班主任工作搞得棒棒的，以報答黨組織對我的信任和培養。那時，我一方面在課堂上課，一方面還根據學校計畫，帶學生下鄉實習。一次，我帶本班學生到夥牌鄉拖拉機站學機械維修，發現站裏正在搞社會主義勞動競賽：一個年輕拖拉機手李小飛，主動向老模範張勤德挑戰。老張計畫一個工作日用拖拉機——蘇式「德特五四」犁地一百二十畝，小飛則提出他的「德特五四」一個工作日犁地一百二十一畝。每個工作日犁地一百二十畝已經達到了極限，而小飛傲強得很，非要比老模範多犁一畝，表示他比老張能幹，模範稱號應該是他的！結果怎麼樣呢？到這階段的耕地面積犁完，在慶功會上，拖拉機站的站長宣佈：李小飛果然是冠軍，每個工作日不僅犁地達一百二十一畝，且質量也過硬。就在全場熱烈鼓掌，小飛興奮得眉飛色舞時，站長又突然對小飛說：「不過，年輕人呀，你的勁頭大，雄得很，這個好，但你也蠻了一點，只顧耕地，可沒好好照顧你的拖拉機……」小飛不服氣，反駁說：「可我的拖拉機從沒出過什麼毛病，每天都油光水亮

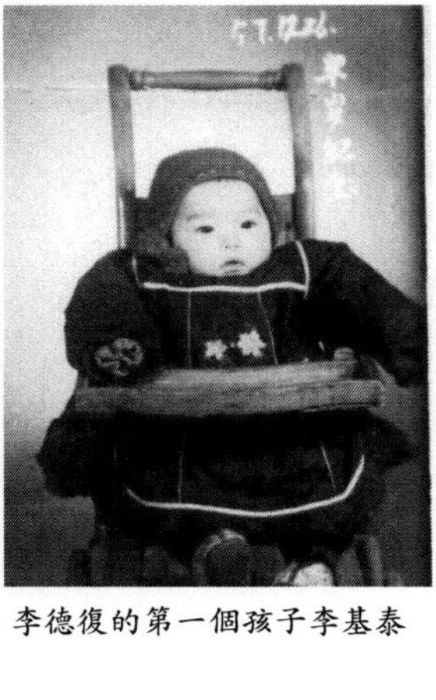

李德復的第一個孩子李基泰

李德復和他的第一個孩子

呀！」站長便掃了大家一眼，說：「同志們，你們可知道，小飛的拖拉機為啥從不拋錨？為啥？！是小飛每晚睡得正香甜時，有人在幫他保養鐵牛、擦洗鐵牛哩！此人就是老模範張德勤！」頓時，全場的目光、掌聲，包括李小飛的，都轉向了老張……老張卻不好意思地低下了頭……我根據這個素材，寫了篇約兩千字的小說〈誰是第一〉，投給了《湖北日報》的「東湖文藝」欄目。沒多久，「東湖文藝」以欄目頭條刊登了這篇文章，我好高興，妮娜好高興。過去，我雖然也在報刊上發表了一些東西，但基本上是小通訊、小散文、小雜文、短詩、順口溜和譯文故事等等，而正兒八經的小說，這是頭一篇！特別是，我將刊有這篇小說〈誰是第一〉的《湖北日報》送給學校一把手、黨的支部書記谷峻山同志看時，他也蠻高興，拍著我的肩膀說：「秀才，你沒食言，好樣的，帶學生下去實習，還寫出一篇歌頌我們農村的作品來！要再接再厲、再接再勵！讓你班上的同學都會寫文章！」原來，我是按自己在農校的做事方針行事——下鄉寫文章體會，我事先向谷書記作了彙報。他是位南下的工農老幹部，對人特公平、特豪爽。你事情幹得好，他會熱情表揚；你要馬馬虎虎教學，他會嚴厲批評，一點也不講客氣。故我心裏有個小九九，一定在他面前好好表現。只要他對我印象好，今後如果又有什麼運動來了，我是不是可以躲過去呢？一個剝削階級家庭出身的人，的確時刻在心驚膽跳地過日子，深怕下一次又來個滅頂之災。

那會兒，我不僅在帶學生下鄉實習中不怕苦、不怕累，經常寫歌頌農村的文章；在教學上，我也千方百計創新，把課教得既生動又實在。為此，管教學的校長秦德俊和教導主任袁樹華，專門為我組織公開課，讓其他老師來聽，稱謂教學示範。我對此兢兢業業，全力以赴，效果相當不錯。我的目的並不是讓學校怎麼重視我，內心深處的語言是：不光讓谷書記對我有個好印象，還要讓學校二把手秦校長、三把手袁樹華對我亦有好印象。這樣子，是不是在下次運動中我就保險了？我的用心不可不謂之良苦，當時的腦子絕大部分均用在這坎坎上。是不是可笑、可悲？是可笑可悲中的一段真實人生！

應該說，畢業後的一年時間內，我和妮娜住的那個新房，是我們的福地。我的第一篇小說在那兒誕生，我們的第一個孩子李金橋，在此孕育，並於一九五七年六月二十六日在襄陽專署醫院來到這個世界。我和妮娜之所以把「李金橋」作為第一個兒子的名字，是因為當年長江第一橋——漢口通往武昌、漢陽的越江大橋也在這一年——一九五七年建成通車。之後，我父親又給我這個兒子取名為「李基泰」，因按我老家李氏宗族的輩份——他是「承先德基錫……」的「基」字輩，故為基泰，其意為幹任何事「穩如泰山」，爺爺對孫子的祝願也算是心到、位到了。

緊接著，這一年的整風反右運動開始了。我這個有「前科」的「老運動員」能否用自己的跨欄動作跨過去呢？該不又是在百分之九十五以外的驚弓之鳥吧？

永遠滯留在心中的一個淒慘畫面

萬萬沒想到，我正在寫這個回憶錄時，中國的、乃至世界的電影大師謝晉先生於二〇〇八年十月十八日去世，這是我們中國電影界的重大損失！更是我們中國草根電影觀眾內心的巨大失落！

為什麼這麼說？因謝晉先生拍的許多電影都是謳歌下里巴人的草根精神：想草根之所想，言草根之所言，愛草根之所愛，痛草根之所痛……看過後，就能念念不忘，能把那一段血淚史銘刻心中！

二十多年前，我學習謝晉導演的《芙蓉鎮》，有個鏡頭，估計凡看過的人都記得住！那就是，在一個批鬥右派分子的會上，片中女主人公胡玉音的丈夫秦書田被打成「反革命」——判處了十年徒刑！場面上，雙眼怒睜的秦書田向悲慟欲絕的妻子拼命吼叫著叮囑：「玉音啊……你要活下去！那怕像牲口、像狗一樣地活下去！」霎時，空氣凝固，天為之變色，地也在痛苦顫抖……整個電影院似乎和銀幕的情景合成一體！人為的階級鬥爭真實再現！悲慘的草根命運真實再現！

而這鏡頭，於一九五七年的夏天，在我工作的、襄陽農校的批鬥大會上也經常湧現。記得，有一次是批鬥所謂「右派」——×××老師。在「打倒×××」和「右派不投降，就要他滅亡」的口號聲中，突然間，在前臺低頭挨批鬥的×××，雙膝噼然落地，淚流滿面，悲愴地直向大家磕頭：「……領導啊，老師們啊，饒了我吧……我錯了，錯了……咋法處置我都行，可莫

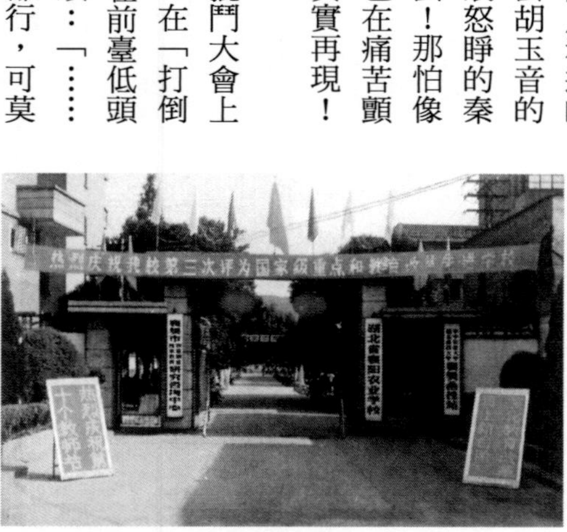

襄陽農校現貌

把我打成右派……我上有老，下有小，十幾口人靠我過日子呀……成了右派……我這一家咋過？全完了啊，完了啊……」

聲聲淒涼，句句鑽心。空間是嗚咽的迴響、強忍的歎息，一分鐘，兩分鐘……掌握會場的領導一下子清醒，厲聲吼道：「×××，站起來！你耍什麼賴……你這個右派帽子是永遠賴不掉的！」

緊接著，兩個積極分子立即上前將×××拉起……「打倒×××」和「敵人不投降就要他滅亡」的口號又一陣比一陣響亮、急促……當時，我也機械地舉起手，和大家一起竭盡全力地喊，不如此，似乎就不能說明自己的立場堅定……老實說，反右前夕，我曾一晚一晚地睡不著，硬是坐臥不安。我自己給自己算了命：根據湖北教育學院和華中師範學院兩次階級鬥爭的規律，像我這樣家庭出身的人又在檔案中存有污點，恐怕十之八九會成為鬥爭對象，僅有十分之一二可避開、逃脫，還看老天爺幫不幫忙！那自己是不是就束手待斃，等著階級鬥爭的斧頭朝自己腦殼上砍呢？我是個大活人，也不會那麼傻，那就小心翼翼地、千方百計地、一個小細節一個小細節地揣摸著朝刀山火海裏闖……幸虧我在「知識份子改造運動」與「反胡風運動」之後——總結了若干避免再犯錯的「行動綱領」——那現在就摸著石頭過河，走一步看一步吧！

首先，我執行這麼一條「綱領」，即對黨的領導，對每個黨員，不論他們如何誠懇地要自己提意見，我只能說好，不能說壞。一定要忍住，忍住，忍住！

在農校黨支部開始號召大家響應中央號召——整頓三風（即反對主觀主義、官僚主義、宗派主義），我一想，這不是針對領導幹部來的麼？於是，不管領導怎麼動員，黨員如何給我做工作，我在整風會上只是帶著耳朵好好地聽，自己一言不發。有的老師便說我：「你平常那麼愛發言，談笑風生，妙語如流，這會怎麼啞巴了？」我笑笑，表面沒作答，肚子裏卻說：「你老兄大概沒挨過整，在這種時候，極可能禍從口出……還是小心為妙。」之後，有位黨領導再三動員我發言，說：「這是考驗你對黨忠不忠？老實不老實？而且，這次整風是一個既嚴肅認真又和風細雨的思想教育運動，一個恰如其分的批評和自我批評運動，並堅決實行『知無不言，言無不盡；言者無罪，聞者足戒；有則改之，無則加勉』的原則，你還怕什麼呢？」而我，不管他怎麼說，還是怕。但總不發言也不行呀，不能和領導對著幹呀。於是，我反覆思索了兩天兩夜，搞了個萬全之策，即我把農校領導對我和妮娜的好處，一點一滴地默記在心，然後既形象又邏輯性很強地在一次整風會上生動地全面表述——我說，像我這樣一個出身差又曾經犯過嚴重錯誤的小知識份子，農校領導在我一入校就耐心地幫助我，開導我，還信任我。不僅叫我教好書，還讓我當班主任，領導學生下鄉實習……我從內心真正感到了黨的溫暖。我之所以能寫一些歌頌黨、歌頌農村新生活的小文章，並能在黨報上發表，也都是谷書記事先指點，事後鼓勵的結果；再就是，我和愛人李婉靈一到學校，學校就給我們分房子，配傢俱，是我們想都沒有想到的；現在，學校根據上級指示——取消俄語教學，卻馬上安排我倆教中國語文，並決定派李婉靈到省裏武漢大學中文系進修……這是秦校長親口通知我們的。這樣的好領導，我們還能說什麼呢！有人提意見，說領導對老師關心不夠，我們卻沒有這個感覺。知識份子最大的幸福是什麼？就是遇到了能瞭解自己、發揮自己才幹的領導人。我們在這裏就遇到了。我和我愛人一定在校黨支部、校教導處的領導下，好好改造自己的世界觀，努力做好學校交與的教學任務，以報答黨對我們的培養……在發言時，我悄悄用眼睛的餘光瞟在座的領導，發現谷書記、秦校長臉上帶著微笑，我的心頓時放下了。看來，在整風會上不是不能發言，問題是如何發言。而我的發言，既實事求是，又能得到領導的歡心，說不上拍馬屁，至少起到了保護自己的作用。我挖空心思的目的，不就在此麼。

接著，我又執行自己另一條「行動綱領」，即不管什麼時候，絕對聽黨的話，也就是聽所在小組、所在部門、所在單位黨領導的話，這就是「重在表現」！並永遠堅持這樣的「表現」——抓住任何機會「表現」，盡心盡力地「表現」！那一陣，我萬沒想到，黨支部竟派我辦農校的「整風簡訊」。開始，我以為，這是領導覺得我文字尚通順，利用我這個長處，後來一想，這可是對我最大的信任呀！因為「簡訊」要全面反映我校的整風情況，有一定機密性，每期都要送交農校上級單位審閱。辦「簡訊」的另外兩個同志均是黨員，而我，連團員都不是，且帶有「不光明」的尾巴……我真有點受寵若驚了，幹起工作來，沒日沒夜，越發起勁！沒多久，鳴放階段的整風運動似乎告一段落，《人民日報》接連發表了幾篇社論：〈這是為什麼〉、〈工人說話了〉、〈不平常的春天〉……等等。社論一致指出：在幫助共產黨整風的名義下，右派分子正瘋狂地向黨進攻，於是黨中央在上面抓章伯鈞、羅隆基、儲安平……下面各個單位就在抓「小章伯鈞」、「小羅隆基」、「小儲安平」……全國一盤棋啊，我們農校當然也不例外，於是本章開頭的那一幕就頻頻在學校舞臺上開鑼上演了。由此，「整風簡訊」每期反映的資訊也變為揭發本校右派言論和廣大師生對右派的鬥爭。這個時候，我在整理學校右派言論時產生了困惑，因那些「反動」言論只是對本單位個別黨領導講了難聽的話；或者發言者來自舊社會，在國民黨政府幹過事，說了不少懷舊的言論，加之對新社會不夠理解，發了些牢騷……說他們反黨反社會主義反偉大領袖……硬是加碼大大地拔高了！但我作為一個奉命整理材料的一般工作人員，能這樣對學校領導講麼？能給「右派」打抱不平麼？就是讓我吃了豹子膽也不敢啊，只有看領導的眼色行事，明明覺得不行，不準確，也要上綱上線——一個目的，只要本單位領導滿意就行。為什麼？要保自己啊！小時候，我看《七俠五義》、《火燒紅蓮寺》等江湖小說，曾立志要當個講義氣的俠客，兩肋插刀，捨己救人，可一回憶在教院、在華師自己被批鬥、被孤立的痛苦，特別是在反右鬥爭的現實面前，看到學校一個個右派的慘狀，我有那個勇氣和狠氣麼？沒有，沒有，一萬個沒有，當時，自己這麼想，都感到後怕！我是自私的，可恥的，整理了那麼多無限上綱的冤枉材料……自己卻慶倖能藏在這個「整風簡訊」的防空洞裏，躲過一劫！那會，我剛滿二十五歲，常站在「簡訊」辦公室窗前，望對面羊牯山上的烈士塔，心裏在說：「看看流血犧牲的烈士們，你還算個人麼？算個男子漢麼？」又自己回答：「你是個懦夫，是條可憐巴巴的、只會搖尾巴的狗！」

不知為什麼，在反右那一階段，儘管自己沒有被關進那個百分之五的可怕籠子裏，但經常作惡夢，且連著作……我總擔心自己不牢靠，擔心自己會陷進去。於是，我不斷地搞「雙保險」，也就是執行我「行動綱領」中的、明知自己達不到的、白費力氣的一步棋，即正兒八經地申請入黨——入不了不要緊，至少讓黨支部知道我要求進步，知道我「反右」整別人的材料為什麼那積極。是真心想入麼？的確是真心，也的確知道進不了這個門，只是以此掩蓋我的陰暗心理，給自己加築一道防火牆——別讓以往那個惡夢再進入我的靈魂！一個官僚資產階級兼地主階級的後代就是這麼深挖洞——偽裝藏身的。

這個「偽裝藏身」藏住了沒有呢？也差一點走火漏水……可能有人知道我在教院和華師有挨整的「前科」，這樣，到運動快結束時，有個別老師貼了我的大字報，說別讓這條「狡猾的魚」漏網了，害得我天天出冷汗，並發現很多人看我的眼睛都變了色，是冷色，譏笑之色，幸災樂禍之色……天呀，難道我又被卡住了咽喉？可半個月過去了，並無動靜，我仔細觀察谷書記，秦校長對我的態度，似乎無異樣，依然要我編「整風簡訊」。我知道我校反右的刀把子是掌握在他們手裏。只要他們不下手，我就能渡過險灘！我早就明白，一個單位的黨領導，就是掌握本單位生殺大權、決定一切的絕對權威！本校黨的一、二把手對我印象不錯，我又那麼聽話，看來，我的問題已在他們心裏擺平了。與此同時，有個姓馮的老師——學農的大學畢業生，我的湖南老鄉，他就沒我這麼幸運了。本來，在整個運動中他都平平安安，可不知他碰了什麼鬼，看了報上登的儲安平的文章，便給儲安平寫了封信，讓《光明日報》轉。這封信，《光明日報》沒給儲安平，卻退給農校的黨支部。好啦，馮老師個人雖沒任何右派言論和牢騷話，卻因這封信，被候補成百分之百的「右派分子」。現在，我看到儲安平兒子儲望華口述的一篇文章，說他父親因那篇「黨天下」，使其成了中華人民共和國歷史上最著名的「大右派」。為這，已與他父親離婚幾年的母親亦被打成右派；接著，儲安平的第二任妻子也離他而去……後來，儲安平失蹤，據說是跳海而亡，直到一九八二年六月的一天，中央統戰部才通知儲望華，給其父儲安平正式做了「死亡結論」。儲安平大概永遠不會知道，他不僅連累了他的親人、朋友，還連累了與他素不相識的、我們農校的馮老師。

而今，五十年過去了，我才從中共中央黨校出版社出版的《共和國重大事件紀實》（上卷）中得知：毛主席開始估計全國右派是四千人左右，後來估計為八千人上下，但最終全國劃定右派分子共五十五萬多。襄陽農校教職員工當時約一百人，右派為十人，已大大超過百分之五這個數字。黨的十一屆三中全會以來，經過復查，除極少數個別右派沒改正外，其他全部予以平反，恢復了名譽和職務。

從上文看，我兩次總結的「行動綱領」是否起作用了呢？我是否就如此清清爽爽與右派毫無牽連了呢？應該說，「綱領」起了點作用，但反右也給我留下了「暗傷」。在「文革」中，我看人們拋我的檔案，貼我的大字報——說我在農校被內定為「中右」，根子是——我在華師的畢業鑒定打上了「思想反動，限制使用」的烙印。這不是要我一輩子的命嘛！好在我這個內定「中右」，農校沒有公佈，只在檔案上記了一筆。為此，我要永遠感謝谷書記、秦校長，他們放了我一馬，手下留情，雖給我背上了一個不輕的政治包袱，卻也讓我迷迷糊糊地度過一段自以為不是「右派」的、無恐懼的日子。難得糊塗——有時亦需要權威支撐啊。

丁玲「一本書主義」在我身上的效應

一九五七年反右運動後，到一九五八年春，我有一段相對穩定、甚至相對輝煌的日子，這是我沒有預料到的，卻在我生活中打下了帶點「喜氣」的印記。

我難得有「喜氣」，「喜」從何而來？這得聯繫丁玲前輩的「一本書主義」。應該說，我是比較喜歡丁玲作品的，除了她的長篇《太陽照在桑乾河上》外，我還讀過她的《莎菲女士日記》、《母親》、《在醫院裏》、《我在霞村的時候》等。我欣賞她的叛逆，她的尖銳，以及她書中的、毫無遮蓋的真實。而她於二十世紀五〇年代初，在中國作家協會辦的、文學講習所的、一次給各省學員的講話——讓我牢記了一輩子。

那是在講習所的課堂上，一次，她向聽課的學員們發問：「世界上有一個國家叫智利，大家知道嗎？」

學員們異口同聲回答：「知道。」

丁玲繼續問：「智利的總統是誰？」

學員們相互望望，答不出來。

「那世界上有一個人叫聶魯達，知道嗎？」丁玲又問。

「知道。他是智利的著名詩人，也是世界的著名詩人。」學員們齊聲說。

丁玲由此引伸：「明白了吧？智利總統和聶魯達同是智利人，可智利總統的名字，人們不一定知道，而聶魯達因詩寫得好，文章寫得漂亮，世界各地的人大都知道。他的名氣遠比總統的名氣大。所以，我希望大家刻苦學習，寫出好作品來。只要寫出一本好書，就可以屹立於文學史，經得起歷史考驗，亦會走出省界、飛出國門、名揚世界……」

我這個回憶不一定準確，是那個年代在文學界盛傳的，幾乎對每一個學習寫作的文藝青年都起到了鼓勵向上的作用。但誰知丁玲的這個「一本書主義」在反右運動中成了「大毒草」，在許多報刊上點名批判她——這是把「矛頭指向偉大領袖毛主席」、「利用文學反黨」……等等。當時，我表面上不敢說，可心裏認為丁玲沒有錯，這怎麼是把矛頭指向毛主席呢？！毛主席還寫詩表揚過丁玲：「昨日文小姐，今日武將軍。」事實是，世界上的確有很多很多國家的總統、皇帝的名字我們不知道，而他們國家的著名作家、詩人我們卻知道。比方都曉得英國最偉大的戲劇天才莎士比亞（1564-1616），以及他膾炙人口的四大悲劇之一《哈姆雷特》，可他所處時代的英王到底是誰？不翻英國歷史，就很難一口說出；再如我們知道義大利偉大作家但丁（1265-1321）和他的名著《神曲》、《新生》等，但他那個時代的國家統治者是哪位？恐怕也得翻翻十二世紀與十三世紀的歐洲史。至於毛主席，他的豐功偉績，他的「數風流人物／還看今朝」，早已名震寰球，丁玲怎麼可能借聶魯達去貶低偉大領袖呢？真是欲加之罪，何患無詞啊！故那個時候，我心裏還是裝著丁玲的「一本書主義」，並按照「一本書主義」的呼喚、教導去努力：即一個文學青年必須像丁玲那樣深入土改生活，否則寫不出獲史達林文學獎金的《太陽照在桑乾河上》；必須像丁玲那樣——從年輕時候起，就發憤讀書，發憤寫作，否則就不可能具備精品意識，寫出震撼時代的作品來……我還勉勵自己：不想當將軍的士兵——不是好兵；不想當作家的文學青年，就沒資格稱自己是「文學愛好者」。另外，在自己靈魂深處，還有個自私的、陰暗的想法——像我這樣一個出身極壞的人，欲翻身，想出人頭地，必須按自己現有的條件，結合現實，力爭從石頭縫裏冒出一棵草，不，是一朵花來，且是一朵鮮豔的花，人見人愛的香花！唯如此，我這個黑身子，才能戴上紅頂子，和出身好的人——慢慢混在一起。

那自己現有的條件和優勢是什麼呢？我自認為是李氏祖宗給我的人文細胞：喜歡讀雜書，愛好耍筆桿——對我來講，完全是興趣使然，大約自己九歲時就萌發了：我記得在湖南邵陽老家花亭子有個書樓，是前清舉人祖父和留學美國的父親及其同輩兄妹講學、習文處，裏面除藏有四書五經及各類自然科學、社會科學的書籍外，還有《三國演義》、《水滸》、《紅樓夢》、《薛仁貴征東》、《薛丁山征西》、《羅通掃北》等等。這些書，不僅使我著迷，且促我產生編故事的「玩」法。我就胡思亂想：有這個「掃北」，那個「征西」……為什麼恰恰沒有「掃南」的人物？於是我模仿上述演義的寫作手法，編造了一本《李勇掃南》，還故意拿著手抄本問我的小學夥伴：你們讀過我家的《李勇掃南》麼？過癮得很呀！居然騙過不少小讀者。

到讀初中時，自己深受巴金《家》的影響，於是我在上課之餘，常常情不自禁地給伯父、伯母、堂兄、堂嫂以及周圍的長輩、同輩、晚輩，還有隔壁的農戶「畫像」，把我平常對他們的印象，用速寫方式，一人寫了一個小傳：我把伯父寫成個假聖人，說他令子侄戒酒而自己每頓都要來兩盅；說他表面對討米的叫花子不錯，一次施捨一小茶杯米，可對佃戶交租很少讓步，算盤子扣得緊；又對他不許我看閒書和天天逼我背八股文大發了一頓牢騷。誰知，這個《伯父小傳》被伯父發現，硬把我拖到「天地君親師」的神壇前打了一頓板子，治了我一個「不孝」的罪名；我還給我家佃戶的一個女兒寫了小傳，但沒照實寫，是模仿《家》中鳴鳳虛構的。其實她完全不像鳴鳳，據說後來攀上一個闊佬當太太了。

在學校時，我非常討厭數學，一見數學就頭疼，但不能不形式主義地做兩題或抄同學已做好的答案。一有空，我就拿張大白紙編報，內容完全模仿三十年代文藝作品反映的東西——「反封建」，「婚姻自主」，「若為自由故，兩者皆可拋」，以及學校出現的各種「笑料」。儘管當時自己年幼，對這些東西一知半解，但還是津津有味地編，甚至大膽地貼到學校的佈告欄裏。當我看到許多同學圍看我那張「小報」時，心裏不知有多高興。但是，大禍馬上臨頭了。一次，

李德復童年時期在母親身邊

我在自編的小報上描寫了一下訓導主任，說他的眼睛有兩道光，一道光是看學生的，一道光是看校長的。就這兩道光，我差一點被開除學籍。訓導主任說：「我是看你伯父的面子，饒了你！」十四歲的我，第一次嚐到了「文字罪」的味道。

不久，我回到了在天津工作的父母身邊，在一個「貴族」式的工商學院附中讀書，也經常按捺不住地寫點「工商附中花絮」、「湖南的中學生」……在當時《新味報》、《力報》的報屁股上發些小豆腐塊，自以為了不得地洋洋得意。

再就是解放後在教育學院、華中師範學院寫的一些不成氣的「作品」，有的還在不知不覺中挨了批。唯一成氣的一篇就是在襄陽農校谷書記支持下寫的、登在《湖北日報》上的小說〈誰是第一〉。這一切使我悟出個道理：我可以利用我的人文細胞寫作品成名，但一定要在黨領導下去寫，具體講，就是要在本單位黨組織一把手指導下去寫，寫好了，榮譽歸領導培養有方；寫壞了，自己頭上有把保護傘，有單位幫你頂著。這可是個「進可以攻，退可以守」的寫作法寶啊，加上我當時並不知道自己被內定為「中右」，還以為自己在「反右」中表現不錯，就精心策劃自我的寫作計畫了。

這計畫，我一方面按丁玲「一本書主義」的教導：要細讀名著，深入生活，打造精品；一方面，我從李準一九五三年發表的短篇小說〈不能走那條路〉中得到新啟示，那就是所寫的文藝作品定要緊跟黨中央，為政治服務，而且要跟得巧妙，藝術化，不露痕跡，使讀者讀了，感到黨中央的號召、政策與下面群眾的心願是完全一致的，絲絲入扣的。〈不能走那條路〉不就是這樣寫的麼：土地改革後，土地回了老家，之後卻出現了問題，如小說中描寫的張栓，做小買賣，虧了本，負了債，便想賣掉自己的土地，拿一部分錢還債，留一部分錢繼續做買賣，急欲把虧了的本撈回來。而小說中另一個農民宋老定，土改後富裕了，存了錢，就想買下張栓的地，為後代置個產業。但宋老定的兒子東山是個共產黨員、幹部，便勸父親不僅不要這麼做，還應拿錢幫助張栓解決困難，以避免兩極分化。父子倆經過回憶對比，深感舊社會的苦，新社會的甜……宋老定就放棄了買地，誠心地幫助張栓，與張栓一起自覺地走上互助合作的康莊大道。李準運用幾個生動的情節和細節，圓滿地完成了「農民不能單幹，不能只顧自己發家致富，必須走互助合作道路」的主題，這恰恰符合當時黨中央毛主席的思想。毛主席在一九五三年六月十五日的中央政治局會議上就講了：「……發展互助合作運動，不斷地提高農業生產力，這是黨在農村工作中的中心。」（錄自中共中央黨校出版社出版的《共和國重大事件》（上卷）220頁）而李準的〈不能走那條路〉也於此時——一九五三年十一月在《河南日報》上發表，中間只相差五個月，非常及時地為政治服了務。故此文一問世，各地三十八家報刊立刻轉載，不僅演了話劇，許多省還將它改成地方戲演出，霎時紅遍了全國。我就想，李準這個寫作辦法，這個「一篇小說主義」，我是不是可以模仿，試一試呢？李準由於這篇小說，譽滿文壇；我能否也走這條出名的道道呢？

我真地這麼試了。因為我當時從報刊上瞭解到，一九五八年春，毛主席在中央召開了一系列重要會議，大反冒進，猛反保守，要在全國各個戰線上貫徹「多快好省」的總路線，且鼓勵率先在農業上搞大躍進。這年一月，「全國各地農村便出現了空前規模的農田水利建設運動，上工農民達一億多人，擴大灌溉面積三點五億畝，改善灌溉面積一點四億畝，治理低窪易澇耕地二億畝，控制水土流失面積十六萬平方公里」。（見《共和國重大事件紀實》（上卷）440頁）我也就在這個時候帶農校的學生下農村治水、治土，同時積極收集這方面的典型材料。老實說，我和我的學生對毛主席他老人家提倡的大躍進是熱情響應的，口服心服的，沒絲毫懷疑。在下面和農民、社員一起勞動，不僅愉快地做到「同吃、同住、同勞動」，且和農民一樣歡天喜地，認為我們中國正在經歷「一天等於二十年」，可以在幾年內趕英超美，就要吃飯不要錢，跑馬進入共產主義了。

當我在下面工作告一段落，帶學生回校時，我就把我在農村的勞動體驗和所看所想，先向黨支部谷書記彙報，並在他的支持下，很快寫出反映農村農田水利建設大躍進的長篇報告文學《典型報告》，主要是用第一人稱——敘述湖北襄陽地區穀城縣內一個大山裏的鄉黨總支書記，是如何帶領群眾引水上山改旱地為水田的、帶點喜劇色彩的浪漫故事。開始，這位年輕書記認為，在山裏，只能是靠山吃山：紅薯芝麻，桐油木耳，外加上等木炭，在這上頭翻幾番，不也是大躍進麼！可縣委張書記在與他通電話時啟發他，說：「你那大山窩裏不是有這麼一首民歌麼——『刮民黨時喝紅薯湯，解放後吃供應糧，什麼時候變個樣，自有大米賣餘糧』……」他這才明白，這是提醒他在大山裏改水田——插秧種稻穀，從根本上改變山區面貌，這才算正兒八經的大躍進。於是，他就生辦法，與全鄉群眾一起挖泉找水，第一次改了五畝田，以為這是從無到有，大躍進了，可到縣裏一發言，是個徹頭徹尾的保守典型；接著，他不甘心，帶領社員到一個叫月亮潭的地方，千辛萬苦，總算挖出一口大湧泉，把二百畝包穀地改成了水田。他想，這下可是本鄉的大躍進了吧？可第二次到縣裏聽報告，別的鄉旱改水，是一改上千畝，自己是兩條腿跑步的小躍進，別人是坐噴氣式飛機大躍進。本來想上臺講兩句，一見這場合，根本就不敢上了。還是縣委書記繼續給他開竅：「你那個山裏，難道只一個月亮潭？」這樣，他一回山，就繼續發動群眾，人人找泉水，社社修水利。他那兒是青山連著青山，既然在一個青山裏找到了泉水，難道別的青山就找不到泉水？結果不到一個月，各個社在自己附近的山窩裏均找到了泉眼，旱地改水田也就自然地成倍往上翻番了……沒多久，他又一次到縣裏參加彙報會，本不敢發言，可張書記偏安排他第一個向大家報告。他上臺便說：「咱山區起頭躍進多少水田呢？五畝……」底下一片譏笑聲。他接著說：「夥計，莫笑，聽聽咱現在躍多少？一萬五千畝……」笑的人的嘴巴便閉不上了，有的人還伸了伸舌頭。沉默了分把鐘，就是一陣熱烈的掌聲。於是，他補充了一句：「要不，怎麼叫大躍進哩！」底下的人都善意地笑了。最後，張書記做了總結——說這位山區總支書記，幾個月前做了個保守的典型報告，現在又做了個先進的典型報告。不光是水田躍進了，更重要的是人真正的躍進了。

我這篇報告文學也和李準寫的小說〈不能走那條路〉一樣，與黨中央毛主席當時的思路對上了號：即必須反冒進、反保守！大躍進是廣大群眾的要求，是億萬人民的希望，結出了豐碩成果，取得了偉大勝利！大躍進萬歲、萬萬歲！

果然不出所料，我這篇《典型報告》一寄出，不到一個月，當年《長江文藝》的四月號就在顯著位置上發表了。接著，全國數家出版社：如作家出版社、上海文藝出版社、湖北出版社等都搶著出版；幾十家報刊則連連轉載；就連蘇聯《真理報》也登了這個作品；人民教育出版社亦把此文列為學校語文的教材，這可是丁玲「一本書主義」和李準的「一篇小說主義」在我身上展現的、立竿見影的效應。算不算一夜成名，一步登天？也算，也不算！怎麼說呢？因人沒長後眼，生活會一下子把自己捧上天，一下子把自己摔下地。不過，這是後話，只有到放棺材蓋時，才有個說不清楚的定論。

電影《典型報告》背後的酸甜苦辣

一些報刊、學校課本和出版社競相發表《典型報告》後，沒想到這作品又被上海海燕電影製片廠看中，那真是一陣不算十二級，至少也是十級大風——政治對了路，運氣便來了，巍巍大壩也攔不住！

當時，電影製片廠派來的責任編輯杜邊先生，魁梧高大，英俊挺拔，渾身都是大男人的氣勢。他從上海來到我襄陽農校寒舍，可太委屈了：那陣子，七月驕陽，熱浪似火，我家連個電扇都沒有。幸虧他來頭大，電影廠的介紹信是給襄陽地委宣傳部的，再由宣傳部介紹他到農校找我，故農校對他相當禮遇，專門在學校辦公樓給他單辟一間房子休息，只是那年代沒空調，我就每天提兩桶水上去，讓他一面給我談劇本，一面把雙腳伸到水裏降溫。他對這個法子非常欣賞，說：「腳冷一身涼，連頭髮絲都冒涼氣。李德復這個發明可申請國際專利了。」笑話歸笑話，他卻日夜連軸轉地與我談腳本，每晚不到下三點是不收兵的。我那時年輕，身體好，就與這位老哥泡著、熬著，一般是他講我聽，他那滔滔不絕的精闢論述，讓我受益匪淺，是我寫電影劇本的第一啟蒙課。

我們談了一個星期，他準備回上海了。臨行前，他催我先在家裏寫個劇本初稿，再下鄉到《典型報告》故事發源地去——一面加深生活體驗，一面繼續修改稿子，早日把本子定下來。因電影廠想立刻拍攝。這是政治任務，時不待人啊！

按照杜大哥的意見，我就風風火火地幹開了。這時，我妻子婉靈剛從武漢大學中文系進修回農校，她既要放棄熟悉的俄語改教中國語文，又要帶正吃奶的、我們頭一個孩子基泰，還要勤儉持家，從微薄的工資中節約一部分，給雙方家裏寄錢。因我倆都是家中老大，大學畢業了，自力更生了，按中國傳統習俗，是不能忘父母恩和兄弟姐妹情的。老實說，我倆當時的教學任務、家庭負擔、經濟情況都相當緊張，特別是婉靈，一天到晚忙得不可開交，加之這年秋天，黨中央、國務院號召全國無論農村、城市——都要大煉鋼鐵，因毛主席此時在一份報告上指示說：「超過英國……兩年是可能的。這裏主要是鋼。只要一九五九年達到二千五百萬噸，我們就在鋼的產量上超過英國了。」【見《共和國重大事件》（上卷）469頁】身子較弱、又擔任班主任的婉靈，這個時候必須在上級指定的時間內，帶本班學生到土高爐工地煉鋼鐵，能請假麼？能耽誤上工麼？不敢想，也絕對不能想啊！很自然，我這個做丈夫的一家主心骨，便非常自覺地幹家裏家外的一切繁瑣雜活，比方，給孩子洗尿片，給妻子洗衣服……再就是孩子晚上哭鬧，婉靈休息不好，白天怎幹活？我便在每日中午，強迫她睡一小時，孩子由我帶；夜晚，孩子除了吃奶外，就跟我睡，至於「把尿」，換「尿片子」，哄孩子不哭……都是我這個年輕父親的責任。而如何構思《典型報告》的電影腳本，如何寫這個本子，都是我在哼著催眠曲，拍著懷中的孩子，在臥室邁步時一節一節、一章一章思想出來的；孩子一睡著，我就把他輕輕放到我的被褥裏，自己便伏在旁邊的桌上，提筆疾書，一百多章節的電影腳本，就這麼在孩子灑尿中、哭聲中、換片子中緊湊誕生，我還阿Q式地自嘲曰：「大丈夫既能洗換尿布，又能堂堂然寫文學劇本，渺小哉！偉大哉！」

劇本初稿一完成，我就到襄陽地委宣傳部，請他們給我開一張去穀城縣的介紹信，因《典型報告》的主要素材來自於穀城大高山粟谷區三道嶺。我坐公汽到穀城後，把介紹信往縣委辦公室一遞，沒一會兒，縣委第一書記沈漢民同志（注：此人在本文第二節已出現，他於一九六五年調入襄陽地委任副秘書長）就在他的辦公室接見我了。他對我上上下下打量了一番：「你就是李德復同志？」

「是的。」我說。

「《典型報告》是你寫的？」

「是的。」

接著，他與我緊緊握手：「秀才，秀才，我們下面就要你這號秀才，」又問：「你住在城裏，怎麼想起寫我們的大山區？」

我告訴他，我在襄陽農校當教員，常帶學生下鄉實習，和農民一起治山、治水、治土，又同吃、同住、同勞動，自己有很多感受和體驗，就情不自禁地寫些農村的散文、小說、詩歌和報告文學……《典型報告》就這麼在腦子裏慢慢構思流出來了。

「是流出來的……」漢民同志笑了，「你對毛主席〈在延安文藝座談會上的講話〉學得還可以嘛。秀才就是要向工農兵學習，要深入工農兵生活，這樣，你寫東西，才不會擠牙膏，不會吭吭哧哧，而是行雲流水，自自然然地一瀉千里，對不對？」

「對對對。」我直點頭。

辦公室裏的一個年輕同志，後來我知道是他的秘書李加猶，一面在用報夾夾新到的報紙，一面抬頭對我說：「我們沈書記也愛讀書，愛文藝，愛寫作哩！」

「呵，」我誠懇地：「今後，一定在讀書、寫作上向沈書記學習。」

「哪裏哪裏，」漢民同志也是誠懇地：「我們互相學習，互相學習，秀才。」

開始，我進漢民同志辦公室還有點拘束，這下我放鬆了，說話也放得開了。

漢民同志繼續問：「秀才，你的文章不是已寫出來了，也發表了。要改編電影，在那個基礎上改就成了，未必一定要進大山？」

我說：「沈書記，我那個《典型報告》是綜合襄陽地區農田水利建設的典型創作的，而你們縣栗谷區三道嶺黨總支書記龔正發同志的一個農田水利建設報告對我啟發最大，就像一把火點燃了我的靈感，亦如畫龍點睛把我心中的想像都串在一個美麗的圖畫中。所以，我定要上三道嶺的最高峰——摩天嶺，一方面感受感受那兒的無限風光，一方面和那兒的貧下中農一起，治土建梯田……」一時興起，我說得有點得意忘形。

「得勁，秀才！」漢民同志拍了拍我的肩膀：「我支持你！不過，那兒不通車，全靠兩條腿！且山道崎嶇、坡陡徑滑，走一趟一百四十里，來回二百八十里。我可以派一個幹部給你帶路，你這個瘦個兒，受不受得了啊？」

「受得了。」我嘴殼子硬，心裏卻打顫。說老實話，我一輩子也沒有一天走一百四十里。一九五一年，我從教育學院去陽新縣姜祥山土改，一天緊趕死趕也才走七十里。

「一百四十里啊，分兩天，還是三天到達……」漢民同志眯著眼睛問。

「我想一天趕到……」我明知自己吹牛，可咬緊牙關，就想吹。

「你該不是大山窩窩長大的？」

「是在江南平原長大的，湖南是我的故鄉。」

「那你從小吃過蠻多苦，是窮勞工家庭？」

這句話一下打中我的要害。我頓時噎住，不好作答。約停了分把鐘，才慢慢地、不好意思地說出：「我家庭出身不好，官僚資產……還是地主……」

漢民睜大了眼睛，盯了我好一會兒，忽然大聲地：「呵呵，沒關係，年輕人，這只能說明你思想改造得好，願意一老一實地幹革命！在我們新社會，你還是有前途的，有前途的！」

我在穀城縣委會招待所休息了一天，第二天凌晨四點，就和漢民同志指派的、領我上山的幹部一起奔赴三道嶺了。在彎彎曲曲狹窄的羊腸山道上，

李德復夫婦和李加猶夫婦合影（左二為李加猶）

漢民同志的那句話：「……這只能說明你思想改造得好，願意一老一實地幹革命……你還是有前途的，有前途的！」一直鼓勵著我，它像根鞭子直抽我的脊樑。我一想歇，或不願再前進了，這句話就在耳邊響起。我真的一天走了一百四十里，在天濛濛黑時趕到了目的地，儘管全身酸痛，手抬不起，連屁股都疼得不能落座，心裏卻挺高興：怎麼樣？我在吃苦上，攀山越嶺上，並不比工農子弟差吧！

我在三道嶺待了近個把月，讓鄉總支書記龔正發領我上了摩天嶺，那風景真是美絕：「條條渠道盤山轉，層層梯田佈滿山，嘩嘩銀水流不盡，處處稻穀金光閃。」我在此補充了不少情節，把劇本又重新改了一遍，自認為天衣無縫了。也就在這時，穀城縣委機關打來電話，說拍《典型報告》電影的導演游龍同志來了，叫我立即下山，和他一起去上海海燕電影製片廠，電影《典型報告》要立即上馬。

接了這個電話，第二天，我又走一百四十里山路，回到穀城；第三天，和游龍回到襄樊市襄陽農校。我高興地告訴婉靈，我要去上海拍電影了。婉靈便把剛領的、我倆一個月的工資一百一十元分一半給我，又幫我拿了幾件換洗衣服和洗漱用具，用個帆布袋裝好；而我把稿子和要用的書，以及必帶的參考資料，用繩子捆實，還找了個小扁擔，一頭挑衣服、用具，一頭挑稿子、書，就這麼準備進大都市上海了。這時，我不禁想起：一九四七年，我和母親、四個妹妹從天津到上海，然後由上海回湖南邵陽，沿途都是我父親當總經理的單位——恒大公司、恒大分公司的人員開著小轎車接送，哪有什麼扁擔！我又怎麼會自己挑東西、扛行李？可此一時也，彼一時也，環境、地位決定了一切。

婉靈見我用扁擔挑東西，認真地說：

「你這可是去上海，不是下鄉！」

「知道。」我說。

「你不怕人家說你老土、鄉巴佬？」

「不怕。」我也蠻認真：「聽說上海吃的、用的、搭車、坐三輪……比我們這兒貴。我有肩膀可以挑，有腿可以走，省些錢嘛……」

婉靈笑了：「那你就去出洋相吧！」

婉靈的話不幸而言中，我在去上海的途中和到上海後——確實出了不少連我自己都沒預料到的、被人譏笑的「酸瓜爛棗」：比方我和游龍導演結伴去上海，我總想請他的客，招待他。不能說是討好，是想搞好關係嘛，但我囊中羞澀，僅五十元零五角人民幣，還不知到上海要花多少錢……那麼樣請呢？我就想了個自以為聰明的法子，即在去上海的輪船上，我早上不吃飯、晚上不吃飯，每天集中三餐的錢，中午請游導演撮一頓，自己也於中餐時狼吞虎嚥。船上的兩天，我就這麼幹，還以為顯示了我湖南蠻子的好客大方……誰知此事上岸前被游導發覺，他搖著頭，點著我的腦殼歎息：「你這個年輕人呀……何必呢？還是我請你吧！」我知道他的級別高，工資比我多得多，但我始終不讓他請，真如人們對我的評價：茅坑裏的頑石，又臭又硬。

到上海後，責任編輯杜邊大哥引我去住海燕廠事先給我定下的賓館。他見我自己挑行李，就叫來一部三輪，讓我和他一起搭三輪去。我堅決不幹，定要自己挑著走。他說：「德復，別這樣，搭車的錢，廠裏可以報銷。」

「能報銷也不幹。」

「為什麼？」

「不為什麼，我喜歡走。」說著，我就自顧自地往前奔。

「你神經病啊……」杜大哥喊不住我，只好邊跟我跑邊帶路，直到賓館大門。

進了賓館，我發現這兒太闊氣，一問我住房的價格，每天二十八元（相當現在三百元左右），我心裏格登一下：「乖乖，住一天，是我大半個月的工資呀！」於是，又來了個「堅決不幹」。杜大哥反覆勸我：「德復，討論你的劇本和你繼續修改稿子，得有個比較安靜的、舒適的環境。而且不管你住多久，房錢由廠裏付。你為什麼這麼強呢？」

我就是強，就不住。杜大哥後來只好把我安置在一個小旅館裏，每天房費五元，我就安心住了。之後，海燕廠幾個與我同時來的、修改劇本的年輕人，便笑話我，給我取了幾個揚名電影廠的綽號。有的直呼我「扁擔李」，有的叫我「李（你）五塊錢」，還有的學武漢話調侃我：「湖北的夾生苕」……

我不光是夾生苕，用杜邊當時恨鐵不成鋼的話講：是「傻到頂了」。我這麼「聰明」的人，怎麼傻到頂了呢？原來，我寫的劇本，游龍導演一直通不過，非要按他的意見重寫，可本子杜邊說好，他拿給廠長徐桑楚先生看，也說好，應該算通過了。於是，杜邊向我建議，要我給海燕廠的幾個領導寫信，請他們換導演，否則，就把劇本拿走，不在這裏拍。因《典型報告》這題材正趕上了大躍進「時代」，另幾個廠，比方長春廠，也想要哩！可我對此不同意，一定要讓游龍先生導演拍攝，至於他怎麼改我的劇本，哪怕改得面目全非呢，我也沒意見，並請杜大哥把我這個想法轉告他。我對杜邊說：「寫電影劇本，游龍同志是老手，我是新手，他肯定比我強，他願意使這勁，我舉雙手贊成。我能和他共事，就夠光榮、很滿足了。」杜大哥見我執意如此，只好依順我的意思辦。由此，電影《典型報告》很快在一九五八年秋天拍好，一九五九年春便在全國各地放映了。

事過多年，杜邊還為我在上海出洋相和傻不啦嘰的事笑話我；對這個本子，他不知講了多少惋惜的話和為我打抱不平。可我始終沒把當時內心深處的、不敢示人的隱私告訴他——像我這麼個幼小在伯父地主莊園裏生長的、高人一等的優越胚子，少年時又在官僚資產階級父親洋房裏長大成人的大少爺，我如今之所以能處處小心翼翼地約束自己，能事事節省地不亂花錢，能蠻自覺地吃苦、過低人一等的生活……這可不是我的階級本性和本能。在伯父的「花庭子」莊園裏，我雖和佃戶的孩子一起上山放牛，一起進山砍柴，一起玩貓捉老鼠的遊戲，可我定要當「王」，定要他們服從我，跟著我惡作劇，瞎鬧騰；在天津我父親居住的洋房大花園裏，我這個少爺就能隨便支使聽差（僕人），不僅飯來張口，衣來伸手，還有專人給我擦皮鞋，專人給我烤我喜歡吃的那種焦黃麵包……出門可坐爸爸的小轎車，假日能在自家的客廳裏約朋友們開豪華Party，大人上層社會的那套奢侈玩意我都會……解放前，我雖讀過進步書籍，看過進步電影，學唱進步歌曲，腦子裏亦常浮現革命的浪漫、自由和美麗，可解放後一零距離接觸革命，特別是教院的思想改造，華師的反胡風運動，農校的反右……我逐漸明白革命的艱辛和鬥爭，革命的鮮血和淚水，革命的殘酷與無情，我一下、兩下、三下……就學乖了，就感到自己是要徹底改造了，是要背叛原來的地主兼官僚資產階級家庭了，是要在各個方面適應無產階級專政了，且要在一切方面向工農看齊了……所以，自己寫歌頌社會主義新農村的文章，寫歌頌大躍進的《典型報告》，就是緊緊地往那邊靠啲，有時，表面看我似乎成功了，可我怎能好了瘡疤忘了痛，翹起尾巴呢？又怎能目空一切、自以為是呢？我不是不願住豪華賓館，不是不願吃山珍海味，而是怕，怕，怕！怕又出問題，怕別人說自己與導演不合作，怕別人說自己不檢點，不艱苦，貪圖享受……說到底，就是怕再挨批，怕再打成反革命……因前幾次陷入滅頂之災，都是由這些幾乎不起眼的小細節積累引發的。我一九五七年好容易沒戴上極右分子的黑帽帽，亦是非常非常謹慎地——摸爬滾打過了這座生死的難河橋呀！這就是電影《典型報告》背後說不出口的辛酸苦辣。當然，電影《典型報告》也給我帶來了以往從沒有過的高興與歡欣，那就是我在上海改電影劇本沒花幾個錢，一切都是海燕廠報銷，婉靈給我的五十塊零五毛，我還剩下一大半，臨回襄樊前，我到上海淮海路轉了一整天，給婉靈買了條深藍色呢褲和一段紫藍白三色花布料。這條呢褲和用這段料子做的棉襖，婉靈穿了十幾年，我平常一看到她穿這兩件我買的東西，就會引起我悠悠的美好回憶，我總算有一個打在心坎上的幸福烙印了。另外，電影廠最後給我的稿費，讓我在驚喜中嚇了一大跳：二千元人民幣！那時物價便宜，相當我四十個月的工資！可對這筆錢，我在上海絲毫不敢動，準備拿回去上交組織，不是我有什麼覺悟，仍是一個字——怕！有時即使拿自己的錢，也會犯錯誤，信不？我老記得孟夫子那句話，對我這號角色，尤其要

「苦其心志，勞其筋骨，餓其體膚，空乏其身，行弗亂其所為……」否則，莫說成名成家，就是想生存也生存不下去。我幾十年的歷史不已說明了這一點麼！

對張體學省長的第一印象

一九五八年的秋天，《典型報告》正在拍攝的時候，我突然被調到襄陽地區文化局。我想，這大概是組織上發現我身上有點文藝細胞，要我在這方面為本地區的文藝事業做點事。我好高興啊，我頓時想起在大學時讀的、美國社會學家奧里森·馬登的書。他書中有句話，常常在我腦海裏遊動，大意是：「要麼是抓住機遇乘風破浪，順流直下；要麼意志消沉，望洋興嘆。機遇錯過了就不會重來，只有牢牢地抓住它，幸運女神才會對你微笑……」現在，我的人生第一個機會是不是來了呢？

在我去文化局之前，我為這「機會」二字整整思索了一天一夜：在解放後的十多年裏，我所遇到的幾乎都是厄運。為什麼會這樣，我分析了一下，關鍵在於我思想沒改造好，思想為何沒改造好？是因自己沒認請形勢，沒找到改造自己思想的、最有效的方法。經過幾次殘酷的階級鬥爭，我總算摸到點規律，給自己訂了兩個共十條的做人行動綱領，似乎有點效果，才會有今天從農校跳進文化局的「機會」。而「在機會降臨時要機智、果敢地抓住它；要把握機會，持之以恆利用它爭取成功……」（社會學家奧斯丁·費爾普斯語）。那我如何機智、果敢地抓住機會，去爭取成功呢？還是那句「老本經」，一老一實聽黨的話，一老一實按黨的教導去做！依然在「重表現上」下狠功夫，讓所有領導我的人，特別是黨的各級一把手對我有個良好印象！我在主觀上是真正要求自己努力工作，好好為人民服務。

我到文化局的第一天，局長王毅夫同志就熱情地對我說：「德復，我們早就想調你了，有個大任務在等著你哩！」

「王局長，我一接到調令就來報到了。」我虔誠地：「有什麼需要我做的，您只管吩咐。」

「你在報上已看到了吧，當前，丹江口水利樞紐工程正在興建，轟轟烈烈地搞大躍進呵，你趕快到那兒去深入生活，寫個反映湖北水利建設的電影劇本……怎麼樣？」

我高興地回答：「局長，我願意！我一定好好完成您交代的任務！」

「那好，」局長說：「告訴你，這個任務還有點特殊……」

「特殊？」

「是的。你知道這個大工程的領導是誰？」

「誰？」

「是我們省的省長張體學同志，他可是個年輕的老革命，是個聞名全省，不，聞名全國的傳奇人物：一九三〇年，他十五歲就參加革命，加入紅軍……是徐海東的部下、李先念的愛將——反圍剿、長征、抗日戰爭、解放戰爭……南征北戰，他不僅膽大勇敢，且特別機靈，屢建奇功……解放後，他又在湖北大辦工業，狠抓農業，特別是興建水利，植樹造林……在全國可是赫赫有名呀！你這次去丹江，可要想辦法靠近他，採訪他，以他為主的寫出劇本，明白嗎？夥計！」

「明白明白，」我直點頭：「可他是個大首長，我是底層的小蘿蔔頭，能攏他的邊嗎？他能接待我嗎？」

「咳咳，」王局長搖了搖頭：「你呀，真是個小資產階級知識份子！要千方百計地找機會向他靠攏啊，莫看他是個大領導，據說非常平易近人，只要你幹正事、好事，一點都莫怕，大膽找他彙報就是了……清楚了沒有？小老弟。」

我眨了眨眼，似乎清楚又不太清楚，但我內心很興奮，我終於能見到我們省裏的、最高級別的、黨的領導了。我下定決心，一定好好表現自己，一定認真地、出色地把劇本寫出來。

就這樣，我拿著文化局的介紹信，匆匆來到丹江口工程指揮部宣傳口。宣傳口的同志知道我的來意後，對我很好，先叫我到民工中生活，搜集一些模範人物的材料，後又讓我參加工程指揮部召開的、各種各樣的會議，以瞭解工程進度和各個部門領導同志的情況。

一天，工地黨委宣傳部通知我：指揮長張體學同志要在左岸工地召開現場會，叫我去聽他的講話。一得到這個消息，我好興奮。因我就想直接觀察體學同志的言談風貌，以醞釀我劇本中的、領導者的形象。

會議於下午兩點召開，我一點半就趕到現場。我以為我來的早，到那兒一看，幾位副指揮長，幾位正、副總工程師，以及工地上的機關人員，早都來了。大夥帶著筆記本，拎著工地特有的、各人自做的、五花八門的小矮凳，已按單位的順序坐好，都在等指揮長報告呢。奇怪的是，左等右等，快兩點了，體學同志還沒來。誰都知道：他性子急，開會從不遲到，可今天怎麼會耽誤這久呢？就在這時，人群中一陣騷動，原坐在矮凳上的同志一下站起：「看，來了，來了。張省長來了！」

我隨大夥的目光朝前一望，果然，體學同志來了！但他不是一個人來，而是隨著挑土的民工一起來。你看他，挽著袖子，紮起褲腿，打著赤腳，挑著盛滿黃土的箢箕，夾在千萬民工組成的洪流中，飛一樣地向正在施工的土圍堰湧去。他的警衛員、秘書，也像他一樣，挑著土，緊緊地跟在他的身後。

「不是來聽他的報告麼？」

「他……怎麼挑起土來了？」

「我看呀，他在批評我們呢！這一陣，咱們指揮部的幹部沒和民工一起勞動……」

在場的副指揮長任士舜和另外幾個領導，一下明白體學同志的意圖：今天開的是「特別」會，一個與民工打成一片的「勞動」會！於是他們跑進旁邊的工棚，取出扁擔、箢箕，立刻挑起土來。緊接著，所有的機關人員，也匆匆找來工具，滙入浩浩蕩蕩的勞動大軍……此時，大夥瞄到，張體學的眼角泛起笑紋了，疾走的腳步邁得更快了，而周圍挑土的民工，也不約而同地發出一陣陣「吆喝喝，吆喝喝」的、快樂的呼喊！這呼喊，簡直要把丹江抬起來，這震撼大地的聲響，自然而然地把指揮部的幹部與民工的心連在一起了……我挑著土，興奮地跟在大夥後面，並努力地從數不清的扁擔肩頭上，盯著那個矯健的背影。我聽過多少個關於他的傳奇故事啊。可今天，我算第一次親切地具體地認識了他——這個大家又敬畏又喜歡的領導人。

就這麼，我在丹江工地工作了一個時期。那裏的沸騰生活使我很快寫出了劇本初稿《降龍記》。我請宣傳部門列印了一下，分送給工地各個兵團、各個部門，同時，也給體學同志送了一份，很想聽到他和同志們的意見。一個月後，我在集中各方面的看法時，曾幾次跑到體學同志住的地方找他，但他不是回省開會，就是到工地前沿去了，總碰不著。一個同志告訴我：「張省長有個起早的習慣。不管怎麼熬夜，他清早五點准起床。你何不趕個早，專門去找他呢？」這是個好主意，於是，有一天，我凌晨四點半起床，五點鐘趕到他的住所。等他一出門，我就迎了上去。當我向他作了自我介紹後，他細細地把我打量了一番，說：「那《降龍記》就是你寫的呀？」

「是的，不知您看了沒有？」

「看了。那裏面的張軍，是寫的我吧？」

「主要是寫您。其他幾個領導的事蹟，我也綜合進去了。」

「你自己覺得寫得麼樣？」

當時，我雖血氣方剛，卻也小心謹慎，輕輕地說：「我看寫的還可以。」

體學同志「呵呵」地笑起來：「呵，還可以？怎麼個『可以』呢？」

我連忙解釋：「我在劇本中，是怎樣把他從小當紅軍，打游擊，就在這丹江上下流血流汗中……概括進去了；又怎麼把他現在帶領十萬大軍，在這兒安營紮寨，圍堰築壩，為丹江流域千萬人民造福的事蹟……描繪出來了……」可他一面聽一面眯縫著眼盯著我，猛地來了一句：「秀才，我好發火、罵娘……你為麼子不寫呢？我性子急躁，有時主觀主義……你為麼子不寫呢？我工作上還有不少缺點、錯誤，你為麼子不來兩筆呢？嗯！」

我沒料他會這麼發問，一下呆了，好一陣，才說：「體學同志，這是刻畫英雄人物呀。寫英雄，主要寫他的優點……」

「呵，英雄？就不能說他的毛病？那不成了神！就是神，也犯錯誤呀！太上老君仙爐裏的金丹被孫猴子偷吃了，還不是麻痹大意！」

那時，我對體學同志這句話並沒有真正理解，只感到他講的有道理；但一創作，還是按老框框辦事，從不敢觸及英雄人物的缺點。直到今天，我才深切感到，他講的是多麼實際啊！既符合文藝創作的規律，又指明了生活的真理。

這天早上，他還說：「告訴你，秀才，只要我不死，你們就莫想寫我；寫了，我一不認帳，二不准印出來。」又指著工地上的勞動大軍（中有化裝成武松的、花和尚的、孫二娘的、穆桂英的……）說：「秀才，你去寫現代的武松嘛，現代的穆桂英嘛！」他們才是丹江的模範，當今的英雄！接著，他習慣地邁著快步，融入那吆喝連天的現代武松和現代穆桂英的隊伍裏。這時，晨光熹微，前方是千千萬萬挑著重擔奔跑的背影。儘管我想看看體學同志在哪兒，但不管怎麼努力，也分不清誰是指揮長，誰是民工，他已和他們合成一體了。

後來，我就根據體學同志的意見，認認真真地寫了幾個現代武松和現代穆桂英。之後不久，我們文化局正準備調我回去，一個終生難忘的場面，一下展現在自己面前。那時，丹江上游，一連半月，大雨不停。汛期來得既早又猛！整個丹江口，黃浪滔天，洶湧咆哮。一個個沖天浪頭，像一把把鋒利的巨形砍刀，「嘩嚓嘩嚓」地直朝剛築好的土圍堰劈來……圍堰在顫抖，土方在崩落，眼看十萬大軍幹了一冬春的心血要付之流水，真是十分危急呀！

土圍堰上，是苦戰了一星期的密集的防汛戰士。此刻，有的在跑著上土，加高圍堰；有的在邊打夯邊壘麻包；有的在編拴木頭，做成防浪木排；有的泡在水裏，在圍堰外摸漏子……哪裏有困難，哪裏就會出現大夥都熟悉的、體學同志的矯健背影；哪裏有危險，哪裏就會響起大夥都感到親切的、體學同志的黃岡口音……因此，儘管連日來非常緊張，但大夥並不驚恐，一個個奮勇當先，與洪水博鬥。一日半夜，我正和後勤部的幾個同志給圍堰送防汛用的草包、麻包，正走著，前方忽然傳來一陣急促的腳步聲，緊接著，一股股人群，像黑色的、滾動的浪頭，直朝後方撲來……

「哎喲，不得了哇，要崩口子啦！」

「快跑呵……擋不住了啊！」

「站住！站住！」

「轉回去，馬上轉回去！」好幾個幹部用嘶啞的嗓子狂喊。

可人群仍像潰了口的洪水，不斷向後奔跑。我們幾個送麻包、草包的人，也被衝下來的人流捲得直朝後退……就在這千鈞一髮的時刻，前方忽然傳來一陣驚喜的呼喊：「張省長來了！張省長來了！」

「張省長在前面！張省長在前面！」

奔跑的人流一下被「鬧門」鬧住！人們似乎從半麻木半瘋顛的狀況中驚醒：有的開始轉過身子；有的猶豫著在原地觀望；有的又邁步向圍堰方向走……

「張省長的命大，還是咱的命大？」

「他不怕死，我還怕死？！」

「娘的，老子今日跟洪水拼了！」

「拼呀，夥計們，捨得一身肉，殺它丹江水回頭！」

像無聲的命令，像激浪迴漩，猛然間，崩下來的人流，「嘩」地轉過身子，似拉滿弓的箭，「呼」地又捲了回去，殺了回去！

當我們順著人流把麻包、草包送上圍堰時，決口已經堵住。儘管周圍都是一個個滾成泥巴蛋的人，但戰勝險情的歡樂，把才將出現的陰霾一掃而盡。此時，在耀眼的、臨時用竹竿挑起來的、一串長龍似的電光下，我又看到了體學同志的背影：他一手叉腰，一手拿著點燃的紙煙，邊吸邊望眼前的滔滔江水……神態自若，大勇無畏，江風輕輕撥動他的頭髮，縷縷青煙在他腦後緩緩飄散……這是一尊威嚴的石像，一尊鎮服江神的雕塑：可不，狂呼亂叫的波濤已伏在他的腳下了，一切驚慌失措已被鎮靜、果敢代替！什麼叫銅牆鐵壁？是堅強領導組織起來的千百萬真心擁護水利事業的群眾！什麼叫領導？是臨危不亂，能率領千軍萬馬力挽狂瀾的共產黨人！我眼前忽然又浮現體學同志挑沙的背影；指著前方，令我寫當今武松、當今穆桂英的背影……他，已在十萬大軍中建立了一道「心的圍堰」、「心的長城」！有這樣的圍堰，有這樣的長城，還有什麼艱險不能克服？！還有什麼洪峰不能擊退？！

這天晚上，人們望著這巍巍背影，心安了，勁大了，一陣又一陣的吆喝聲，壓倒了驚濤駭浪，響遍了丹江兩岸！夜戰的將士，還興致勃勃地創造了兩個神話：

「你知道麼？張省長是龍王爺的爹。龍王爺再狠，在爹面前能不下跪麼？」

「告訴你，剛才呀，赤腳大仙到咱這兒來了。他要坐在土圍堰上洗腳。張省長說：『赤腳夥計，你還是到別處去洗吧？要不，你在這兒坐一輩子，水也到不了你腳跟前……』」

是的，兇猛的洪水始終沒沖到腳跟前……經過一次又一次博鬥，這欺軟怕硬的、大自然的野獸終於退卻了！而強鎖蛟龍的齊天大壩，就在這千百次的博鬥中腰斬大江，聳立於青山碧水之中！

我是學俄羅斯文學的。我非常喜歡前蘇聯著名作家德米特里・安德列耶維奇・富爾曼諾夫（1891-1926）的代表作、長篇小說《夏伯陽》。而我從張體學省長身上，似乎看到了蘇聯國內戰爭時期的英雄人物、紅軍高級指揮員夏伯陽的非常果敢優秀的品質！他們視革命高於一切，他們不怕苦，不怕累，不怕犧牲的革命樂觀主義精神真叫人感動！真讓我這個剝削階級家庭出身的子弟五體投地！什麼是大寫的男人，什麼是英雄氣概的男人，他們就是！說老實話，我當時的大腦是這麼轉的，且是不由自主地突然這麼轉的——即思想改造運動也好，反胡風運動也好，反右派運動也好，這些運動只是讓我害怕，只是教育我唯唯諾諾，甘當「小媳婦」，幹任何事都不敢有自己的獨立思考，不敢越上級的雷池一步！而夏伯陽的形象、張體學的聲言笑貌，沒有任何強迫輸入，沒有任何痛苦掙扎，卻能在自己靈魂中札根，讓自己自覺不自覺地向他們心靈靠攏，向他們學習。這算不算思想改造？我看應該算！對我這號人，這才是真正有益和有效的改造！

「天地轉，光陰迫」，一轉眼，多少年都過去了。我一生只見過體學同志幾面，可他在丹江大堤上的矯健背影，那尊大勇無畏的石雕，卻在我心坎上打下了火熱的烙印！因他不同意我在《降龍記》中寫他，所以《降龍記》一直沒有發表，沒有拍攝。但在他百年後，我和他的二兒子張明鳴、軍隊作家尹興家合寫了他的傳記，並由王震將軍親筆題寫書名：《人民公僕》。也正由於我對他的敬仰，我和他的夫人林少南副省長、他的大兒子張牢生廳長一直有來往，並得到他們的幫助和教誨。還是《菜根譚》的一句話說得好啊：「人心一真，金石可鏤」。我深信：無論是前蘇聯的夏伯陽，還是我們中國的夏伯陽——榜樣的力量是無窮的，偉岸的形象是永遠不會消失的！

萬萬沒料到：我竟被調入本地黨的領導核心機關

回想起來，當年的大躍進不僅僅是口號上的「一天等於二十年」，而且在實際生活中也是變化莫測。譬如我吧，剛從丹江水利建設工地回地區文化局，組織上便把我調到新成立的襄陽出版社當編輯；沒當幾個月，出版社不知為什麼下了馬，我忽地被調進襄陽報當記者；記者的板凳還沒坐熱呼，萬萬沒料到，我又給調入本地黨的領導核心機關——中共襄陽地委辦公室當幹事，具體任務是協助領導同志下鄉搞調查研究和寫公文。

直到現在，我還記得，當報社領導通知我調到地委，且立刻去報到上班，那會兒真是又驚又喜，張大了嘴，幾乎說不出話。領導見我傻不啦嘰的不吭聲，還以為我在猶豫，說：「怎麼啦，李德復，還捨不得離開報社？」

我一下清醒，連忙說：「報社領導和同志們對我很好，幫助很大……就是在報社的教育、培養下，我才有一點進步，地委才會要我。我一定服從組織調動，馬上去地委上班……」

領導拍了拍我肩膀：「到地委好好幹吧！這可是你上進的好機會！」

得到這個喜訊，我回到宿舍，坐在床上，腦子不斷地想呀想，這太出乎我的意料了，是真的嗎？真的嗎？

我知道，在襄陽地區，一個人，一個幹部，特別是一個小知識份子能調入地委機關，那太難了，太難了。我在報社，聽管人事的副書記說過：到領導核心機關工作，那怕是幹極普通的事，亦是萬里挑一：首先，需成份好，得根紅苗正。組織部門審查時，至少查三代——爺爺、奶奶；父親、母親；妻兒子女……以及他們周圍的親戚，如舅舅、叔伯、七大姑八大姨之類。只要這方面有問題，是跨不進這門檻的；第二，被審查者是否黨團員？如不是，這門也難進；第三，被審查者是否有歷史污點或解放後犯有原則性錯誤，有這麼一筆，肯定過不了關；第四，還要瞭解被審查者的道德品行和工作能力，若不是德才兼備，自然不得入圍。而我，家庭出身那麼糟，解放後又犯了嚴重的政治思想錯誤，除了歷史上沒什麼污點和能寫點東西外，其他根本不符合進地委的條件。那組織部門、上級領導為什麼會選上我呢？是不是丁玲的「一本書主義」激發了我的拼勁？是不是《典型報告》的出版和其電影的宣傳起了推動作用？再就是我在丹江工地上體驗生活，寫了一系列英雄、模範人物，在發表的報刊上揚了下名，讓組織部門發現了？還有我心中十條約束自己的做人綱領，以及我對張體學省長等大人物的敬佩，從他們身上感到共產黨的確偉大，自己應該好好學習、改造……這些，未必組織上都看到了，認為我「孺子可教」，「重在表現」也基本及了格，才把我這棵石頭縫裏的小草拔出來，重新栽培……可我的直覺，卻是最近發生的一件事。

是件什麼事呢？就是那陣子中共襄陽地委第一書記趙修同志，應湖北省委主辦的一個政治刊物《七一》的要求，需將本地區治山、治水、治土的典型經驗介紹出去。當時，地委選了三個成功的大典型，一個是均縣的勞動模範李大貴治水，一個是鄖縣的勞動模範高華堂治土，一個是竹溪縣的勞動模範侯廷仁治山。號稱是襄陽地區的「三面紅旗」。為了把這三個典型寫好，地委就抽調他們認為在本地區比較出色的筆桿子來捉刀：第一組是以地委辦公室主任為首的寫作班子，寫李大貴；第二組是以襄陽報社社長為首的寫作班子，寫高華堂；我完全沒想到——最後一組是選我為首的兩人班子，寫侯廷仁。我的搭檔是報社另一名記者——何建根同志。

上面將這個緊急任務佈置下來之後，我自己對自己說：「機會來了，上一次是文化局看上了我，局長王毅夫給了我機會；這次可是地委看上了我，一把手趙修同志給了我機會，我可要與何建根同志仔細商量，好好表現，把吃奶的力氣都使出來，定把文章寫扎實，寫漂亮。」我把這個想法告訴老何，老何舉雙手贊成。

為了深入侯廷仁生活和工作的地方，地委派了輛吉普車，本想把我和老何送到鄂西北大高山中的竹溪縣綜合農場，但車子過了縣城後，沒多久就無法開進去了。好在縣裏派了個嚮導，把我們一直送進了大山。這裏，雲霧騰騰，野樹蔽天，樹葉落下有尺把厚，青藤有碗口粗，一條條從濃霧中伸出，猶如空中懸下的天梯。嚮導告訴我們，過去這兒豺狼成隊，野豬成群，上天無路，下地無門，群眾「吃的是洋芋果，烤的是疙瘩火，穿的是棕樹衣，住的是岩屋窩」。可自從一九五二年縣裏派了侯廷仁到這兒辦農場，五六年時間，這裏就完全變了樣，成了高山的聚寶盆了哩！

這荒山野嶺是如何變成聚寶盆的呢？我和老何經過艱苦跋涉到了農場後，一面與侯廷仁及其職工開座談會，深入瞭解情況；一面專門拿出時間，與侯廷仁一起在大山裏轉——哪兒有他開墾的處女地，哪兒有他新開闢的、多種經營的場子，我們就到那裏去調查落實。

侯廷仁，五十來歲，瘦瘦的，矮矮的，其貌不揚，但你聽他講話，以及他講話時眼裏放出的那股犀利之光，你就會感到他的生命力極其旺盛，他的樂觀主義精神似乎是永無止境，特別是你隨他翻山越嶺——哪裏像五十多歲的人啊，手腳麻利，健步如飛，猶如孫猴子跳躍雲遊……我那時二十七歲，完全跟不上他。他很少講他自己的故事，他的故事大都是他的職工和周圍的群眾告訴我們的。

譬如，他開始一人進山辦場，是當地農會主席楊立盛帶他看的場地。楊立盛對他說：「老侯呀，不是我給你潑冷水，這破場子沒啥看頭。」

「你講的？」侯廷仁說：「縣裏領導要咱在這兒成家立業呢！」

「那就瞄瞄吧。」

一看啦，果如楊立盛說的：地倒有五十四畝，但儘是土改後沒人要的白沙土，上面稀稀啦啦幾棵棉花，真是「睡到那裏齊耳根子，站到那裏齊腳頸子」，這號地，哪能長莊稼，辦農場？再去看上一屆場長留下的辦公地點，雖有四間，可白天見太陽，晚上見星星，四周大通大亮，根本住不得人；老侯再往裏一瞄：犁耙耕牛、桌椅板凳、鍋瓢碗盞……統統沒得。

「夥計，這就是你的全部家當！」楊立盛說。

沒料到侯廷仁眯起眼，笑著說：「這就不壞！」並走攏去，愛惜地撫著破窗欞：「如今國家就跟咱貧下中農一樣，剛翻了身，一切得從頭幹起，平地建高樓哩！」

一會，群眾聽說老侯來辦農場，都紛紛跑來，圍著問他：「老侯，你來辦農場？」

「是咯。」

「帶了多少經費？」

「經費？帶它幹啥？咱是來向大山要錢的呀！」

「人呢？」

「咱一個，別看快老了，可硬紮！」

「咳！」有人笑起來：「你人沒人，錢沒錢，辦場呀，那是嘴上抹石灰——白說。」

還有個好心老頭勸他：「老侯呀，這兒荒山不見天日，又寒冷又潮濕，野豬會鑽進房裏吃飯，豹子會跑進屋子睡覺，咋能找到寶？」

侯廷仁說：「能找到，我帶了把開山取寶的鑰匙，就一句話。」

「啥話？」

「無錢要辦有錢的事：農場是人辦的，不是錢買的。」

大家聽著，互相瞄瞄，沒懂哩！

可老侯就憑這句話起家。進場的當天，他就忙起來，破房子，他自己修；沒傢俱，他與農會主席楊立盛一合計，說：「土改沒分完的果實，沒人要的破破爛爛，都給我吧？」楊立盛說：「行得！」侯廷仁就接收過來，管他破桌子、破椅子、破床……只要一到手裏，就「乒乒乓乓」地修好了。

沒兩天，他搬進修整了一下的破房，還在外面掛一塊牌子：「竹溪國營農場」，滿是個勁哩！

牌子是掛上了，但沒農具、沒耕牛，怎麼辦？季節又不等人呀！侯廷仁想：「別人白天用農具，晚上不用，咱就在晚上加個班吧！」於是，一到黃昏，就到別人家去借鍬，借鋤頭，夜裏就猛乎乎地幹起來。為了趕走寂寞，深夜裏，他常常一面幹一面唱山歌哩！有一次，他借鄰居蕭太婆一把鋤頭，一夜就開了七十二條地溝。第二天清早，蕭太婆到處找他找不著，結果在地裏看到他。他大概疲勞過度，竟枕著鋤頭，仰在地頭，「呼呼呼」地睡得正甜。蕭太婆把他喊醒，要回鋤頭，可憐巴巴地說：「老侯呀，你辦場真苦：出門一把鎖，進門一把火，連把鋤頭都沒有。」老侯笑著說：「那你算說錯了，別看咱這會吃點苦，一個人辦場，可走的是陽光道，越走人越稠，越走路越寬哩！」

沒有牛，他就用自己一雙勤勞的手，和別人換牛工。有一天，他來到田裏，見貧農涂學明老漢和他的兒子在打穀，那小子板桶手藝差火，穀子撒得到處都是，老侯好心地說：「年青人，你這樣打，不沾弦啊！」

小夥子一眨眼，滿臉不高興地：「不沾弦？你行，來試試！」

老侯朝手心一吐口水，搓搓，說：「行啦！」一上場，架勢就不同：板穀子靠桶得重，穀把也分揚得開，舉起來，連一絲頭髮都不挨哩，不光穀子不撒一粒，就是草把也紮得漂亮，剛剛四把稻草一個，丟在田裏，穩穩當當，利利索索！

旁邊的涂老漢看呆了，直點頭，誇獎道：「同志呀！你懂經！」又向小夥子說：「青娃，要學哇！十年能熬個舉子，熬不到個莊稼手！」

這樣，他們邊打穀邊談起來，越談越熱火。

「你就是那個辦農場的老侯吧？」涂老漢問。

「是咯。縣裏叫我到這裏，先建立糧食基地，然後進山取寶，好給鄉親們開個門道。」

「好呀，政府處處為我們著想，總望大夥越過越旺。可辦農場，苦啊。」

「那談得上苦？有農會，有你們貧雇農相幫，啥都辦得成。」

「那當然。」

老侯給他們板了一天穀，與涂老漢也談得投機，交了朋友，臨別時，老漢拍著老侯的肩膀說：「老侯，兒子我有三個，牛也是現成的，有啥活路，只管喊吧？」

老侯說：「我活路倒不少，可飯沒飯，牛草沒牛草。」

「沒關係，咱在自己家吃。」

「工錢現在也沒得。」

「噯，貧雇農嘛，還說這，你給我板天穀，也沒說要錢呀！」

「那就費心啦，農場辦起再重謝。」

第二天，涂老漢就親自帶著兒子，牽著水牛，來幫老侯的忙了。

地終於整好了，但沒種子，怎麼辦？老侯就背個口袋，跑到農會主席楊立盛那裏，討幾升；跑到鄉長洪三友那裏，討幾升；又跑到各貧雇農家，一家要了一點，別人說：「老侯，你這比和尚化緣還苦呀！」他說：「才快活哩，咱是為社會主義農場化緣，越奔越有想頭，今日一粒種，明日萬石糧咧。」

就這麼，老侯依靠當地黨和貧雇農，再加上自己苦幹，僅僅一年，在山上建立了糧食基地，收了四萬四千斤糧食，除上交一部分，餘下賣了一千多元。他用這筆款子，買了牛，買了農具，收下六個工人，常常高興地唱著：「親幫親來鄰幫鄰，貧雇下中農一家人，單絲不成線呀，獨木不成林，魚靠水來水幫魚，農場一定要建成。」

有了人，有了錢，有了糧食，一九五四年，老侯按縣裏指示，就帶領工人進山取寶了。當他們來到深山野林裏，一看，果不簡單：老虎、豹子一天吼到黑，大白天也敢在人面前擺來擺去，碗口粗的青花蛇，也在密不透風的草叢裏翻翻直滾，尤其是乾螞蝗，幾寸長，筆桿粗，盡朝褲管裏鑽……但老侯沒管這些，親自帶頭用斧頭、柴刀砍進古老森林，就這樣給砍出一條大道來。

就談談他們開始怎麼建立畜牧場吧？那時，已是冬天，老侯帶著工人在羅家坡砍樹蓋牛棚、住房，可房沒蓋好，三十多頭牛、羊買回來了，恰恰這時落了場大雪，人和牲口只好睡在一個茅棚裏。夜晚，剛閉眼，牛一拉尿，羊一拉屎，滿屋腥臭，有的被子也被浸濕了。老侯和工人只得起來，燒火炕被，炕著炕著，有的工人發牢騷了，說：「唉！我哪輩子也沒受過這號罪？咋跑到這地方來了？」說畢，被也不願炕，覺也不想睡，一個個跳了起來，真有點不想幹了。老侯連忙站起來拉他們坐下，溫和地說：「你們是不是覺得這麼幹太苦了。」

「那還用說。」

「是的，我也覺得苦，但我們要是能堅持下去，這苦就會變成甜。」

「……變成甜？」

「對，」老侯說：「大夥想想，我們開始建產糧基地，不是什麼也沒有，有時飯都吃不飽嗎？可後來，我們不僅度過了難關，飯吃得好，還能積累資金到這兒辦畜牧場，是啵？」

大家互相看了看，不得不承認老侯說的是事實。於是，氣慢慢消了，沒人說要走了。

可沒幾天，野獸闖進了茅棚，把碗碗罐罐打得精光，接著又下了場冰雹，屋頂被狂風掀跑，衣服、被子全結了冰，牛羊也打傷了，有的餓急了，還咬人的衣服。

工人段順祥的一件新衣服被羊嚼了，他氣得不得了，把破衣甩在地下，對老侯說：「搞個毬，這裏吃沒吃好，住沒住好，衣服也賠了，不幹啦！」幹部周發祥也說：「我挑也挑得，擔也擔得，在哪也餓不著，何必在這受苦？」捆起行李要走。侯廷仁連忙上前擋住，說：「同志，你要走，也得等冰雹停了。要不，冰天雪地，坡陡路滑，你下得了山？」周發祥歎了口氣，只好留下。

到晚上，侯廷仁燒好了熱水，讓大家泡泡腳，以免生凍瘡；見段順祥還在生氣，就把自己的衣服脫下來，給他披上，然後把大家招攏來說：「如果你們中間誰堅持不住了，可以走，工錢按日照算，請放心。但最好等天放晴再下山，這樣，我放心。」

大夥聽了點點頭，一夜相安無事。到第二日，冰雪更大，除了老侯，大家都躲在茅棚裏，燒起柴疙瘩，烤起火來。侯廷仁喊了一遍，見沒有人動，就不吭了。

過了一會，烤火的人們聽到外面「梆、梆、梆」的聲音，越來越響，走到視窗一瞄，只見老侯在那裏挖雪破冰，割地草餵牲口哩！開始，他們只是看，有點不在乎，可「梆、梆、梆」的聲音，越來越使他們不安，甚至，再紅的火，也烤得不自在了。小段終於跑出來，奔到老侯面前，見老侯的腿凍裂了，血直滴，便說：「場長，歇一會兒吧，你的腿……在出血……」

老侯說：「我是想歇啊，可牲口要吃草，餓死一頭，比斷了我的腿還心痛，這都是建畜牧場的本錢咧！」

小段還想勸，老侯用眼睛止住他，說：「天冷，快回窩棚吧！」

小段還有啥話可說呢？望著望著，眼淚不知什麼時候冒了出來，忽然，想起什麼，就飛一般回到破茅棚，拿出砍刀、鋤頭，其他一些烤火的，也跟著衝出來了。小段跑到老侯面前說：「場長，我剛才不是人，這會兒，我死也要跟著你，不辦起畜牧場不下山。」老侯說：「是呀，征服冰雪，得要有個狠氣哩！」

侯廷仁以自己的言行感動了工人，工人也就跟他一樣地堅持下來：在冰天雪地裏，他們先給牛羊搭好棚，再把棚四周砌成土牆，把它變成圈，最後再把圈加固，變成人住的房子，這樣一變，兩變，三變，沒花一文錢，就蓋起了三十三間房，節約資金三千三百元，牛羊也慢慢發展到三百多頭。往後，再開闢其他多種經營分場，不管怎麼苦，大家都記得這一次，也就快快活活地幹，勇往直前，他們已深深懂得：苦是苦，但苦中有甜了。

一九五五年春，侯廷仁在大山辦好畜牧場，從縣裏開完三級幹部會議回去，一路上正想著如何貫徹縣委精神，繼續開發山區，大搞多種經營，忽見前面有幾個人邊談邊走，一聽，知道他們是陝西合作社賣藥材的，心想：「這是個好機會呀，農場種藥材，不是有現成師傅了嗎？」於是不吭不響地跟著這幾個人，一直跟了十五里，眼看著，這幾個人要走過農場了，老侯急起來，便趕上前攔住說：「同志們，等等，請到屋裏坐，咱們有緣分咧。」

「啥緣分？」陝西同志驚奇地問：「一無親，二無戚，認都不認得！」

老侯說：「認得，天下工農是一家嘛，沒別的緣分，有社會主義的緣分，走走走，有大事求你們。」

那幾個同志見天色已晚，老侯又誠懇熱情，便跟著到農場去了。一到農場，老侯親自安排住處，倒了洗臉水又倒洗腳水，並煮肉溫酒，一直到吃飯時，他才說：「陝西同志，留幾天吧？沒有好菜，可咱們有個工農交情。」

「對。可留下幹啥呢？」陝西同志說。

「想請你們到咱大山看看，看能不能種藥材？能種，種啥？」

「行啦！」

老侯高興了，說：「要是山上能種藥材，我侯廷仁還要拜你們為師，學點種藥材技術。」

陝西同志被老侯的赤誠所感動，一下站起來，說：「咳，你就是竹溪的侯廷仁呀，真夠朋友。沒問題，俺懂啥，就統統外傳。」

第二天，他們跟侯廷仁來到羅家坡，一看土好、水好、樹葉厚，說：「這兒黃蓮、玄參、當歸、當參……啥都能長。」老侯喜得不得了，馬上向他們學技術，並一面採集野生秧子，一面請陝西同志回去支持家秧。沒一兩個月，他自己又當師傅，把技術傳給工人，就辦成了藥材場。接著他爬山越嶺，發現了能興十萬架黃蓮棚的雲霧山，即刻就派人到那兒開闢了。

有一回在專署開勞模會。每次開會時，平常最先到的老侯卻陪著房縣的一個種木耳的模範慢慢到來。那個模範說：「老侯呀，莫等我，我腳跛，跟上就行了。」老侯說：「等等沒關係，和你走，正合適，蠻帶勁。」於是老侯一面照顧這個模範，一面向他請教白木耳的種法；這樣，會一開罷，老侯不光領會了上級指示，而且學會了全套種木耳的技術。一回去，他就幹開了，一年一年，白木耳發展到三百多架，當老侯把收穫的白木耳送到竹溪藥材公司時，店員問他：「老侯，沒聽說你會種木耳，這活，技術複雜，從哪學的？」老侯笑著說：「如今的社會呀，就看你學不學？！要學，哪裏學不到哩！」

是的，人們說，在襄陽地區誰都曉得侯廷仁會學習，不管大人、小孩，誰有點啥長處，一與他碰在一塊，他就和你談在一堆，住在一堆，不學會不甘休，因此，他在田地裏，是個全把式；在藥材場，是個全把式；在畜牧場，是個全把式；甚至做火腿，他也是個全把式；農場內各種大活路、小活路，他無一不知，無一不熟，工人說：「什麼事要想瞞過老侯呀，那算不行，他只要往地裏一瞄，就知道誰幹得咋樣，合不合格？並能親自做出樣板讓大夥學。

我和老何在這農場裏，還聽到老侯編的、教職工們唱的本地山歌〈大山就是搖錢樹〉：

雲霧山，靠天邊，
霧氣騰騰藏神仙，

舉手——不見掌，
迎面——人不見，
一踩，到處是木耳，
一摸，處處是黃蓮，
乖乖，一碰就是錢……

老侯還有個愛好，就是平常他總背個乾糧袋，帶上一兩個工人，在無名的深山裏鑽來鑽去。走到東山，他說：「咳，好地方，咱們要在這辦個畜牧場。」走到西山，他說：「咳，好地方，咱們要在這種黃蓮。」走到南山，他也說：「咳，好地方，咱們要在這種木耳……」無論到哪山，過哪個崗，只要和他在一起，你就聽不到個「壞」字。他總有辦法，把各色各樣的荒山改造好，使它變成國家的財富；有時，他甚至走著走著，竟走到四川、陝西的大山裏去了。

就這樣，從一九五二年到一九五九年——近八年時間，竹溪綜合農場已由一個老侯、五十四畝白沙土，發展到東至彭家坡，南到雲霧溪，西到大花園，直一百二十里，橫三百六十里，方圓千多里的大寶庫了。這些過去沒人住的窮山窩，當時有工人二百八十八名，房屋二百七十八間，耕地三千多畝，豬一千二百頭，牛羊馬騾四百多頭，還有黨參、玄參、當歸、黃蓮、杜仲、黃芹、白木耳、香菌、生漆等各種土特產和小型紙廠、酒廠、糖廠、火腿廠等……全場固定資產在八十萬元以上，加上現金收入三十萬元，真是那個時代一個實實在在的、全面發展的社會主義「百萬富翁」了！

至於農場的生活，那不用說了，幸福得很，每人每年合一千多斤糧食、一頭牛、兩頭豬（雞鴨羊兔除外）。人呢？也越來越多，老侯說：「平地姑娘耳朵尖，有鴿子眼，見山上生活好，小夥子又勤勞，都嫁上山來啦！」而且生了不少娃子。附近的社員對老侯說：「你來時是個光人，現在兒女一大摞，成福爺爺了。」過去，這裏流傳一首民歌：「有女不嫁高山嶺，說起苦情道不盡，豐收年間吃菜葉，常年不離討米棍。」而這會兒呢？山變了，人變了，歌也變了，鄉親們都在唱：「有女要嫁高山嶺，幸福生活唱不贏，山川、平地無二樣，社會主義甜在心。」即使在一九五九年至一九六一年的三年自然災害加人災的困難時期，這裏也沒有餓死過人，生活一直比較好。

在侯廷仁農場體驗生活和採訪素材近二十天，我和老何便乘車返回襄樊市，並以上述材料，寫出長篇調研報告〈高山出萬寶〉——上呈襄陽地委。這個時候，其他兩個寫作組（寫治水模範李大貴和治土模範高華堂的）也從鄉里回機關。我們三個組的成員都明白——大家將面臨一場以地委第一書記趙修為首的、領導同志們的考試。報社有的同志開玩笑地對我說：「這是趙書記考你們幾個大秀才呀，看你們中間誰能奪冠當狀元。」

果然，在一個星期一的上午，我們三個組被召集到地委常委商議重要事情的小會議室。地委正副書記、正副秘書長以及各部領導都到了堂。是地委副秘書長朱崇亮同志主持會議，他先叫以地委辦公室主任為首的寫作組彙報「李大貴治水」，其實就是念已列印好的成稿。念完之後，朱秘書長便請在座的各位領導談看法，提意見。至於行不行，通不通得過，最後是趙書記一錘定音。所以，到請趙修同志發言時，全場安靜得連一根針掉在地上都聽得見，在座的人都聚精會神，特別是執筆寫這個調查報告的人——神經格外緊張：書記是肯定還是否定？是說好還是說壞？是全部推翻還是局部修改？是讓原執筆人繼續捉刀還是另派新手……這不光是決定一篇文章的命運，也關係書記和在座領導對寫報告人的能力測驗和才幹評價。因這幾份調查報告是要上報省委，是需刊登在省委主辦的《七一》雜誌上的，對展示當時襄陽地區的「三治」形象是相當重要的！

結果，對第一個上臺彙報，念李大貴治水的稿子沒通過，趙書記歎了一口氣，說：「這麼生動、具體的典型，為什麼寫得乾巴巴？得重寫！」立刻有幾個領導附和，講了一些修改的意見，很多人也這麼認為。

第二個上臺彙報，念高華堂治土的稿子——也沒通過。趙書記皺起了眉頭，說：「怎麼搞的？不要老是黨八股語言，教條語言，要學會用老百姓語言、反映群眾的聲音，那才生動易懂，入腦入心，對不對？再改一改吧！」襄陽的幹部都曉得趙修同志搞調查研究，喜歡一竿子插到底，不僅要收集原汁原味的素材，還必須有獨到見解的、實事求是的分析，否則送到他那兒的報告是很難通過的。

我是第三個上臺彙報——念侯廷仁治山的稿子。我緊張得不得了，心「嘣嘣」直跳：因看到前面兩位比我強的、寫調查報告的高手失敗，我哪裏還有戲？我這篇〈高山出萬寶〉肯定出不了「寶」，說不定會得個「大鴨蛋」，需換人重寫！可生活就這麼顛倒著跳躍……在我滿頭大汗念完稿子不敢抬頭時，全場誰都沒吭聲，大概都以為此稿的下場至少不會比前兩篇好，那曉得趙書記第一個發言了，就那麼輕輕一句話：「我看行，大家覺得怎麼樣？」還能怎麼樣？書記都肯定了，誰還有異議？在座各位領導自然都異口同聲地通過了我和老何的稿子。我內心不曉得有幾高興，但表面一點也不敢顯露。曾國藩家書中的一句話：「滿招損、謙受益」立即在我耳邊響起。故那天回報社同事們向我祝賀時，我總是說：「是趙書記的鼓勵，同志們的抬舉，我還得好好學習，在寫調查報告上更加努力。」

之後，我得知，趙書記一九五四年撰寫的〈襄陽縣夥牌鄉襄陽農業生產合作社關於餵養和使用耕牛的經驗〉——收錄在毛主席主編的《中國農村社會主義高潮》一書中。主席按語說：「作者以很大的熱情研究了這個問題，所述農民的語言也確實是農民自己的語言，似乎作者是到了這個鄉同群眾一道研究過這個問題的。」我就想，我們那篇〈高山出萬寶〉也可能是用了侯廷仁的生動語言，以及當地群眾的本色語言，才受到趙修同志的青睞與欣賞的；再就是我愛好文學，經常收集群眾土語以及老百姓的鄉土故事——這回寫報告運用得當，便一下碰上點子、交上了好運！

這篇〈高山出萬寶〉連同修改後的〈李大貴治水〉與〈高華堂治土〉兩篇文章一起在省委機關雜誌《七一》上發表後不久，我就被調進中共襄陽地委辦公室，且經常隨趙書記下鄉搞調查研究和寫材料。

「文革」後，我與趙修同志一個秘書的一次談話中——我才知道：我能調進地委，不僅僅是書記欣賞我的語言和文章，而是他為我說了句很關鍵的話。即組織部門向他彙報，說我是官僚資產階級兼地主階級的家庭出身——不宜調入黨的領導機關，他卻說：「我們黨內不是也有很多出身不好的、從大地主和大資產階級家庭出來的子弟嗎？只要他們真心幹革命，好好為人民服務，為什麼不能吸收他們到領導機關工作？！」看來，是趙修同志這句話送我進地委工作的！人呀，是不是就這麼生不由己，你想得到的，往往得不到；你完全沒預料到的，有時卻忽然間把你引領到位。是命運麼？好像又不完全是。思前想後，這大概是一個人的意志與其命運的偶然綜合。《菜根譚》曰：「天機最神，夜走昆侖。」「一念驚覺，船登彼岸」萬人萬事，均可預而不可料也！

與省委第一書記零距離接觸

我分配到襄陽地委辦公室工作的第一天，地委總務處就給了我一間約十平方米、後牆有一個小窗戶的平房做宿舍。房內有一張木床、一個三屜桌、一把椅子、一個洗臉架。對此，我非常滿足。當時就想，我初來乍到，得摸準情況，規劃自己，看怎麼做，才能取得——不僅是所有領導，還包括整個辦公室、整個地委上上下下對我有個好印象。我能跨進這個「中國共產黨湖北省襄陽地方委員會」的大門，真是太不容易了，也太幸運了。

經過半個多月的仔細觀察和向辦公室諸多同志虛心討教之後，我給自己定了個必須遵循的、心照不宣的細則：即除了執行原來在教院與華師訂的十條做人綱領外，我還必須在兩個方面嚴格約束和督促自己：

一、若領導安排自己暫不下鄉，在辦公室工作，我就要：

A、每天早上提前一個半小時到辦公室，把辦公室各個部門的每一個房間都打掃乾淨，並把每個房間的開水瓶拿到開水房打滿。

B、一到上班時間，就向直接領導我的上級請示，看當天能分配我幹什麼，並立即進入工作狀態。我在辦公室是最低層的工作員——幹事。上面管我的有八個層次：副科長、科長（包括秘書）；副主任、主任；副秘書長、秘書長；有時地委副書記、書記通過秘書長亦呼我去幹他們直接佈置給我的任務。

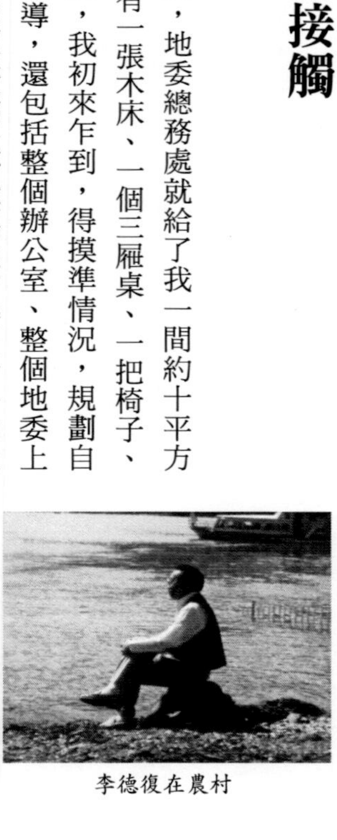
李德復在農村

中年時期的李德復

C、如果當天各級領導沒給我分配什麼工作，我絕不能「一張報、一杯茶」坐在辦公室悠哉、遊哉，而應該主動幫下面科室幹一些自己力所能及的雜活。比方，到校對組去幫助校對；到打字室去幫助裝訂文件；到收發室去分發郵件等等，不能讓自己閒著，不能去串崗、無所事事地說閒話。

D、切記，下午上班前，自己依然要提前到辦公室，依然要把辦公室各個科室打掃乾淨，把上午丟到字紙簍裏的垃圾倒掉，所有的開水瓶都要灌滿……這一切都要悄悄地、無聲無息地做，最好不要讓人看見，以免別人認為我是作秀，故意做給大家看的。

E、每當辦公室領導號召大家去地委菜園子義務勞動，不論是鬆土鋤草，是挑大糞上肥，是拉板車送菜進食堂，自己一定要熱情、積極，主動幹重活、髒活，但切忌表現自己，應默默地埋頭幹。

F、偶爾，有同志要我幫助修改他分內應完成的文件，自己定要謙虛謹慎，千萬不能有得意之色；同時要儘量指出對方的優點，並表明自己從中學習了不少有益的東西。

二、若自己隨領導下基層搞調查研究，必須認真做到：

A、要熟記襄陽地區管轄的襄樊市、襄陽縣、棗陽、隨縣、宜城、南漳、保康、光化、均縣、鄖縣、房縣、鄖西、竹溪、竹山等十四個縣市的基本情況。領導問到哪裏，自己能脫口說出——那裏的人口、面積、區鎮、人民公社的數字，以及近三年來的工業產值、農業產值，還有糧棉油肉的增產或減產百分比。由於我天生數學不好，對數字沒什麼感情，故背下上述縣市的基本資料，整整花了一年時間。我深知這是隨領導下鄉的基本功，非掌握不可，於是拿出當年在大學俄語單詞的狠勁，終於啃下了這塊硬背骨頭。每當我能對答如流地向領導複述這些資料，瞄到領導眼裏的欣賞顏色，我心裏還是蠻舒服的。

B、要當好領導的記錄員。這不僅僅是記錄好領導的報告，與別人交談的要點，以及他在調查研究時的指示，還要特別用心記錄他平常隨意說的一些有分量和有意義的話——這些話，有的是我們隨行人員和領導一起吃飯時，領導說出來的；有的是我們在晚飯後陪領導散步時，領導說出來的；還有的是我們和領導一起看戲和欣賞節目時說出來的……因此，身上一定要帶筆和記事本，能當場記最好，如不方便，回去後一定補記。千萬別以為這麼記是浪費，是形式主義。絕對不是。在之後為領導寫調查報告和某個專題文章時，可不露痕跡地展現於文中，往往能給領導以驚喜。我就經常嘗到這個甜頭，還為此多次得到領導表揚：「你這個秀才真是有心人。我都忘記了，你還記得。」

C、要做好領導的調查員。隨領導下去搞調研，除了和領導一起聽彙報、做記錄外，要利用領導的休息時間，自己單獨去調查，要在生活中提煉出新的、獨特的觀點，獨特的資料，獨特的典型，一方面可以向領導彙報，為領導作好參謀；另方面能補充、豐富原有的素材，寫出來的調查報告領導自然會點頭，認可。從我的經驗看，幾乎是百發百中。

D、要做好領導的生活服務員。跟隨領導工作，不僅僅是幫助他寫材料，出主意，還需真心誠意關心他的生活，讓他能吃好，睡好，精神充沛，一心一意地為重大事情思考、決策。因此，在調研工作之餘，要不露聲色地幫他換洗衣服，及時提醒他服用醫生囑咐的、他應吃的維生素和其他藥物；在一些應酬場合則代他喝酒，並積極幫他教育他家裏不聽話的子女，等等。總之，對領導，特別是對高級領導，絕不能見外，應像一家人。這叫軟實力，能做到此點，非一日之功；若做到，很多「硬實力」的事也能迎刃而解。

E、要做好領導的警衛員。和領導下鄉，一些南下幹部，一些參加革命較早的老幹部，大都保持著與群眾同吃、同住、同勞動的優良傳統。有時，他們在貧下中農家的堂屋裏支個鋪就能睡，我們隨行人員便在周圍搭個床住下，說是休息，其實是保護他；一日三餐，很多時候是輪流在社員家裏派飯，規規矩矩給糧票給錢；這個時候我們就幫著住戶主婦做飯菜，儘量做新鮮的東西，保證領導身體健康。那個年代還強調階級鬥爭，深怕「地富反壞右」破壞，有時夜裏，我們圍著領導住處值班站崗。這叫警惕性，不過我還沒遇到過一個企圖謀害領導的階級敵人。

F、要做好領導的接待員。領導下鄉，特別是大領導下基層，周圍的群眾一知道，就經常有人跑上門來告狀和傾訴。我們自然要好好接待。能解決的，儘量不往領導那兒推。解決不了的，就通知本地幹部來幫忙；實在解決不了的，再彙報給領導。由於領導水平高，本身又帶有權威，當地幹部對他的指示不敢不聽，不理解也會執行，故來告狀的人，絕大部分是哭著來，笑著喊「包青天」回去！

應該說，我在地委搞的這約束自己的十二條——幫我順利地度過了「進門」關，也讓我平安地、快樂地生活了好一陣子，直至下一次階級鬥爭的來臨。

為什麼說這一陣子我比較快活呢？在此，我講一個自己都沒有想到的往事。

還是在大躍進的年代吧，由於我們襄陽地區的「三治」：治水、治土、治山搞得漂亮——李大貴治水，高華堂治土，侯廷仁治山，又都在省委主辦的《七一》雜誌上亮了相，全省各地幹部、先進人物來我地區參觀學習的絡繹不絕。也就在這個時候，湖北省委第一書記王任重同志，率領本省武漢、黃石、沙市、宜昌、荊州、黃岡、鄂州、咸寧、孝感、恩施等地市州委第一把手來我們地區參觀指導。我們襄陽地委的一把手趙修同志自然一路陪同。我們辦公室朱崇亮副秘書長便帶我們幾個常隨趙書記下鄉的文秘人員隨大隊人馬一起行動，目的是隨時聽趙書記的吩咐，照拂好省裏的領導和各地區的貴賓。

一日傍晚，浩浩蕩蕩的車隊來到宜城縣委招待所。朱秘書長告訴我們，趙書記指示，今晚就在這兒落腳了。當我們給各位領導和客人安排好住處後，就一起到縣委小食堂吃晚飯。晚飯後，我準備回到我們隨行人員的住房休息時，發現食堂牆上的公示牌上寫了這麼一句話：「請注意——晚飯後，同志們可到招待所旁邊的縣城公共澡堂洗澡……」落款是參觀團秘書組。

在此，要向各位解釋一下：即二十世紀五〇年代末，雖說大躍進搞得紅紅火火、轟轟烈烈，但包括一些縣委招待所在內，住房還沒衛生間，也沒單獨洗澡的沐浴池和盆浴。省裏的大領導和珍貴的客人來了，縣委機關就請城裏的大澡堂子停業一晚上，讓上面來的領導人燙燙身子，解解乏，洗洗澡。

那會兒，我一看到公示牌上寫的、讓大家洗澡的資訊，立馬覺得全身好癢，蠻髒，便匆匆回到自己的房間，拿了塊手巾和換洗的內衣內褲，徑直朝旁邊的公共澡堂奔去。澡堂門口，有縣委的人在把守，一看我是襄陽地委的，問都沒問就讓我進了。我在澡堂外間脫光了衣服，腳板子套了雙木屐，頸脖上搭拉著手巾，接著「噔噔噔」地衝進近四十平方米的大浴池。浴池熱氣騰騰，開始，我眼睛不適應，看不甚清，過幾分鐘後，我看清楚了。整個池子，人不多，大約二十人左右，全是一絲不掛、光條條……再認真一看，乖乖，全是省委主要領導和各地區的一把手，像我這樣的下級小蘿蔔頭，裏面沒一個，連領導我的朱秘書長也不在。這時，我看到趙修書記和省委王任重書記正坐在南面的浴池邊沿，一面用毛巾擦洗，一面在笑談什麼……我突然感覺：自己到這兒，和這麼多大領導光著身子洗澡，是不是冒失了，便想轉身出去，也就在我猶豫不定時，突然聽到趙修書記的聲音：「小李子，你咋來了？」——他一直不叫我「李德復」，總把我當小孩子、小年青那麼喊。

我只好走過去，說：「趙書記，我看到食堂『公示牌』上寫的話——讓大家洗澡，我以為我可以來，就來了。」

李德復向任重同志彙報

趙修同志笑了。

任重同志也笑了，說：「來了就來了，好好洗就是！」又扭頭問趙修：「這就是你們地區的年輕作家李德復？」

「就是他。」

任重同志眼光在我臉上掃了一下：「你的《典型報告》我看了，你執筆寫的〈高山出萬寶〉我也讀了，不錯嘛。」又問：「你是哪個大學畢業的？」

「華中師範學院。」

「學中文？」

「我學的是俄語。」

「好呀，我也正在學俄羅斯語言哩！」任重同志說。

那個時候，社會上、機關裏盛傳：王任重是毛主席的好學生；他領導的「龔同文」寫作班子，發表了不少犀利雜文，名震我省，乃至全國。我還知道，他特喜歡文學，亦是中國作家協會的會員，這在我國高級幹部中是很少見的。我能在這裏赤條條地看見他，他這麼高級的幹部也赤條條地在此和我說話，我有一點怕，但更感到的是幸運、歡喜。

「學俄語好呀，」任重同志擦了擦臉上的水珠，繼續問我：「你喜歡哪些俄羅斯作家呀？」

「普希金、托爾斯泰、契柯夫、陀思妥耶夫斯基、果戈里、屠格涅夫……」

「喲，喜歡的還蠻多哩，你想了沒？他們的作品為什麼經久不衰，源遠流長……」

我好像有很多話說，但一時又說不清。

任重同志望瞭望趙書記，又瞄了瞄我，說：「小夥子，就像我們洗澡，得先把自己洗乾淨。當然，不光把身子洗淨，」指指胸口：「還得把良心洗淨，才能寫出好東西……對不？」

我正在揣摸這句話，趙書記拍了下我的肩膀：「行啦，小李子，等下回去再好好想吧……」

我有點捨不得走，但還是高高興興地離開他們，正兒八經地把自己沖洗得乾乾淨淨。

洗完澡，我回到縣委招待所，朱秘書長和辦公室的幾個同志正在我住的房裏等我，專門為我開了個生活會，說我膽子太大，無組織無紀律，竟敢闖到澡堂裏與任重同志、趙修同志一起洗澡。我不辯駁，一個勁檢討，說以後絕對多點「眼色」，看到同級不去的地方，自己絕不貿然闖入。朱秘書長表面上挺凶，說：「李德復，下不為例。若再犯，看我怎麼整治你！」背著臉，他卻忍不住笑了。

這件事已經過去了五十年，現在，似乎還歷歷在目。我一生還有個說不清的毛病：不太怕大官，卻非常怕小官；不怎麼怕省委書記、地委書記，卻非常怕小股長、小科長。為什麼會這樣？以後再向大家彙報吧。

差一點——墜入第三次階級鬥爭的污泥巴坑

在敘述本章的、自己的思想感情之前，我想講講本章的時代背景：即一九五九年下半年，我們黨、國家和軍隊的傑出領導人彭德懷同志，在當時黨中央召開的廬山會議上蒙冤受屈，被打成反黨、反社會主義右傾機會主義分子——這可是震驚全國、乃至全世界的重大政治事件。十年前，我買了一本人民出版社一九八一年出版的《彭德懷自述》，書中包含了〈彭德懷同志於一九五九年七月十四日給毛主席的信〉，以及一九六五年九月二十三日〈毛主席與彭德懷同志的談話摘錄〉，使我比較清楚地瞭解這次波及全國的階級鬥爭和路線鬥爭的歷史，亦慶倖自己在這次鬥爭漩窩中沒被埋沒——不過，亦是千鈞一髮，就差那麼幾毫米了。至今，還心有餘悸。這是因為：我寫了個中篇小說〈小學裏的大學生〉，差點撞到火炮口上！

這個中篇為什麼會那麼巧撞到火炮口上了呢？先要從彭德懷元帥給毛主席的那封信講起。信中，彭老總開頭好直率，說：「主席：……我這個簡單人類似張飛，確有其粗，而無其細。因此，（這些意見）是否有參考價值請斟酌。不妥之處，煩請指示。」接著，他熱情地肯定了一九五八年大躍進的成績：「一九五八年較一九五七年工農業總產值增長了百分之四十八點四……國家財政收入增長了百分之四十三點五，這樣的增長速度，是世界各國從未有過的……通過大躍進，基本上證實了多快好省的總路錢是正確的。」與此同時，文中還講「一九五八年農村公社化，是具有偉大意義的，這不僅使我國農民將徹底擺脫窮困，而且是加速建成社會主義走向共產主義的正確途徑。」在強調了大躍進、總路線、人民公社的成績後，彭老總筆鋒一轉，談起這幾年的經驗教訓：「一、浮誇風氣較普遍地滋長起來……對糧食產量估計過大，造成了一種假像……在糧棉高產、鋼鐵加番的浪潮中，鋪張浪費就隨著發展起來，秋收粗糙，不計成本，把窮日子當富日子過……二、小資產階級的狂熱性，使我們容易犯左的錯誤……總想一步跨進共產主義，搶先思想一度占了上風；把黨長期以來所形成的群眾路線和實事求是的作風置諸腦後了……『十五年趕上英國』的號召，都是屬於戰略性、長遠性的方針，我們則缺乏研究，不注意研究當前具體情況，把工作安排在積極而又是穩妥可靠的基礎上……把本來需要幾年或者十幾年才能達到的要求，變成一年或者幾個月就要做到的指標，因此就脫離了實際，得不到群眾的支持。諸如過早否定等價交換法則，過早提出吃飯不要錢……提倡放開肚皮吃……在有的同志看來，只要提出政治掛帥，就可以代替一切……政治掛帥不可能代替經濟法則，更不能代替工作中的具體措施……」等等。

對彭老總上述的這些言論，我們一般人是看不出有什麼毛病，或有什麼犯上和居心不良，何況他一開始就向毛主席表示「我這個簡單人類似張飛」，「有不妥之處，煩請指示」。可誰也沒料到，毛主席對此十分震怒，一方面於當年七月十七日，以「彭德懷同志意見書」的名義，將這封信發給廬山會議上所有與會者，一方面於七月二十三日上午，召開大會，猛批這信（萬言書）是右傾機會主義綱領，是有計劃的、有組織的、有目的的。指名道姓「彭德懷犯了軍閥主義、大國主義和數次路線錯誤。」他老人家還對彭總講「大煉鋼鐵有失有得」特別惱火，說：「有失有得，『失』放在前面，這都是仔細斟酌了的。如果要戴高帽子，這回是資產階級動搖性……是右的性質……屈服於帝國主義壓力之下。」（見《共和國重大事件紀實》（上卷）第514頁）

毛主席這一發動，彭老總立刻成了眾矢之的。有人說他是黨內反對總路線的總代表；有人說他是有準備、有預謀，從右面向正確的路線進攻；有人說他組織了反黨的「軍事俱樂部」；林彪則批他是「野心家、陰謀家、偽君子，攻擊主席……靈魂深處，沒有脫胎換骨，危險在此」。一些同情彭德懷、與彭老總有相同看法的領導，如黃克誠、張聞天、周小舟、周惠、李銳等人也都受到了嚴厲譴責，並在廬山會議結束前有的被批判，有的被撤職；要求他們繼續反省，接受批判，以觀後效。

在廬山會議上，上面在批彭德懷，抓大右傾機會主義分子；到下面，各個地方，各個部門就在批「小彭德懷」，抓小右傾機會主義分子。像我們湖北省文藝界，就抓了文聯負責人之一、老黨員和老革命胡青坡同志。據說，他也有類似彭老總那樣的看法——即在肯定總路線、大躍進、人民公社的前提下，亦反對一九五八年工作中的浮誇、冒進和不實事求是的作風。那不抓他，又抓誰呢？而他，恰恰分管當時湖北省的重點文藝刊物《長江文藝》，我的那個中篇小說〈小學裏的大學生〉，就是經他審閱，認為比較切合當時農村生活實際，很快就發表了，且發表在刊物的顯著位置——頭版頭條上。對我來說，這本來是件高興的事。結果他一挨批受審，我這個〈小學裏的大學生〉自然也要經受考驗。火苗子便燒到我的頭上了。

按說，燒我一下也不冤枉，因我這個中篇的主人公劉寶福，是個相當自私自利的富裕中農，他趁新成立的人民公社「一大二公」：「幹不幹，一天三頓飯」；「搞不搞，一個月的工資跑不了」；吃飯不要錢，還能敞開肚皮吃；幹活憑共產主義覺悟，再也不記「工分」；中國那陣子似乎已進入馬克思講的「要啥有啥、按需分配」的共產主義了！就因為有如此狂熱的環境與氣氛，劉寶福這個三十幾歲的、綽號叫「活算盤」的、特別有心眼的富裕中農，就以小學校長張文華在校門口寫的一副對聯標語：「共產主義是天堂，沒有文化不能上」為「理論」根據，再「創造」一些叫人想像不到的狡猾伎倆，就正兒八經地混到小學裏當「大學生」了。對這個人尖子，我在整篇文章中持批判態度，並通過幾個喜劇幽默情節，狠狠地奚落了他，讓這傢伙出盡了洋相，比方寫他與小學生跳繩，結果受到圍觀者吆喝：「看你劉寶福，多會打算盤，吃公社的飯，拿公社的錢，卻跟小娃子跳繩玩！」這自然與彭老總給毛主席信中的一些意見挨上了邊，如「把本來需要幾年或者十幾年才能達到的要求，變成一年或幾個月就能做到的指標，因此脫離了實際……」，再如「……過早否定等價交換法則，過早提出吃飯不要錢……提倡放開肚皮吃……」還有「……政治掛帥不可能代替經濟法則，更不能代替工作中的具體措施……」等等。有了這樣的一些情節和細節，小說包含的主題：就是辦人民公社要實事求是，不能否定

「按勞分配」的經濟法則，不能用「政治掛帥」代替一切，否則，就會湧現劉寶福這類鑽人民公社和集體經濟空子的角色——這樣描繪，這樣點題，用當時某些人的眼光看，自然是右傾機會主義者的言論。看來，又一場階級鬥爭的災難飛臨到我的身上。但是，那會兒，我對廬山會議風波並不瞭解，自己還有點傻不啦嘰，直到有一天，我到地委會議室做記錄，發現書記、秘書長們，還有一些同志——人人手裏有一本發表我〈小學裏的大學生〉這篇小說的《長江文藝》，都在津津有味卻十分嚴肅地看。對此，我不光不慌，反而認為自己這篇東西是不是寫得好，領導和同志們專門讓人到郵局報刊門市部買回來欣賞，說不定大家還要表揚我哩！

這天，我在會議室做完記錄後，領導對我那個中篇沒表示什麼，只有幾個同級幹部在散會時對我笑了笑，有的還拍了拍我的腦袋：「你呀……李德復……寫小說有癮麼？」

又過了兩天，趙修書記下鄉，帶了他的貼身秘書老佘和我，司機開的是蘇聯造的「嘎斯六九」。那個時候，領導總是坐在前排副駕駛的座位上，我們隨行人員坐在後面。車從襄樊市出發，快到棗陽時，趙書記突然叫司機刹車，在公路邊停下。根據書記往常的行動規律，一是他下車看公路兩旁的莊稼；二是要到旁邊的村落——突擊瞭解老百姓這一段生產與生活的情況；再就是，他要我們到後車廂取他帶的書——他有個一面坐車一面學習的習慣。但他這次什麼都沒說，卻單獨把我叫下車，步行到一棵綠悠悠的垂柳下，突然問我：「小李子，你最近是不是寫了篇〈小學裏的大學生〉？」

我立刻點頭：「是的，趙書記……前兩天，我看您，還有好幾個領導都在看哩。」停了下，又說：「以後，您和其他領導要看我的小說，便跟我言一聲，我叫雜誌社多寄幾本來……」

我還沒說完，趙書記就打斷我的話：「以後，像這類〈小學裏的大學生〉……你再不要寫了！」

「為……啥？」

「不要問為啥？就是不要寫了，多寫《典型報告》那種歌頌大躍進、總路線、人民公社的！聽到沒？」

我還沒反應過來，趙書記又語重心長地：「你年輕，好多事你不懂。以後在地委工作時間長了，就會慢慢明白。你現在要牢牢記住，對三面紅旗（即大躍進、總路線、人民公社）只能歌頌，不能諷刺！一個字、一句話都不能亂說，明白嗎？」

說老實話，我還不太明白，但我不敢說了，只是不斷地點頭，表示明白了。

回到車上，當晚我們到隨縣縣委招待所住下。我和趙書記的秘書老余住一間房。我把趙書記上午給我講的話向他複述了一遍。老余想了想，直視我的眼睛，說：「你還不知道——你最近的危險境遇吧？」

「危險境遇？」我真是丈二和尚摸不著頭腦。

老余就悄悄告訴我：「上個禮拜，《長江文藝》派了個黨員編輯×××來地委，講你那個〈小學裏的大學生〉有嚴重的政治問題，是右傾機會主義在文學中的露骨反映，問我們地委領導如何處置？是不是應對你和你的小說進行批判！」

聽到這，我一身冷汗冒了出來。

「不過，趙書記保了你。」老余感慨地說。

我長長地吐了口氣：「怎麼保……了……我？」

「這我就不清楚了。為你這個事，地委幾個領導還碰了下頭——大家都同意趙書記的決定。」

我心裏一塊石頭落了地，但好長時間仍心驚膽跳，特別是看到報上刊登的反右傾新聞和批判的文章……

李德復和李爾重同志

後來，我還知道，省文聯領導胡青坡同志——給打成了「右傾機會主義分子」，被迫自殺（未遂），卻保了我：把發表〈小學裏的大學生〉的責任全攬到自己身上。另外，當時武漢市委書記處書記、宣傳部長李爾重同志也保了我，因胡青坡同志曾把我這個中篇拿給他看過。他便為我說話：「李德復，大學畢業不久，年輕人嘛，到下面鍛煉鍛煉，就明白事理，就好了。」於是，有人說，我是吉人天相，李德復（福）還真有福哩。

我真有福麼？應該說，差一點——就墜入第三次階級鬥爭的污泥坑。但《長江文藝》有的人始終沒放過我，在刊物上對我這個中篇和我的另一個短篇〈「啥都管」與「只管己」〉——組織各地作者一連批判了兩年。但我在政治上沒戴「右傾」的帽子，總算是不幸中的大幸了。

最後，在本節結尾處，我還想講一點感想，即我在讀《彭德懷自述》和《共和國重大事件》（上卷）時，看到了一個細節：毛主席最在意、最惱火彭老總「萬言書」中的那句話——「大煉鋼鐵有失有得」，把「失」字寫到了前面，證明老總有意說——大煉鋼鐵是「得不償失」。其實這句話是彭老總的參謀王承光同志抄錯了。彭老總原來寫的是「有得有失」，「得」字在前面。但老總不管毛主席批評得多麼厲害，始終自己扛擔子，保護下屬王承光不受牽連。對此，我甚心動：我這輩子接觸的一些老革命、高級領導，有的為了自己的政治利益，是可以犧牲下屬和一切人的；而有的：像彭德懷、李爾重、趙修、胡青坡……都能不顧自己是否受損，是否安危，而盡力保護與自己地位相差甚遠的下級、小蘿蔔頭，為他們遮風擋雨……這容易麼？說起來好像很簡單，其實是相當複雜的心理過程——猶如歌德所講：這「與其說是道德，不如說是純真的人性」。我想加幾個字：是階級鬥爭中的革命人性，對不對？請大家評判吧。

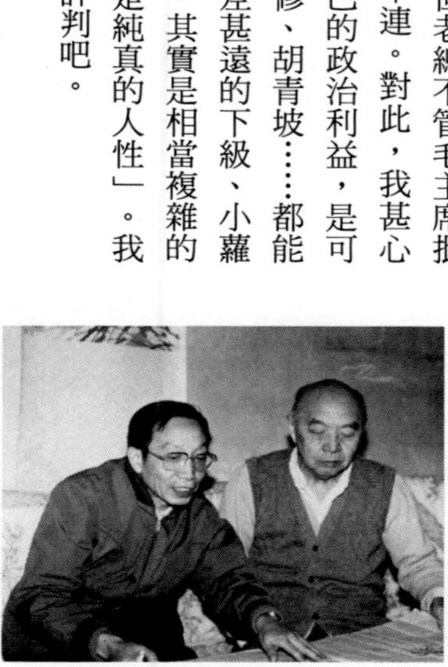

胡青坡同志與李德復在一起

劉少奇曾沉痛地說：「餓死人是要記入歷史的。」

這一節，我為什麼要用曾經是我們中華人民共和國主席劉少奇講的這句話——「餓死人是要記入歷史的」來做標題？

這是因為，原本廬山會議前期的九個月中，毛主席和黨中央已經覺察到左傾和冒進的某些錯誤，採取了一些具體措施，收到了一定的成效。但在廬山會議初期，彭老總一上萬言書，毛主席誤認為彭德懷是攻擊他，反對中央，便錯誤地發動對彭德懷的批判，進而在全黨、全國大張旗鼓地開展「反右傾」鬥爭。這，無疑是火上加油，進一步促使左的冒進思潮升溫，給國家和人民造成了難以估量的巨大損失。當時，「全國（已）發動九千萬人大煉鋼鐵……（全國）七十四萬個合作社，幾乎一夜之間並成二萬六千多個人民公社，數以萬計的農民砸鍋拔灶，在公共食堂『敞開肚皮吃飯』，供糧計畫被破壞。人們幾乎失去了理智，大放『衛星』，創造了一個又一個糧食高產的神話，浮誇風、『共產』風、強迫命令風、遍及城鎮和鄉村。」由此，「一九六〇年的糧食產量比一九五八年下降五百三十億斤，低於一九五一年的水平。一九六〇年的財政赤字達八十一點八億元，比一九五九年增加赤字十六億元。人口非正常死亡相當嚴重：據測算，中國人口總數在一九五九年是六點七二億人，一九六〇年為六點六二億人，即減少了一千萬人，一九六一年又比一九五九年減少了一千三百萬人。若按照當年出生與死亡數相抵後的人口淨增長率推算，正常情況下，一九六一年總人口應比一九五九年增加二千七百萬人。現將上述幾個數字相加，一九五九年至一九六一年的非正常死亡和減少的出生人口數，約在四千萬人左右……其中安徽省的人口落差最為嚴重。一九六〇年，安徽的死亡率上升到千分之六十八，比全國平均數高出三點五倍」。【摘自《共和國重大事件紀實》（上卷）第509頁、519頁、570頁】「在一九六二年初中央工作會議期間，劉少奇主席就責問過安徽黨組織：『我問你們死了多少人，你們說向中央報告過了，一百一十幾萬，誰相信？你們心中有數，可就是不說老實話……你們究竟死了多少人，要老實說出來，再隱瞞要開除黨籍……』一九六二年三月十七日，劉少奇主席又一次就大躍進餓死人的問題說：『過去，到底死了多少人……沒有搞清楚，這次要搞清楚……現在不揭，將來要揭；活著不揭，死了要揭。』還沉痛地說了這麼一句話：『餓死人是會記入歷史的……』」（摘自二〇〇八年《隨筆》第五期，閔良臣文）

關於餓死人的情況，除中共中央黨校出版社出版的《共和國重大事件紀實》中有確鑿的史料證實外，一九九七年經濟日報出版社出版的、當代思想家和經濟學家顧准的日記裏亦有強烈反映。那個時候，顧准還是個載著帽子的「右派」，其語言更為直接和感性。請看我對他當時日記的部分摘錄：

一九六〇年一月十五日：「南山糧多……人們都往南山跑。青年婦女，分不清是姑娘還是媳婦，只要有吃的，自願留在那裏給人當媳婦。饑餓是可怕的，饑餓推動人們做出看來做不到的事情……」

一九五九年十二月十五日：「勞動隊的腫病一下子在一個月內從四十四人增加到七十多人。」

一九五九年十二月十七日：「附近路邊倒屍二起。黃渤家中……十五人中死了五個。」

一九六〇年一月十七日：「結論——苛政猛於虎。」

一九五九年十二月二十日：「遍地哀鴻，人相食，災荒報豐年，打腫臉充胖子……大搞水利養豬以達勁可鼓不可泄的目的……關於事實，尤其是農村現狀，所遵循的唯一原則是根據上級的指標定產量，根據上級的意圖做調查而已。」

一九六〇年一月十六日：「沈家畈附近一個生產隊，七十餘人死了三十餘人，這是一個典型數字了。」

為什麼糧食那麼少？為什麼會餓死那麼多人？這裏，我想插一段真人真事：即一九六〇年秋，有一天，毛主席收到一份特殊的「禮品」，那是一包用油渣和榆樹皮粉摻合而成的食物，這種食物是當時甘肅天水一帶人賴以生存的東西。拿著這份食物，毛主席十分難過，對身邊的工作人員說：「我在陝北時見過這東西，非常難吃啊。現在，我們的人民受苦了。」說完，他眼圈紅了，仰天長歎。這位給毛主席送「禮品」的人，是國民黨起義將領、當時甘肅省省長鄧寶珊。鄧寶珊的這一舉動，曾引起甘肅省委領導人的埋怨與擔憂，說：「鄧省長，你把這東西送給毛主席，影響不好，到時候輕則挨批評，重則會受處分。」鄧寶珊卻說：「我只是實事求是地向毛主席、黨中央反映問題，個人進退榮辱並不是什麼大事，群眾的吃飯問題才是最要緊的啊。」對這件事，毛主席沒有批評鄧寶珊將軍，鄧寶珊在甘肅省當了十八年省長，直到一九六八年他在任上去世。（見團結出版社二〇〇八年一月出版的《毛澤東與國民黨人交往錄》）這說明，到三年自然災難的後期，毛主席也沉痛知道全國嚴重缺糧和餓死人的問題了。

看到沒有？過去我們總是講：從一九五九年到一九六一年的災害是自然災害——也的確有颱風、洪澇災，以及嚴重旱災，但最根本的是人災，是左傾冒進思想的人禍！若三七開，人禍起碼占百分之七十！

在這場百分之七十的「人禍」中，我是親臨其境的。「人禍」的初期，我迷戀大躍進、總路線、人民公社，百分之百地相信大躍進、總路線、人民公社，全心全意地主動歌頌大躍進、總路線、人民公社。人們若看我年輕時代在湖北人民出版社、人民文學出版社出版的三個短篇小說集《典型報告》、《鄂北紀事》、《高高的山上》——全部都是塑造這方面的先進人物；到「人禍」中期，現實生活和現實主義的創作思想似乎觸動了我，於是一鼓作氣寫了〈小學裏的大學生〉、〈「啥都管」與「只管己」〉……等帶點批判現實的小說，結果，〈小學裏的大學生〉一挨整，自己差點滾入「右傾機會主義分子」的泥坑，我又趕快吃回頭草——寫三面紅旗的正面人物。到「人禍」末期，我好彷徨啊，便始終不敢按自己的心意寫東西，卻默默然在生活中體驗、觀察，把真正打動自己、進入靈魂的每個細節，每一點感悟，或某個突然闖進視野、卻總忘不了的人……深藏於心底：不是十月懷胎，而是多少月、多少年的懷孕，看能否生產出一個自己想像的「這一個」！

在當時，我的第一個「這一個」是誰？我也沒想到，竟是我們襄陽地區的「小彭德懷」——地委常委、宣傳部長張雨航。為什麼是他？對我來講，這可有近一年的認識過程。開始，我只覺得他平易近人，好接近。隨他下鄉搞調研，很快活：不論調查什麼，研討什麼，他從不以領導自居，而是發動大家爭辯，最後才集思廣益，得出個大家都認可的結論；再就是他比較關心下屬。比方，我從上海寫《典型報告》的電影劇本歸來，得了二千元稿費，但不敢自行處理，就到銀行用一個存摺存好，然後跑到他的辦公室，把存摺遞給他，說：「是你批准我到上海寫劇本的。現在任務完成了，電影廠給了二千元稿酬，我上交給組織，因我每月的工資，由自己的單位發。」

李基鋼和他的爺爺李爾康

張部長笑了：「你還蠻自覺哩！」

「不是自覺，部長，」我說：「報上登了，部隊作家馮德英寫了個長篇《迎春花》，稿費比我多得多，還不是全交給了組織。」

「你向他學習呀。」

「也不完全是。現在全國大躍進，文學界有這麼個『一切為公』的風氣……我也不能太落後了。何況自己能寫點東西，全是黨培養的。」

張部長點點頭：「不錯，有這份心意就行。」卻把那個存摺放回我手心，說：「聽部裏宣傳科的同志講，你愛人馬上又要生孩子，而今物質缺乏，東西又貴，你還是拿回去家用吧！」拍了拍我的肩膀，「以後多給我們襄陽地區寫幾個劇本就有了……」

從一九五八年下半年到一九五九年、一九六〇年，街上的物資，特別是吃的東西，的確又缺又貴，張部長代表組織不接受這二千元，對我來講真是雪裏送炭。我愛人妮娜在生第二個男孩李基鋼的月子裏，就是靠這錢度過了難關。

但是，張雨航部長在我心中打下不可磨滅的深刻印象，並不完全是他作風民主和關心我這個下級，而是他與別的領導有一種完全不同的、我當時也說不清的氣質。一是，當我那個中篇〈小學裏的大學生〉受到批判時，別的領導，如趙修書記，他保我過關，不戴帽子，不受處分，但狠狠地把我批評了一頓，命令我以後再不要寫這類負面文章。他張雨航呢，也擔擔子，也保過我過關，但不批評我，不阻礙我今後寫這類小說，反而在背後對我講：「我個人認為，你這篇東西寫得好，比單純的、歌功頌德的作品有嚼頭，有力量！千萬別挨一棒子，就挺不起腰桿子了！」我當時對他的話不理解，亦沒聽進去。心裏在想：我可不想再挨棒子，一旦被打成右傾機會主義分子，只怕一輩子都翻不了身！您張部長這麼勸我、開導我，是不是坐在那兒看西洋鏡，不嫌腰痛啊。您自己何不試試！

嗨，他真的在一九五八年到一九六〇年間試了一傢伙，不過他不是寫小說，而是為民請命。也就在本章前面《顧准日記》中所描述的、農村生產隊大量餓死人的時候，他帶了宣傳部、報社幾個同志到農村搞調研，發現下面基層餓死人，除了浮誇風、「共產風」，強迫命令風，以及糧食超徵購，上月吃了下月的飯，上半年吃了下半年的糧等等問題外，還有個很重要的原因，是從上而下地強迫農村大辦食堂。

據當時襄陽地區鄖縣縣委政策研究室幹部胡學科同志回憶，就在全國刮起「人有多大膽，地有多高產」、「放衛星——畝產萬斤糧」的高壓颱風中，一天，雨航同志來了，他對所遇到的縣、社、隊的基層幹部說：「現在，千萬不要說假話，說大話，說空話，『假大空』一害別人二害自己。」下面幹部則向他反映，如今不「假大空」過不了關，得罪了上頭——會挨批、戴帽子、當「右傾」。可雨航同志說，即使挨批、戴帽子，那只是個人的事，搞「假大空」，是害了廣大社員群眾。接著，他到這個縣六個區、二十幾個村、五十多個食堂進行調研。在黃龍區關帝村，他看到食堂鍋裏沒有糧，群眾只能喝菜湯，便問村幹部：「到底還有沒有糧食？」村幹部先說倉庫裏還有幾十萬斤。他親自到倉庫裏點數，一查，完全是假像，只有一點點做樣子的包穀……這個當口，村幹部才向他吐真言：一、糧食在徵購時，把大部分口糧都賣給國家了，不賣，公社要整人。二、在食堂吃飯，開始沒有計劃。老子不顧兒子，兒子不顧老子；不搶吃不飽，飽了還要搶，於是日日超支，月月超支，浪費嚴重，糧食越來越少，不喝菜湯咋辦？三、這裏是山區，吃食堂對群眾極不方便，一天三頓飯要來回翻山越嶺，扶老攜幼；路近的走三、五里，路遠的走十來里，一遇下雨，山路又窄又滑，跌跤灑飯的，打盆摔碗的不計其數。四、浪費勞動力，浪費時間。除這個村的食堂外，周圍山窩還有八個食堂，佔用強壯勞力六十個，因為挑水做飯，砍柴燒飯，頓頓給上百個人打飯打菜，還要給五保戶、殘疾孤老送飯，加上制飯票、菜票、算帳等等，沒有正兒八經的勞力是做不來的；再就是吃一頓飯，加上來回走路，起碼兩三個小時……這樣，社員上工幹農活的時間大大減少，耽誤了生產，亦誤了收、種季節。五、這裏原來家家戶戶都餵養了牲豬，自從辦食堂後，家裏不開火，沒有米糠、剩飯、泔水，豬都交給集體餵養，集體過去沒辦過養豬場，加之管理不善，豬大部分都死了……至於為什麼還堅持辦食堂，是怕上面批評整人，今天開始之所以不敢向張部長如實彙報，亦是怕張部長給他們戴右傾帽子。

雨航同志聽了後，一面歎息，一面對彙報的村幹部說：「你們說了真話，我能給你們戴帽子麼？要戴帽子，也是給我自己戴。」並建議他們解散食堂，把倉庫剩下的一點糧食立刻分給群眾，用節約口糧、瓜菜代的辦法——生產度荒。之後，他所調查訪問的幾十個食堂，情況基本與關帝村的食堂相似，有的連鍋都揭不開了，幹群紛紛向他反映：如果食堂再繼續辦下去，餓死人是必然的；得黃腫病的人、死的人只會越來越多。為此，他心焦如焚，立馬趕回鄖縣，建議召開縣委常委會。會上，他提請常委們表態：是否解散食堂？可到會幹部沒有一個人敢表態，個個嚇得出了一身冷汗，因當時《人民日報》發表了一個社論，提出吃不吃食堂是走不走社會主義道路的、大是大非的問題。現在他們提不吃食堂，不是與中央唱對臺戲麼？搞得不好，一要掉烏紗帽，二要受處分甚至坐牢。即使吃了豹子膽，也不敢摸這個老虎屁股！可這個在抗日戰爭參加革命、加入共產黨的熱血中年高級幹部就是要試一試水，摸一摸老虎屁股！他對大夥說：「我閱讀了馬克思、恩格斯、列寧的著作，他們都未提吃不吃食堂是走不走社會主義道路的問題。吃食堂只是一種生活方式，不吃食堂根本與走社會主義道路無關。《人民日報》的提法不妥。」同時，他還把當時下達的、毛主席〈給生產隊長的一封信〉（即《黨內通訊》）中第六個問題念給大家聽：「老實人，敢講真話的人，歸根到底，於人民事業有利，於自己也不吃虧。愛講假話的人，一害人民，二害自己，總是吃虧。」接著，他在這個會上宣佈，由縣委、縣政府召開全縣廣播大會，由他來講解散食堂的問題。並安慰各個縣委常委：「你們不要怕，責任由我來負。」會後，有人好心勸他：「這可不是小事，你要三思慎重。不經請示就這麼辦，會遭到想像不到的打擊和懲處的！」他卻說：「我是個老共產黨員，一個黨員看到群眾的疾苦不去解決，看到群眾餓飯、死人，還事不關己，高高掛起，這是個共產黨員麼？！恐怕連冷血動物都不如！現在，我一面向地委寫文字報告，一面就刻不容緩地幹這件事！」

他就這麼快馬加鞭地、果斷地解散了鄖縣農村的食堂。下面老百姓反映極強烈、極高興，說：「張部長終於說出了我們想說又不敢說的話，終於搞定了我們想做又不敢做的事！」還創造了一個新詞、一句新話：「這可是在吃飯上的第二次解放！」老百姓為什麼講這個「第二次解放」，總有點深刻的含意吧！

解散了食堂，老百姓高興了，張雨航同志卻落入了滅頂之災。他從鄖縣回到襄陽地委，立即遭到了大會批、小會鬥的嚴厲打擊，被打成「襄陽地區的小彭德懷」、「右傾機會主義分子」，並撤了他的地委宣傳部長職務，下放到棗陽縣楊壋公社勞動。

在這期間，我偷偷地、悄悄地去看了他兩次。一次是，他將去楊墻公社勞動改造的前夜，我溜進他家門。那會兒他住的仍是地委常委住的獨院——一排參差不齊的四間平房，後院有幾棵樹，以及約三分地的草坪子……我突然發現——他就在那兒蹲著，正從一個籃子裏拿菜葉餵身旁一隻胖乎乎的母羊。我喊了聲：「張部長。」

他抬頭望了我一下：「呵，德復，你怎麼來了。」

「想看看您，聽說，您明天要走……」

「對對對。」他繼續餵羊，臉上帶著淺笑。

我原以為，他遭了這麼大的「罪」，在政治上背了那麼大的黑鍋，心情肯定憂鬱，說不定會在我面前發幾句牢騷。可我揣摸錯了，他怎麼一句不滿的話都沒有，反而告訴我，他夫人小劉最近生了個小女伢，又聰明又漂亮，他歡喜得不得了。因為夫人奶水不夠，他才餵隻羊，擠羊奶給小女兒喝，說：「羊奶營養高呀，我女兒長得好逗愛！」又突然問我：「你記得魯迅講過的一句關於牛的話麼？」

我心裏一顫，說：「記得。那是他愛人許廣平在〈欣慰的紀念〉這篇文章裏引用魯迅的自我評價——『我好像一隻牛，吃的是草，擠出來的是牛奶、血。』」

雨航同志點點頭，站了起來，仰望天上的繁星：「是呀，我們就該像牛，像羊。吃的是草，卻給人們帶來富有營養的鮮奶，對不對？」

聽他這麼說，我還能講什麼呢？我準備的、一肚子的安慰話，便全卡在喉嚨管裏了。魯迅在其一九二八年寫的〈「醉眼」中的朦朧〉裏不是說：「革命者決不怕批判自己，他知道得很清楚，他們敢於明言。」張雨航不就是這樣的一個共產黨人麼！

這期間，我第二次見雨航同志，是兩年後。我因公出差來棗陽縣，就跑到下放他勞動的地方——楊墻公社去看他。我完全沒想到，他當時雖穿著幹部服，卻跟當地強勞動力的社員一樣，在田野裏送肥。他拉著一輛大板車，車上堆著像小山似的塘泥。他一臉汗水地爬坡，吭吭哧哧地好費勁！可他臉上沒一絲愁容，還和前後拉塘泥的社員說笑話……這就是張部長麼？這是不是魯迅先生講的那種牛？！毛主席講：「老實人，敢於講真話的人，歸根到底，於人民事業有利，於自己也不吃虧。」可講真話的彭德懷、顧准、張雨航……不就是在現實中老老實實地吃了特大的虧麼！如果說他們還樂觀，可這種樂觀是在他們身上壓著冤枉到了極點的歷史重負下而產生的啊！

這次到楊壋，雨航同志除了給我講了許多農村的趣聞外，根本不提他解散食堂挨整的事。我自然也不好提他內心的痛。真正的男人是不是都這號秉性——把苦埋藏在心的底層，永遠在雙目中閃耀人間的亮麗。

直到一九六一年，黨的八屆九中全會召開，決定在全國農村貫徹中央〈關於農村整風整社和若干政策問題的討論紀要〉和〈關於農村人民公社當前政策問題的指示信〉，這兩個文件點了下農村食堂的弊病，指明農村食堂可以解散，於是，張雨航在一九六二年平反，恢復了他襄陽地委宣傳部長的職務，後又調到省教育廳當副廳長。只是他這個副廳級職位一直保持到二〇〇五年一月十三日他去世。幾十年中，再沒有得到提拔。而歌頌農村食堂的、整他的、與他同級的幹部，絕大多數都升至正廳級，甚至是副省級高幹。我是不是在這兒為他打抱不平？不，第一、我這號人沒資格講這種話；第二、從古到今，多少講真話的人不都是這個下場麼？！雨航同志還算是幸運者，除了官沒升上去，至少沒妻離子散，這就是不幸中的大幸了。老天爺也算對得起他了！是吧？

對父母、妻子、孩子們的第一次反思與檢討

一九二六年十一月十一日，魯迅於〈寫在「墳」後面〉一文中強調：要「更無情地解剖我自己……」應該說，我這一生亦是願意解剖和改造自己的，但現在想起來，這種解剖，這種改造，是為了適應大的形勢，有百分之五十是外部壓力，另百分之五十算是自覺自願吧。還是魯迅那句話呵：「一要生存，二要溫飽，三要發展」，不解剖自己，不改造自己，行嗎？絕對不行！故我在生活中不斷總結的、幾個所謂的做人「行動綱領」，也都是這麼冒出來的。其目的無非是先讓小領導看得起自己，再讓大領導能用自己，最後達到黨喜歡自己——發展我入神聖的中國共產黨。我總覺得自己出身於剝削階級，從裏到外都很髒，只有脫胎換骨，進了黨，才洗得乾淨。這是真實思想，並按照自己設計的「戰略、戰術」，亦步亦趨，鍥而不捨地向這個目標前進。故我從解放後參加工作之日起到「文化大革命」結束前，我的想法、言行，幾乎全部是以上述觀點為轉移的。對於自己的父母、妻子、孩子……包括我的小家庭、父母和岳父母的大家庭，我是沒放在心上的，也從沒為他們來一次解剖靈魂、改造思想。一切的一切，均按上述的「既定方針」辦，並在日常細節中——總是自覺不自覺地表露無遺。

比方，父母當時都年老力衰了，我又是獨子，他們好希望我回家看看，常來信說，今年能回長沙一趟陪陪我們嗎？父親有次在信中還用了

1965年，李德復夫婦與父母及孩子們在一起

「我和你媽已風燭殘年，見一回就少一回了。」而我，沒把這當回事，總以工作忙為藉口不答應，只寄幾個錢表示下了事。其實，有時我是可以請幾天假回去的，像八月節、春節，我的同事大都回老家探親，我是能這麼做也不做，特別到襄陽地委工作後，以為自己進了往上攀的天梯，更是「嚴格」要求自己，有時在年三十、大年初一，也積極爭取在機關值班——我不是不想、不愛我的小家和遠方父母的家，而是更愛自己工作所在的這個家——我心裏格外清楚：這才是決定我命運和前途的家。

偶爾，趁長假或因公出差，我也曾帶妻子妮娜、孩子回長沙看望父母，但只是蜻蜓點水，點一下就飛。一進家門，剛向老人家請安，就直統統地說：「爸、媽，我工作忙得很，明天就得走。」讓父母剛高興幾分鐘立刻又搖頭、歎氣、沉默不語了。妮娜為此告誡過我：「你就不能忍一忍，即便明天走，明天走時再講行不行？」可我就是忍不住，讓父母沒有一點迴旋的餘地。有回父親為此生氣了，說：「你真的就那麼忙？要是這樣子，乾脆就別回來好了。」說實話，我並非那麼忙，在家多待一兩天毫無關係，但不知怎麼搞的，心就是那麼急，似乎只有回單位工作才安心……是真的那麼愛工作嗎？是真的那麼積極嗎？是真的那麼愛黨、愛社會主義嗎？不能說沒有這個因素，但最根本的是為了表現、表現、表現！一種藏於心底層的自私、自私、自私！

對父母如此，對自己愛人妮娜呢？毫無疑問，我是真心愛她的，就憑那幾次殘酷的階級鬥爭，她是用愛情救了我的命，以愛引我走出低谷，以情讓我恢復男人的信心，使我能繼續為理想拼命、在生活中搏殺！可是，許多時候，拿她的愛與單位給我的工作相比，不管在任何情形下，她總是居於下風，處於被動地位：有一次，地委宣傳部張部長派我去宜城寫三個孩子種水稻試驗田的報告文學。中午佈置的工作，我當時就準備走，到汽車站一問，下午沒車，我便趕回家，匆匆吃了點飯，拿了兩件換洗衣服，決心自己騎自行車去宜城。妮娜說：「明天清早搭公共汽車去不行麼？」

「不行。」我說。

「騎車去，可有七十多公里呀……」

「我騎快點，一下午趕得到。」

妮娜知道強不過我，就不吭了。這樣，我推著車，她一直送我到襄城南門口。也就在這時，天色忽然陰暗，烏雲密佈，眼看著暴風雨就要來臨。妮娜便勸我：「別加，還是別去了吧，馬上就要下雨，你又沒帶雨衣……」

「沒關係，就是淋點雨，我也要趕到宜城農場。宣傳部已給農場打了電話，說我今天到。」

「你就不能回去給宣傳部講一下，說車站下午沒車，天又下大雨，明天趕早坐車去……可以吧？」

「絕對不可以。這點困難我都克服不了，叫組織上怎麼看我？」說完，我跨上車就飛馳而去。

車奔了一百多米，我回頭望瞭望，妮娜還站在城門口向我招手。我知道她是擔心我，為我好，但我這個做丈夫的能感應多少？在這方面，男人經常是不體諒女人的，甚至認為女人是淡操心，多此一舉。

20世紀60年代的李德復和妻子

我大約跑了五公里，瓢潑雨傾盆而下，迎面撲來的錐子雨迷糊了我的眼睛，在下一個急轉彎的陡坡中，車閘突地失靈，我連人帶車滾到一個兩丈多高的石坎子下，頓時昏迷了過去。不知過了多長時間，一個拉板車的郊區菜農從這兒過，把我喚醒，並把我和我的自行車一直拖到襄陽地區中心醫院。我將身上帶的錢，除了掛號看外科外，全部作為感謝之情——奉送給這位菜農。他開始不要，我說：「要不是你，我現在還不知是生還是死呢！」他便收下了。之後，醫院通知了我當時的單位——襄陽出版社，出版社的負責人陳惠明同志便電告我愛人。他們一起來醫院看了我。我請惠明同志向宣傳部報告我的情況，並請他轉告張部長——我傷一好，就立即去宜城完成組織交給的任務，深怕給上面領導造成不好的印象。我在醫院住了一陣，胸口傷勢有了好轉，妮娜便接我回家休養。對這件事，妮娜沒怎麼埋怨我，只叫我接受教訓，以後也聽她一句話，別總是固執逞能。否則還要吃大虧、遭大禍的！我表面上似乎答應，但內心還是堅持自己那一套，像上述的這類事，之後又發生了好幾樁。因為，我總覺得，愛人的話再好、再正確，只是在維護我的身體，維護我這個家；而自己的眼朝上，朝管轄我的、大大小小的領導，則是為了自己的政治前途。我那會兒認為，沒政治前途，就沒有其他任何前途。這個觀點也許在有些人看來是太實用主義了，是不是有點庸俗？但在這紛紛揚揚的大千世界，不也有很多人像我一樣地為此奔命麼？

至於對我的三個男孩，一個一九五七年六月生：李基泰；一個一九五八年十二月生：李基鋼；一個一九六二年二月生，李基春。從他們生下來到高中畢業，我不是一點不管，但基本上把撫育孩子的責任全推到妮娜的肩上。我也不是不愛孩子，但的確是「政治」掛帥，只要是領導的任務來了，上面有什麼佈置了，那怕孩子病重有生命危險，那怕孩子的問題嚴重得非解決不可，我都會不管不顧，用所謂的「大道理管小道理」壓著自己幹公家的事。老二基鋼得大葉性肺炎，後合併成胸膜炎，天天發燒，差點病變為癌；老三基春小時候調皮搗蛋，跳水造成頸脖粉碎性骨折，幾乎全身高位癱瘓；再就是他得腦膜炎，半夜病危。我那時均在農村蹲點不歸，妮娜只得呼叫樓上一個同校男老師羅元德，背著他們往醫院跑，幾危險啊，這幾個要命的病症，再晚點住院治療，孩子就走了……這類事在三個孩子幼年期經常發生，我沒有一次送孩子看病和陪孩子住院，大多是妮娜自己抱著孩子獨來獨往，或是請羅老師和別的老師幫忙接送、照料。特別是一九五八年至一九五九年間，老大基泰剛一歲半，老二基鋼又出生，我在報社工作，

小哥仨（從左至右依次為李基泰、李基鋼、李基春）

常年下鄉，很少回家；妮娜又要上課又要帶學生上土爐子煉鋼，日夜忙得團團轉；家裏雖請了個保姆涂媽帶孩子，卻顧了這頭忘了那頭，實在忙不過來；婉靈只好寫信央求住在河南淅川的媽——我的丈母娘來我這兒幫忙。丈母娘很快就來了，但老大基泰由於前一陣照顧不周，加之衛生條件差，從頸脖到胸口，長了一片又一片「羊鬍子瘡」，從秋天到冬天，一連幾個月都好不了，長瘡的地方，紅糊糊一片，既流黃膿又泛鮮血，慘不忍睹。妮娜不知多少次帶孩子去醫院治療，但這種幼兒濕疹異常頑固，用了各種各樣的藥，都無濟於事。儘管是冬日，天氣比較冷，基泰的棉襖是不能扣鈕扣的，從頸脖到前胸五寸的地方全要敞開，否則血水膿漬會把襖子粘住，奇癢生疼，孩子根本無法忍受……有次我從鄉下回報社發稿，回了趟家。妮娜就對我說：「你能不能帶基泰和我媽到你們報社住一陣，報社有醫務室，給孩子換藥、洗滌也方便……我這兒就一間平房，兩個孩子，還有媽和保姆，加上我……簡直擠得不得了……你就照拂照拂老大，行嗎？媽在你那兒給你們洗衣、做飯，耽誤不了你多少時間……」

我沉默了幾分鐘，看到家中這種狀況，也覺得妮娜太為難了。心想：自己在報社，還有些事沒辦完，有的稿子還需修飾，就答應了妮娜。

妮娜見我同意，苦愁的臉露出了一絲笑意。

丈母娘帶基泰到我報社住了一個星期，老大頸脖上的「羊鬍子瘡」似乎好了一點，他也不成天哭喊著痛了。本來，他們還可以繼續住下去，可總編忽然通知我，要我在第二天下鄉，採訪一篇緊急大稿。稿子寫好後，還要送地委宣傳部、地委辦公室審核。總編說：「這是個政治任務，組織相信你，認為你有這個能耐才派你去，你一定要寫好，不要辜負我們對你的期望。」我當時沒絲毫猶豫就答應了，可下來一想，我這一走，丈母娘和基泰怎麼辦？他們在此人生地不熟，我還得將他們送回到婉靈處。

這天下午，大雪紛紛，我在報社借了輛板車，車上鋪了個草墊子，墊子上覆蓋床棉絮，我便讓基泰坐上去，另外再加床被子把他包裹住，上面蓋塊遮風雨的油布，就把他「吱吱呀呀」地拉著往妮娜教書的農校走……丈母娘則歪著小腳在後面跟。報社與農校一個在東一個在西，相隔五里，雪厚路又滑，我們走了近三小時才到。一推開妮娜小平房的門，見她正坐在床上給老二基鋼餵奶……她一看我送老大和岳母回來，十分吃驚，兩眼直愣愣地望著我：「你們怎麼不捎個信就回來了。」

本來，我是想先給她通個電話再回，可怕她不同意我這麼做，便採取先斬後奏的法子——事情就這麼定了，你埋怨也罷，不高興也罷，總不至於再讓我帶他們回報社吧！

妮娜把吃奶的孩子放到床上，站起身來，一面歎氣，一面從板車上抱下基泰，細看他的「羊鬍子瘡」，再招呼她媽進屋，用個布撣子撣老人家身上的雪……邊撣邊問我：「是不是又要出差？」

我點了點頭。

「你看看家裏這個狀況，就不能向領導請個假？」妮娜語中帶氣，撣子甩得「刷刷」響。

我連忙把領導親自向我交待的任務向妮娜說了，並強調自己不去不行。

「為什麼不行？你們報社那麼多寫家、大記者，換一個完全可以。別加，你看我過去攔過你嗎？我現在不是不讓你走，是太難了、太難了啊！你等基泰的瘡基本好了再出差，行唦？我求求你了。」妮娜兩眼飽含淚水，但她強忍著，不讓它流出來。

我仍不為所動，說：「這不僅僅是報社的任務，地委宣傳部、辦公室還要審閱……我能為自己的家務事、為自己的孩子不去麼！領導和同志們知道了——會笑話我的！」

「笑話什麼！」妮娜的淚水一瀉而下：「基泰難道僅僅是我的孩子，你的孩子，也是國家的孩子吧……誰看到他頸脖子上血糊淋淌不心疼？！你去好好給領導解釋嘛，把那一大摞病歷給領導看嘛，我就不相信你們領導不動心，不通情達理……關鍵是你根本不這麼想，也根本不願到領導那兒去請假……對吧？我……算……看透你了……」

「看透我什麼？」我咬緊牙關，仍不鬆口。

「拿我們娘倆與你的事情、你的工作、你的任務比，我們永遠不值得你同情……不值得你費力……你只曉得討領導的好，討領導的表揚；只曉得憑這入黨、往上爬……李德復，我告訴你，你這也是自私，是一種打著為公旗號下的極端自私！你能說不是麼？你能反駁和我辯論麼？」說完，她「嗚嗚」地泣不成聲。

我還能說什麼呢？妻子的確看透了我，狠狠擊中了我的七寸！我根本無理反駁，也無力反駁。只是我仍堅持我的所謂「原則」，不顧孩子、不顧老婆、不顧丈母娘……在兩個孩子的哭聲、妮娜的哭聲，以及丈母娘和保姆的歎息聲中……又拉著板車走回報社。天上的雪花打在我的臉上好冷，可我的心更冷；我對自己的親人有情麼？似乎有那麼一點，卻是兩面派的情，一白一黑的情，虛偽的黑情占滿了我左心房，而有點真實的潔白之情卻在我右心房逛悠，就這麼矛盾，這麼沒出息！

在此，我還想補充一點，就是基泰的「羊鬍子瘡」，在襄樊一直治不好——是我丈母娘把他帶回河南淅川後，由我丈人、一代名醫李化時治好的，其中還夾帶個發人深思的故事。因本章篇幅有限，那就留到以後再向各位囉嗦吧。

我的農民情結

莫看我出身於官僚資產階級兼地主階級家庭，但我這輩子，從小到大到老，七八十年來，我與被剝削的底層老百姓，特別是雇農、貧下中農、貧民……的關係一直都比較好，有的還成了終生朋友。這並不能說明我的本質如何，只能說我的天性中與他們有緣，似乎有一種性格的默契。

小時候，我被父親從四川送回湖南邵陽三民鄉曾家嘴——我的老家花庭子。花庭子是個大莊院，莊院的主人是個不算大也不算小的地主、我的伯父李敬民。在這院子裏，除伯父一家及其幾個叔伯兄弟外，還有個住家佃戶曾昭松。所謂住家佃戶，就是農民佃了地主的田後，仍住在地主家，既種自己的佃田，又給地主家幹雜活。伯父就佃給昭松需交二十石租穀的土地，另給他三間平房和一間放農具的耳房，讓他一家靠近住下，以便隨叫隨到。

我原是個城市的孩子，一來到這裏，就被這鄉土的清新氣息迷住了。我天性好動，不喜歡伯父母給我定的種種「循規蹈矩」的家法，卻喜歡到給我充分自由的昭松家玩。也許，我是「少爺」，昭松一家老老少少都順著我，將就我。昭松有兩個與我年齡不相上下的男孩，一個叫常伢，一個叫仁伢；還有三個比我小的女孩，其中一個叫「揀妹子」，是一天黑夜貧苦人家丟棄在花庭子大門外的女嬰，伯父母讓昭松抱回去當了童養媳。我常常和這些孩子們做「踢田」、「捉小鬼」等遊戲，可我十分霸道，非我贏了才算，有時常伢、仁伢不幹，與我爭吵，昭松和他的妻子回老母看到了，就會當著我的面打罵自己的孩子，並好言好語地

李德復兒時曾住過的花庭子

安慰我：「復少爺，饒了這該死的、不懂事的小崽子吧！」我便得意非凡，硬逼著常伢、仁伢認輸才樂哈哈地「得勝」而去。當然，我也有和他們玩得好的時候，比方，每到雨後初晴，常伢便約我趕晨露到後山去揀松菌，把自己找到的菌子讓我摘，讓我摘的一籃菌子比他摘得多；回到花庭子，大家稱讚我，說我到底是少爺，有福氣，眼又尖，比常伢子有本事，我也自以為是。有時，我和仁伢一起去放牛、割柴、打豬草，他教我認識山上許多酸不溜秋的野果，像刺糖鳳梨、紫茄莓子、心草蕨根等等。我常常吃得不是一嘴泛青，就是牙齒紫紅，儘管回去挨伯父母的罵，心裏卻美滋滋的；我還和他們一起釣魚、捉泥鰍、翻黃鱔、搗斑鳩窩，玩得可起勁，什麼「少爺」與「佃戶」的界限全都抹了。這時，我常自覺地聽他們指揮，他們比我有經驗，捕獲的「戰利品」總比我多；到後來，我與他們也有不分你我的時候。我常把伯父家裏的糕點拿出來與他們分吃，味道似乎比一個人吃好得多。我還特好吃他家的飯菜，那芋頭乾飯、紅薯細糊、嫩包穀托，以及馬齒莧菜、碟碟碎碗花，比伯父母家飯桌上的魚肉都香，只是每次吃了，昭松和回老母總勸導我：「復少爺，可別跟大老爺、大太太說，在我屋裏吃了哇！」伯父母嫌佃戶家的食物不衛生，不允許我沾，可越是這樣，我越貪饞昭松家餐桌上的東西……

就因好吃，我在這時闖了個「大禍」。由頭要從伯父母的一個大缸子說起。這個放在儲藏室裏的、約五尺高的、泛著黑黃釉色的陶器，是我到伯父母家一年後，有次我搬個矮凳放到它旁邊，然後蹬上凳子，端走壓在缸蓋上的兩塊磚，再掀開木蓋，低頭伸手往內一摸，乖乖，裏面除底層是防潮石灰外，儘是一盒盒用紅、綠、黃以及各種彩紙包的禮品點心。這些點心大多數是外人送給伯父母的，伯父母把它留在此，也是為了以後走親戚、送人好用。我當時是既好吃又好奇，把缸內近百盒點心，一個盒子摳一個小洞，看裏面是什麼糖果？好吃的就多拿，不好吃的就少拿；今天拿這幾盒的，明天拿那幾盒的；一方面在常伢、仁伢和他們妹妹面前炫耀，一方面也和他們共用這些糖果的滋味……不久，伯母給這個缸換石灰，發現了問題，在飯桌上對伯父說：「石灰缸裏跑進個小老鼠，壞得很，把每盒點心都掏了洞……再沒法送人了。」

伯父說：「老鼠逮住沒？」

伯母說：「怪，我叫昭松幫我一盒一盒地清，這該死的又沒影了。」

我坐在旁邊吃飯，不敢吭聲，可肚子裏在笑。

伯母一次次帶昭松——把被我摳了洞的盒子換掉，又放進一些新盒子裝的糕點，我卻一次次在每個新盒子上打洞……我無意氣伯母，伯母卻氣壞了，把氣出在昭松身上，罵他沒用，連個老鼠都逮不住！終有一次，我正作案，一下被伯母抓住。伯母便告訴伯父，說我就是那條小老鼠。伯父說：「李家怎能出個不顧書香門面的小偷？」立刻把我拖到「天地君親師」和列祖列宗的牌位下，先命令我下跪，然後用竹篾片抽打我的屁股，打得真疼呀，我大哭大叫，驚動了各房門的親戚，大家紛紛跑出向伯父為我求情，伯父不理，繼續抽打我，我一發橫就衝出廳堂，奔出大門，溜到後面長滿松、杉、柏、桐、楝樹的大山裏躲起來。晌午了，我不回去，日落西山了，我不回去……伯父母急了，領著昭松和幾個佃戶滿山遍嶺地喊我、找我：「復少爺，復少爺，趕快出來啊……」

「復少爺、復少爺，趕快出來啊，你在哪裏？你在哪裏呀？」

「復伢子呀，」這是伯母的聲音。「你出來，回來啊，你伯伯不打你了，不打你了……」

伯父為了保持家教尊嚴，始終沒喊我，但我知道，他比誰都急。我真要出了事，他是無法向我父親交代的。

我一聲不吭，躲到常伢平素帶我採菌子的、最難找的、秘密的、刺糊糊的斷崖樹叢裏，心想，就是要凶煞的伯父傷腦筋：看你還敢不敢打我？

1991年2月，李德復、李婉靈回故鄉時與常伢遺屬合影

到天擦黑時，滿山燃起了火把，「復少爺、復少爺……」佃戶們拉長聲調的喊聲此起彼落。「復伢子、復伢子……」不僅有伯母的聲音，也有伯父的聲音了。

就在此時，昭松走一步、喊一步地靠近我躲藏的地方，聲音是傷感、哀求的：「復少爺，你出來吧？大老爺，大太太急壞了啊，你出來吧？出來吧？」

我就是不出來！

「復少爺，你出來吧？我已跟大老爺、大太太稟報了，那事不能怪你，不是你要幹的……」

我納悶：怎麼不怪我？怎不是我要幹的？

「復少爺，你出來吧，我已問了常伢、仁伢、揀妹子……是他們好吃，是他們唆使少爺幹的呀！要打，打死他們！打死他們！」

我想，這才冤枉呢！此事與常伢、仁伢、揀妹子毫不相干，我請他們吃伯父母的糖果，開頭，他們還害怕哩。

「復少爺，出來吧……我已告訴大老爺，大太太了，是常伢、仁伢、揀妹子……他們壞，該他們下跪、挨打……你千萬莫怕……」

我的心怦地一動，一下子跑出刺樹叢，說：「松爺子，我在這。」

昭松立刻奔過來抱住我，生怕我又跑。

我被伯父母領著，佃戶們擁簇著回到了花庭子。一進大門，見廳堂燈火輝煌，常伢、仁伢、揀妹子……跪了一排。我知道，他們在替我受過，但既年少又懵懂的我不明白：松爺子、回老母為什麼要他們的幾個伢這樣做？為什麼處處衛護我這個小少爺？為什麼對伯父母總是逆來順受？

伯父這時鼓著雙眼，兇狠狠地審我：「復伢子，你知道你錯在哪裏？」

我不吭聲。

「復伢子，以後，你還敢不敢一個人往後山跑？」

我還不吭聲。

「你這個不孝子孫真氣死我了，」伯父咆哮著，舉起一個雞毛撣子要抽我。

我像彈簧似的一蹦而起，又往外溜。昭松和幾個佃戶立刻上前，想攔住我。我幾靈巧，像個瘦猴，從大人的縫隙裏鑽了出去……伯母這時急壞了，扯著嗓子大喊：「復伢子，復伢子，莫跑了，莫跑了，再不打你了，不打你了！」

我一面跑一面回頭：「不打我……我也要跑！我不回來了……」

「你……回來，回來……」伯母、伯父在喊，各房門的長輩：叔叔、嬸嬸們也在喊。外面是一抹黢黑，他們深怕我又不見了。

我跑到大門口，猛一停，回首說：「你們放了常伢、仁伢、揀妹子……我就回，再不跑……」

「孽障啊！」伯父長歎一聲，向昭松揮了下手：「……讓你的伢回去吧！」

常伢、仁伢、揀妹子……從跪的地方站起。昭松領著他們再次向伯父母認錯，接著在伯父母不耐煩的眼色中走了。

我似乎獲得了一次「勝利」。這算不算我幼年時代與農民孩子的一次感情同心結與相好友誼鏈呢？

到我青年時代，特別是一九五〇年，我在湖北教育學院讀書，參加了陽新縣姜祥山的土改，那時，儘管自己才十七週歲，卻札根串連，組織當地的貧下中農建農會，鬥地富，分田地，繳浮財……勁可大咧！農民喜歡我，親切地稱我為：「李同志」。我也真心地與他們同吃、同住、同勞動，能親密地與他們打成一片。可就在劃階級成份，建立階級隊伍時，我卻發現了一個奇怪的、不符合階級鬥爭的現象。按我當時所學的土改政策知識：地主剝削階級和受剝削的貧下中農是水火不相容的，他們之間是你死我活的鬥爭，是絕對不可能融彙在一起的。可姜祥山的一個高高的山頂上，住著一戶貧農寡婦，帶著四個從幾個月到僅一二歲、三四歲、五六歲的小孩子。孩子的父親是誰？兩個大的，是她前夫的；兩個小的，是山下那個當保長的小地主的。這個小地主在該婦女的丈夫去世後，就偷偷摸摸爬上山頂與這寡婦相好，一連串生下兩個孩子。此事，周圍的老百姓都知道，解放前沒誰管，解放後大家也默認，就這麼和平相處，相安無事的過來了，直到土改運動開始。當我知道這件事後，腦子裏的第一個反應是：這個當保長的小地主肯定是乘人之危，在高山寡婦無助的情況下，看採取了什麼齷齪卑鄙的手段，欺侮寡婦，強迫寡婦滿足他個人的可恥私欲，真是窮兇極惡壞透了。這是階級鬥爭在男女問題上的新動向！

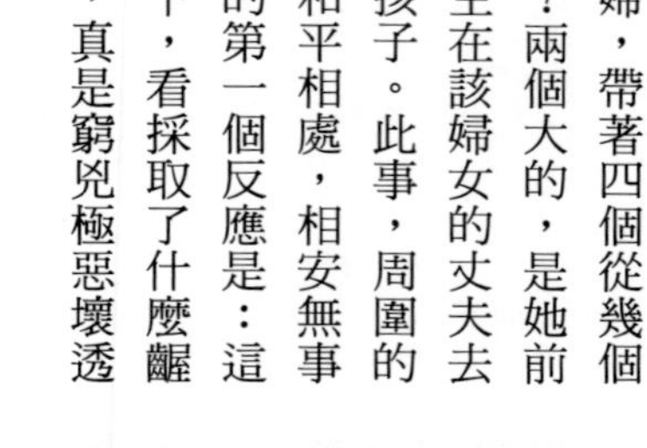

如今依然貧瘠的姜祥山

為此，我專門攀上那座高山，去訪貧問苦，發動這位寡婦，揭發保長地主，並想培育她成為批鬥地主的主力。

她的家在高山窩裏的一座用片石壘成的平房裏。屋內拾掇得乾乾淨淨，四個孩子還算健康。她除了臉上遺有出天花的麻麻點點外，身材楞正壯實；懷裏吃奶的嬰兒，小臉紅撲撲的，看上去蠻逗愛。我和她就坐在門口的木板凳上談。開始，我用「誰養活誰」的道理啟發她，說那個保長小地主是靠貧下中農（也包括她在內）的租穀養活的，他是剝削貧下中農和她的劊子手，特別是，他還霸佔她，真是罪上加罪，壞到極點！她應該提高覺悟，看清他的醜惡面目，起來揭露他、批判他、鬥倒他！

對我的啟發、幫助，她只聽。我講了一個多鐘頭，她都不答話。後來，我有點耐不住了，就督促地問她——我講的到底對不對？她有什麼感受？可不可以告訴我。

她歎了口氣，想了一會兒，開口了：「李同志，你剛才講的和你在貧雇農札根串連會上講的，都是一個意思——發動我們貧下中農起來，鬥地主，分田地，這都是毛主席、共產黨領導我們鬧翻身，過好日子，我心裏明鏡似的，怎能不覺悟？」停了停，她忽地、婉轉地把話題一轉：「李同志呀，叫我鬥別的地主可以，我能豁出去！可對他……」

我知道她是指那個當保長的小地主：「對他怎麼樣……就不行了麼？」我說，「他可是強迫你、壓榨你呀！」

她沉默了一會兒，說：「李同志，你是要我講真話，還是講假話？」

「當然說真話！」

「那好，你莫見怪。他，沒強迫我、壓榨我……對我，是好……」

「是好……那是假像！是迷糊你，你上當了！」

「沒上當，他沒迷糊我……」她雙目發光：「我前面那個死了後，誰管我？沒哪個管我……可他來了，幫我養活前夫的伢……是的，又跟我生了兩個……都是靠他生活呀……我一個婦道人家，住在這高山窩窪裏，又一臉麻子……誰要？誰來幫我挑一擔水，送一升糧？沒人呀，沒人攏邊哇……同志，我不管他是不是地主，我可要講良心……別人咋法鬥他都可以，我真的不能、不能……打死我都不能……把我開除貧雇團……我也認了……前幾日，貧雇組長也來開導我，我對他說……這輩子，這個彎，我怕是轉不過來了……同志，你們該怎麼處置我就怎麼處置……」

老實說，在土改中，一個貧農婦女能這樣坦率自己的真情、自己的思想，並不避嫌地替地主分子說話，我這是頭一次遇到。我也見過某些貧雇農，受過地主的小恩小惠，開始不起來揭發，但經過反覆發動，最後總能劃清界線，反戈一擊，置地主於死地。可這個高山貧農的麻臉寡婦，不僅那天不聽我的勸，之後，工作組和農會多少有水平的同志與她談，她都不為所動。而且，那保長小地主在多次挨鬥後，保長自己家裏的親人和子女便千方百計地與保長分家，另立門戶。她卻反其道而行之，大大方方地帶著孩子去保長家照拂。當時，我真百思不得其解：農村幾乎所有的人都視地富為禍害，躲都躲不贏；她倒好，一個勁往禍害那邊靠！她到底是個什麼貧農啊，什麼女人啊，就因保長小地主解放前救助了她，又跟她生了兩個娃……可她完全可以「此一時也、彼一時也」——把這階級對立面的敵人甩了嘛！多少地主的姨太太不就在土改中甩掉老地主，又投到貧下中農的懷抱，高攀的——還投到農會主席的懷抱！這個麻臉婆真是蠢到家了，是不是真地背叛了自己的、在當時難得的「黃金」階級啊！

這件事曾在我心中埋藏了許久，也鬥爭了許久，促使我對農民、對貧下中農有一種嶄新的感覺。他們中的某些男人與女人常常特較真——自己認准的事，是十頭騾馬也拉不回的！這是好呢，還是不好呢？我以往口頭上說不好，但心裏卻實在佩服！

在姜祥山，一直到土改結束，我對這位貧農的麻臉寡婦始終睜一隻眼、閉一隻眼，既不說她對，也不說她不對。我們把土地分給她，浮財也分給她；據說，後來——她自己把自己卻分給了那個保長小地主，似乎心甘情願地與小地主一起終身受罪。

以上這點經歷，是我幼年、青年時代——農民在我靈魂中播下的兩顆情感種子。不能說其影響我一生，但的確是我的、始終忘不了的農民情結，並在不知不覺中引導我在迷茫的世界裏看清了某些黑與白……

智慧和堅忍的最佳結合

我內在的農民情結不僅僅來之於農民的純樸、善良和他們毫無忌妒仇恨的、我稱之謂「天然的人道主義」，還來之於他們基因中的聰明智慧和堅忍不拔。在此，想給大家表述我親身零距離體驗的、關於一個農民的傳奇故事。

那是在經過一九五八、一九五九、一九六〇年的三年困難時期之後，中共中央一九六一年對國民經濟貫徹執行了「調整、鞏固、充實和提高」的八字方針，全國情況已逐步好轉，但就在這個時候，我國「周邊的國際局勢日趨緊張……美國不僅繼續……擴大侵越戰爭，從南面威脅中國安全，還加緊推行對社會主義國家的『和平演變』戰略。印度政府（則）拒絕中國政府關於通過和平談判解決邊界分歧的建議，多次挑起邊界武裝衝突……蘇聯領導人（在）推行『蘇美合作，主宰世界』的戰略，向中國提出有損主權的無理要求……使中蘇關係迅速惡化……臺灣的蔣介石集團，在美國支持下，叫囂『反攻大陸』，準備竄犯東南沿海地區……一些地主分子、富農分子和反革命分子，乘機進行各種破壞活動，在一定範圍記憶體在的階級鬥爭，出現了某些激化情況。（而）在黨員和幹部中，以權謀私、貪污盜竊……生活腐化、官僚主義等消極腐敗現象，有了新的滋長……因此，毛澤東在（黨的）八屆十中全會上，重新強調階級鬥爭……提出在全國開展一次普遍的社會主義教育運動……得到了中央其他領導人和全會的一致贊同。」【見《共和國大事件紀實》（上卷）第694頁】……在這大的宏觀政治形勢下，我在本傳記的第二節中已講了，即一九六三年春，根據中央要求，全國農村開展了社會主義教育運動試點（當時叫小「四清」）。我所在的中共襄陽地委機關，由上面派來的省委書記處書記許道琦，加上本單位的地委書記焦德秀，帶領七八個省、地部門的工作人員，在隨縣寨灣公社五星大隊蹲點——作為省、地的「小四清」工作樣板之一。我是後來被派到這個重點工作組協助領導搞調研和寫材料的。我要講的這傳奇農民，得從我進寨灣的那天夜晚說起。

那夜，墨黑，伸手不見五指。我隨一個社員到小「四清」工作組所在地——五星大隊第四生產隊去。

「同志，注意，前頭有條溝！」

「啊，」我警惕地提起腳，一步邁過去。

「同志，注意，右邊是口塘！」他反過身，指了指：「靠裏邊走，裏邊走。」生怕我掉到塘裏去了。

給我做嚮導的這個社員，我還不知道他叫什麼名字呢？原來，我從縣裏出來，匆匆往五星四隊趕時，由於初去，路不熟，轉了大半天，天黑了，還沒走到。加上碰到天陰，天上沒月亮，沒星星，自己又沒帶電筒，真把人急壞了。幸虧在這時候，碰到了這個人——恰恰是五星四隊的社員，他一聽到我是到他們隊工作的，高興得不得了，悄悄問：「是幫我們搞『四清』的嗎？」

「是咯。」

「哎喲，接都接不到呢。」又大聲地說：「我給你帶路！」

我們穿過公路，走過隨縣國營農場，前面閃出一條大道來，他一面飛快地走，一面問：「同志，你看到前面有燈光嗎？」

「有。」

「那有燈光的地點就是咱隊。」

「那不快到了。」

「快到了。」

目的地就在眼前，心情陡然舒暢，我快活地問：「你叫什麼名字？」

「黃庭友。」

「成份?」

「貧農。」接著說:「注意!同志,又是個溝。」跨過水溝,我問:「你們這裏是水稻區啊。」

「是呀。」

「去年水稻?」

「好壞田一拉平,畝產六百斤要出頭。」

「不賴呀!」

「只要政策好,人聽黨的話,地聽人話嘛。」像一下打開他的話匣子,滔滔不絕地往下講:「同志,你還不知哇,咱們上頭就是封江口水庫,幾時要水,幾時有水。解放前打鑼鼓水還上不來,現在一把鐵鍬灌一條沖;過去上邊車(水),下邊流,算盤一打吃個逑;現在是人不車水水自流,吃飽肚皮還有留……」

「有福氣啊!」我說:「你們的幹勁保險不小!」

「生產隊的社員……哪個心裏沒盞燈,沒把火!」

我們走進村子。他指著中間的一條巷子說:「裏頭住著咱們的隊長徐文洪。」又說:「不送你了,欄裏的牛還等到著我去餵呢。」

第二天清早,我從隊長屋裏出來,站到稻場一望,正如昨夜那個送我的社員——黃庭友說的:封江口水庫的水,從厲山的車水溝蜿蜒而下。水渠兩岸,是肥沃的水田,現在已收割畢了;只有水澆的棉花地,還是墨綠,綠叢裏綴滿朵朵銀花,像一片耀眼的星星,撒在銀河一般。在這晨光熹微中,社員都下地了,薄薄的晨霧裏充滿著笑聲、號子聲、甩牛鞭的「劈啪」聲……大夥正在為明年夏季豐收打基礎哩!

這時，我看到一個強壯的中年人，哼著輕快的曲子，向稻場旁邊的堰塘走來，走近一看，哎，多好的漢子，眼怎麼瞎了？正想著，只見他毫不在意地下塘挑水，我大吃一驚，說：「……是塘，你不要掉到水裏了。」他反過頭，眨眨眼，好像看到了我：「你不是我昨夜給你引路的同志嗎？」

「你就是黃庭友呀！」真出人意料。

「怎咯？」他熟練地舀起一擔水，踏步上岸。

「你那眼……看得見？」

「你說呢？同志。」他揚起眉毛笑了，又「吱呀吱呀」地挑著水向前走去。

黃庭友原有一雙和我們一樣的眼睛。他那雙和我們一樣的眼睛是怎麼失去的呢？在五星大隊的一次訴苦會上，我才知道底細。

這個訴苦會是在胡家崗小學的院子裏開的。院子裏有幾棵楊槐樹，樹下放了張四方桌子，訴苦者就立在桌前，向圍著他的社員述說過去吃人的年代……

繼支部書記胡定發訴苦之後，一個六十多歲的老頭，巍巍顫顫地走近桌前，他沒開口，就先把帽子脫下，頭頂上頓時暴露出一條食指長的刀痕來。他輕輕地撫摸傷痕，一個字一個字地：「……從過去出來的人，誰不是苦水泡大的啊……」

坐在我旁邊的社員小聲告訴我：「這是黃庭友的老父親，在舊社會他真是苦到頂了，不是地主攆他，就是日本洋鬼子攆他，這個窩沒住熱，又被趕著搬家……」

全場鴉雀無聲。老人一字一淚地談他七八歲的時候，怎麼跟著母親在外討飯，十一歲的時候，給地主放牛，十四五歲就當長工。「長工佬，長工佬，一年起三百六十個早，三十夜裏算一賬，還是那件破棉襖。」勤扒苦做了五六年，他才掙了幾袋面，娶了個窮人家的姑娘。以後，他就佃地主的田種。每年，他佃小晏家灣地主晏德賢一石田，怎能養活老母、妻子、孩子……一家五口人呢？他苦苦向地主求情，地主不僅不減課，反而把租地收回了。就這樣，一次又一次，他和他的妻子，常是一擔挑：一頭挑孩子，一頭挑破絮，在李家畈被地主黃義之趕出來後，就一擔挑到三眼窪，幫地主晏德偉種田；被晏德偉趕出來之後，就一擔挑到余家畈，幫地主余心原種田；被余心原趕出來之後，就一擔挑到小晏家灣，幫晏德生種田……這時，他又要幫工，又要流浪，走啊，流浪啊，何處是家？何處能得到溫飽？他們有一個孩子，就是在「一擔挑」的路上死掉了；他的另外兩個姑娘、兩個兒子都是在「吃根根，穿筋筋，住的房子見星星」的環境裏生出來的，天天都是「面朝黃土背朝天」，但豐收之年吃不飽，六月還穿空桶襖哩！特別是在日本鬼子強佔的那年間，他在宋家灣幫地主余二姑種田，一次，日寇下鄉掃蕩，他先把老婆和幾個孩子送到烏山避難；人逃出來了，但沒吃的呀，被迫無奈，他只好冒著危險回去，割自己種的大豆，誰知走到路上，遇上鬼子。鬼子一掌把他打到水溝，朝他頭上砍了一刀，又朝他頸上打了一槍；鬼子走後，他被水溝冷水浸醒，幸好，刀沒有傷腦髓，槍彈只從脖子邊擦過去。他從染紅的水溝裏爬起來，仍朝宋灣走，心想，要死也得死到灣子裏，好找個人給老婆、孩子報信。誰知剛到灣子，又遇到鬼子，鬼子見他沒死，把他推到土坡上，朝後腦補了一槍，他以為這一次一定死了，可槍彈又只傷了腦邊骨，僅是外傷，終於被村子的貧農余世寶等到救起，送到烏山老婆、孩子那裏。

老頭講到此處，淚已洗面。他的聲音很低，時斷時續，但場子靜悄悄的，一字一句，連眼淚掉到桌上、地上都聽得清。老頭說：「……就在那個時候，全家為了救我，大的、小的，有的砍柴賣，有的去討米，有一點好的，給我一個人吃，有一點鹽（那時鹽比金子還貴啊），也給我一個人吃，我的大兒子黃庭友就因為大半年沒吃油鹽，開始晚上看不見，後來加上害眼病，白天也看不見了……」

大家回過頭來，看看坐在人叢中的一個中年人——黃庭友，他那已看不見的眼睛裏，流出珠大的淚……

訴苦會後，我和黃庭友朝回走。庭友對我說：「這回你知道了吧，父母給了我一雙好眼睛，被舊社會和日本鬼子奪去了。」

「一個人沒有眼，怎麼過得下去呢？」

「還不是過來了，在舊社會，無眼是一片漆黑，有眼也是一片漆黑！」

「艱難！你吃了不少苦頭吧？」

「生活逼人嘛，那時候，我有個六、七歲的小弟弟，我不認識路，他給我牽引。我想，不能讓弟弟給我牽引一輩子啊。於是走到哪裏，我就記到哪裏，記方向，記道路，記大河，記堰塘，記一個水溝，記一條田埂……天下無難事，只怕有心人，慢慢地一年、兩年、三年、四年、十年、八年，我不戳棍棍，也摸得清東南西北了。我和弟弟撿糞，他年紀小，擔不起，他揀我擔，一天揀二、三百斤；我和弟弟砍柴，他只要告訴我，哪兒柴厚哪兒草多，我就自砍自捆自挑；我和弟弟放牛，他放一條，我放一條，我跟著他走，時時提醒他不要貪玩，不要讓牛吃了莊稼……日子就這麼一天一天地過去了……」

「那時，你願這樣度過一輩子麼？」

「不，要是這樣吃了睡，睡了吃，寧肯死去。我眼雖瞎了，可還有一絲希望哩。」

「希望？」

「聽老人說，我們的鄰縣棗陽有紅軍——他是老百姓的救星，我就想，我將來看不到他們，摸總是要摸一下的啊。」

這天終於到來了，黃庭友不僅摸著了解放軍，而且在他胸懷裏真真實實地看到了這個新世界，用他的話說就是：「是魚在旱地裏見了水，」曉得有幾高興、幾快活啊！過去，他家沒有寸土，土改後分了二石三斗田，以往地主晏德賢的房子，他家分了兩間。有了房子有了地，可是父母老了，弟妹還沒有長成，自己又是個瞎子，一家勞動力弱怎麼辦？黨和人民政府及時領導農民辦互助組，他家的日子也就跟隨黨指引的路像矮子上樓梯，步步高升，像出籠的鳥兒，天地越來越寬廣了。

在舊社會，一個瞎子，如果他不是地主階級、資產階級，不是大少爺、大小姐，他是不能不幹活的，否則只有坐著餓死；在新社會一個瞎子，如果在工廠，有勞保；在農村，有「五保」。像黃庭友，過去生活逼迫著他，不幹活不能活；現在他坐到家裏休養，生產隊把他應分的口糧、棉花、油料……凡是一個社員應該有的，按時送到他家裏。可是黃庭友反而坐不住、睡不下了。隊上的活路，只要他能幹的，他都搶著幹，哪天不給他派工，哪天他還生氣哩。

一個社員問他：「你不幹是怕缺油還是缺鹽？」

「啥都不缺，不幹，手心發癢啊，一天不勞動，腰酸背痛，渾身不舒服。」

「才怪哩？」

「不怪，我家歷來靠勞動吃飯，解放前統治階級不叫我們勞動自由，今天撵到這裏，明天撵到那裏；這會，有勞動權，勞動自由了，能不痛痛快快地幹嗎？在家睡著吃，坐著吃，不是忘本嗎？」

「是不是怕大家朝前走了，把你留下了？」

「我為什麼要讓你們留下呢？我不是有腿，自己也能走嗎？」

在互助組時，組長胡定發（現在是大隊支部書記），看他一定要和社員一起勞動，就讓他餵養一頭老牛，他高興得不得了，日夜小心服侍。為了放好牛，尋找水草茂盛的地方，他眼睛看不見，就用腳踩，哪裏草厚就牽著牛到哪裏吃。他怕牛沒吃飽眼睛看不見，就用手去摸牛肚。他說：「牛右邊是草肚子，左邊是水肚子，摸著草肚子鼓起來了才牽牛去喝水。」他怕牛吃集體的莊稼，放牛時，不是背對著牛，而是臉對著牛，牛以為人看到他，就不敢吃莊稼了。另外，他還根據田埂的高低寬窄，拉牛繩時，有一定的尺碼，使牛只能吃田埂上的草，吃不到田埂裏的作物。久而久之，他的耳朵也特別靈敏了：牛吃草是什麼聲音，吃稻穀是什麼聲音，吃棉花是什麼聲音，吃粟穀是什麼聲音，他都分辨得出來，即使牛一口吃了莊稼，第二口黃庭友就緊拉繩子，不讓牠再吃了。他說「人畜要交心」，他就和這頭老牛交了心。他感到冷了，自己沒有加衣服，就先給牛墊草；他餓了，端飯碗之前，就先給牛加一把料；他教牛不要吃莊稼，一次、二次、多次，牛就慢慢聽話了。一頭早就要死的老牛，在他手裏從互助組餵到初級社，由瘦變壯了，由不能使變得和口齒嫩的牛一樣能犁田整地了。牛聽到他的腳步聲，就知道他來了，他聽到牛的呼吸聲，就知道牛是餓了還是飽了。這個眼睛看不見的飼養員，他餵的牛，是隊裏餵得最好的一頭牛！他盡心餵，牛餵得好，集體年年都表揚他，獎勵他。年終時，社主任胡定發在趙家灣給模範飼養員發獎，第一個就發給他，並號召全體飼養員向他和另幾個模範飼養員學習。多不容易呀，一個沒有眼睛、看不見的飼養員，能做有眼睛、看得見的飼養員的榜樣！

每年夏、秋兩季，快收穫的時候，黃庭友還硬要和大家一起，輪班守夜，看護那熟透的莊稼。有的社員勸他，說：「你眼睛看不見，守夜也是白守。」他說：「我眼睛看不見就用耳朵聽呀！」是的，他用耳朵聽，他的耳朵不僅聽得見也看得見。一九六〇年冬，一天夜裏，他和社員余大鑾、熊大成守集體的胡蘿蔔。半夜過了，下起雪雨來，餘大鑾和熊大成都抱著被褥在窩棚裏睡覺。只有黃庭友還靜靜地聽著……聽著……三更過了，四更過了，喲，田裏有「哧哧哧」的聲音！他一手把余大鑾、熊大成推醒：「快出去看看，是誰偷胡蘿蔔？」

三人提著馬燈出去，果然，是野狗子趁雪雨在偷吃胡蘿蔔哩！見人攏來，才「吠吠」逃走。社員說：哪個敢講黃庭友的眼睛看不見呢，他比有眼人的眼還明亮啊。

每年秋收、夏收後，黃庭友還爭著和大夥一起送公糧。有些社員說他：「庭友，這可不是在周圍轉啊，要上城，上淅河，十幾二十里呢，你路不熟，走錯了怎麼辦？你歪了腳，跌倒了怎麼辦？還是讓別人去吧。」他說：「我不認得路，跟著你們走呀。過溝，勞你們提醒一句。我帶不了頭，也不能落後。給國家送公糧是個光榮事，不能光叫你們光榮呀！」他堅持著去了。他不僅挑公糧，還拉車送公糧，那勁頭啊，哪裏像個看不見路的人呢！

在五星大隊，凡是眼睛看得見的活，不管是車水、扯秧，還是送肥、捆草……除很少幾樣外，看不見的黃庭友他都要幹：在那百年一遇的大旱時，堅持抗旱幾個月不下火線的有他！夏收夏種、「一天要辦九天糧」的忙季，水田裏稻場裏有他！冬季農閒，放牛、做雜活有他！活路不找他，他找活路，隊長不找他，他找隊長。不論是重活、輕活，不論是髒活、淨活，他撈到什麼就幹什麼……工作，對他來說是一種需要，也是最大的幸福啊。

有一天，隊長把我的飯派到他家裏。他親自燒菜做飯給我吃，那菜、飯做得既乾淨、味道又好。吃飯時，我問他：「你的眼看不見，為什麼牛放得那麼好，活幹得那麼漂亮，飯也做得那麼有味呢？」他說：「同志，我的眼睛是看不見，可眼睛光長在臉上嗎？」

「還長在哪裏？」

「心上。」

是的啊，每個人的心靈還有一雙眼睛：臉上的眼睛明亮，心靈的眼睛不明亮，前途迷迷糊糊，說不定哪天還會失足落水；臉上的眼睛雖看不見，但心靈的眼睛明亮，一條大道擺在面前，清清爽爽，只管踏著大步走吧！

這天吃飯，我們還談到了人生，黃庭友想想自己三十年來走的道路，說：「不管幹啥，就看上不上心。只要有這顆心，還有啥難事辦不了，還有啥事看不清。有心的日行千里，無心的寸步難行！」這不就是他自己最好的寫照麼！

而我，與他比，不僅有雙看得見世界的眼睛，書比他讀得多，世事比他知道得多，可惜心比他窄，比他小。我要是沒有雙眼睛，能活得下去嗎？我要是心中沒有名和利的追求，能安安心心去放牛和送公糧嗎？從表面上看，我似乎天天在改造自己，願意向工農兵學習，一心做一頭為人民服務的老黃牛，可真正的靈魂卻在虛偽的雲彩裏打漂漂……我不得不承認，像我這號知識份子，就是比黃庭友這類老實農民骯髒。好在我還能從心底層佩服他們，喜歡他們，愛他們……他們才是人類智慧和堅忍的最佳結合，是普通老百姓的傳奇，更是人世楷模的傳奇！不管在什麼社會，無論在什麼時代，他那雙安在心上的眼睛，永遠都光明無比！透徹精靈！

任重同志的一句透心話

我隨省委許道琦書記、地委焦德秀書記在隨縣寨灣五星大隊搞完小四清後，於一九六四年秋到一九六五年春被地委派到襄樊棉織廠蹲點。領導派我去那兒是因為：一、當時，襄樊棉織廠「勤儉幹事業」已報上有名、電臺有聲，中央和省委準備把它立為全國、全省「勤儉開工廠」的典型，省委工教政治部已派了一個工作組在該廠搞調查研究，並點名要我去協助寫材料；二、上海電影製片廠的編劇嚴勵（名演員張瑞芳的愛人）和湖北省話劇團的編導黃德恩也在這時到襄樊棉織廠體驗生活，亦點名要我和他們一起，以這個廠的一把手梁彥斌為模特兒，寫個反映社會主義先進人物的劇本。我也就身負這兩個任務來到了棉織廠。應該說，我是很樂意和有興趣幹這兩件事的。我內心的「小九九」是：省委工教政治部是省委的、一個管理全省工業政治思想的重要部門，幹部水平高，「筆桿子」人才濟濟，我能與他們一起搞調研，既能從他們那裏學習如何給省委領導和更高一級的幹部寫調查報告和公文，又能學習如何與省裏幹部以及上面大領導搞好關係。我時刻牢記：自己家庭出身是下下籤，要在領導核心機關吃碗安生飯和有點小小發展，必須在寫作上、做人上下一番死功夫，不只是在本單位有人緣，就是在上一級單位也要有好的品德口碑和寫作才幹的展示。不能有任何投機取巧，任何討好賣乖和不正當的媚骨行為。我父親曾不止一次地告誡我，無論在國民黨政府還是在共產黨領導下的人民政府幹事，真正有本領的大人物都是愛國的、正派的，對奴顏吹牛拍馬之徒，是永遠看不起的，是絕不會提拔重用的。我至今都相信這一條。像我這號角色，只能在幹部的大江大海中，靠正正當當、正正派派、老老實實、實實在在的，以蛙式的笨拙姿勢——埋頭頂水前進！

再就是張瑞芳的愛人、上海電影製片廠的編劇嚴勵先生，以及湖北省話劇團的資深編導、我教育學院老師支溪澤女士的丈夫黃德恩先生，他們願意和我合作——寫一個先進人物的劇本，亦是我求之不得的事。據我瞭解，嚴勵先生是老革命，解放後曾擔任過上海美術製片廠副廠長，與人合作拍攝過故事片《難忘的戰鬥》、《飛刀華》、《結婚進行曲》等，黃德恩先生也在幾個劇團導演過多部話劇，譽滿武漢三鎮及各地舞臺。他們在劇本創作上，無疑是我的前輩，我的最好的老師，能向他們學習，能吸收他們豐富的寫作經驗，真是天賜良機，我是不會放過的。在這方面，我特別自覺、謙虛，沒有一點做作，百分之百的全心全意。我十分清楚：我只有在業務上拔尖，至少超過一般人，我才不會被工農兵掌握的社會拋棄，我在共產黨的眼裏才是一個可留用的、過了河的、被解放的卒子。為了能與時代合拍，在革命隊伍末端有一個位置，我怎能不奮發用功讓自己的業務精益求精呢！我還經常思索我的岳父李化時，他在解放前當過縣商會會長、國民黨區黨部書記，按照一九五〇年鎮壓反革命的政策，一般講，他是免不了要吃槍子的。和他一個時期的、這類縣團級的、舊社會遺留下來的「名人」幾乎全部被鎮壓。可他除了被審問幾次，就大事化小，小事化了啦。為什麼？一是他為人好，給窮人看病不要錢，還免費送藥；二是他的醫術的確高明，周圍幾百里都知道。他一生沒出過醫療事故，四鄉八嶺的老百姓都愛戴他。人民政府也就看中這一點，高抬貴手，放過了他，讓他繼續為人民服務。他對此心知肚明，曾對我說：「我的醫術救了我的命！」這確不假。照我看，為人民服務的好技術不僅能救命，還能改變一個人的命運。對我而言，絕對如此！

在襄樊棉織廠那一段，我除了和大家一起努力工作，好好調研；夜以繼日地寫材料，抄材料；不斷地寫劇本，改劇本外，其他所有雜活我幾乎全包，包括打掃衛生、提開水、迎來送往……甚至連合作者的衣服，我都幫他們洗、曬、折好，送到床頭前。有時，我連嚴勵的襪子都幫他洗。我知道襪子臭，但我能夠毫不反感地洗滌，笑嘻嘻將乾淨的襪子遞給他；我絕不因他是張瑞芳的愛人才這麼做，唯一的目的，就是學藝，學藝，學藝；學劇本結構、劇本懸念、劇本技巧……洗幾雙臭襪子算什麼？少林寺學藝那才叫苦、忍、辛、勞哩！這叫什麼？是否也是吃得苦中苦，聞得臭中臭，方為人上人呀！

也就在這時，湖北省委第一書記王任重同志來到襄陽地委會。接著，我們得到通知，全部到地委小會議室集合，任重同志要聽我們關於襄樊棉織廠情況的彙報。

開這次小範圍的會議，地委的主要領導均來了，由地委書記焦德秀主持。我坐在會議室的後排角落裏，環顧左右，我大約是會議中最小的幹部；全體與會者都是黨員，唯獨我不是。能讓我參加有省委一把手在座的高幹會，我真有點受寵若驚。故我規規矩矩地打開筆記本，擰開鋼筆，只打算好好聽，好好記……我來地委已五年，慢慢懂得一些不言而喻的規矩。在這裏，根本沒有我小蘿蔔頭發言的份，自己就安分守己吧。

會議按正常秩序進行。先是省委工作組彙報，再輪到地委工作組彙報，並且一個個按照官職大小、自覺地順序發言……由於人們知道任重同志討厭冗長和言之無物的報告，大家的發言都是有備而來，比較簡要精彩，一般都不超過一刻鍾，眼看彙報即將結束，任重同志要做小結和指示了，誰知他一下看到坐在後排的我，便微笑著點了我的名：「是李德復吧，青年作家，聽說——你也在襄樊棉織廠體驗生活，還要和別人一起寫劇本……來，談談你的體會！」

任重同志這一說，會議室的目光頓時全部射向我。我的臉肯定紅了，但我並不慌張，心裏還蠻高興：萬萬沒想到我僅在宜城大澡堂與王書記見了一面，他還記得我；再就是能被省委一把手點名發言，不僅僅是我的光榮，在別的同志的腦海裏——我的地位將提高一個檔次，對自己的「進步」會起到潛移默化的作用；還有一點是，我對這次彙報，雖早就知道輪不到我，卻也做了「不發言」的發言準備，美國著名「成功學」學者奧里森・馬登早就講了：「機會青睞有準備者」。另一個美國的「成功學」大師馬克・桑布恩也在他的巨著中指出：「機會是無窮盡的……總有更好的一種尚待發現……」這就是說，絕不能看到機會來了再準備，機會來與不來都要準備。不怕一萬，只怕萬一。萬一機會突然飛來，臨時抱佛腳是絕對要失敗的。只有「為一次機會，做十萬次準備」，上帝才會把成功的手伸到你面前。

對這次「不發言」的「發言」我是怎麼做好「提前量」的呢？總的講，亦是馬克・桑布恩啟發的、向上級彙報的「三要素」：凡是別人講的，自己決不涉及；凡是自己提示的觀點、數字、細節，應處處既真實又動情；凡是冗長的東西一律刪掉，必須精練、科學、仔細、有力！

故任重同志一讓我發言，我就有禮貌地站起，心有成竹地向省委書記和在座領導彙報了。我主要講了幾個「一」，一是：「一寸紗」，即襄樊棉織廠一把手、黨支部書記梁彥斌倡導的「寸紗不落地」。我說，我到過襄樊市好幾個棉織廠，有的是開洋機器，也有的開鐵木土機器，可不管用哪種設備，各個車間丟的廢紗、舊紗、紗頭到處都是，似乎有紗廠以來就這個樣子，領導不過問，工人甩廢紗亦成了習慣。可梁彥斌一調進她管理的這個廠，第一件事就抓「一寸紗，寸寸紗」——各個車間都要做到「寸紗不落地」！把廢紗重新加工，把廢紗變為寶，一年能多出布上千匹。如果把這個勤儉用紗的經驗在全市各個棉織廠、全省各個棉織廠推廣，不等於不花一分錢又創建了若干新棉織廠麼！

二是：我講了「一滴油」——即「滴油不上機」，這也是梁彥斌倡導的。原來，襄樊棉織廠的織布機都是用煤油擦洗。梁彥斌就想，她在家裏用灶灰水洗衣服，一樣能褪油去汙，為什麼不能用灶灰水去擦洗織布機呢？於是，她帶領幾個技術員、老工人幹這件事，一干又成功了，一年為工廠節約煤油八百多斤，現在已經有不少棉織廠把她這個「滴油不上機」的經驗取回去實踐，均取得了勤儉節約的好效果。

三是：我講了「一勺粉」——即「麵粉不落鍋」。原來，這個廠漿紗都是用大鍋攪拌水煮的麵粉漿。梁彥斌則帶領技術員試用煮化了的野蒜漿，結果漿出的紗比用麵粉漿的質量還好。她便在節假日親自帶職工到真武山去挖野蒜，一年為工廠節約麵粉四萬多斤！這是一個沒有廣播的「行動大廣播」，市里好多棉織廠都紛紛向他們學習，為國家節約了大量糧食！

講到這裏，任重書記朝我擺了下手，示意我不要再舉例了，說：「你講的這三個『一』：『寸紗不落地』、『滴油不上機』、『麵粉不落鍋』……已經具體地把梁彥斌領導的、這個廠的『勤儉辦一切事業』的精髓概括了。不錯！我還想問問，這個廠在政治思想方面、精神面貌方面……你有什麼感受？」

我想了一下，回答王書記：「在我們省裏，武漢重型機械廠的全國勞動模範馬學禮同志，在他生產實踐中，總結了四句話——見先進就學，見後進就幫，見困難就上，見榮譽就讓……已經把我們工人階級的先進形象展現出來了。而梁彥斌同志卻在這四句話的基礎上，從另外一個角度加了幾句——在先進人物身上要找到差距，在落後群眾心裏要看到亮點。現在先進不等於永遠都先進，今天落後不等於明天落後……所以，在他們廠裏，不僅先進工人與先進工人之間進行生產比武，落後工人亦與先進工人之間展開勞動競賽。從表面看似有點不相稱、不相配、不合理，但在生活中卻進行得如火如荼，有的落後工人經過幾個回合，還真地戰勝了先進分子。梁彥斌同志對我說：這才叫做『萬紫千紅鬧新春』……我正準備用這個新發現的題材寫篇小說哩！」

聽到這兒，任重同志笑了：「看來，這個梁彥斌確是個人才、好典型，辯證法學得不錯嘛！」望瞭望周圍省、地委工作組的同志，「你們要趕緊把這個優秀典型寫出來，上報中南局和中央，周總理將親自審查，準備立梁彥斌這個廠為全國『勤儉開工廠』的模範哩！」又用手指了指我：「你除了和大夥一起把這個材料寫得實實在在，經得起反覆推敲，質量又十分過硬外，得把你們那個劇本，還有你那篇小說都寫好，來個政治、文化雙豐收，好不好？」

聽任重同志這麼講，我直點頭，心裏好高興。

大家以為，會議到此，大概要結束了。這時，地委書記焦德秀忽然發問：「任重同志，梁彥斌是從舊社會來的，而且有些歷史問題，可她的品質為什麼這麼好？工作又幹得這麼出色？特別是入黨後，她進步飛快，每年都能帶領群眾更上一層樓！」

「你說為什麼呢？」任重同志開心地說：「我看，這說明我們共產黨人心胸開闊，能容人又能教育人！從舊社會來的，出身不好的，有歷史問題的，只要接受黨的培育，為人民立了功，就可以入黨，可以當勞模，這有什麼奇怪呢？」環視整個會議室：「馬克思『只有解放全人類才能最後解放無產階級自己』的教導，同志們都學過吧？梁彥斌同志是我們解放軍解放的，在舊社會靈魂受過摧殘，可現在是我們黨培養的一朵紅花，是值得大書特書、大演特演的！」

這一席話——我聽到後好舒服啊，簡直透進了心窩。我覺得這不只是對梁彥斌的評價，似乎也是針對我這類人說的。我出身不好，在黨政機關像是二等公民，三等公民……若大家都能像任重同志那麼看我、評價我，再加上自己努力改造，不也能入黨，不也能像梁彥斌那樣得到黨的信任，受到重用麼？我暗暗下決心——一定努力向梁彥斌學習，向梁彥斌看齊，那怕千難萬苦，刀山火海，也要走梁彥斌的路，死不回頭！

在此，我還想告訴大家，我參加的省、地委工作組所寫的那篇關於襄樊棉織廠和梁彥斌的調研報告終於在一個月後寫成，經任重同志審閱修改，上呈中南局書記陶鑄同志、中共中央周總理，並得到了他們的認可，襄樊棉織廠和梁彥斌也自然成為全國勤儉開工廠的模範單位和模範個人。

嚴勵、黃德恩和我合作寫的、關於梁彥斌的話劇《永葆青春》也在一九六五年被推薦到廣州參加中南地區的話劇匯演；而我寫的——以襄樊棉織廠為背景、落後女工與先進人物勞動競賽的小說《萬紫千紅才是春》不僅在全國好幾個文學刊物刊登，《人民日報》亦用整整一版全文轉

光明日報

努力塑造社会主义时代的英雄形象

《光明日報》1965年9月7日刊登李德復撰寫的、關於寫《萬紫千紅才是春》體會的文章——〈努力塑造社會主義時代的英雄形象〉

載，與此同時，《人民日報》、《光明日報》、《文匯報》等報刊都發了長篇評論。一些外國報刊也對這篇小說作了介紹和宣傳。它算是我在發表《典型報告》後又一篇「譽滿社會」的作品吧？但我萬萬沒想到，這篇東西在「文革」中成為我特大罪行之一！我不怪為此文批鬥我的人，只是他們為此文把我靈魂批出了竅，眼睛鬥出了血……也真應了老子的那句話：「禍兮福所倚，福兮禍所伏。」

燦爛陽光下的一絲寒意

回想起來，從一九六二到一九六五年，是我一生中過得比較安穩和幸福的。主要是這幾年，儘管農村在搞社會主義教育運動，但沒有波及到上層機關，我沒有再挨「整」，這對我來說，是莫大的幸運！再就是，在此期間，發覺從領導到辦公室的同志對我比較信任和重視，不少重要公文，都喊我去起草和協助整理；一些緊迫的、包括從省委下達的政治任務，領導也總是帶著我下去調查研究，直至圓滿完成。那個時候，我們辦公室的同志，最害怕的就是領導不安排自己幹事：越不用自己越清閒，就越覺得自己沒本領——自然得不到重用，也就沒培養前途，很快就會被調離……在我們地方黨領導的核心機關裏，誰都明白這自然淘汰的、不言而喻的潛規矩。儘管我出身不好，又不是黨員，那時我卻一點也不擔心自己地位不穩，真可謂「越忙越高興，越累越興奮」。大概是心情愉快吧，當時，我在工作之餘的文藝創作也獲得了豐收：除了在全國各個報刊發表了三十多篇小說、散文、報告文學等作品外，人民文學出版社給我出了本小說集《高高的山上》，湖北人民出版社給我出了兩本書：《鄂北紀事》、《三個》；中國作家協會吸收我為會員；我的第三個男孩李基春也在這個時候誕生。我為什麼把他取名為「春」呢？是自以為本人的溫暖秀麗的春天來了。

我的春天是不是來了？是來了！真地來了！也就在這陽光燦爛的一九六五年十一月二十九日至十二月十七日，中國作家協會、共青團中央、全國總工會三家聯合召開的全國青年文學創作積極分子代表大會在北京人民大會堂召開，與會代表一千一百多名，我是湖北省代表團的成員之一。據我記憶：湖北代表團約三十多人，絕大多數來自工廠、農村、部隊等基層單位。帶隊領導是省委宣傳部副部長羅明同志，成員中除了我以外，還有夏雨田、徐銀齋、魏子良、黃聲笑、孫樵聲、管用和、徐楚青、習久蘭、李錦榮、葉聖華、索峰光、張慶和

李德復和工人詩人黃聲笑先生

等。我們這些從基層來的人，第一次跨進光輝燦爛的人民大會堂，第一次受到周恩來、朱德等黨和國家領導人的接見，第一次聽到彭真、周揚、胡克實、顧大椿、劉白羽等各界領導同志的報告和講話，真的好高興啊好幸福！再就是各出版社、各文藝團體均分別約我們去座談，開聯歡會，雖然日夜忙得團團轉，但在這忙中有幾多歡樂，幾多收穫，以至讓我記住一輩子。

在這期間，我進一步認識了兩位終生難忘的文友，一個是全國著名的工人詩人黃聲笑（1918-1994）。他，湖北宜昌人，出身貧寒，九歲在碼頭上提籃賣瓜子、花生；十歲學打鐵，「扛碼頭」；一九四九年七月十六日宜昌解放，他成為正式的碼頭搬運工人。在掃盲運動中，他邊識字邊拿起筆寫快板詩。不會寫的字，他就以圖代文，如「牙刷」的「刷」字不會寫，則畫把牙刷；「鳥」字不會寫，則畫隻鳥。就這樣，慢慢地，他寫了不少膾炙人口的詩歌，有的詩還轟動了詩壇，在群眾中有相當大的影響。由此，他的詩集一本接一本地出版，一首又一首進入中學課本，《中國文學》的英文版、法文版亦給予轉載；一九六〇年他就參加了中國作協，並成為全國第二次文代會主席團的成員。詩歌的豐收，又促使他在政治上步步前進，一九五四年，他加入了中國共產黨，成為宜昌港裝卸一隊黨支部書記、第四工會分會主席、俱樂部主任，進而提為長航管理局專業作家、武漢市文聯副主席。

我和他接觸，不論他在基層還是在領導崗位，什麼時候他都是一個純之又純的血統工人形象。他生性豪爽，品格耿直，聲若洪鐘，心容大海……他熱愛祖國、熱愛共產黨、熱愛毛主席的樸素感情已溶進了他的血脈，深入到他的骨髓。我和他曾到武漢大學中文系開講座，他談詩歌，我講小說。我聆聽過他在大課堂上用他那特有的宜昌口音朗頌〈我親眼見到毛主席〉，真讓人感動、著迷：

我親眼見到毛主席，
渾身增長大氣力，
就是泰山碰著我，
也會粉碎化成泥；

我親眼見到毛主席，
霎時身高一丈幾，
我雖站在最後排，
眼觀地球八萬里；

我親眼見到毛主席，
革命路上不歇氣，
風裏浪裏建奇功，
再向主席來報喜！

他的豪情萬丈，他的革命浪漫主義，叫人聽了，都會直覺——他對主席的愛，對主席的敬重，對主席的那份情，真比天高，比海深！而且，也代表了他同時代的人們對毛主席的信仰，對毛主席的忠誠！所以，每當他在臺上面對群眾朗頌完這首詩，台下掌聲雷動，經久不息，一群群人遞上鋼筆、筆記本，請他簽名留念。他可是二十世紀五〇年代、六〇年代、七〇年代的詩壇大紅星！他那個時候的Fans（粉絲）也是成群結隊、成千上萬啊！

黃聲笑的詩，黃聲笑的情，對我最大的啟迪是——一個從舊社會活出來的窮孩子，他對共產黨、毛主席創造的新社會是充滿了報恩思想的，其熱愛程度，我這個剝削階級出身的子弟是無法比擬的。他基因中存在的那個對黨的「忠」字是天生的；而我，則必須在後天改造，後天培養。我這回在京城和他多次長談，就深深地感到這一點。他當時送給我四句話是：「對共產黨就一個字：忠；對共和國就一個字：幹；對毛主席就一個字：愛；雷鋒精神——就能飄洋過海！」幾十年來，每當我思想有所動搖，我就想到他。他的形象，他的詩，他的那四句話，就會引我回歸正途！

除了黃聲笑，在這次會上，我對另一位著名詩人管用和亦有了進一步地認識。他，一九三七年出生，湖北孝感人，父母是自食其力的裁縫。可日寇侵華，他家被敵人掠奪一空，他父親為此投河自盡……由於生活無著落，他母親只好把他妹妹送了人，讓他哥哥當學徒自己謀生，並將其姐姐給別人做童養媳，他則由做醫生的舅舅撫養。一九五四年，他在孝感師範畢業，當過中小學教員，文化館幹部，一九五七年就開始發表作品，到我們這次進北京開會，他已出版各種詩集：如《歡樂的農村》、《公社兒歌》、《山寨水鄉集》、《一包茶》、《一擔新籮筐》等多種。我認識他，緣由他一九六三年寫的一首詩〈繞道〉：

區委書記到縣裏開會，
額上流滿了汗水，
他把太陽追下西山，
急步兒，又把月色踏碎；

跨過銀亮的小河，
向著桃花堤上飛，
猛一陣密語撲耳，
細微、細微；

「望你好久不來，
把心兒等累……」
男女相依花影動，
——啊！分明是約會；

笑上霜眉，
甜上心扉，
老書記繞道堤下步輕微，
別驚擾這幸福時刻——
由它甜醉；

多行點兒路算得什麼，
書記曾踏遍千山萬水，

大渡河、雪山、草地……
險山惡水沒敢阻攔這雙腿；
鐵鞋踏破為了啥，
別驚擾，由它甜醉，
書記繞道遠去了，
花更香，月更明媚……

我非常喜歡這首詩，認為它展示了一個有愛心的、非常仁慈的區委書記形象：當年踏遍千山萬水，過雪山、走草地是為了什麼？是為了人民幸福，為了人民過上社會主義好日子。好日子不僅僅是有吃有穿有好的住處，還應有美麗甜蜜的愛情，對不對？關於這一點，別的詩歌反映極少：要不，就專寫老革命為貧苦群眾打江山；要不，就為愛情寫愛情，沒有真正地與革命浪漫結合起來。而管用和在此創了新，把這兩者融合了：區委書記既幽默又詼諧，既帶領人民搞生產，還關心小青年的青春愛情，真是「笑上霜眉／甜上心扉／……書記繞道遠去了／花更香／月更明媚……」故我評價，它是二十世紀六〇年代到我們二十一世紀初的一首美妙的詩、動心的詩、年輕人一讀就記得的詩！

可就是這首好詩，管用和當年卻倒了血霉，在國內的權威雜誌《詩刊》上，一個叫黎之的人物批判了他，說〈繞道〉是一首壞詩；當年的《武漢晚報》也為此在報上討論了兩個月，發表了二十三篇文章，大多數文章是一邊倒地批判管用和，有的說作者宣揚了「革命的目的就是讓後代的青年人在愛情中甜醉」；有的說這不是甜醉，「實際上是麻醉」，是「資產階級腐朽思想」，是「超階級的愛情」；有的還說這「只不過是更陳舊、更庸俗，有消磨人們意志的危險！」

是不是這麼批判一陣就了事了呢？沒有！從此，管用和再發表詩文就受到阻礙，不得不改用筆名「蔡純」寫東西；有些文學刊物、文藝團體本想請管用和參加筆會，卻十之八九得不到批准；好幾個單位，如湖北省歌舞團、省文化館、省藝術學院、省出版社、長江日報社……想調他去從事專業寫作，也根本沒門；此事還牽扯到他愛人找不到工作，孩子上不了戶口……生活就如此無情、殘酷！就因他寫了首有情的好詩！

對這件事，我在北京這次會上與他談過。我膽子雖小，但私下向他表示同情，表示「抱不平」，表示「不管那些權威的大人物怎麼誹謗〈繞道〉，我內心是非常喜歡，非常讚賞的」。儘管這種背後表態有點「阿Q」，可也是一種可憐的「人性」流露吧！管用和對我的「同情」和「抱不平」非常之冷靜，只說了一個字：「忍」，還告訴我，就因他有這個不斷的「忍」，才能在這次通過層層關卡，千辛萬苦來北京開會。俗語說：「忍」字頭上一把刀，要不學會「忍」，刀就會落下來，斬落你一切希望。《論語》在「衛靈公第十五」節之「二十七」中講：「巧言亂德，小不忍則亂大謀。」似乎放之四海皆準喲！

應該說，在這次近二十天的會議中，我額外的特別收穫——就是黃聲笑送給我的一個「忠」字與管用和從心裏、眼睛裏透給我的一個「忍」字。這兩個字對我一生的文學道路有時起到了「死裏逃生」的作用。

這次大會，在彩霞絢麗的天空中，不光是我，所有的與會者似乎還感受到一絲寒意，那是因中宣部副部長周揚在他〈高舉毛澤東思想紅旗，做又會勞動又會創作的戰士〉的報告中，講了建國以來的、文藝界的五次「大辯論、大批判」：即第一次是對電影《武訓傳》的批判；第二次是對《紅樓夢研究》的批判；第三次是對胡風的批判；第四次是一九五七年全國反右派鬥爭；第五次則是毛主席在一九六三年十二月十二日與一九六四年六月二十七日對文藝工作的「兩個批示」——目的是打退封資修對社會主義文藝界的侵蝕。前一個批示的內容是：「各種藝術形式——戲劇、曲藝、音樂、美術、舞蹈、電影、詩和文學等等，問題不少，人數很多，社會主義改造在許多部門中，至今收效甚微。許多部門至今還是『死人』統治著。不能低估電影、新詩、民歌、美術、小說的成績，但其中的問題也不少。至於戲劇等部門，問題就更大了。」「許多共產黨人熱心提倡封建主義和資本主義的藝術，卻不熱心提倡社會主義的藝術，豈非咄咄怪事。」後一個批示則講：「這些協會和他們所掌握的刊物的大多數（據說有少數幾個是好的），十五年來，基本上（不是一切人）不執行黨的政策，做官當老爺，不去接近工農兵，不去反映社會主義的革命和建設，最近幾年，竟然跌到修正主義的邊緣。如不認真改造，勢必在將來的某一天，要變成像匈牙利裴多菲俱樂部那樣的團體。」（注：裴多菲俱樂部的活動，那時被認為是導致一九五六年匈牙利反革命事件的禍首。）

周揚在這個報告中，還親口否定了「三十年代」的文藝傳統。他說：「要我們的文藝回到三十年代去，就是要我們離開社會主義道路，走資本主義的道路。」他還嚴厲批評了邵荃麟的「寫中間人物」論，夏衍、田漢的「離經叛道論」。而這三人都是他的老友。

在做這個報告的會場上，周揚還有一個讓我們這些從下面來的、對他十分崇敬的文學青年感到驚訝的動作——就是在報告即將結束前，他突然把講稿放到一邊，脫口講了一句：「右派……可是萬丈深淵啊！」會後，很多人都在想，周部長為什麼要補充這一句呢？直到一九六六年文化大革命，周揚被打倒，我們才領悟他在此報告中的一聲歎息。他當時大概有預感：「文化大革命」即將來臨。唐朝許渾在其〈咸陽城東樓〉中吟詠：「一上高城萬里愁／蒹葭楊柳似汀洲／溪雲初起日沉閣／山雨欲來風滿樓……」北京的這次燦爛陽光，既叫人留戀，也讓我輩不懂事的後生子心懷傷感啊。

風雲突變：一九六六年六月二十日晚上

人生到底有沒有命運？這命運是否總是好好、壞壞、壞壞、好好、又壞壞……。我在上一節講了，從一九六二年到一九六五年，我過得比較安逸，應該是我中年的「輝煌」時光吧！故在本書第二節中談到我在一九六六年六月初的一天，突然被省委書記處許道琦書記調往省文聯工作。當晚，地委領導特意請了我妻子李婉靈來機關——為我們辦了一桌歡送酒。第二天早上，還讓我搭同是被調往省裏工作的、地委副書記王耀的轎車——一起赴武漢上任。可就在我把行李放到小車上，準備和王書記走時，我的行李卻被拿下，並通知我——不能去省城了。這是為什麼、為什麼啊！難道命運又在作怪，風雲又突變了麼？

事過多年，我才一點一點地知道：本來，地委當時主持工作的領導是同意我調動的。但那天早晨，他們幾個地委常委在小灶食堂共進早餐時，有位領導提出：現在，全國、全省都在轟轟烈烈地開展文化大革命，我們襄陽地區也得積極跟上，特別是領導機關要帶頭——北京抓了個「三家村」的三個人，省裏抓了武大校長李達，都是有影響的人物，我們總也要抓個有代表性的吧……。

幾個領導想來想去，自然而然地提到了我，原因是：

一、毛主席在一九六二年就說過：「利用小說進行反黨活動是一大發明。」這次運動似乎是整文藝黑幫，李德復就愛搞文藝，寫小說，仔細查查，肯定有毒草，不抓他抓誰？

二、李德復寫小說、拍電影在全國、全省，以及襄陽地區均有一定的影響，把他拎出來有典型意義，不抓他抓誰？

三、李德復出身於官僚資產階級兼地主階級，有反黨反社會主義的階級根源。抓他錯不了，不抓他抓誰？

四、李德復在解放初期思想改造運動中，反胡風運動中，反右傾機會主義運動中均有嚴重錯誤，立場幾乎都踩在黑線上，這都是「前科」。他成為這次運動的批鬥對象是有其歷史的必然性，不抓他抓誰？

五、李德復在華中師範學院俄文系的畢業鑒定是：「思想反動，限制使用」。但這麼多年來，他的反動思想始終沒清查徹底，一直沒有改造好，這次千萬不能讓他漏網，不抓他抓誰？

大概就是這可怕的「五條」吧，領導們一致同意將我揪出來，作為襄陽地區的「三家村」。只是北京的「三家村」是三個大名人：吳晗（曾任北京市副市長、教授、歷史學家，主要著作有《海瑞罷官》等）；鄧拓（曾任人民日報總編，雜文家，主要著作有《燕山夜話》等）；廖沫沙（曾任北京市委宣傳部副部長，雜文家，主要著作有《廖沫沙雜文集》）。而我，一個小小的李德復能代表三個各方面都比我強百倍的大人物，也真是太抬舉我了。可這有什麼辦法！看來，我只有成為反面典型，方能與這些同時挨批鬥的名人平起平坐，獲得如此殊榮！

地委小灶食堂的、不到一個小時的早餐會，就決定了我在「文革」中的、血與淚的命運，但當天，他們並沒有把我「定性」、「拿下」，還打電話問了在隨縣大洪山搞大四清的地委一把手焦德秀同志，據後來焦德秀的機要秘書楊期友告訴我，德秀同志拿著話筒，好半天都沒吭聲。我想：是不是他念我隨他下鄉多年，既給他開轎車門，提辦公皮包，又幫他搞調研、寫材料，真是忠心耿耿、全心全意為書記服務……他是不是有點不忍，下不了手呢？恐怕也有這麼點因素吧。最後，他輕輕地說了一句：「先摸摸他的情況，看看他的材料……」這是不肯定的肯定，不答應的答應。接著，是辦公室的一位領導找我談話，他在表面上客客氣氣，沒露出一點要整我的樣子，對我說：「德復，不是不放你去省裏工作，只是我們辦公室還有個群眾學習毛主席著作的材料需

那一時期，李德復和襄陽地委幹部衛世洪的合影

要你調查整理，寫出來。等你把這個任務完成了，就可以走了。」我當時對他的話應該說百分之九十九是相信的，但亦有一丁點疑惑：為什麼對我調動如此反覆、如此突變呢？不過，我還是絕對相信組織——組織絕不會騙我，黨絕對說話算話。

就這樣，我立刻投入領導交與的這項任務，三次下鄉，三次改寫，終於在一九六六年六月二十日上午，以中共襄陽地委工作組的名義，寫好並經領導通過——這篇關於襄陽縣夥牌區於崗公社陸寨大隊的〈大搞群眾運動活學活用毛主席著作〉的調研報告。為此，分管我的辦公室領導，放了我的假，叫我下午回到家裏休息，明天趕早把這個報告送到陸寨大隊，讓陸寨的幹部、群眾學習，進一步活學活用毛主席著作。

這個報告共約六千字，簡約概括，分三個大段落：一、大張旗鼓地宣傳學習毛主席著作的偉大意義，工作組、基層幹部、黨團員帶頭活學活用，並舉了許多事例證明——什麼時候按照毛主席的指示辦事，什麼時候工作就順利，生產就向前發展；什麼時候違背了毛主席的指示，生產就停滯不前。毛主席的話，在群眾中威信最高，威力最大，是我們貧下中農建設人民公社的臺柱子，是全國人民建設社會主義的方向盤。二、學習毛主席著作，必須回憶對比，抓活樣板，分工包乾，串連發動，不漏掉一個人，不放過一件事。只有這樣，才最能調動農民的階級感情；只有這樣，才能不斷促進、更新活學活用毛主席著作的工作方法——不僅送課上門，耐心輔導，還採取父教子，子教父；妻教夫，夫教妻；兄教妹，妹教兄的一把鑰匙開一把鎖的方法，直至廣大群眾、所有社員逐步學會活學活用主席著作。三、下決心把學習毛主席著作落實到改造農民世界觀、建立革命人生觀上來。真正解決這個問題，要根據農民的特點，狠抓老三篇的學習，但不能一學一大篇，而是從老三篇中摘錄十條語錄，實際上是十大觀點，即：完全、徹底為人民服務的觀點，正確對待生與死的觀點，正確對待批評與自我批評的觀點，革命同志互相關心、互相幫助的觀點，革命工作沒有貴賤之分的觀點，毫不利己專門利人的觀點，對人民對工作極端熱忱的觀點，對革命工作精益求精的觀點，當「五種大公無私人」的觀點，正確對待困難的觀點等，讓大家在實踐中貫徹這十大觀點，完全明白——人為什麼活著，活著就要革命到底，永遠革命！

我在此之所以摘錄上述文字展覽給大家看，一方面是想請大夥欣賞當年「文革」的文風，另方面是說明，我當時寫這個調研報告，真是嘔心瀝血，費盡了腦力……但我萬萬沒想到，當自己歡天喜地完成了這個上級交給的任務，當自己高高興興地回到樊城襄樊一中家裏與妻子、孩子度過了一個休閒幸福的下午和晚上……僅僅只過了八個小時，在我與我最小的孩子基春晚上九點從縣電影院回家，我愛人從她的教研室跑回來，對我說：「地委辦公室給我們學校來了電話，叫我通知你，立即回去，有重要事情。」

「是不是那個調查報告要改啊……已經通過了呀！」

「你趕緊走吧，」婉靈說，「還要坐船過襄江哩，天太黑，小心啊！」

我來不及細想，匆匆跑到渡船碼頭，坐划子過江後，又飛步奔向地委大門……我心裏在想，如果調查報告要改，我就熬個夜吧。我在地委機關七年，這已經是我日常的工作習慣了！

可我進大門一看，老天爺啊，自己的三魂已嚇走了兩魂！從大門口的路燈直到兩邊的各個辦公室，燈火通明如畫——簡直比白天的太陽光還強烈——好刺眼，好刺眼！各個辦公室的外壁全部貼滿了白紙黑字的大字報，報上密密麻麻的字我一時看不清，但大標題卻十分醒目，兩三丈遠都看得到，均是：

「打倒文藝黑幫分子李德復！」

「打倒階級異己分子李德復！」

「看反動文人李德復的、污蔑社會主義的大毒草！」

「李德復是我們革命陣營中的內奸，非剷除不可！」

「李德復不投降，就叫他滅亡！」

……

也就在這個時候，地委所有的幹部，包括住在地委的員工家屬都出來了，約二百多人左右，分成兩行，個個怒目圓睜，像一盞盞探照燈直射我的臉部到腳跟，十分有節奏的怒吼（大概事前經過排練）：

「打倒李德復！」

「打倒文藝黑線分子李德復！」

「李德復是製造大毒草的反革命分子！」

「橫掃牛鬼蛇神，斬斷李德復的黑筆桿！黑爪牙！」

「李德復不投降，死路一條！」

……

……

老實講，我雖經過了教育學院的、知識份子改造的批鬥會和在華中師範學院反對胡風分子的批鬥會，但其火力遠遠不如這中共襄陽地委門口的、打擊反革命分子的「文革」啟蒙「下馬威」……真是好厲害，太厲害！口號聲一陣比一陣響，舉起的拳頭，猶如一個詩人講的，舉目瞄去──是森林般的鐵槌！我當時已迷糊了，天昏地暗了，幾乎說不出話來，似乎呼吸都快停止！不知怎麼回事，暈暈然地，一屁股坐到地上。口號聲忽地戛然而止！

有兩個人把我拉起來，說：「別裝死，老老實實把你反黨、反社會主義的毒草、罪證交出來！」說著，一大堆人把我拖向地委後面的幹部宿舍，一腳把我住的、約十平方米的小房子踢開，像是清找贓物，在整個房子裏搜索起來……我那房子既小傢俱也簡單，就一張床和一桌一椅，加上個洗臉架和裝手稿的紙箱，就沒別的什麼了。他們先把我桌內、紙箱內的東西都抛撒出來，然後把我所有起草的小說、詩歌等文藝作品的草稿、筆記本、日記以及我粘貼發表文章的本子，全部擄走，連幾張隨便記錄了群眾語言的紙片也不留下，似乎我在那幾個字裏留下了不可告人的罪惡……這個時候，我似乎清醒了一點，自己在心裏說：「千萬冷靜，千萬不能倒下，就是把我冤枉死，打成一輩子都翻不了身的黑幫分子、反革命，也不能當眾出醜，當眾丟人……」男兒有淚不輕彈，在如此五雷轟頂、萬箭穿心的時刻，有好幾次淚水都湧往眼眶，但我忍、忍、忍！終於忍住了！

當我的罪證被搜剿完了以後，還是那兩個人，白天我是他們的同志，晚上我已成了他們的敵人——又押著我去看大字報，到夜深了，又押我回小屋——命令我好好反省，準備接受革命群眾的鬥爭、批判！

大夥想一想：我這晚是什麼滋味，睡得著麼？

我的確沒睡著，但我沒完全想自己。也許我有些怪思維，是小知識份子的天真思維，也是小知識份子的愚蠢思維。比方，我不理解：既然已經認定我是黑幫、反革命，為什麼還派我去寫活學活用毛主席著作的調查報告？總不能讓一個反革命分子寫這麼重要的文件吧！這不是對毛主席不敬麼？寫關於毛主席文章的人，至少要忠於毛主席，對不對？我真搞不懂政治，一會兒自己被重用，一會兒又被打入十八層地獄……政治是有情還是無情？是有道德還是無道德？我的確笨拙……那無眠之夜，糊塗之夜啊，一直伴我到天明……信不信，我那會兒好怕天明，就讓我這麼在黑暗中睜著眼睛吧！

刀山火海　全身湧血

是不是抄一次家，把我寫的小說、劇本、詩歌、報告文學、寓言、散文、日記，以及我翻譯蘇聯文章的手稿、筆記本全部當罪狀擄走——就算這個節目完事了？沒有啊沒有！第二天上午九點，我迷迷糊糊地還沒起床，忽然聽到遠處有激烈的口號聲：「打倒×××！」「打倒×××！」那會兒，全國都在轟轟烈烈地開展文化大革命，天天都在抓「牛鬼蛇神」，高音喇叭廣播時斷時續震天響……我原以為自己昨天半夜才被揪出，已給了迎頭「下馬威」，這中間總該歇一會兒吧，地委的幹部群眾為「幫助」我也夠辛苦了！可後來，聲音越來越大，我才聽到是：「打倒反黨反革命分子李德復！」「打倒反黨反社會主義分子李德復！」這一下，把我嚇慌了，連忙翻身起來，剛下床，就被湧進屋的人揪到門外。當時，我真是不知所措，連說：「同志們，你們要幹啥、幹啥？」

「不許你喊我們——同志，不許，聽到沒？」

「那……那喊什麼？」

「你自己想……」

我一時怎麼想得出來，但急中生智，捉摸著——喊「領導」總不會錯吧。應該講，地委所有的幹部在我未打成「反革命」前，都是我的領導。我是地委會最小最小的小蘿蔔頭；而現在被打成「反革命」，他們要批判我、鎮壓我，就更是我高高在上的領導了。果然，我一喊：「各位領導」，來的一群男女老少似乎都能接受，沒有誰反對了。這時，我仔細一瞄，他們中間

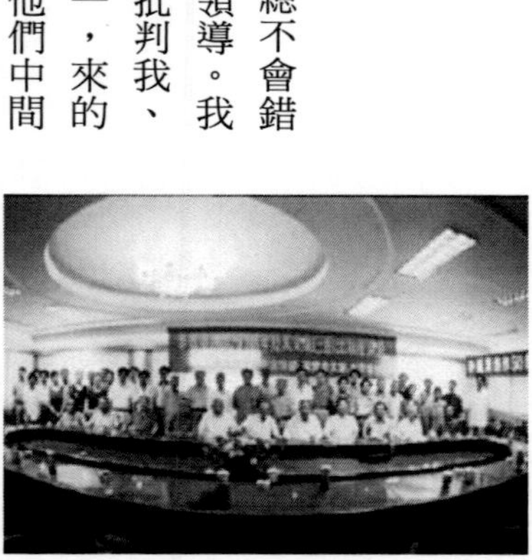

在「李德復創作50周年及其文集出版座談會」上，李德復與原襄陽地委的領導們合影

——幹部只有兩三個，絕大部分是全機關的園藝工人、伙房大師傅、汽車房司機、領導幹部和一般幹部的家屬、保姆、孩子……浩浩蕩蕩約一百多人，目的很明確——要第二次抄我這十平方米的家。我對他們說：「昨晚，我的『罪證』已被搜羅光了，再沒什麼了。」但，誰能聽你的呢？頓時，我那個小屋子灰塵騰騰：抽屜被翻出來，破紙箱被打開，床底下，被單底下，枕頭底下，席子底下，洗臉架底下，沒有一處不清查；帳子上，桌子上，架子上，窗臺上，門角落裏，沒有一個地方不察看。全屋子啊，就像被水洗過一樣，是不是連空氣都要過濾啊！

這第二次抄家，又搜去一些什麼玩意？

一、由於我創作的文藝作品及其草稿——昨晚已全部被革命幹部繳獲了。這回，為擴大戰果，他們就把我跟隨地委領導下鄉以及在辦公室起草的、從一九五九年到一九六六年六月份的各種調查報告、文件、電報的底稿和會議記錄全部擄走。這其中就有我和辦公室同志一起起草的中共襄陽地委於一九五九年二月二十五日、一九六〇年一月七日、一九六〇年七月十九日公佈出版的《襄陽專區一九五九年農業技術措施手冊》、《關於發展農業生產的十項規定》、《關於加強蔬菜生產領導的幾項規定》、《關於蔬菜生產技術問題》等小冊子。那會兒，我挺納悶：難道這些文稿、小冊子也算得上「文革」罪證？而我之所以把這些東西當寶貝似的保留下來，是準備在若干年後，寫一個歌頌共產黨的長篇《地委大院》。這些資料，都是我寫作品的寶貴素材呀！我一紮一紮，包得很好，總起來，有五、六十斤，這下，見他們要拿走，我真有點心痛哩！今天，一當我談及此事，不僅兒子們不理解，孫子們還笑話我——都到要命的時候了，過了今天不知有沒有明天了，您還那麼執著？這，可能是那個時代的、知識份子的弱智和無知吧！

那一時期，李德復連叫同事一聲「同志」的權利都沒了

二、這次，幹部群眾除拿走上述有文字的星星點點外，還把我房子的一根戳火爐的小小鐵勾、火鉗、火盆、塑膠繩、腳氣水、眼藥水、花露水、紫藥水、痱子粉、腳氣粉、治頭痛的「煞裏痛」，治肺結核的「雷米峰」（那會兒剛檢查出我有肺病）、空的大瓶三個，小瓶子五個……等等，也全部被搜去。這些東西，難道也是黑材料？為什麼要一掃而空！我真百思不得其解。後來，我想明白了，大概怕我用這些物品，比方鐵勾、火鉗搞破壞，搞階級報復……我們工作組在農村，不也這麼多心眼地防地主、富農和壞分子的麼？我這會兒已經和他們是同等待遇了，自己還有什麼可疑惑的呢？

三、我萬萬沒想到的是，就在這一天，第二次抄了我在地委的寢室後，地委領導還派人過襄江，到樊城進襄樊市第一中學，抄了我老婆、孩子的家：亦是翻箱倒櫃，搞得一塌糊塗，把我在老婆那兒寫的文稿和書籍全部繳光，真是一人有「罪」，全家遭殃！本來，我愛人在一中當教研組長、班主任，被評為先進工作者，一切都挺好，我這一出事，她也完了。在一中蹲點搞文化大革命的一個市委主要領導說：「李德復許多寫作的觀點是從他老婆李婉靈那兒來的。」「李德復是反黨反社會主義分子，他老婆也要打成右派！」唉，在他的授意下，我老婆在一中被排上黑名單，掛了黑牌子，上書：「請看黑幫老婆李婉靈！」天天被強迫勞動。有一天，我最小的孩子、僅四歲的李基春摸著我老婆的黑牌子問：「媽媽，大家說爸爸是黑幫，為什麼你也成了黑幫呢？」我愛人怎麼說？完全沒辦法回答啊！淚水還不敢流出來，只能往心裏流……

李德復和妻子、兒子合影

關於抄家，我還想在這裏補充一點，就是「文革」初期，在襄陽地委、專署主持運動的一個主要領導×××，還在地專直幹部會上，專門介紹抄我家的「活樣板」經驗，使「抄家」在全襄樊市、乃至在全地區四處開花，把整個地方搞得殺氣騰騰。用他們的話說：「是革命形勢一片大好！襄陽地區終於跟上全國的、文化大革命的步伐了。」

在抄家的日子裏，每到夜晚，我一個人總是在滿地狼籍的、我那小房子裏踱來踱去。我不想收拾，也不想睡覺，不斷地走著、想著，怎麼辦：自己怎麼辦？老婆怎麼辦？孩子怎麼辦？是不是就這麼房子搜空了，心也洗空了，一切都空了，空了……自己過去定的那些「行動綱領」，在這次運動面前全無一點一滴作用，自己十幾年來做小媳婦、唯唯諾諾、委曲求全，沒得到絲毫同情或一個幫助的眼色。這真是「階級鬥爭，一抓就靈」，只要自己被抓到對立面，鬥爭的尖刀就會迎面刺來，莫說自己，任何人都躲不脫！難怪周揚同志在去年北京青年文學創作積極分子大會上拋開講稿——講了一句寒意淒淒的話：「右派……可是萬丈深淵啊！」

我現在不就是在萬丈深淵裏麼？但我似乎不心甘，千方百計想跳出這個深淵，於是又想起北京創作會上著名工人詩人黃聲笑送給我的四句話，最重要的是這麼兩句：「對共產黨就一個字：忠；對毛主席就一個字：愛！」照他的意思，只要永遠堅持這個「忠」和「愛」，跌倒了會爬起來，死去了還會活過來。那我就把聲笑講的這兩個字深深烙進我的心坎吧！是安慰，也是希望！再就是著名田園詩人管用和在那個會上亦送給我一個字：「忍」。並反覆開導：「人心難測，忍字當先」，「物我兩忘，無怨即德」。是的啊，越是到這生不能生、死不能死的時候，就得死忍，就不能怨，就得物我兩忘……否則，怎麼想得通，怎麼睡得著，怎麼邁過這個坎……怎麼咬緊了牙關，熬過去呀！

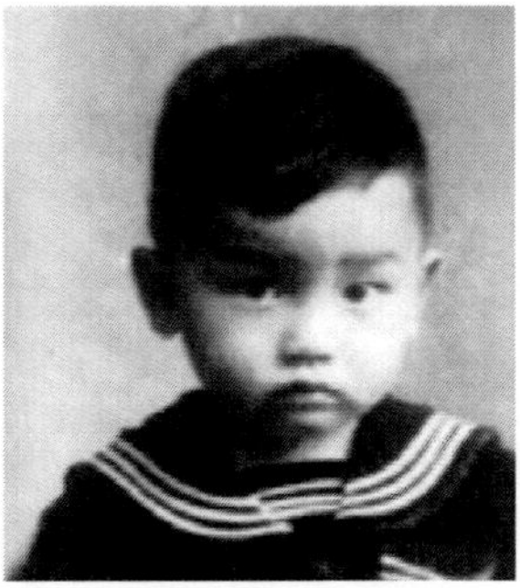

當時李德復最小的孩子李基春

說也奇怪，那時，我腦子裏老是無數次地吟誦毛主席一九三五年二月寫的〈憶秦娥・婁山關〉，特別是後面的一段：

……

雄關漫道真如鐵，

而今邁步從頭越。

從頭越，

蒼山如海，

殘陽如血。

毛主席寫這首詩，是為了革命，展示了當年紅軍在婁山關消滅貴州軍閥王家烈的兩個師，再度佔領遵義，並在遵義確立了毛主席在全黨全軍的領導地位。而我，是極端的自私，可恥的自私，可憐的自私……只想保住自己在革命陣營裏有個小板凳坐，哪怕是個冷板凳……再就是自己的妻子、孩子別和自己一起受罪；要受罪，就讓我一個人承受吧！可真是刀山火海，全身湧血喲……

膽小如鼠忽然膽大如虎

抄家之後，緊接著是一個勁地連環批鬥，專題批鬥，反覆批鬥，不分日夜，如火如荼……連環批鬥，就是革命幹部、群眾分批揪著我批判、鬥爭，他們可以休息，我卻不能休息。這中間有點「疲勞戰術」的意思，讓我在「疲勞」中吐真言，老實交代；專題批鬥，就是革命幹部、群眾事先對我某一「反動」小說、文章進行推敲、研究，找出它的要害，然後對我圍剿，不達到目的，決不甘休；反覆批鬥，則是因為我對某一「罪惡」不老實，不坦白，不交代，就需要他們一個勁地鬥、狠狠地鬥，是實踐當時一個時髦的戰鬥口號：「敵人不投降，定叫他滅亡。」我當然是他們要打倒的「黑幫」、要滅亡的「敵人」！不論革命幹部、群眾用哪種形式批鬥我，批鬥的內容大致是以下八個方面：

一、他們揭發批判我在湖北教育學院讀書時反對黨領導的、知識份子的思想改造運動。我承認我當時是批判鬥爭的對象，因為我有嚴重的、資產階級的個人主義思想：一方面在參加轟轟烈烈的土地改革運動，另一方面卻在寫土改長篇小說《太陽照在姜祥山上》。但是，我從不反對知識份子的思想改造運動。相反，我非常支持對知識份子的思想改造。因為像我這樣一個出身於官僚資產階級兼地主階級家庭的子弟，的確需要長期地、認真地改造。

二、他們揭發我一九五五年在華中師範學院反胡風運動中是批判對象，還內定為「沒戴帽的反革命分子」（見襄陽地委文革小組辦公室編印的《內部參考》第二期、第三期）；到一九五六年，我在華師畢業時，其內部鑒定為「思想反動，限制使用」。我承認我當時是批判鬥爭對象，因為我同意胡風某些文藝觀點，以及喜歡胡風分子路翎和綠原的小說、詩歌，至於把我內定為「沒戴帽的反革命分子」，畢業鑒定為「思想反動，限制使用」，組織並未通知我，我自己根本不知情。如果我真的有那麼壞，為什麼畢業後還能分配工作——當人民教師；之後，襄陽地區的領導核心——襄陽地委還能調我到辦公室工作。事實說明，我還是可以改造的，也是可以改造好的。

三、他們揭發我於一九五七年在襄陽農校被劃為「右派」，又說什麼被「內定中右」。對此，我不承認。因為被劃為「右派」也好，被「內定中右」也好，農校組織和領導始終沒通知我，我完全不知情；而且，我感覺在「反右」中，農校領導非常信任我，讓我主編學校反右的《整風簡訊》，這是明擺著的、清清白白的事實，農校的谷書記、秦校長均可證明。

四、人們揭發我父親李爾康留學美國，在國民黨政府當過大官，在國民黨官僚資產集團恒大公司當過總經理，很可能是私通美國的「特嫌」。對此，我解釋：我父親絕不是什麼「特嫌」。解放前，國民黨政府幾個大員曾要他去臺灣，他堅決沒去。解放後，他參加「民革」，是民主人士，湖南省政協委員，任省輕工業廳的總工程師，為湖南建大型殺蟲藥劑廠、化肥廠和其他工廠是出過大力的，只要派人去長沙仔細調查，便會一清二楚。

五、他們揭發我是否私通蘇修，這是因為我在大學和我愛人學的是俄羅斯語言，從蘇聯來的俄語教師給全班同學都取了俄語「名字」：我叫Петя（別加），我愛人叫Нина（妮娜）。有時，我愛人來地委辦公室找我，或我在辦公室與她通電話，就相互用俄語名字稱呼，或用俄語講兩句玩笑私房話，比方說：「Я люблю тебя（我愛你）」，等等。這就是我們私通蘇修的證據了。

六、他們揭發我整理、撰寫本地區、本省和全國勤儉勞動模範梁彥斌同志的材料時，在封面上打了個「花邊」，這個「花邊」是用阿拉伯字「%」打成的。於是，他們講我全盤否定了梁彥斌的成績，認為梁彥斌的功勞是零。這真有點非邏輯非理性：（一）、這個「%」是打字員打的，與我毫不相干；（二）、即使打了個「%」的花邊封面，也完全抹煞不了梁彥斌同志的成績，因這材料曾呈送省委書記王任重審閱並批准在報上發表。而我又是非常崇敬梁彥斌同志的。我怎麼可能如此挖空心思誹謗她呢？

七、他們揭發我於一九四八年在天津的一個學生雜誌上，發表了一篇反動的、侮辱中國人民的文章〈湖南的中學生〉。文章內容主要講一九四四年，日寇侵犯湖南，湖南學生逃難的悲慘狀況。這是揭發日本帝國主義的罪行，怎談得上是侮辱中國人民呢！而且，在毛選第三卷1043頁（簡裝本），也記載日本鬼子在那一年進攻湖南全境，給湖南人民（包括學生）造成了巨大的損失和傷害。

八、他們把我寫的每一篇文藝作品都劃歸毒草類，並從中挑出各種反動毒素，其辦法是：

A、把我作品中凡是反動階級和地富反壞右分子講的話，都算是我作者的心裏話。比方我在散文〈中國的丹娘〉中，敘述一個白匪頭子威脅我們紅軍中的一個堅強女戰士：「……這是你最後一次機會了，你再不說，我們就把你斫成肉塊，丟到這橋下……」上面白匪的惡毒之言，就算是我的心聲了，因為我是那個反動階級的子弟……

B、把我作品中凡是壞人做的事、敵人做的事，均算是我作者有意這麼寫，故意逞階級敵人的威風，滅工農兵的志氣。比如在報告文學〈好當家人〉中，我敘述湖北襄樊市棉織廠一個階級異己分子張慶參，混進工會，當了工會主席，並勾結資本家，組織小集團，反對黨的領導，破壞生產，陷害梁彥斌……均說成是我的內心意識，和那個階級異己分子是一丘之貉，一個鼻孔出氣，否則不會寫得那麼生動、逼真——亦是我的階級立場決定的。

C、把我作品中的一些民歌，說成是我故意在諷刺共產黨和人民政府。比方，在一篇反映農村的題材中，出現了一首民謠：「刮民黨時吃紅薯湯，解放後吃供應糧，什麼時候變個樣，自吃大米賣餘糧。」由此，便說我誣衊農村生產不好，飯都沒有吃的，且拿此與舊社會「吃紅薯湯」相比，百分之百地誣衊新社會、新農村。其實我在農村生活很多年，發現吃供應糧的生產大隊、小隊佔有一定比例，而這個民謠是反映廣大農民希望改天換地，主動創業，有什麼反動可言呢！但當時自己不承認「反動」是不行的，是絕對過不了關的。

D、再就是我在作品中給某些人物因性格關係取的一些綽號，比方「強牛筋」、「只管己」、「肉疲塌」等等，全部說成是我在罵勞動人民，從心裏瞧不起貧下中農，其實這都是為描繪人物而設立的，哪有一點侮辱人的心思呢？但到那種時候，大家說是黑的，你就不能說是白的！你只能睜著大眼，不斷地點頭：「是黑的，」還要加重語氣：「是烏黑的，是特別又特別黑的。」

E、在批判我的作品時，他們的重點是批我的《典型報告》和《萬紫千紅才是春》，因為《典型報告》讓我一夜成名，還拍成了電影；而《萬紫千紅才是春》，在當時亦是譽滿文藝界：一萬多字，包括《人民日報》在內，多家媒體撰文評論，全文轉載。他們認為，若不把我這兩篇作品打倒，批臭批透，李德復似乎還有點正確的東西擺在那兒。俗語說，殺人要封喉，打李德復則必須打他的「典型報告」和「萬紫千紅才是春」。只要在李德復的「七寸」處下刀，不就是乾淨斬首了嗎！

應該說，解放後，經過了幾次政治沉浮，我的膽子是越來越小，真可謂膽小如鼠，不論是平常時光還是運動來臨，人們要我怎麼檢討就怎麼檢討，讓我如何認罪就如何認罪。而這次由襄陽地委文革小組領導的、對我的批鬥，我好像沒過去那麼聽話，沒那麼唯唯諾諾了，甚至敢於辯駁、頂撞，忽然間復辟了官僚資產階級兼地主階級的大少爺脾氣。心想：反正是那麼回事——低頭認罪是「死」，絕不承認也是死，不如就針鋒相對，拚個魚死網破。我知道，罩我的網是破不了的，我這條黑魚是絕對跑不了，逃不脫的。即如此，我也要像普希金小說中的貴族騎士，死之前能 Gentle manners 一下：挺胸，微笑，自尊，還傲然自驕！膽小如鼠忽然變得膽大如虎了。

我還真的這樣連續地「戰鬥」了。一次又一次，一回又一回。當革命幹部、群眾批判我的《典型報告》是歌頌了一個落後人物、保守分子，污蔑了共產黨員的先進性——因小說裏的「主人翁」——鄉黨總支書記開始改水田，只敢改五畝，像個大躍進中的小腳女人。於是，他們便用《毛主席語錄》中的一條語錄鬥爭我，高喊：「最高指示——『共產黨員應該做到最有遠見，最富於犧牲精神，最堅定，而又最能虛心體會情況，依靠群眾的多數，得到群眾擁護。』可你李德復寫的鄉黨總支書記根本沒有遠見，既不堅定，又不虛心……這不是漫罵我們農村基層幹部嗎？這不是諷刺我們農村黨的領導是窩囊廢嗎？你這樣寫，居心何在？不是反對共產黨是什麼？」

我立刻用《毛主席語錄》反駁：「最高指示——『共產黨員對於落後的人們的態度，不是輕視他們，看不起他們，而是親近他們，團結他們，說服他們，鼓勵他們前進。』《典型報告》中的鄉黨總支書記雖然開始落後，但在縣委張書記的幫助下，慢慢由改五畝水田躍進到改二百畝、二千畝，直到最後達到一萬五千畝。這不正說明農村的共產黨幹部在毛澤東思想的指引下，在上級努力的幫助下飛速進步麼！這不僅不是反對共產黨，而是誠心誠意地歌頌共產黨！否則，黨的出版社不可能一再印刷這本小冊子《典型報告》，黨的電影製片廠不可能迅速將其拍成電影……這不都是鐵的、已證明了的事實麼！」

就這樣，在批鬥會上，革命幹部、群眾背一條語錄批判我，我也背一條語錄回敬他們，由於我在地委辦公室經常引用毛主席語錄寫材料，又把背毛主席語錄作為我的工作「必須」，是我專業中的專業。因此，在每次會場上的「語錄大戰」中，我往往能占點上風。批《典型報告》是如此，鬥《萬紫千紅才是春》亦如此，且每到此時，我的眼珠子總透露出得意之色……這一手真把我過去的領導、戰友、同志氣煞了，氣壞了，氣炸了，於是，一個帶血腥的場面就迫不及待地來臨。

這是怎麼回事呢？就是經過幾個回合——對我久攻不下的情況下，不知機關文革小組哪個領導派來個大力士×××。他是個轉業軍人，參加過抗美援朝，是正兒八經的、最可愛的人。他一上場鬥我，第一句話是：「李德復，老實點。回答我——《典型報告》反不反黨？」

「不反黨。」見他盯著我的眼睛，我也盯著他的眼睛。

「李德復，《萬紫千紅才是春》反不反社會主義？」他吼起來了。

「絕不反對社會主義，還真心真意地歌頌社會主義！」我的聲音也挺大。

「你膽敢再說一遍！」

「我怎麼不敢說？《典型報告》、《萬紫千紅才是春》絕對不反對社會主義，絕對歌頌社會主義！」

「拍」地一個耳光搧到我的臉上，接著「嗵」地一記重拳把我打倒在地。我不服氣地掙扎著站起來，剛剛挺直腰桿，對方左手中指「撲」地一下，像利箭，直戳我的右眼窩，我拼命往後躲，但沒完全避開，右眼眼底疼痛難當：出血了，出血了，出血了……導致這隻眼以後視網膜全部脫落，實實在在當過一陣子瞎子。

當時為什麼沒人出來阻擋？不是只許「文鬥」，不許「武鬥」麼？可誰來替一個「反革命」阻擋？只是整個鬥爭大廳一下靜悄悄，讓我捂著眼睛跑了出來。我那會兒想，不拉我回去繼續挨鬥，就算是對我最大的仁慈，我從心裏感激不盡了。

若干年後，曾有人問我，你恨不恨×××？我說，當時疼得厲害，真有點恨，但過後一思索，一點恨意都沒了。為什麼？因這位最可愛的人革命立場堅定，他是把我當朝鮮戰場上的美帝國主義者打了，戳了，這能怪他麼？一千個不能怪，一萬個不能恨！對不對？

文化大革命啊，為什麼把人這麼翻來覆去地折騰！是不是當年流傳的、一位大人物講的：「這是一場好人打好人，壞人打壞人，好人打壞人，壞人打好人……總之是一場人打人的糊塗仗。」現在，很多人都在想，這個糊塗仗——歷史總有一天會說清楚吧！

群眾專政的厲害

文化大革命初期，襄陽地委機關的運動，據我回憶，是由在機關主持工作的幾個負責人領導的。他們的作法，基本上與反右時期差不多，「創造性」不大，其主觀意識就是把我這個有點小影響的小蘿蔔頭揪出來充數，然後再看上頭有什麼指示，跟著大形勢走，至少不落後……若能弄出點什麼新名堂，得到上面表揚，那就算圓滿完成任務了。故他們基本的辦法是發動群眾，再發動群眾，對我進行嚴厲的無產階級專政。其中味道，我綜合了一下，大約有以下八個「創意」：

一、示眾遊街

抓我第一次上街遊行，是在開我批鬥會的第二天，大概認為我不老實，就拉我出去煞煞風，給點厲害。怎麼個厲害法呢？其步驟是，先以憤怒的口號聲把我從寢室裏轟出來：

「三反分子李德復——滾出來！」

「文藝黑幫分子李德復——滾出來！」

「反革命分子李德復——滾出來！」

我肯定是滾出來了，可我一看，叫我滾出來的人，大部分是地委機關裏的幹部子弟，領頭的是個漂亮女孩子，某書記的女兒×××，他們絕大部分是襄樊市各個重點中學的高中生、初中生，還有一部分是小學生。因那個時候，從首都刮來一陣「紅衛兵」風：北京掀大浪，小小襄樊市也自然隨波來了點小漣漪。這小漣漪的首發式便光榮地落在我身上，也算是個嶄新的新生事物吧！

那地委幹部為什麼不領導這嶄新的新生事物呢？開始我有點納悶，後來慢慢想明白了，因憑我這多年在地委工作的體驗，地委領導幹任何事，均以「穩準狠」為前提，首先得看此事幹了，穩不穩，準不準？只有「穩準」了，才狠狠加力！當時，省裏和各地區的政府機關，還沒有揪黑幫上街的範例，故我們地委得等一等，看一看，觀觀風……別人先行了，本地委再跟，這才是萬全之策。

遊街的第二個步驟是，這些年輕的中小學生讓我戴他們替我編制的高帽子，穿他們幫我剪裁做的紙衣服。特製的帽子和衣服上打滿了紅「××」和一些批判我的口號，如「罪該萬死」、「死有餘辜」之類。

遊街的第三個步驟是：把我的臉畫出小丑樣，之後讓我左手提一面他們替我準備的銅鑼，右手則握個鑼槌，令我一面彎著腰走，一面敲鑼，一面高喊：「快來看啊，我是三反分子李德復，我是黑幫分子李德復！我罪大惡極，死了還應踏上一萬隻腳！」當然，我的喊聲和鑼聲要有間隔，要有節奏，得吸引行人，否則，孩子們不答應，「叭」地就是一鞭子，抽到臉上、身上生痛！這些動作，女生毫不比男生遜色！美麗的小臉蛋歪曲得那麼怪，那麼醜，我心裏當時飛來一個詞：「天使的骷髏！」——也算是我寫小說的職業病吧！

就這麼，在孩子們的「打倒」聲中，我在地委大院繞了一圈，又在地委周圍的街上轉了一圈，身後跟的人群越來越多，有的向我吐口水，有的向我拋泥巴、石子，幸好沒擊中我的頭部……開始，我還有點拿不下面子，恨不得地下有個洞，自己能鑽進去。可後來，圍觀的人越來越多，我反而不在乎了，我忽然想起羅斯福總統講的一句話：「人的臉皮應該像大象的皮，厚得能遮擋狂風暴雨，冰刀霜劍不入……」還想起俄羅斯著名作家克雷洛夫寫的一個寓言〈大象與哈巴狗〉，說的是大象在森林裏散步，後面跟著一隻汪汪叫的哈巴狗。哈巴狗在罵大象為什麼一步邁那麼遠，不等牠一下，可大象搖搖長鼻子，繼續往前走，理都沒理……那會兒，我便想，這寓言得顛倒過來，革命群眾是大象，我是哈巴狗。可憐的哈巴狗是永遠跟不上大象的步伐的。我一生不都是這樣子嗎？那有什麼好埋怨的呢？認命吧。

二、黑幫還債

遊街之後，這些孩子把我湧進一個副食店，首先問我：「帶了錢沒有？」

「帶了。」

一個粗壯的少年便下命令：「拿出來！」

我從口袋掏出十元人民幣。那是把我打成「黑幫」、「反革命」前，我愛人拿給我下鄉用的，結果鄉沒下成，我倒成了另冊上的黑名單了。

少年把我手上的十元錢放到櫃檯上，向營業員喊道：「來二十四瓶清涼汽水，咱哥們、姐們一人一瓶！」又望望一幫夥伴：「誰想吃什麼，只管說……革命不是請客吃飯，咱叫黑幫付款，是革命行動，咱們就這麼幹！」

他一說完，少男少女齊聲歡呼：「給我兩塊雞蛋糕！」

「我也兩塊！」

「給我兩個肉鬆麵包！」

「給我十顆上海大白兔太妃糖！」

「我要芝麻糕！」

「我要水果糖！」

「有沒有綠豆糕？」

……

……

「就盡這十塊錢用吧！」粗壯少年向營業員交代了一句，又向我瞟了一眼：「滾吧！」

我就往回滾了，可不敢取下高帽子和脫下紙衣服，只是一路滾一路想：這個革命節目應該叫什麼名字呢？最後終於想出：就叫「黑幫還債」——後輩為前輩還債。因我伯父是地主，剝削農民多年，我小時又在伯父家住過，這欠農民的債該還吧！再就是我父親當過官僚資產集團恒大公司的總經理，我模模糊糊地知道，他那時每月工資折合光洋近一千元，這是不是太多了點，肯定有工人階級的血汗，我代他還點債似乎亦不冤枉。不過，有了這次教訓，我口袋裏最多只放三、五塊錢。我那會兒一個月才六十多元工資，而遊街批鬥是家常便飯，搞多了，自己的生活費也成問題了啊。

三、曬太陽

這一條不是孩子、紅衛兵們給我的懲罰，而是地委機關文革小組派來監視我的值日幹部和工人。只要當天不開我的批鬥會，每天上午從八點到十二點，他們必然罰我站在太陽底下看大家給我寫的大字報。六月驕陽似火，七月炎炎暑氣沖天。那味道可想而知。但我還是把它分成三個層次。第一個層次是八點到九點，我稱之謂冬天的太陽，溫柔的太陽，曬到身上暖暖的，還比較舒服；第二個層次是九點到十點的太陽，我稱之謂春天的太陽，雖然照射到身上有些熱，會出汗，但給人以想像的刺激，奔放的思維，讓我常常在消化大字報的內容時，會突然生髮一條條反駁的理由，甚至用哪條毛主席語錄對抗都能在腦子裏活躍起來；第三個層次是從十點到十二點，我稱之謂夏天的太陽、懲罰的太陽，不僅讓我汗流滿面，刺得我眼睛都難以睜開，有時臉還被曬脫一層層菲薄菲薄的細皮，不撕下來癢得慌，撕下來又疼得慌，是一種「凌遲臉刑」，苦楚難當！所以，那一陣我老希望老天下雨，或者是陰天，我就能躲過這一劫了。可一九六六年的六月、七月，天氣特好，豔陽高照，也活該我們這些「牛鬼蛇神」倒楣了。

四、打掃廁所

我們襄陽地委有兩座公共廁所。我自從被打成「黑幫」、「反革命」後，沒人交代吩咐，我就知道，此後——打掃廁所就是我雷打不動的任務了。事實也的確如此，看守我的文革小組成員，在我被批鬥的第二天，就正式向我下達這個命令。下命令的時候還挺嚴肅，那時大家都在地委食堂吃中飯。飯菜熱呼呼，香噴噴。這位文革小組成員突然大叫了一聲：「黑幫分子李德復來了沒有？」

「來了！」我端著一碗飯，顫顫悠悠走到他面前。

「聽到，從今天起，你必須打掃、沖洗我們機關門口的大廁所，以及後面宿舍的大廁所。規格是：一、地面要掃得一塵不染；二、糞坑兩邊溝壁要沖洗得乾乾淨淨；三、每個蹲位在沖洗後要記得撒石灰，滅蛆蟲……明白嗎？」

「明白。」

「明白就好，吃完飯就幹！」

「是。」我高聲回應，突然來了一句：「有個事想請指示一下。」

「什麼事？」

「男同志……不，男領導的廁所打掃了，旁邊女領導的廁所打不打掃……」

這位文革成員愣了一下，似乎沒想到這個問題。食堂裏的一些其他就餐者忽地抬頭望瞭望我，有的還邊搖頭邊笑……或以為我這麼問是多此一舉，或以為我是在故意搞笑……

監督我的文革成員這時生氣了：「李德復，誰叫你去掃女廁所了？你只掃男廁所！聽清楚沒有？」

「這回聽清楚了……因領導先只是叫我掃廁所，沒點明是男的還是女的……」

「你又不老實，又在狡辯……滾，掃廁所去！」

我立刻滾了，不知怎麼回事，心裏還有一滴嘎美氣。

地委機關大門口的那個男性大廁所較好打掃，一是多用掃帚掃幾次，再是多提幾桶水沖幾次，最後則用石灰粉對每個大便坑撒均勻，這個懲罰任務就基本完成。而機關一般幹部宿舍右側的那個廁所，雖比大門口的那座小一半，但非常難清掃，因它與農村的土茅房差不多，除大便蹲位表皮敷了層水泥，左右各砌了兩塊墊腳磚外，下面就是一個長方形的大土坑，衛生條件極差，平常這兒是靠郊區菜農到此拉糞便時——順便打掃一下。這陣子，由於進行文化大革命，全國城鄉一盤棋，菜農很少進城幹這個活了，故這廁所的糞便污水已溢出糞坑，蛆蟲到處爬，蒼蠅四處飛，臭不可聞。怎麼辦？莫看我是大少爺出身，卻也有法，因我少時在伯父家與佃戶孩子玩耍，交朋友，以及解放初期參加土地改革，到地委機關後又經常下鄉，與農民「四同」（同吃、同住、同勞動、同共廁）是家常便飯、很自然的事。故我先在機關菜園子放工具的地方找來一擔糞桶，在此挑大糞兌些水，送到機關後面果園，在一些蘋果樹、梨子樹、橘子樹旁邊挖個坑，把糞倒下去，一肥了樹，二大大減少糞坑的容量，再到廁所裏打掃就容易多了，也基本能把這臭哄哄的地方搞乾淨。說實話，這種髒活從表面看，似乎是對我的一種「懲罰」，但當我親自把這兒清理乾淨後，會有一種輕鬆感，一種勞動後的自然而然的愉快。

五、給主要領導幹部清掃和修飾庭院

在襄陽地委機關有數座小庭院，叫它小別墅也可以，這是專門給地委常委以上的、主要領導幹部居住的。除了一溜小巧玲瓏的、參差不齊的漂亮平房外，後面有個幾分地的小園子，可種菜養花，前面則是條彎彎曲曲的小徑，通往一個有石桌、石凳的小平臺，平臺頂則是由磚、石、木、竹、鐵絲等器材搭成的葡萄架，綠格森森的葡萄藤就逶迤纏繞在上，整個環境還算幽麗雅靜。我是怎麼收綴修飾這裏的呢？先當然把前面的石徑打掃清爽，再把後院的雜草拔乾淨，用小挖钁將樹、花以及蔬菜周圍的土輕輕鋤松，接著用濕抹布把支撐葡萄架的水泥圓柱從底座到頂端擦得淨亮……最後的一道工序是搬個木梯爬上去，一面剪枝，一面整順葡萄藤。我曾在教育學院學過藝術設計，在此，就大顯了一下身手：一是把葡萄藤編成各種美姿，我為其取名曰：「天女散花」、「龍鳳呈祥」、「萬馬奔騰」……自得其樂；二是我把各種色彩的葡萄：紫的、紅的、綠的、白的……還有大的、小的……給它們編成一條條線，或是一個圓圈、一個圓圈……遠遠望去，像一朵朵彩色的雲，挺浪漫的。每當此時，我就想起我父親在天津豪宅的花園。那的確是百花齊放，絢麗無比。而這一切，均是住在家裏的花工的本領。我父親與我們一家人都非常尊重這位花工。父親稱他是「環境藝術家」，我和妹妹們則喊他「花叔叔」。而今，二十多年過去了，我卻在襄陽地委給領導們當「花匠」，我倒想永遠這樣當下去，只可惜是個名不正、言不順的「反革命」花工。

六、幹不完的農活

在二十世紀五〇、六〇年代，像我們這類地區和縣裏的領導機關裏，基本上有農作物試驗田和一些蔬菜地，這些地一方面是一般幹部業餘的勞動場所，同時也是專管農業領導同志的種子篩選和作物產量測試地。文化大革命一來，領導和幹部們都集中精力抓牛鬼蛇神了，這些地便逐漸荒蕪。現在，我被揪出來，這種地的任務便落到我一人的頭上，當然，我勞動的時候，開始有機關文革組的成員監督和機關請的民工領著我幹，後來，隨著運動發展，又揪出幾個新「黑幫」，我們便成為「黑幫」勞改隊了。「黑幫」勞改隊產生了一些啼笑皆非的悲喜劇，待我以後再述。

當我一個人在試驗地裏勞動時，勞動強度特大，某監督我的文革成員不知為什麼對我那麼狠：在農村，鋤包穀地，一人一天鋤一畝是上了天；他卻一天規定我必須鋤兩畝，且鋤的是蔬菜地，質量要求更高。我從早上六點起來幹活，中間除了匆匆吃三餐外，基本不歇氣地鋤，有時鋤到晚八點還收不了工，兩個手掌泛起了一層血泡，兩個小腿軟塌到了腳板心，脊背被太陽曬成非洲人……帶我勞作的民工有時實在看不下去，懇求監督我的人——讓我收工，此君卻說：「他是黑幫，過去在黑夜裏幹盡壞事，現在就讓他在黑暗中邊勞動邊改造吧！」

「行啦！」我心裏說。莫看我當時疲勞不堪，我還會用「阿Q安慰法」調劑精神，調侃自己——你不是想把我累倒累垮嗎？我偏不倒，偏不垮！而且越累越有勁，越鋤越精神！今日一天鋤兩畝，以後說不定一天能鋤三畝、四畝！一直幹到天斷黑，一直鋤到大天光……李德復的力氣大無邊啊，李德復的意志堅如鋼！這超常的體力勞動的確把我的身體煉壯了，把我的毅力、耐力也煉出來了。

七、拉死人上山

就在文革初期，地委機關一出身貧農的中層幹部的母親去世。那個時候還可以土葬。這位老太太大約臨終前交代了兒子不火葬，要土葬。兒子是個孝子，自然答應了。兒子為母親買了口烏光亮色的上好棺材，入殮後，需用板車拉到高高的埋葬地——萬山。派誰拉這輛拖棺材上高山的板車呢？這位中層幹部與機關文革小組一商量，命令我去，因為中層幹部的孩子小，拉不動；中層幹部雖是孝子，若自己拉，似乎有點拿不下面子，不管怎麼說，自己大小是個領導嘛。是不是可以請街上的民工拉呢？當然可以，但這算是「白喜事」，得花費一筆數目不菲的錢。所以，考慮來考慮去，用我這個「黑幫」拉最合適：一來，我是批鬥對象，要我拉死人上山，這是對我的考驗，也是對我的幫助，我不可能拒絕，只會乖乖地、老老實實地答應；二來，此舉也的確給這位中層領導掙足了面子，他只需穿孝服，舉喪棍，灑紙錢，走在我的前面做悲痛狀就可以了；三來，我是全地委機關的免費勞動力，用我拉死人，不論山有多高，費多大力氣，是不需要付一分一厘錢的。

那我個人是不是反感？有情緒？儘管我是「黑幫」，是最低層的政治犯，可這輩子，卻從沒拉過死人！拉死人，這是平生第一次。不過，我這個當過大少爺的人，對此沒絲毫不樂意，反而非常非常歡喜！為什麼？因大家一直批判我是官僚資產階級兼地主階級的孝子賢孫，而今，我親自為貧農老太太拉棺上山送葬，汗透全身，汗流滿面，使盡全力，一氣送老太太直奔墳前……她老地下有知，我也應算是她的、貧農階級的孝子賢孫了吧！三十年河東啊，又三十年河西，我什麼時候才能真正背叛自己的階級，而投胎到貧下中農的懷抱裏哩！

八、喝痰盂污水和吃煤渣子飯

這個群眾專政的辦法，我估計是襄陽地委文革小組在文革運動中的首創，也算是一大「發明」吧！這是個麼法子呢？即每當我在批鬥會上不夠「老實」，我交代的「罪惡」達不到他們設計的標準時，這些往日的同志——都是幾十歲的成人，似乎不太好意思對我下重手，全武行。於是在我到食堂吃中飯或晚飯時，就發動機關裏的幹部子弟——大部分中小學生對我進行圍鬥。開始，他們鬥我，無非是奪下飯碗，不讓吃飯，這我完全忍受得了，餓一頓就餓一頓，我已完全鍛煉出來了。接著，他們就跳上凳子，飛上桌子，捏我的耳朵，打我的嘴巴，踢我的身子，我整個身體，成了他們煉拳腳的沙包。這，我仍能勉強忍住，無非是全身疼痛，不傷筋動骨就算是老天爺保佑了。可我萬萬沒想到的是，由於我對某些完全無中生有的「罪惡」——比方，說我從生下來就反對毛主席、黨、社會主義……等等，我是堅決不同意、不認罪的。這就戳了馬蜂窩……這些孩子們便趁我在吃飯，把隔壁辦公室的痰盂拿來，把裏面的污水、痰液倒到我碗裏，命令我喝，我不喝就幾個人按著我的頭灌……這些東西只是特髒，讓我噁心、嘔吐……我此時若再不認罪，他們就將食堂旁的、燒開水爐子邊的煤渣抓一把放到我碗裏，讓我泡著開水，和著飯吞下去！若我不吞，倒掉，就說我浪費糧食，罪加一等……我雖沒完全把這些渣子飯吃下，但還是被迫吞下了一部分，當時只是渣子擦著嗓子疼，但過一會兒，胃就像萬箭穿腸，疼得要死。為了減少疼痛，我為此常常用四方桌的一角頂著胃磨……不過，怎麼磨，都是一陣比一陣更鑽心的疼！

孟子說：「人之初，性本善。」荀子說：「人之初，性本惡。」他們講的到底誰是誰非？似乎都對都不對！特別對未成年的天真孩子來講，我能怪他們麼？他們心中的那些幸災樂禍的、以作賤殘害人為高興的種子是誰播下的、又是誰將其傳播於五湖四海？……

人為什麼會自殺？

我一生寫過不少生生死死的小說，也寫過所塑造人物的自殺過程，但自殺到底是怎麼回事，自己並沒有親身體驗過。

不過，從自己閱讀的一些書籍中和做的一些社會調查工作中，在理智上感覺到，自殺大體分兩大類：一類我取名為「物質性自殺」，一類則為「精神性自殺」。前者主要是為「物質」錢財自戕，比如為生活所迫而無力贍養妻兒子女；因狂妄豪賭欠下巨債卻無力償還；因投機買賣喪盡家產終無法挽回；因病重垂危又無錢醫治……等等。後者絕大部分不是因為「物質」錢財，而是在感情上、精神上，既有客觀因素，也有主觀原因——找不到出路，看不到希望，且自己不能說服自己，委屈自己，戰勝自己，便義無反顧地踏上自絕之途。如極少數失戀男女，橫豎就一根筋，達不到目的，便殉情毀掉自己；又如戰場上的將軍，因戰敗卻不願被俘投降，就自盡成仁；再如一些無權無勢的小老百姓，被冤枉、被摧殘，叫天天不應，呼地地無聲，只有自赴黃泉；亦有一些患自閉、憂鬱症者，總解不開自己給自己結的死疙瘩，最後亦走上這條不堪回首的不歸路……等等。

可我萬萬沒想到，在一九六六年六月二十八日深夜，我這個一向挺樂觀的、才剛滿三十四歲的壯年漢子，一向特別能忍耐、似乎能受一切委屈的男人，一向以「災難是傲骨的奶娘，禍患是豪傑的乳汁」（雨果語）為座右銘的小知識份子，竟走上了這條不歸路，實實在在體驗了一次踏進鬼門關的種種感覺和點點滴滴的生死徘徊……

按說，我這個人是經過了知識份子思想改造運動，反胡風運動，反右派運動，以及反右傾機會主義分子運動……絕大部分時光，我是個「老運動員」，即使偶爾一次沒有入甕，也是甕口的邊緣人物——受得多了，見得多了，且一次又一次總結了不少經驗教訓，目的就一個，定要堅持住，彎下九十度的腰也要挺住——可不能死，絕對不能死！不能死啊！

可這一回自己為什麼挺不住了呢？為什麼開始想到了死，且這個「死」在腦海裏越來越鮮明，越來越亮堂。它像一個穿著白色天使服的、黑黑的、高高的，無頭隱性的機靈鬼……一直在我身邊飄呀飄，並輕輕地在我耳邊甜甜細語：「跟我走吧，走吧……」前面似乎展現了一片溫馨清香的寬廣大地。我終於隨這個並不可怕的、甚至感到給我安全感的「死神」邁開了第一步！

應該說，這「死」的第一步，是在這天早上地委機關文革小組成員×××領我看走廊上的、一張專門批判我的新大字報時——就開始了……為什麼呢？因該大字報揭發批判了我的一件新鮮事。所謂新鮮事，即他們抄我的宿舍時，在我創作本上看到了一篇寓言〈驢子和珍珠〉。這寓言是我過去看了部反映舊社會暗無天日的電影《馬路天使》後寫的。影片講一個天真純潔的歌女（周璇主演）和一個正義青年（趙丹主演）是怎麼受舊社會黑幫殘酷壓迫和剝削，以及他們如何反對抗爭的故事，其電影插曲〈四季歌〉非常好聽，情節異常動人……我在受吸引和感動之後，就把舊社會比作愚蠢的驢子，把美麗的、由周璇主演的少女比作珍珠。驢子有眼不識泰山，竟用自己的臭蹄子去踐踏晶瑩的珍珠——其主題是批判萬惡的、國民黨政府領導下的骯髒社會和表揚反抗這骯髒社會的、一群正義的底層青年男女。這是我創作的本意，且用白紙黑字分兩次寫在我的創作日記上。儘管這寓言和我的創作日記均早被地委機關文革小組成員抄走，他們在讀這篇寓言時，也看到了我為什麼寫此文的動機和意圖。但他們在批該寓言時，卻本末倒置，黑白顛倒，硬說我把自己比做珍珠，把共產黨領導的新社會比作驢子，說我對新社會有刻骨仇恨，故能如此肆無忌憚地、挖空心思地謾罵黨和國家！娘天天，這可是天大的冤枉！是扔了良心的無中生有！什麼叫做欲加之罪何患無詞？什麼是當代六月大雪竇娥冤？這可是「文革」初期的最新發明和司空見慣的熟練操作啊！

看了這張大字報，我當即對監督我的機關文革小組成員×××說：「你們這樣批判我，也太不實事求是了。」

「咋不實事求是？」

「你們看了我寫這篇寓言的創作日記了麼？瞭解我寫這篇寓言的真正意圖麼？」

「看了又怎麼樣？瞭解了又怎麼樣？」他冷笑一聲：「你就是貨真價實的三反分子、反革命分子！這是你的階級屬性決定的。這張大字報算是打中了你的要害，掐住了你的咽喉！」

對此，我當然不服，一下子忘掉了被批判的身份，與他就地大吵、大辯論……一下子把眾多看大字報的人群吸引過來。自然，我成了眾矢之的，被鬥、被打近一個多小時，那句老口號「反革命不投降，就叫他滅亡！」差點把我耳朵震炸！古人云：「士可殺而不可辱！」我可沒有這個志向和狠氣，我是可以受辱的，可以靈魂下跪的，但有個極限，總不能搞得太過分了吧，總要給我留一滴嘎尊嚴，那怕是百分之零點一的尊嚴……如果連那一點點可憐的自尊都不給我，連那一絲絲真理都不給我——比方硬要我承認說新社會是一頭驢子，硬要我從心裏仇視自己熱愛的祖國……這把違心大砍刀，就算把我的頭顱砍下一萬次，我也不幹，不就是一些綠林好漢講的那句話麼：「斬首亦不過碗口大的一個疤！」對不對？

現場鬥爭會沒把我打服，鬥服，那天上午的勞動就加倍的重，在烈日下監督我不歇氣地幹了幾小時，卻不讓我喝一口水，休息一分鐘。直到吃中飯，我剛端上碗，還沒扒一口，一群地委機關的幹部子弟，不知受誰指使，一窩蜂地包圍了我，不僅不允許我吃飯，且故伎重演，強迫我喝痰盂污水，吃煤渣子飯……我不從，結果又一場圍殲我的大戰上演了，直至我胃不斷痙攣，疼得滿地打滾，他們才算過癮甘休。

下午，依然是過度勞動，幾次暈倒。

晚餐對我——依然是拳頭加巴掌，痰盂污水加煤渣子飯的所謂特殊款待。

如果說，早上看大字報時是我邁向「死」的第一步，到此時，我已向「死」邁進了第二步。

當夜幕降臨，晚上九點，我回到寢室，獨自坐在桌前，大約有兩個小時，一直在默默思考：死還是不死？如果死，怎麼個死法，那陣子，我已邁向「死」的第三步了。

一個人從想自殺到實施自殺，是個非常矛盾的、自相鬥爭的過程。我明白——我若自殺，絕不是「物質性自殺」而是「精神性自殺」。是精神在五雷轟頂的高壓下完全崩潰了，猶如特大山洪把千辛萬苦築起來的堤壩在瞬間衝垮了……可不是嗎？在我被揪出來的一個多星期中，精神的摧毀是一顆又一顆的、階級鬥爭的重磅原子彈，無論我有多少正當的理由、合乎邏輯的道理，革命群眾只用一句話——你是反動階級的孝子賢孫，你天然要反黨反社會主義，你的「黑言論」是黑的，你的「白言論」也是黑的，反正狗嘴裏吐不出象牙，你只有認罪一條路，死罪路一條！既然如此，我還辯論什麼？我還求什麼寬恕？就如日本鬼子講的：「你死啦……死啦的……」就在眾多的、向我投來的眼神中，不論是仇視的、幸災樂禍的、諷刺的，還有帶著微笑的——我已完全覺察出——我活下去已沒什麼意義了，那我還挺什麼屍？咬牙忍什麼勁？走吧，死吧，一走不千秋，卻一死萬事休，就這麼結束吧！

此時，除了超高的精神壓力外，我的身體——屬於物質範疇，也承受不了啦。我就想，與其被折磨疼死，還不如自己找個法子——舒服一點死。我不願看一些人欣賞我受苦的表情，那是一種軟絲絲的電擊鞭，沒抽到身上，卻疼在心的深處。

經過「是死，還是不死」地多個鬥爭來回，大約在當晚十點半左右，大腦下達最後指令：死，不再回頭！但對如何死，我又周密地考慮了一個多小時：一、是上吊死。我有一條結實的內褲腰帶，天花板上又有個空隙，只要把腰帶橫穿過去，然後打個死結，再跳上椅子，套住頸脖，腳一蹬，不就達到目的了嗎？但我怕窒息死的、伸出長舌頭的慘狀，一開始便否定了；二、是觸電死。我床頭有個可以打開的電開關，只要把開關的膠體外殼掀掉，露出電的正負極，用手一碰，再抓緊，不也能解決問題嗎？但我害怕觸電後，一反彈，我抓不牢，造成死不死、活不活的狀態，亦被我否定了；三、我突然想起，過去，我經常熬夜寫文件，睡眠不好，就吃安眠藥。在革命群眾第一次抄家時，我把自己吃剩的半瓶安眠藥藏在室內牆角的、一塊可以移動的破磚後面，這會兒可派上用場了。於是，我設計，可先取出、吞下剩下來的半瓶安眠藥，然後把床頭電開關的膠殼子打開，再仰臥在床上，只要安眠丸的藥性一發作，並在睡著中一翻身，手一觸電，必死無疑，而那會兒人已昏迷，死就不那麼痛苦了。真是個雙保險的萬全之策啊！

如何死的方案設計周全後，我又想，不能如此白白死去，得死個清白，死個光明磊落。於是，決定寫兩封遺書，一封是寫給當時的中共湖北省委書記王任重同志，之所以寫給他，一是，因為襄陽地委的領導已不相信我了，已決定把我打成黑幫、反革命了，我只有越級申訴；二是，我覺得任重同志對我的印象還好，我第一次在宜城大澡堂遇到他，他還誇獎了我；特別是有一次在我們地委的、向他彙報的會上，他談到全國勤儉勞動模範梁彥斌，說梁雖然在舊社會有些污點，但我們共產黨能把她改造、培養成全國的先進人物，這就是共產黨的偉大！他還讓大家記住馬克思的一句話：「無產階級只有解放全人類才能解放自己。」我對他這次講話始終記得，因我也想共產黨把我改造好啊。現在，我把第一封遺書寫給他，就是想告訴他，我絕不反黨反社會主義，我有各種各樣的缺點，但我絕對愛黨、愛社會主義。我這次自殺，不是叛黨叛國，而是以死證明我的清白，以及我對祖國的一片忠心，希望他能派個工作組，對我進行全面審核，最後給我一個公正的歷史評價。

第二封遺書是給我妻子李婉靈——妮娜的，全信分兩個內容，一個內容是，我向她衷心道歉，說一萬聲對不起，因自她與我結婚後，就沒過一天安穩、順心的日子，每次政治運動一來，都讓她和孩子們擔驚受怕，這是多年來精神上對她的無盡壓力；再就是在物質上，我也沒讓她過上稍微好一點的生活，一年一年，一月一月，家庭經濟狀況總是緊巴巴的。我得的一點稿費，小宗的，我尚能給她補貼家用；大宗的，我為了表現積極，總是上交組織，從不敢私自拿回家。像人民文學出版社出版我的小說集《高高的山上》，十幾萬冊，我就不要一分稿酬，還不許她有一點意見，只能贊同我的「大公無私」。另一內容是，我勸她，我死後她一定要改嫁，因我若平不了反，還不來清白，她不能背一個「反革命家屬」的名義過一生，這對三個孩子今後的學習、工作前途亦非常不利；再就是她還年輕，相貌好，人品好，工作好，找一個相配的好男人並不是難事，但我不希望她再找我這號出身不好、搞文學寫作的人，因這種人太危險，稍一不慎，一閃失，就可能像我一樣，一輩子都爬不起來。最後，我還請她暫不要把我自殺的事告訴我父母，以免父母傷心。是否到運動後期，對我有結論了，那時她再找個適當場合告訴二老。白髮人送黑髮人，總不是件好事。

大約到下半夜兩點，我寫完了兩份遺書，把它們放在書桌中間顯眼的地方，希望機關文革小組能把這遺書上呈任重同志和轉交我愛人。一切就緒後，我就按部就班實施我的自殺計畫。很奇怪，自殺過程中，我十分清醒，一點也不慌，甚至不怎麼悲痛，沒流一滴淚，只感到，我這短短的三十四歲已盡力了，盡最大最大的努力了，但命運始終不原諒我，迫我只能走這條我十分不願意，卻又非走不可的路。天意不可違，世界再精彩，我也只能 bye-bye了，告別了——生命誠可貴麼？一點都不可貴，的確是輕如鴻毛！輕如鴻毛！特別像我——是一條連小狗都不如的生命！

在此，我尚想補充一點：文化大革命中，我的一家，包括我愛人的家，一共四人自殺，其中，有我愛人的二弟李志範，人民教師，跳樓而死，時年二十六歲，因有人誣衊他是「特嫌」，身後留下一個一歲多的兒子；再就是我的親堂兄李德剛，長沙人民醫院內科主任，名醫，因被誣衊為「漏網地主」，上吊身亡；還有我的岳父李化時，河南淅川人民醫院院長，名醫，因他信基督教，又不知誰在他診療室的桌上放了一份宗教刊物，便被誣為「特務」，強行遊街示眾，以至割腕自殺，被發現後，搶救生還；最後一個是我，在此就不囉嗦了……

我再不會尋死了

儘管我對自己一生中的、唯一的一次自殺安排得十分周到，幾乎是天衣無縫，但我依然沒成功。這是命麼？似乎有那麼一點。事後我才知道，當我吞食了大量安眠藥，暈糊糊地倒到床上，挨到我身邊的床頭電開關——已被我打開裸露著，我只要一翻身，一觸及，就邁進了鬼門關。誰知，我一睡下，竟沒動一下，「電刑」便與我擦肩而過；再就是，我大約在下半夜兩點吞下安眠藥，機關文革小組成員在第二天早上八點半左右喊我出工勞動，連叫幾聲，我沒應；敲門，門上了栓，他們便一腳踹開門，發現我口吐白沫，昏迷不醒，再看桌上的兩封遺書，知我自殺了，就立刻把機關醫務室的孫大夫喊來，當場進行搶救。由於我吃安眠藥的時間不算長，經過幾小時地洗胃、嘔吐……我又活了過來。

我一醒，圍著我床前的幾個「文革」小組積極分子就一面舉著拳頭呼喊打倒我的口號，一面加強火力進行床頭批鬥。當時，我起不來，一身軟塌塌、像縮頭烏龜似地蜷縮在濕乎乎的床上，而他們則站著，進行俯視「轟炸」：「反革命分子李德復，你想以死叛黨叛國麼？死有餘辜！」

「文藝黑幫分子李德復，你只管去死，沒有任何人同情你。你死了，連一條狗崽子、一泡牛糞都不值！」

「三反分子李德復，你想以死來脅迫組織麼？沒門，你只管去死吧！反動派滅亡之日，是我們無產階級勝利之時！」

……

我當時腦子雖昏昏然，但理智卻慢慢恢復，心中竟掠過一些自殺前從沒思考過的想法：

自己已死過一回了，還有什麼可怕的呢？

死的滋味也不過如此，你們想怎麼整就怎麼整吧！

自己千萬不能流淚，不能叫苦，不能求饒，死過一次的，應比沒死過的人有狠氣！

另外，自己還有個不可理解的怪想法，在心裏對圍著床批鬥我的人默默說：「你們不是說我死有餘辜嗎？不是說死了——還不如一條狗崽、一泡牛糞嗎？而且我滅亡之日，是你們勝利之時，那你們為什麼還要把我救活呢？」

階級鬥爭的確太複雜了，一會兒要人死，一會兒又救「死人」，真是有十個腦子也讓人揣摸不透。

我這一自殺未遂，機關文革小組就不允許我單獨住在我的小屋子裏了，他們令我搬到地委會大門口右邊的一間稍大的房子裏，周圍的窗子釘上一排排厚實的木條，以防我從視窗逃跑，像間古代的「監獄」，與此同時，在這個「監獄」裏，還有文革小組派來的人與我同睡一張床，共一張桌。我無論到哪裏，他都跟隨，我這個黑幫從此提高了「待遇」，有專門的「警衛員」了。我用餐，他盯著，怕我吃毒藥；我解大小便，要向他請示：小便時間只允許兩分鐘；大便時間，不許超過十分鐘，深怕我跳進大糞池淹死；晚上睡覺，我起床要請示，翻身要請示，大概怕我耍陰謀詭計潛逃……我也有點壞，有時並不想大小便，卻故意說要上廁所，且次數頻繁，特別在他剛要睡著的時候喊他，害得他想睡不敢睡，閉上眼也不得安寧。有一回，他歎著氣訓我：「你怎麼那麼多屎尿？」

「××領導，請原諒，這是自然法則。」

「你就不能忍一忍？」

「忍不住，領導！」

不堪回首的李德復在回首當年

「難怪你是個反動黑幫！」

「對了，黑幫一反動，二屎尿多！」

他氣得咬牙切齒地瞪著大眼掃視我，我則低頭哈腰地用笑臉對應。人不是要生存麼？這也是一種自我調劑的黑幫曲線生存法。是不是另有一番滋味在心頭？Yes！叫做苦中求樂吧。

自殺未遂對我的不利處是監督人員對我看管得越發緊了，我的自由空間是越來越小了。不只是籠中鳥，而是被捆著四肢的人不人、鬼不鬼、獸不獸的「四不像」。但是，也有我感覺到的好處：一是，沒讓小年青們再逼我喝痰盂污水和吃煤渣子飯。我估計是救我命的孫大夫對他們說：「即使李德復不自殺，一個勁讓他吃煤渣子飯，也會促其胃大出血，直至死亡。」二是，批鬥我的架勢文明了一些，再沒有戳我的眼睛——讓我血流滿面了。三是，監督我勞動的、機關請來的民工似乎心裏起了變化，對我不再那麼惡生生，我勞動一兩個小時，他們便擺擺手：「老李，休息下，休息下……力是使不盡的，活是幹不完的。」我便想，我這種生不如死的日子是不是有盡頭呢？天長地久有時盡，此愁綿綿何時休啊！只能走一步，想一步，看一步，前面肯定是黑暗、黑暗、更黑暗！可我這個被圈定的「黑幫」——多想有一絲陽光暖暖身子啊！

機關文革小組仍在組織對我的批鬥，但次數沒有過去那麼密了。從表面看，會場上的火力依然硝煙彌漫，吐沫橫飛，但從批判的內容看，卻是老生常談——炒現飯，沒什麼創新，沒什麼發明。革命群眾的戰鬥力似乎在慢慢減弱，有時還出現疲蹋之態……而我，卻有點反常，竟然鬥志昂揚。這是怎麼回事呢？事後一想，原來，全機關的人平常基本不理我，除監督者對我訓示外，很少有人與我對話；而我，性格外向，生來喜歡與人交流，既然日常生活中找不到這樣的機會，那麼，我就在批鬥現場上充分發揮自己的這個特長；還有，批鬥會上，往往產生用背誦毛主席語錄來壓制對方的論述和觀點，以說明自己的正確性。我呢？有這方面的優勢，故特愛這一手，一看到對方被我的「毛主席語錄」駁倒，心裏便樂開了花，好過癮！哪怕這時候挨對手兩巴掌和一頓拳打腳踹。小知識份子嘛，就圖個心裏快活。

也就在這時，機關內部批鬥我的場合越來越少了，而機關外拉我出去批判的「機遇」就越來越旺，這也合乎「文革」的發展規律，因為誰叫我是襄陽地區的「三家村」呢？北京的「三家村」是三個大名鼎鼎的文化人，我這麼個小螞蟻似的人物，便在襄樊這個中等城市，一下躍為「三個反動村子」的主角！命該如此啊，那就批吧，鬥吧，整吧，翻「燒餅」吧，煎「燒魚」吧，並享受「坐噴氣式飛機」和學清代皇宮裏的自懲慣例——自己掌自己的嘴巴！

每當我被機關外的革命群眾和紅衛兵拉出去批鬥時，我最害怕的不是那震天動地的、打倒我的口號，不是一次比一次更厲害的武鬥，而是怕看到我的妻子李婉靈——妮娜，以及我的三個孩子李基泰、基鋼、基春。按說，我被打成黑幫後，多麼希望見到親人呀，但為什麼想見又怕見呢？因當時，凡是被打成黑幫的人，其家屬必須與其劃清界線，分清敵我。如何劃清、分清？有個非常簡單的法子，即：一、上臺批鬥其親人「反革命」，二、至少當大家的面反覆喊：「打倒黑幫×××！打倒反革命×××！」老實講，我在夢裏就常夢到妮娜帶著孩子們舉著拳頭喊打倒我的口號。這種景象，在過去的反胡風運動、反右運動中已屢見不鮮，而凡是被其直系親人，特別是老婆鬥爭過的人，往往在批鬥後自殺，且一次自殺未遂，再來第二次、第三次……似乎只有死才是最後的歸宿。這是因為任何男人，做丈夫的男人，平常對其他人、其他事可能很堅強，再苦再慘能忍耐，能堅持，但如果與自己同床共枕的妻子不理解，也和其他人一樣，認為自己是黑幫、反革命，再堅強的男人，也會脆弱如薄紙，會頂不住——天下已沒有一個親人了，還活著幹什麼？那就自己撕毀自己吧！在中國的政治運動中，已有無數無數男人，無數無數案例證明了這一點，包括一些非常知名的、有學問的硬漢子！

正因此，我在任何機關外的大臺子上挨鬥時，第一個動作就是眼瞄四方，看妮娜來了沒有？是不是在革命群眾之中？如沒來，我心裏的那塊石頭就能緩緩放下。這，至少給了我一個未知數——她不想參加整我的批鬥會，她心中還有我。我活下去，是不是還有點價值？這世界上，總還有個人，一個親人，認為我不是黑幫、反革命呀！

可是，我害怕的這件事終究來了，來了！在一次廣場上的、人聲沸騰的批鬥大會上，我在臺上遠遠地似乎看到了她。是她，是她啊！

她是不是會上臺批鬥我呢？會不會高高地揚起手，喊：「打倒反革命分子李德復」呢？

一個革命群眾上來批鬥我了，一個革命幹部上來批鬥我了，一個紅衛兵上來批鬥我了，一個又一個憎恨我這個反革命的人——像走馬燈似地上來批鬥我了。但是，妮娜沒上來，沒上來……

人們怎麼批鬥我，鄙視我，痛罵我，侮辱我，我一點也沒聽清、聽明白，腦子卻一直在漫遊，夢遊——當年我和妮娜的友情、愛情和親情：你還記得嗎？妮娜，那一年，我二十二歲，你二十一歲，我們常在百花盛開的大學校園裏散步，你愛普希金，我愛萊蒙托夫；你喜歡列夫・托爾斯泰的《安娜・卡列妮娜》，我喜歡陀斯托也夫斯基的《死屋手記》；你愛背誦艾青的詩，我讚賞胡風的主觀戰鬥精神……就在這播種愛情的春天，命運之神卻播下了仇恨和災難。我那二十郎歲的青春年華啊，被塗上了插著胡風「五把刀子」的標記。從此，同窗學友成了階級敵人，背誦詩歌的課堂，成了批鬥我的戰場。一年零三個月的軟禁生活啊，我的耳朵總是緊貼著那又黑又厚的門縫上，靜聽那一千種、一萬種腳步聲。每到傍晚，有一種腳步聲帶著感情，是那麼輕輕地，又那麼有節奏地從門前踱過。我知道，這是你來了，這是你在與我說悄悄話，給我帶來了友情、愛情、親情，帶來了黑暗中的溫暖。就是這腳步聲，使我熬過艱難的時刻；就是這腳步聲，使我能在批鬥臺上偶爾發揮一點主觀戰鬥精神；就是這腳步聲，使我感到在那遙遠的將來，還有希望。終於有一天，陽光射進了這陰暗的角落，你悄悄進來，輕吻著我的傷口，我扶著你的雖細嫩單薄、卻異常堅實的肩膀，站了起來。

你還記得嗎？妮娜，那一年，我倆買了五角錢的廉價糖，在我倆心裏舉行了一次隆重的婚禮。我們雙雙被分配到一座古城——襄陽，你在教育花圃，做培育祖國花朵的園丁，我在地委農村工作組，當貧下中農馴服的學生。一年三百六十日，我們有幾天能相逢？但清貧的親情、愛情生活，給了我們甜蜜的結晶——三個孩子出世了，三本書出版了，我真願如此地粗茶淡飯過一輩子，但如今，史無前例的「文革」狂飆，排山倒海地席捲神州大地。我是這座古城一棵剛冒出嫩綠的小苗，卻在二十四小時內成為這裏最顯赫的文藝「黑幫」，三本用現在眼光看——原是「歌德」派的作品，幾分鐘成了三冊「罪該萬死」的定罪書……現在，妮娜啊，在這高高舉起的、一排排的拳頭下，在這震撼九重天的狂吼下，我害怕，我顫抖，我也憤怒；我悲愴流涕，我亦橫眉冷對……難道這真是我生命結束之日？靈魂滅亡之時，人到此刻真不想再活下去了，所以，我自殺，一次未遂，我還可以繼續走向死亡。一個人若決心想死，死神是會降臨的，是會擁抱我的……對不對？妮娜！

可就在這個時候，就在這個時候，妮娜，我隱隱約約、迷迷登登似乎真地看到你了，看到你了——那是萬拳叢中一點紅，萬木蕭條一絲綠啊。那不就是你嗎？你為什麼還能昂起頭？還能挺起胸？你為什麼還要穿那件我給你買的、作為結婚禮物的彩虹雨點裙？你是不是在告訴我，我倆又在進行一場殘酷卻又壯麗的婚禮，一場在血與淚洗禮中進行的婚禮！兩心在此結合，還能有什麼尖刀利斧分得開？永遠分不開啊！分不開！

又一陣一陣口號聲：「打倒黑幫分子李德復！」「打倒反革命分子李德復！」——它響徹雲霄，震撼整個廣場！

又一排排憤怒的拳頭高高揚起，高高揚起，猶似海上十二級風暴……但蠻奇怪，我不那麼低眉順眼了，我不那麼懼怕了，怒吼的聲音再大些吧，拳頭的揮舞再昂揚些吧！但這吼聲中，沒妮娜的聲音；這排排威武的拳頭中，沒妮娜那只白淨的手。我的心一下安靜了，我的身子一下站穩了，我不會再尋死了，我絕不再自殺了。所有的人都打倒我，可以；只要妮娜不打倒我，我就能堅持，就可以活下去！友情萬歲麼？愛情萬歲麼？親情萬歲麼？有時就是萬歲、萬萬歲！也就在此時，我忽然想起幾個大作家的話。一個是法國的巴爾扎克在他名著《十三人故事》中講的：「信任才是愛情的美德。」一個仍是法國的作家安德列••莫洛亞，他在其名著《愛的氣候》中講：「愛情更能承受的是生離和死別。」還有一個是俄羅斯的作家馬爾林斯基，他在其名著《考驗》中講：「只有經受得起考驗的愛情才是無價的。」

我想，我和妮娜的愛情是經得起考驗的，肯定在今生今世也是無價的。

家破人亡後的一個堅強後盾

「文革」進行了一個月，我的「大家」（包括我親伯父母家和岳父母家）遭到了家破人亡；而我的「小家」（即我們夫妻的小窩）只能算是家破人未亡，我曾自殺，但終未如願。

這，大概是一九六六年七月間，我在機關不是挨鬥就是被監督幹重體力活；我愛人妮娜，則在學校被掛上「黑幫老婆」的牌子，亦天天被監視勞動；大孩子基泰，那時才八歲，隻身坐汽車轉火車——跑到長沙我父母家（二孩子基鋼，一年前已留在父母處）；而老三基春，那時才三歲多，作為父母的我和妮娜已完全沒力量照顧，只好託保姆李奶奶帶著，整個家都由她作主。可這也難保，因愛人所在的襄樊市一中，市委派來的文革工作組和運動中的積極分子給她貼了大字報，說她資產階級思想嚴重，孩子大了，還專門請個保姆帶，是剝削階級的典型表現！可三歲多的孩子算大麼？其父母又都在受管制，請個人照拂一下，算什麼嚴重的資產階級剝削呢？事情到了這種地步，任何人只要被定為政治運動的對立面，怎麼折磨——也都是天經地義了！

在那種「屋漏竟遭連夜雨、路滑又遇頂頭風」的當口，我們夫婦不由得都想到這個可憐的、老三的小生命。按說，他是不會來到這階級鬥爭的世界的，不會與他黑幫的父母一起受苦受罪的。為什麼呢？因我們這個小家在二十世紀五〇年代末，接連添了兩個孩子基泰、基鋼後，經濟一度緊張，因我們除了要按時給雙方父母寄一些錢外，還要支持正在上學的弟弟、妹妹，故我們決定採取避孕措施，不想再要

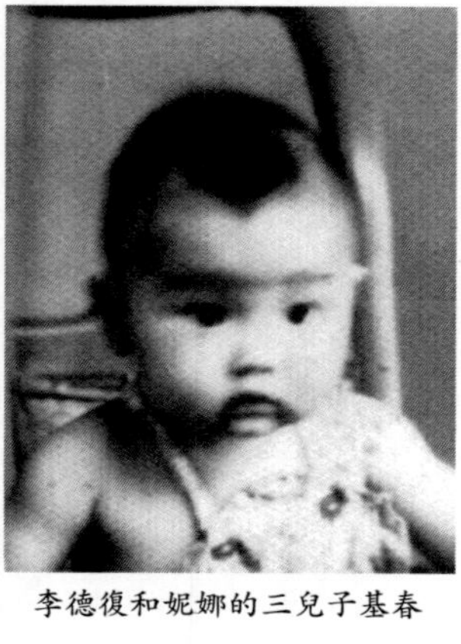
李德復和妮娜的三兒子基春

孩子了。哪知一不小心，妮娜在一九六一年一季度又懷上，我便決定送妮娜住院，做掉這沒出生的孩子。那個年代，政府是鼓勵多生的，提出了向蘇聯「英雄母親」學習——凡生育多的婦女還可得到一面獎旗，上書「人丁興旺，五穀豐登」。加之，毛主席在〈介紹一個合作社〉的這篇文章中講了：「……人多議論多，熱氣高，幹勁大。」故我們想刮掉這孩子有難度，必須向男女雙方工作的單位申請，經審查，確認有這個必要，才會批准到醫院做手術。為此，我和妮娜費了蠻大的勁，總算達到了這個目的。誰想過了這一關，妮娜住進醫院後，婦科醫生和護士們紛紛勸她——說這種刮孩子的手術才起步，有一定風險，一些懷孕婦女做了後，產生了後遺症——對今後的工作和生活會產生不利影響，建議生下這孩子，再作結紮手術，既保險，又能徹底解決避孕問題，豈不兩全其美。妮娜聽後，覺得有道理，又與我商量，我自然同意。事至此，本該畫上一個句號了，哪曉得到一九六二年二月二十二日孩子出生前幾天又出現個小插曲：即與妮娜同病房的一個產婦——地區文化局張科長的妻子，在與妮娜閒談中，說：「我一連生了兩個女兒，這回想要個兒子。」

「我一連生兩個兒子，」妮娜說：「我這回想要個女兒。」

「那這次……我若還生女兒，你若再生兒子，我們交換一下——各取所需，行嗎？」

「行啦！」妮娜滿口答應。

之後，兩位女同胞又各自徵求了雙方配偶——我和張科長的意見。張科長和我均聽從夫人的安排。我當時以為，第三個兒子——李基春再不會是我家裏的人了。由他換來個小女兒，蠻好嘛，屋裏將多一道色彩了。

可事與願違，孩子生下後，也可能是孩子好漂亮，好逗人愛，且母子血肉相連，妮娜變卦了，不換了；張科長夫婦當時有點失望，但他們在「文革」中得知：我被打成「黑幫」，我和妮娜均在牛棚中受熬煎，他們至少慶幸——其小女幸沒落入我家，否則也會受苦受罪啊。

回過頭來，再看三歲多的小基春怎麼帶吧？把他送到我那兒，我一面挨鬥，一面勞動，一面帶他，我自信做得到，反革命不一定教養不好自己的孩子，但機關文革小組當時不准我和任何親人見面，何況是我的兒子。那就留給同樣受管制的、每天被強迫勞動的妮娜帶，但妮娜最受不了孩子撫摸掛在她頸脖上的黑牌子，以及孩子的問話：「媽媽，大家說爸爸是黑幫，為什麼你也成了黑幫呢？」因這樣太傷害無辜的、天真的幼小心靈了。

就在這時，我們的保姆李奶奶站出來了，她主動對妮娜說：「李老師，小三——春春就交給我吧。」

妮娜有點迷惑：「奶奶，你知道吧，他們已不允許我們請你給我家帶孩子了，已不允許你在我們學校的宿舍裏住了，你咋帶春春呢？」

「咋不能？」李奶奶說：「我把春春帶到我家去。」

「帶到你家……」

「你不放心？」

「放心啊，放一萬個心。」妮娜直點頭：「可這耽誤了你，牽連了你，會害你啊……」

「會害我？」

妮娜真心地向她解釋：「李德復現定為黑幫，春春是黑幫的兒子，你把春春帶到你家，人家會說閒話，學校工作組會扣你立場不穩的帽子，找你的麻煩……」

「找我啥麻煩？我不怕！」奶奶說：「我是貧民出身，丈夫李老頭是拉板車的工人，他們能把我咋的？我現在就認春春做我的乾孫子。我帶我孫子過日子，難道不行嗎？世上有這個理嗎？」

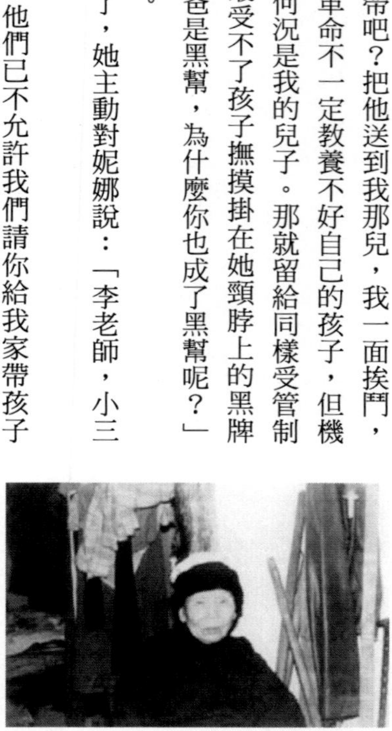

艱苦歲月裏，李德復家的堅強後盾——李奶奶

妮娜好感動，好感動，還能說什麼呢？事後，妮娜對我說：「這個李奶奶，是上天賜給咱家的救星，當周圍人都不把我們當人的時候，她把我們當人；當周圍白眼都鄙視我們的時候，就她的眼睛給我們光明；當小三沒地方可撫養的時候，就她敞開了溫暖的胸懷……她是比親奶奶還親的奶奶呀！」

的確，她是比親奶奶還親的奶奶！什麼叫做患難見真情？這就是！她無疑是我家破人亡後的、一個想都沒想到的堅強後盾！

更使我沒想到的是，這個貧民老太太把春春帶到她家後，有一天竟帶著春春跑到襄陽地委我被囚禁的地方來看我。原來，我們機關文革小組是讓她來揭發我的，想從她身上挖出我見不得人的、隱藏得很深的黑材料。人們以為，她來我家近四年，我的一些反黨反社會主義的言行她肯定知道，至少能從我平常的舉止中察覺一些，挖掘一些。她答應了沒有呢？表面上她似乎答應，但她要看守我的人先把我叫出來，與她和春春單獨見面。她說這是為了教育我，幫助我，讓我老實交代，然後她再見專案組談我的問題。

人們完全沒料到她有這一手，我也沒意識她有這一手。我們便在地委後院的一棵大樹下待了個把小時。奶奶首先讓春春喊我。由於那會兒我被「整」變了形，臉髒，一身也髒，加之春春好久沒見我，一時沒認出……

「快喊爸爸、爸爸！」奶奶抱著春春，指著我說。

一秒鐘、兩秒鐘、三秒鐘，春春認出我了，先是小聲的，接著是大聲喊：「爸爸，爸爸！」一下撲到我懷裏。

男人有淚不輕彈麼？這個時候，淚不由自主地爬滿我整個臉盤。

奶奶又輕聲地在旁邊喊我：「李同志，李同志……莫哭，莫哭……」

我一下擦乾眼淚：「奶奶，你還喊我『同志』，我可是黑幫、反革命……」又說：「你就叫我老李好了，行啵？」

「你就是李同志，」奶奶撫著我的肩膀說：「他們說你是黑幫、反革命，我說不是，就不是！李同志，你不用怕，以後會搞清楚的，會搞清白的！」

「會搞清白的？」我搖搖頭，我自己都不相信啊。

可她盯著我眼睛：「我們襄樊人有那麼一句話——壓在十八層地獄下面的冤屈，就是閻王爺也要還你個清白！好人就是好人，好人是罵不壞的，鬥不死的，打不倒的！李同志，你要相信自己啊……我知道你前陣子做了件傻事……以後可別犯傻了……你愛人——李老師在等著你，你基泰、基鋼和春春在等著你，我也在等著你……你會好起來的，好起來的，知道麼，聽到麼？」

我知道了，聽到了。我萬萬沒想到，襄陽地委那麼多高級幹部，那麼多大知識份子，那麼多能人，不能說他們馬克思主義、列寧主義、毛澤東思想沒學好，不能說他們的立場不堅定，不能說他們不明辨是非，可為什麼沒一個人認為我不是黑幫、反革命？而這個李奶奶、老太太，據我瞭解，她並不識幾個字，也沒學過那麼多馬列主義、毛澤東思想，可她為什麼偏偏說我不是黑幫，不是反革命呢？多年來，我就感覺，工農大眾的理論知識雖不如知識份子那麼豐富，但他們的直感往往比知識份子準確。李奶奶的話，李奶奶的直感，當時的確給我的靈魂打了一針強心劑。我還真的有點信她，還真地把她的話當作起死回生的精神支撐！

李奶奶啊，在小春春無家可歸時，你給了他一個家，在我精神低潮——似乎看不到前面的希望時，你點燃了我心中的火苗。如今四十三年過去了，我始終記得你在大樹下給我講的那幾句話，永遠記得你講話時，那雙慈祥的眼睛——它一直照耀著我走到今天……難怪《菜根譚》曰：「一念慈祥，寸心潔白；人心一真，氣和消冰。」生活就是如此殘酷又如此憐憫啊！

20世紀90年代，李德復和妮娜與李奶奶的合影

黑幫的隊伍擴大了

我在一九六六年六月二十號被中共襄陽地委文革小組打成黑幫、反革命。當時，我雖然不知上面對這次政治運動是怎麼佈置的，但我的直感是，「文革」之初，我們機關的一切——包括發動革命群眾、確定批鬥對象、進行橫掃一切牛鬼蛇神的宣傳，都是由在家的幾位地委領導決定的。應該說，他們此時牢牢主宰和掌握著全地區的運動，並根據運動的最新發展，不斷擴展地委會的黑幫隊伍。

第一個被擴展的是某報駐襄陽地區的一個記者，叫李金鍇，是個非常好的人，寫的新聞，全是正面報導，是歌頌襄陽地區的生產、生活與好人好事的。按道理，他是沒任何「由頭」被打為黑幫，但在當時的大背景下，上面——首都北京在批鬥新聞界的著名人物——「三家村」的村長鄧拓，以及新華社社長、《人民日報》的總編輯吳冷西，那麼下面——在襄陽地區，也得找個小記者配合地批判一下，鬥爭一番。這個光榮任務便落到了李金鍇的頭上。李金鍇是不是毫無缺點呢？也有那麼一說，即他要與農村的妻子離婚。他妻子就把他告到地委，還請人寫了他的大字報，說他道德敗壞，是當今的「陳世美」。其實，他是個正派人，只是與妻子感情不和，堅決要與其分手罷了。在批鬥他的時候，

此事倒成了他的重點「罪惡」。另外，根據中央頒佈的一條政策：「……經過運動，最後達到團結百分之九十五以上的幹部，團結百分之九十五以上的群眾。」那就是說還有百分之五的幹部和百分之五的群眾必須揪出來，否則，不能算「達標」。李金鍇這位夥計，完全是為了湊數才與我這個正牌黑幫為伍的。可悲可歎麼？但這是解放後階級鬥爭的、多年來放之四海皆准的規律，從一九五七年反右後直到文化大革命結束——均這麼執行。

第二個加入我們黑幫隊伍的叫葉樹森。他成為黑幫大大地出人意料。為什麼呢？因為，第一，他出身好，是貧農階級；第二，他工作一貫積極，是地委財貿政治部才提拔的黨員副科級幹部；第三，他還是本單位的秀才、筆桿子，一向受領導重視。他之所以掉進「黑幫」泥坑，據我分析，是當時運動發展到毛主席要抓「黨內走資本主義道路的當權派」了，而襄陽地委僅僅揪出我這個非黨員的小蘿蔔頭和一個小記者，用現在的眼光看，是沒有「與時俱進」，於是，就在形式上抓個准字型大小的「當權派」。為什麼不抓個大一點的呢？因那會兒地委大領導的權力還沒完全喪失——誰也不願當這個倒楣的「走資本主義的」角色，於是就濫竽充數，找個副科級的小當權派墊背，葉樹森算碰上點子，一下子中標了。除此之外，還有個因素是——葉樹森手下有幾個幹事，他們對提拔葉當副科長不服氣，加之葉老兄對下屬要求高，管理嚴，對某幹事作風不檢點進行了揭發，對某幹事工作馬虎、吃不得苦，進行了嚴肅批評……等等。這幾個小年青，便請示了主管葉樹森的某地委委員兼地區副專員M，讓在農村搞調查研究的葉返回機關——一起開個生活檢討會。M此時見整個形勢對「當權派」不利，便點了頭。如此，葉一回單位，無中生有的、雞蛋裏挑骨頭的大字報就包圍了他，M副專員為支持「群眾運動」，亦順水推舟，葉就這麼不明不白地、亦可以說是稀裏糊塗地被推入生活的反面，黑幫的深淵！

第三個、第四個被擴招的黑幫是地委宣傳部副部長張桓和地委宣傳部正部長畢希聖，他們都是從北方南下的革命幹部，在我的印象裏，張桓同志非常老實，平易近人，上面安排什麼任務，他總能盡全力完成，根本

20世紀80年代，李德復和畢希聖夫婦在一起

覺察不出他有絲毫反黨反社會主義的言行；而畢希聖同志則非常有才，且愛才，又能幹，無論幹啥，他都能創新出彩；我因搞文藝創作，常與他接觸，得到了他許多忠懇的和有價值的幫助。他倆被打成黑幫，完全是因為——中宣部揪出個正部長陸定一、副部長周揚，那麼根據上頭的慣行定律，下面得有個小「陸定一」、小「周揚」，張桓與畢希聖便成了襄陽地區的「陸定一」和「周揚」了。所謂「打倒閻王，解放小鬼」，就這麼一直從上而下——打到各個地方的宣傳部門。這在當時，亦是完全符合「運動」邏輯的。

什麼是命運？什麼又能決定命運？是上帝、老天麼？是政治、經濟麼？是愛情、事業麼？多年後，我與幾個黑幫同窗談及「文革」這一幕，我們懵懵懂懂地從表面上似乎覺察到：政治是最厲害的，至少在某一個歷史階段是極其瘋狂的！尤其是——它由某種主觀觀念統治後，又能肆無忌憚地、為所欲為地統治它所控制的社會與世界！

就在我們機關「黑幫」隊伍逐漸擴充之時，從一九六六年三季度到年底，到一九六七年年初，由於紅衛兵興起，全國大串聯，加之黨的八屆十一中全會通過了《中國共產黨中央委員會關於無產階級文化大革命的決定》（即《十六條》），特別是毛主席發表了〈炮打司令部——我的一張大字報〉——矛頭直接對準他過去的親密戰友劉少奇和鄧小平。對此，劉少奇迷茫地說：「怎麼進行無產階級文化大革命……我也不曉得。我想黨中央其他許多同志、工作組成員也不曉得。」鄧小平則說：「在十一中全會中，毛主席的一張大字報，就是炮轟劉少奇同志和我兩人的司令部。」而林彪卻火上加油，他指出：「劉少奇、鄧小平，他們搞了另一條路線，同毛主席的路線相反……劉鄧路線，就是毛主席大字報說的『站在反動的資產階級立場上，實行資產階級專政』的路線。」（摘自中共中央黨校出版社出版的《共和國重大事件紀實》（中卷）863-864頁）既然偉大領袖毛主席親自帶頭炮轟國家主席劉少奇和黨的總書記鄧小平的司令部，以及《十六條》明確規定：「這次運動的重點，是整黨內那些走資本主義道路的當權派。」這就在全國範圍內打開了「踢開黨委鬧革命」的通道。由此，從那時起，襄陽地委的領導逐漸失去了對本地區「文革」運動的控制，機關內部，與全國各地一樣，產生了分裂，形成了「造反派」和「保守派」，夾在「造反派」和「保守派」之間的，還有觀潮派和逍遙派。

在此，我想以我的視角解釋一下。像中共襄陽地委機關的造反派——他們與社會上的、工廠企業中的、大中學生中的造反派在本質上有相似的地方，但有時亦有完全不相同的立場，其中的大部分中層幹部，應為「造反的溫和派」，他們一方面響應毛主席的號召，要打倒「走資本主義道路的當權派」，一方面又在暗地裏同情「當權派」，甚至保護「當權派」；再一部分是激進的「造反派」，他們基本上與社會上的造反派一樣，不只是要打倒所謂的「走資本主義道路的當權派」，對一切「當權派」都毫不留情，一概打擊。再就是保守派，他們的思想基本上與「當權派」一致，可在大形勢下偶爾也舉手打倒和批判所謂的「走資派」。最後剩下我們幾個黑幫，特別是我，保守派不要我，兩種類型的「造反派」亦不要我，誰都怕沾上我一身腥，故我們幾個黑幫就成了觀潮派和逍遙派。

由於單位幾派掌權，誰都可以管我們，誰也不能專管我們，與運動初期比，我們有了較大的空間，均能回到自己原來居住的房子生活了；監視我們勞動的人也不像過去那麼狠了。我們黑幫隊便自成一體，有時聚在我房裏，有時相約在李金錯的房裏，亦能對國內外形勢和文化大革命誇誇其談，但談得最多的，是在「文革」的游泳中，在「文革」的滅頂之災中，我們該怎麼辦？怎麼才能回到革命隊伍中？同時，還議論：今後怎麼不再犯錯誤，不再站錯隊，不再當黑幫和反革命？在這方面，我感覺最有水平的當數葉樹森老兄。為什麼呢？因我們大多數的發言是——之所以落入黑幫窟窿，主要是自己的思想沒改造好；而葉樹森說，思想沒改造好，只是個「次要方面」，最根本的是跟不上形勢，為什麼跟不上形勢？是因毛澤東思想沒學好，沒研究透，尤其是對毛主席下一次階級鬥爭的打擊對象搞不清，結果一不小心，就莫明其妙地成了每次階級鬥爭的重點對象。

對此，他列舉若干開國後的階級鬥爭與路線鬥爭的歷史事件加以證實。他說：「你們想想——一九五一年，毛主席批判電影《武訓傳》，如果我們事先瞭解毛主席有這個思想，便不支持《武訓傳》，甚至搶先批判《武訓傳》……在這場鬥爭中，自己不就站上風了嗎？

一九五五年，毛主席批判胡風分子，如果我們事先明白毛主席有這個意圖，就早早地反對胡風，狠狠地批判胡風……在這場運動中，自己不就站在鬥爭的前沿了嗎？

一九五七年，毛主席抓右派，如果我們提前研究出——毛主席要在整風後期一網打盡右派分子，那麼，我們開始就謹慎發言，不說過頭話，並在毛主席寫了〈事情正在起變化〉後，立刻大張旗鼓地批判右派言論，自己不就主動——成了反右積極分子了嗎？

就說這次文化大革命，各級黨委都以為又一次抓右派，於是在運動初期，抓了不少基層的『小蝦米』、『小和尚』，結果失算了吧，毛主席真正要抓的是『黨內走資本主義道路的當權派』！如果我們在運動之初就吃透這一點，各級領導不就不會犯錯誤，甚至成了響噹噹的、毛主席支持的、推動運動前進的功臣了！」

葉樹森還非常感慨地總結：「毛主席是偉大啊，毛澤東思想是高深啊……誰也猜不著，摸不透——他老人家在下一輪階級鬥爭中要抓哪一類反黨反社會主義分子？如果我們能把他老人家的著作和最高指示全盤吃準，摸清，瞭解他不斷革命、不斷鬥爭的方向，我們就不會再犯錯誤、當反革命了。要明白，他每次欲整的人，要抓的人，絕不雷同，正如他語錄本中講的：『階級鬥爭，一些階級勝利了，一些階級消滅了。這就是歷史，這就是幾千年的文明史』。我們只要能真正掌握這一點，就永遠不會落水，永遠站在幹岸上。對不對？」

「對對對！」我們這幫另冊上的人，特別是我，完全承認葉樹森摸索出來的這一套觀點、理論。

我們愚蠢麼？沒什麼水平、覺悟麼？事實就這樣。我們幾個人儘管成了黑五類，但我們中間沒一個人不敬仰、不佩服毛主席，甚至認為：自己落到如此下場，不怪天，不怪地，只怪自己，當然，也怪一些對我們落井下石的人。但對黨，對最高統帥始終是赤膽忠心，沒絲毫埋怨，一點點懷疑。這也算是黨對我們多年思想改造的不朽成果吧！這成果，我認為，對全球而言，也可能是舉世無雙，絕無僅有，對不對？

令我永遠忘不了的、兩位地委書記的眼神

「文革」前，我在中共襄陽地委辦公室工作的時候，給地委書記處所有的書記都服務過。他們都比較喜歡帶我下鄉、下基層搞調查研究，讓我給他們起草文件、寫報告以及幹工作、生活上的各種雜事。我呢？是特別地勤快。我在思想上認為，為我所有的上級做事，都是為黨做事，一定得忠心不二，認真細緻，力爭各位領導都滿意；再則，把工作做好，服務周到，讓領導對我有個好印象——為自己能加入中國共產黨打下良好的基礎。我在大學裏研究過《心理學》、《成功學》，深知一個個細節有時能決定一切，大海也是一滴水一滴水聚積而成的嘛，故為每一位書記辦事，那怕擬一個短電文，給他買一包煙，也在內心裏當成一件神聖的政治任務。所以，總的講，領導認為我是稱職的，望我的眼神是溫和的、慈祥的、高興的，有時在我給他們幹完某項工作後，還會給個笑臉，說：「秀才，行啦，好好地幹吧！」此時，我就像得到一個最高獎賞，心裏不知道有多舒服。

「文革」一來，特別是「文革」初期，上述的這種情景已經絕滅，我很少能見到書記們，偶然碰面，那臉色，那眼神幾乎都在變……我是個寫小說的，儘管那時候已被打成黑幫、反革命，但搞「形象思維」的職業病仍根深蒂固地纏在我身，對這些大領導的一言一行，尤其是對我的一舉一動，那怕是皺一皺眉毛，眨一眨眼睛，點點頭或搖搖頭，我都非常敏感。現在已過去四十多年了，我仍記憶猶新。

今天，我只想將書記們中間的兩位——當時對我的「眼神」在此表述一番，分析一下。眼睛不是靈魂的視窗麼？而眼裏面的那一股子神，那一絲柔或剛的氣息，是最能暴露一個人——不論是大人物還是小人物的、藏於心底的、最光明和最齷齪的感覺的。

先講一位地委副書記S吧。此人中等身材，體魄健壯，結結實實，聲音宏亮，做事亦非常精幹、大度、果斷，說老實話，我是非常佩服他的，暗地裏幾乎事事向他學習、靠攏。可在「文革」中，他對我某一回的偶然一瞥，就像一把尖刀直挖我的心！頓時讓我渾身上下不寒而慄！

這是怎麼的一瞥呢？我在前面的第二十六節〈群眾專政的厲害〉中講了，那會兒，文革之初，我這個機關裏的唯一黑幫，要經常按時給地委領導幹部清掃和修飾他們的小別墅住房和庭院。那天，我正好在S的小別墅和庭院裏打掃。我先用掃帚把住屋周圍打掃得乾乾淨淨，接著把住屋前的小石徑，以及由石徑通往葡萄架下的石桌、石凳用洗把、抹布清洗得亮亮堂堂；之後，將庭院中的雜草拔淨，用鐝頭將花木之間的土細細鋤鬆……最末一道工序，是把支撐葡萄架的水泥圓柱從底座到頂端用濕布擦洗——這個活開始是蹲在地上擦，彎著身子擦，站著擦，上柱子頂端則需登上木梯子擦……也就在這時，S大搖大擺地回來了，後面跟著好幾個隨從，也都是我認識的同事，由於他們的說話聲、腳步聲，讓我下意識地抬起了頭，望了他們一眼，幾個過去非常熟悉的一般同事，自然不會與我這個黑幫打招呼，但他們的眼神很正常，沒有好意，也沒有惡意，可這位S副書記大領導，突然皺起烏黑的八字眉，惡狠狠地盯了我一分多鐘，那眼神顯示著居高臨下的輕蔑、諷刺、厭惡、十二萬分瞧不起的、刺人的光……就像是西藏農奴主瞄他的、不稱心不盡職的奴隸！我當時心裏難過的要死，趕緊把頭低了下去！是啊，我這個黑幫、反革命是令您S大人反感，是令您S大人一百萬個不高興，可您忘了——當過去我圓滿地完成一件您佈置的任務時，您是怎麼誇獎我的？您那會兒的眼神是多麼喜悅、光明啊！真是此一時也，彼一時也。事後我想，大人物眼睛裏的階級鬥爭性可稱之謂所向無敵的鋒利尖刀！他不就是憑這把尖刀披荊斬棘，當然，主要是斬我這號小蘿蔔頭的「棘」而平步青雲，直上政治高層的天庭麼！

好啦，此處，我想再講位——地委第一把手焦德秀同志的眼神。據我瞭解，焦書記是河北曲陽人，是抗日戰爭中一九三八年加入中國共產黨的老革命。建國前，曾任中共曲陽縣縣委宣傳部部長、冀晉四地委黨校副校長。建國後，歷任中共應山、隨縣縣委書記，襄陽地委副書記。當趙修同志調離襄陽地委到湖北省政府任副省長後，他接替了趙修的、地委書記的職位。

我到襄陽地委機關工作後，對焦書記亦是非常敬仰和敬佩的，因我曾聽他的貼身秘書、我的好友楊期友告訴我，焦德秀是在抗日戰爭中打地道戰打出來的，是殺日本鬼子殺出來的：作戰身先士卒，非常勇敢！故我一看《地道戰》的電影，眼前就閃現焦書記的矯健殺敵身影！我年輕時好崇拜英雄，對焦書記自然是心甘情願地五體投地了。

對他崇敬，還因隨他下基層搞調查研究，無論是在襄陽泥嘴、隨縣寨灣、光化老河口、棗陽太平……每到一處，頭兩天，幾乎都是他帶領我們隨行人員和社員一起勞動，不管是割麥、插秧、種菜……他均內行。我割麥的姿勢不對，速度慢，就是他幫我糾正過來的。他不像有些大領導，幹農活只是走走形式，擺擺譜，或讓新聞記者拍個照就算完事，他可是真槍真刀地幹，完全像個地道農民。在這一點上，不光是我，地委機關的大小幹部都服了他的氣。

對他的崇敬，再一點是他非常廉潔，到社員家裏吃派飯，一定要按規定交錢交糧票，社員見他是大人物，有時炒兩個雞蛋，多做一碗豆腐湯，他就囑咐秘書另外加錢，不許占群眾絲毫便宜。到了夏天，天氣炎熱，他帶調查組下縣下鄉工作，每次買西瓜消暑，他既不許縣鄉機關拿錢，也不讓我們下屬出錢，均由他付款，說，「我的工資比你們高，自然該我請客。」這是他的個性、習慣，我們只有服從，心裏都深感他為人厚道，以及他在做人細節上是滴水不漏、毫不馬虎的。

使我更為驚異和感動的：是他的謙虛、謹慎、寬容和實事求是的為人。據自己在官場中的親身體驗——官大一級，猶如五雷蓋頂。特別是一些高高在上的大領導，幹任何事，他怎麼說，你就得怎麼辦；寫任何東西，他讓你怎麼行文，你就得規規矩矩一字不差地照錄。文件起草好了，若經他修改潤色，那可是一字千金，絕不允許任何人改動的！據《百度百科網》首頁記載：跟隨毛主席十八年的、最有才幹的五大秘書之一田家英為什麼會在一九六六年五月二十三日自殺，就是因他在一份毛主席的講話記錄稿中，刪去「……《海瑞罷官》的要害是『罷官』。嘉靖皇帝罷了海瑞的官，我們罷了彭德懷的官……」這段話。江青就此給田家英安上了置於死地的罪名：「篡改毛著」，於是，田家英立即被逐出中南海，並於第二天在家中憂憤自盡。看到沒有？伴君如伴虎呀，給大領導當秘書、隨從，亦同樣危險：你的一切升遷貶謫也全掌握在他手中。而焦書記則不是這樣，我幫他擬過電文，起草過調查報告、大會發言稿等等，有時他改掉的東西，我又把它添上，改過來，辦公室幾個比我職位高的秀才曾為此給我捏了把汗，警告我「別狂妄自大」，我往往不知厲害，自以為是……而焦書記對我這種不知天高地厚的行為並不惱火、指責，只是問明原因，有時默認，有時和我平起平坐民主討論。最後，看誰的意思準，誰的句子順，就用誰的——完全沒一點領導架子，一切以工作為重！故有人認為：給領導起草文件很辛苦，很吃力，而我卻感到這是一種享受，並能從領導身上學到不少觀察客觀事物的方法和寫作的知識。

可自從我在文革初被打成反革命後，我一直沒見到焦書記，他那時在隨縣大洪山隨張體學省長開展大「四清」運動。大約到一九六六年的秋天，全國各地到處在抓「黨內走資本主義的當權派」，紅衛兵、造反派、保守派已開始各自為政，先是文鬥，慢慢發展為武鬥……也就在這當兒，焦德秀從洪山回到地委大院了。他此時是以襄陽軍分區政委的身份在社會上亮相。為什麼呢？因那一陣地委機關已陷入半癱瘓，一些革命組織、造反組織、紅衛兵小將敢在地委機關橫衝直撞，尚不敢衝擊軍分區。焦德秀在人們心中還保持著威望，手中仍有一定的權力，說話也基本算數的。

當我知道焦書記回來後，就非常渴望見他。可見他非常之難，因他為了避免對工作和決策的干擾，一會兒在這裏辦公，一會兒又到那裏辦公，不是他信任的幹部和必需聯絡的人是不可能見到他的，何況我還是個戴著「黑幫」帽子的反革命，他能見我麼？又願意見我麼？見我只會對他造成損害，毫無益處啊！

可不知他怎麼想的，在一天深夜，他竟派他的通訊員敲開我的門，輕輕地對我說：「焦書記請你去談話。」

我吃驚地睜大眼睛：「焦書記請我去談話……真的？」

「真的！」

「沒騙我？」

「李德復，你看看現在是什麼時候了，誰還有心思騙你！」

我一身喜得發顫，立即跟著小通訊員走了。

在一個幽靜的、窗簾緊閉的房子裏，我見到了穿著軍裝的焦德秀。我本有一肚子話，可此時一句也說不出，心裏湧來一股熱流……頓時，淚水如開閘的洪濤，洶湧而下。

焦德秀讓通訊員給我倒了杯茶，讓我坐在他身邊。

我不接茶，不坐下，強著頭，直挺挺地立在那兒。

我只想對他說——焦書記，您忘了，四年來，除了您秘書，是誰鞍前馬後地替您開轎車門，提公事包？

我只想對他說——焦書記，您忘了，四年來，除了您秘書，是誰日以繼夜地幫您調查社情，寫出您滿意的公文和調查報告？

我只想對他說——焦書記，您忘了，四年來，只要您指派我下鄉蹲點，我能三個月、四個月甚至半年、八個月不回家，總能把您交代的任務圓滿完成，給您奉上一份滿意的答案！

我只想對他說——焦書記，您是不是把這一切全忘了啊……故地委在家領導給您打電話，要把我打成黑幫，您沒點頭也沒否認……造成我落入了萬丈深淵……

是不是啊，是不是啊，焦書記！焦書記！

我心裏這麼囉嗦，嘴裏卻沒吐一個字，任眼淚一滴一滴地打在地板上……我這時才發現，眼淚雖小雖輕，也是有響聲的——是無奈的呼喚，還是悲哀的低鳴？

焦德秀一直在等我開口，見我不說，就用眼睛靜靜地注視著我，那眼神是憂鬱的、憐憫的，是不是還帶有一點歉意，一絲同情？

就在我淚眼與他憂鬱眼神的對視中，我胸中猛一震，是不知不覺地、下意識地冒出一句話：「焦書記，如果我是個反革命，您為什麼總把我帶到身邊？而且……一帶是四年……您能相信麼？認定麼？如果您今天還這麼認為，那好，請您摸著您的良心，您軍衣上的第三個鈕扣告訴我……我將永遠不再見您，也不再求您……我徹底認命了，認命了！」

一分鐘、兩分鐘、三分鐘過去了，焦德秀沉默著，憂鬱的眼神更憂鬱了，他在想什麼？為什麼不吭聲？對於我這樣的小蘿蔔頭，他還有什麼顧慮，還有什麼說不出口？

他終於回答。聲調是慢慢的、沉重的、痛苦的：「德復，我怎麼跟你說呢？這可不是你一個人的問題啊！我現在只能講——生活終究會實事求是的……」

會實事求是的，會實事求是的，會實事求是的……這緩慢、沉重、痛苦的聲音，不斷在我心的深處似悶雷迴響、迴響、迴響……

我的淚水戛然而止。

「實事求是」是一條能揩淨淚水、血水的手帕麼？

我忽然想起英國著名史學家阿克頓的一句名言，大意是：「權力是會整死人的，絕對權力就會造成絕對的死亡！」而我當時心血來潮地將此句改了兩個字：「權力是會救人的，絕對權力就會造成絕對的生機！」

我們的社會，我們的歷史會證明這一點麼？

老貧農與黑幫的一次和平共處

也許讀者會感到奇怪：文革中，老貧農是名正言順的革命階級，而黑幫則是正兒八經的、反革命的敵對階級。他們之間除了是管制與被管制、批判與被批判的關係外，是不可能再有別的牽扯了。那麼，在那個階級鬥爭統治一切的年代裏，老貧農怎麼可能與黑幫和平共處呢？可生活就這麼千奇百怪，就不按某些權威理論規定的軌道進行。

事情是這樣的，當中共襄陽地委書記焦德秀同志以襄陽軍分區政委的名義回單位後，各路紅衛兵、造反派似乎一下子找到了攻擊的總頭頭、大目標，紛紛向地委機關進攻。地委大院頓時成了革命造反的沸騰市場，高音喇叭、高昂口號終日不斷，靜坐的，揪人的，貼大字報的雖不是人山人海，亦是絡繹不絕……這個時候，也可能我們機關裏的幾派掌權者認為——我們黑幫隊再不適宜在機關裏監督勞動了，怕外來的學生、串聯者找我們打聽地委內部的情況。於是，在一天早上給我們訓示，令我們下鄉，在貧下中農的監督下勞動改造，未得到通知，不能回機關。

我被派到離襄樊市三十多裏的N公社、N生產大隊、N生產隊幹農活。我住的那一戶，也就是負責監管我的那一戶，是三代貧農，五口之家：爺爺、奶奶、兒子、兒媳，還有個小孫子。兒子當兵去了，家裏主要勞動力靠六十多歲的爺爺和二十多歲的兒媳。奶奶則是家裏的總管，管小孫子以及養豬、餵雞，拾掇自留地。這家人姓D，儘管上面早通知他們：我是個黑幫，需嚴加管教——只能老老實實勞動，絕不許亂說亂動，就像對所有的地富反壞右分子一樣。可他們全家對我沒什麼敵對感，上學的小孫子經常讓我教他認字、做作文，兒媳婦見我一天勞動下來，衣服汗透，又髒又臭，便主動拿去，與她全家的衣服一起洗，我不幹，她婆婆就親切地對我說：「讓她洗，讓她洗，這又能費多大的勁！」特別是做爺爺的D老爺子，完全沒把我當黑幫，還「李同志」長「李同志」短地稱呼我，我反覆對他講，不能這樣叫，這樣喊是喪失立場，別人聽到了，是會找他麻煩的。他說：「你放心，李同志，沒人會找麻煩。不找麻煩我扛鋤頭把子，即使找麻煩，我還是扛鋤頭把子，對不？」又說：「過去，你在我們隔壁的大隊蹲點，還帶人支持我們『麥收四快』……你不認識我，我們好多人還認識你哩！」聽他這些話，當時，我的眼淚差一點潸然而下。我經常想，這些農民——為什麼跟我家的貧民保姆李奶奶一樣呢？他們沒讀多少馬列主義和毛主席著作，但他們的直感卻往往合乎辯證唯物論，動機與效果常常能渾然一致。這算不算是階級本能的下意識展示！

在這個沒有敵對眼神的農民家庭裏，我個人感覺——比在機關裏自由多了，和諧多了。我在機關裏一般情況下不敢笑，特別是走在路上不敢望人，不敢有喜色，好像苦著臉才是「黑幫」的典型定格。而在這裏，我會不自覺地與D大爺的小孫子講笑話，再就是忽然間忘卻自己的黑幫身份，有時還能和D老爺子談笑風生。

有天晚上，半夜了，D老爺子忽然一面喊我的名字一面「嘣嘣嘣」地敲我房門。我以為自己又犯了什麼罪或錯誤，地委機關是不是派人來揪我回去批鬥。結果把門一開，沒別人，只D老爺子獨個，我的心一下放下來，忙問：「老爺子，麼事？」

老爺子開門見山，直問：「李同志，你身上有錢麼？」

「有。」

「能借給我十塊、八塊嗎？」

我愣了一下，沒說可以借，也沒說不可以借。按我本意，我是願意借的：一則當時地委機關並沒扣我的工資，每月還有七十多元的收入；二則當時身上就有二十八塊錢。那我還猶豫什麼呢？主要是一個「怕」字。怕什麼？因我是黑幫，對方是個貧農。我若借錢給他，將來暴露了，就是我拉攏勾引貧農的罪行。而他，敢向一個黑幫借錢，也是立場不穩的政治錯誤，一上綱上線，我肯定是罪加一等，而他也脫不了干係，至少要狠狠挨幾次鬥。怎麼辦？不借嗎？我說不出口；借嗎？我真怕出事。

老爺子見我不言語，急了，說：「……是我小孫子突然頭痛得厲害，喊赤腳醫生瞧了，說是肺出了大問題，全身燒得緋紅，得趕緊送區衛生院，可家裏一個子兒都沒有……雞子生的幾個蛋，前幾天趕集，拿去換鹽吃了……我們左鄰右舍又窮，才將出去借，只借到幾角塊把錢……咋辦啊……我實在沒門了，才找你李同志……」

我還能說什麼呢？我還能不借麼？但我把我的顧慮，把我的「害怕」──一古腦攤在老爺子面前，說：「我這裏有二十八元人民幣，全借給你。但你要保密，千萬不能說是向我借的。千萬千萬！否則，你喪失了立場，我又添了條新罪名，將來肯定都脫不了壺……」

老爺子聽罷，兩眼盯著我，好一會兒，才說：「李同志，別怕，有什麼好怕的？保密也好，不保密也好……救人總是天經地義、最要緊的吧！在我們村，我們隊，誰要為此事整人，除非他的良心被狗吃了。我們貧下中農絕不會幹這種有辱祖宗的、斷子絕孫的事！」

我完全被老爺子的話鎮住了，心裏的懼怕雖然沒完全清除，但起碼消了一半。於是，我拿上錢，老爺子拉出他家的板車，上面墊著草席、鋪著被褥，讓他兒媳抱孩子坐上，吩咐老奶奶在家看門，我們便一人在前架著車轅，一人在後面推著，一氣趕到離村子十五里的區衛生院。

在衛生院，醫生診斷，孩子得了急性肺炎，要立刻住院，打吊針……我帶的錢還真救了急。我和老爺子把這一切安排好了，就讓他兒媳在病房陪護孩子，我們便拉著板車往回走了。在路上，我讓老爺子靠在車上休息，我來拉；而他則非讓我坐在車上休息，他來拉。我們就這麼互讓著，互拉著……一會兒是官僚資產階級兼地主階級的少爺快快活活地為老貧農拉車服務；一會兒是貧農階級的老爺子高高興興地為官僚資產階級兼地主階級的少爺拉車侍候……這叫什麼？是激烈階級鬥爭中的、一次敵對階級和平共處的小插曲？還是人性論、人道主義給敵對階級之間鋪設的一條溫馨小路？在此，我突然想起英國大哲學家羅素在其名著《真與愛》中講過的一句話：「在一切道德品質中，善良的本性在世界上是最需要的。」再就是英國大文學家狄更斯在其長篇《匹克威克外傳》中講的一句話：「大地上有黑暗的陰影，可是對比起來，光明更為強烈。」

是的啊，善良的本性——才是世上最需要的！而非自相殘殺的階級鬥爭！而黑暗的陰影，那怕遮住了天，可光明更為強烈，終會驅散魔鬼般的黑暗！

一個星期後，D老爺子小孫孫的病完全好了，我和老爺子又拉板車把他們娘倆接回了家。

也不知怎麼搞的，我借錢給D家小孫子治病的事，整個村子、整個生產隊都知道了，但沒人告我的狀，也沒人整我和老爺子。在這兒，男女老少見了我，都會給我一個燦爛的微笑。這個世界的笑的確太少了，而我這個落魄的人，又特別需要笑——這種樸實的、誠懇的、似老貧農D老爺子的笑……

關於D老爺子的農村政治經濟學

可以這麼說，文革中，我過得比較愉快的日子，就是在農村，在N公社、N生產大隊、N生產隊的貧農D老爺子家。雖說我是被管制的、被強迫勞動的黑幫分子，但在D家住了一陣子後，我慢慢地就沒有那種受監視、受壓迫的感覺了。白天，我和隊裏的社員一起幹農活，晚上，還能和D老爺子東扯西拉，無論在生活上、精神上我都輕鬆自在。

就說幹活，D老爺子和一些農民，仍把我當上面派來的「幹部」看，總是讓我幹輕活，或讓我與婦女們一起幹不怎麼費力的雜活，但我有自知之明，明白自己是「反革命」身份，在這方面絕不偷懶，絕不投機，絕不因貧下中農對我的寬容就馬兒巴虎。越不讓我幹重活、髒活，我越是要幹；越把我當「人」看，我就越發要像個做「好人」的樣子。那陣子N生產大隊在修建一個水泥稻場，各個生產隊每天都要派五六個強勞動力去幹重體力活，我每天都爭取，不讓我去，我也主動地趕著去。所謂重體力活，無非是從遠處用板車拉碎石、沙子、水泥……讓工地上的人們拌水合漿鋪地。一板車的重量約八百斤，農村的路又凸凹不平，拉起來的確費勁，汗水像暴雨似地從每個汗毛孔裏衝出來……整個汗衫和短褲都濕透了，但我幹得很歡，一點也不覺得苦。不過，這裏頭有個「私」字：一則是讓貧下中農看到自己願意改造的決心，將來地委機關派人來瞭解我，他們能美言幾句；二則，是從心裏感謝貧下中農在此給我的「政治待遇」：沒打我，沒罵我，沒歧視我，讓我呼吸到農村芬芳的自由空氣！魯迅在其雜文〈醉眼中的朦朧〉裏說：「小資產階級原有兩個靈魂……雖然可以向資產階級去，但也能夠向無產階級去……」我這個小資產階級知識份子，內心真想跟隨無產階級前去。可無產階級願不願意我在屁股後面跟呢？我有時一廂情願地想——無產階級要都像D老爺子和N生產大隊的貧下中農就好了。

我每天上午、下午在水泥稻場工地上與社員們一起進行勞動洗禮，晚上一回到D家，吃罷晚飯，D老爺子就主動與我進行精神會餐。這精神會餐包括生活的各個方面，我倆談到雙方的家庭，各自的經歷，特別是解放後農村一年一年出其不意的變化……這個時候，他絕對沒把我當監管的對象，而我，卻從內心把他當成知心的、可無話不談的、能完全不設防的諍友。過去那麼多知根知底的老朋友、老同事——特別是作家朋友、教授同事，以及在一個單位的革命上下級，現在都把我當成階級異己的黑幫分子，唯獨這裏的D老爺子、貧下中農還把我當成一個陣營裏的親人。對我來說，這是可喜還是可悲呢？

在此，我自然想起毛主席一九二六年三月寫的那篇經典的、馬克思列寧主義的著名文章〈中國社會各階級的分析〉。在這篇政治論文裏，他談到類似D老爺子這樣的貧農階級。他分析說：這個階級是「半無產階級」。「既無充足的農具，又無資金，肥料不足，土地歉收，送租之外，所得無幾，更需要出賣一部分勞動力。荒時暴月，向親友乞哀告憐，借得幾斗幾升，敷衍三日五日，債務叢集，如牛負重。他們是農民中極艱苦者。極易接受革命的宣傳。」他老人家講得太準了，完全符合解放前貧農階級的客觀情況，故他的《湖南農民運動考察報告》在舊中國二十世紀的二〇年代至三〇年代放之四海皆準，他的「農村包圍城市」的戰略方針，無論在國內革命戰爭、抗日戰爭，還是解放戰爭時期，均能取得一次又一次輝煌勝利，最後解放了整個大陸，建立了中華人民共和國。那麼他的那句解釋貧農「是農民中極艱苦者，極易接受革命的宣傳」，肯定亦——極易接受革命的領導，極易全力支持革命，也必然是最後取得革命勝利，奪取政權的基本依靠和主要力量之一！

而我認識的這位貧農D老爺子，經歷了滿清末年、民國年代、直到現在的一九六六年文化大革命……他對毛主席、共產黨是十分敬愛的。因為他也是億萬貧農中支持革命的一員嘛！但他樸實的心靈，在其愛戴的、解放後的、滔滔的歷史進程中，偶爾亦有自己的思想與考量。「路漫漫其修遠兮，吾將上下而求索。」首先，天降大任於斯人也的大人物有求索，之後，眾多的老百姓、農民中的極艱苦者——貧農，同樣有求索！求索不只是天才的專利，任何小蘿蔔頭也可以海闊天空地在肚子裏享受，於思想中馳騁，對不對？

一九五〇年，我在湖北陽新縣姜祥山參加土改的全過程中，就實實在在地認識到，貧農階級的經濟狀況，完全如毛主席他老人家分析判定的那樣，只是具體到每個貧農，其共性自然是——堅決擁護共產黨，永遠跟著黨走。但他們的個性，由於每人的基因天賦、心理素質不同，對外在的客觀世界，反應就有區別。從我近二十年的、在農村工作的觀察，他們大致有三種類型：一種是特別的積極分子，黨指向哪裏，就打向哪裏，沒有絲毫猶豫，真正能做到「理解了執行，不理解亦堅決執行。」這類貧農，大部分當了幹部；一種是非常老實的貧農，很聽話，即使心裏對上面有的政策、有些事情不太滿意，但能窩到肚子裏不吭，怎麼說就怎麼照辦，只是心裏有點不舒服而已；還有一種是D老爺子這號典型，種田內行，幹事精明，能獨立思考，有創新意識，還由於成分過硬，對有的不實事求是的農村政策和上面的過分要求，敢於頂撞幹部和在社員大會上「放炮」，雖然他們一般不受重用，但誰也不敢把他們怎麼樣，亦算是農村中比較正派的活躍分子吧，私下是很受群眾歡迎的。

由於此，我在D老爺子家裏由一條死魚逐漸變成一條活魚，由於他的「放得開」，我這個「黑幫」也徹底放鬆了。上面提到的——我和他之間的精神會餐，就進行得相當愉快。有天晚上，我與他在他的小院子裏喝棗葉茶聊天，他突然問我：「老李，你知道，我們農民最擁護毛主席和共產黨是什麼時候？」

我沒立刻作答，心想，他為什麼在講話中用一個「最」字呢？難道擁護毛主席、共產黨有「最擁護」與另外什麼擁護麼？

D老爺子沒等我回應，說：「我們這兒最擁護主席和黨是解放初期的土改呀，打土豪，分浮財，分田地，土地回老家呀！」頓了頓，一股喜氣湧上他的臉頰：「那真是千年大喜、萬年大喜！土地是我們農民的命根子，可世世代代、祖祖輩輩，這命根子從沒掌握在我們貧農手裏，可這一回，毛主席和黨把它交還給我們了。

在丈量土地、分配土地的那陣子，每個村子，天天都鑼鼓喧天，日日都在過大年！」

可不是麼？想當年我在姜祥山土改，鄉寨的沸騰，貧下中農的歡樂，如今還歷歷在目。孫中山先生的建國大綱中——曾許諾「耕者有其田」，但最終沒達到目的，「革命尚未成功」嘛，而在毛澤東同志領導下的中國大陸卻「從一九五〇年冬季開始……到一九五三年春為止，除了約七百萬人口的少數民族聚居的地區以外，土改全部完成。經過土改，不僅使廣大無地少地的農民分得了幾億畝土地和其他大量生產資料，每年不必再向地主交納幾百億斤糧食的地租，更重要的是徹底摧毀了封建土地所有制度，挖掉了我們民族貧困落後的一條重要根子，解放了農村生產力，鞏固了工農聯盟和人民民主專政……」（錄自中共中央黨校出版社一九九八年八月出版的《共和國重大事件紀實》上卷第86頁）。

「土地改革後，你們貧下中農的生產勁頭大了，生活大大改善了吧。」我說。

「那還用說，土改就像五月荒旱落了一場大雨、透雨，莊稼猛長，豐收連連，人心大快，個個都掙得肚兒圓。」D老爺子情不自禁地搖頭晃腦。

「就那麼美？」

「你說呢，人們一想起腳底下是自己的土地，誰不精神振奮，力氣百倍！」老爺子還給我背了段當年帶點詩意的順口溜——

青的山，綠的田，
燦爛的山河；
暖的衣，飽的食，

家家樂呵呵；

誰的功，誰的力？

土改的結果！

說到這裏，他輕輕地吐了口氣：「只是……以後的日子，咱農村就一點點地、慢慢地日落西山了。」

我不是太同意，反駁他：「未必吧，據我瞭解，土改後，農村辦互助組，初級社到高級合作社都是蠻紅火的喲！」

「開頭那陣還行，互助組人幫人呀，初級社土地自願入股哇，集鎮上還讓咱們農民做點小買賣，生活過得還可以……」老爺子說到此，把手一揮：「你知道，可到一九五六年、一九五七年，猛一夥子發展了高級社，家家土地歸了公，成國有，耕牛、大型農具……則統統成了合作社的集體財產，特別是到一九五八年，高級社又一傢伙衝上了天，成了人民公社……再加上大躍進，上頭糧棉油高徵購，下面就虛報做假，層層加碼，那會兒不是有段順口溜到處流傳麼——『小隊哄大隊，大隊哄公社，公社哄區、縣，區、縣一直哄到北京國務院』……什麼畝產稻穀四萬斤，什麼辦食堂可以敞開肚皮吃，什麼『人有多大膽，地有多高產』，都是騙上頭的呀，騙毛主席的呀，可上頭那陣子還是相信，信了……這一信，老天就不饒人囉，從一九五九年到一九六一年，是天災，還是人禍？我看是人禍當頭吧！糧食幾乎沒了，榆樹皮扒光了，觀音土填肚皮脹死人了，就咱隊，哪家沒得浮腫病？哪家沒死人？哪家沒穿白布鞋……我的一個小兒子，不就是五九年冬出去挖野菜在山上斷氣的！」老爺子沉默了，雙眼飽含淚水……我能說什麼呢？這，我都親自經歷過，完全知道啊。可回頭一想，我們一些文人，一些中國當代作家，包括我最尊重的、最敬佩的、寫《創業史》的柳青同志，不也一味歌頌合作社的美麗麼？對合作化冒進的一點灰塵、一滴污水也不敢碰嘛；而我，以歌頌大躍進——寫《典型報告》起家的庸人，當初不也對大躍進絲毫不懷疑，還沾沾自喜，自以為碰上好點子了麼！人的愚昧和可悲也就在於此啊！

老爺子此時長長地歎了一口氣，話鋒一轉：「老李，你看了沒？本來，經五八到六一年的三年災難，上頭感覺這樣搞不中了，馬上轉舵，叫什麼『八字……』」

「對，『八字方針』。」我說：「就是對農業、工業進行『調整、鞏固、充實、提高』……」

「好。這一調劑，打碎的碗黏攏了。春又回暖了。到這兩年，好容易有口米飯吃，有碗熱湯喝……可今年暑天，又冒出一個文化大革命，現已從城裏革到咱鄉里來了，處處在叫喊『造反有理』，『革命不是請客吃飯』，什麼『寧種社會主義的草，不長資本主義的苗』……老李呀，你是上頭機關的幹部，我只想問你一個我始終解不開的謎——為啥這十多年來，只要吃了兩年飽飯，就要折騰一番……好像不折騰就不舒服，就過不好日子……」

我沒回答，可心裏想，這是不是我腦子常記憶又揣摸的那句神聖經典——即「階級鬥爭，一抓就靈。」而且「必須年年講，月月講，天天講。」所以，隔一兩年，就一定要重複一次。按說，這經典，應該是放之四海皆靈的。只是這會兒一應用到農村，就會沒飽飯吃，甚至減產挨餓。據我多年無知、幼稚的探索，即有些偉人的真理，很可能在某一歷史階段是勝利，而在某一主觀判斷下則是敗筆。生活似乎也證明了這一點。

這天晚上，我和D老爺子深談到半夜，我沒把面對面的交談者當作老貧農，而把他看作是一位研究農村經濟學的社會專家。最後我向他請教了幾個關於農村不折騰、吃飽飯和能健康發展、人人富裕的問題。

老爺子回答得挺乾脆：「要我瞎說呀，我個人覺得，咱農村得再來一次土改！」

「再來一次土改？」我吃驚地張大了嘴。

「是的，不過不是土地私有，印把子仍歸上頭，但使用權得全在咱農民手裏——我們能自己種水稻，也能有償轉給別人種包穀；再就是莫再高徵購了，要允許我們農民做小買賣，搞多種經營，不能一趕集賣點自己生產的土特產，就要割啥資本主義的尾巴；還有，能不能在農忙後給社員點把自由，開個路條讓後生們到城裏打零工，賺點活水錢……」

聽到這裏，我沒敢吭。老爺子這些要求，在當時是完全不著邊際的個人奇想，是絕對不可能實現的，只當是農民自己安慰自己吧。

老爺子言猶未盡，接著，似乎在對我敘述又像是自言自語：「老李呀，你說能不能有那麼一天，咱鄉里人和你們城裏人是同一號樣的戶口：娃兒們能上你們城裏那樣的漂亮學堂，老人們能像城裏老頭子、老奶奶——到歲數能拿退休錢，還有你們城裏人如今享受的勞保呀，醫保呀……能不能分一小碗給我們鄉里……」

這可是天方夜譚啊！D老爺子的想像力真是太豐富、太浪漫、太離譜了！我當時只能聆聽，只能思索，完全沒他那種幻想的心力！儘管我還算是個能虛構小說的作家。

從我一九六六年秋與D老爺子對話到現在寫這個自傳的二○○九年，四十三年過去了，他老人家如仍硬朗在世，已是百多歲的老壽星！他當年的想像藍圖，應該說在黨中央第二代領導人鄧小平、第三代領導人江澤民、第四代領導人胡錦濤的帶領下，有的已完全實現，有的正在農村扎扎實實地快速進行中。屈原在《離騷》中曰：「長太息以掩涕兮，哀民生之多艱！」我所結交的這位鄉里老爺子，不僅僅是「長太息」，「哀民生」，還能樂觀地憧憬未來，預測明天！我不只敬佩他，還口服心服地承認——他才是能改造我這號可以教育好子弟的老師。

李德復與農民在一起

老天爺送來了兩個愛文學的紅衛兵

我在N生產隊自自在在地生活了一個多月，忽然從公社轉來一個地委機關掌權者的通知，要我立即回去。

地委機關當時的掌權者是以溫和的造反派為首，再加上少數的激進造反派和一部分保守派聯合組成的。溫和造反派頭頭SM很有點美國著名國務卿基辛格的作派——即構築了一個個以階段為目標的、以各派勢力為基礎的、以穩定本機關和平共處的、不打內戰的格局。三派在表面的大方向上似乎完全一致，都要打倒中央的大「走資派」劉少奇、鄧小平，省裏的大「走資派」王任重，以及本地區的大「走資派」焦德秀等。但據我看，這種「打倒」，保守派僅喊喊口號，心裏根本不服，只是不喊不行，大勢如潮，排山倒海，不這樣，立刻就有滅頂之災；溫和造反派呢，喊「打倒打倒」——內心其實很矛盾，多多少少有點違心，可不如此，何以服眾？如何取得合法權勢——帶領全機關的大多數造反、幹革命！而真正死心塌地要揪「走資派」者，只是機關的激進造反派。他們人數雖少，可活動能力特強，有時亦能扭轉機關鬥爭的方向。他們個個自稱為最最純潔的造反者，最最熱愛毛主席的革命者，對我這號「黑幫」稱之為不足掛齒的小爬蟲，除了批判鬥爭我，平常多看我一眼，都覺得是對他們的褻瀆。我自然非常怕他們，老遠見了就自覺地、悄悄地繞道走。我是文化大革命的賤民啊！

這回，機關的革命掌權者令我從農村迅速趕回，為什麼呢？原來，兩報一刊發表了社論，號召一切革命左派，進行全國範圍的「革命大串聯」，說：「這是革命左派們的一項任務，勢在必行。」

毛主席的最新指示是：「革命大串聯好得很！」

這個最高指示，最新指示，巨大號召，一夜之間，立刻傳遍了九百六十萬平方公里的中國。於是本省的、外地的，包括北京、上海、西安、重慶等各個地方的紅衛兵，就高舉「萬里新長征隊」的旗幟，有的是路過襄樊市，到別的地方去；有的就在襄樊札根造反鬧革命，矛頭直指中共襄陽地委與中共襄樊市委的「走資派」。這個突如其來的新情況不僅讓襄陽地委的老領導們吃不消，亦讓地委機關革命掌權者們措手不及，因為外地來的紅衛兵，特別是大都市來的紅衛兵，比起本地的紅衛兵，不僅僅是水平高，見識廣，且個個天神地鶩似地能言善辯，句句事事上綱上線，厲害得不得了。這麼一來，地市機關就需要大批接待各地紅衛兵的服務員，給他們安排住處，照拂吃喝，以及幫他們洗衣服、送開水、打掃衛生……幹各式各樣的雜活。我們地委機關總務科、招待所、食堂的人手不夠，於是就把我們幾個在農村勞動改造的黑幫叫回來了，美其名曰：在為紅衛兵服務的過程中，好好向革命小將學習，認真向革命小將檢討自己的罪惡，爭取早日把站錯了的隊——調整到正確的立場上來。

在派我為外地紅衛兵服務前，地委機關掌權者的一個負責人給我約法「三章」：一、要老老實實、規規矩矩為革命小將工作，不許有一點怨言，一絲馬虎，定要讓小將們滿意；二、不許透露地委機關一絲一縷機密。你在地委機關參加過多次領導召開的內部會議，有許多保密情況你是知道的。你若洩密，就是黨的叛徒，罪加一等；三、若紅衛兵審問你，你只能講你的罪惡和錯誤。否則，等待你的是更重的懲罰。

我對掌權者的指示，一一銘刻在腦，並向他保證，我會遵令執行，不走樣，請他放一萬個心。

在我初與外地紅衛兵接觸時，我是抱有深深的戒心的。因運動初期，本地紅衛兵，特別是地委機關在校的幹部子弟對我整得太狠了，不僅是拳打腳踢，還強迫我喝痰盂污水和吃煤渣子飯……叫我一想起來就全身發抖，恨不得把整個胃都吐掉！現在，外地的小將們會不會也這麼對待我，甚至變本加厲哩！故我一到招待所照拂這些革命小將，就全心全意，一絲不苟。我是大少爺出身，但在他們面前，猶如舊社會的僕人見了主人，總是恭恭敬敬，一喊就到，一拍就跳，且是心甘情願，沒滴嘎勉強。是不是有點把私心呢？那是有的，即希望機關掌權者在向他們瞭解我的服務情況時，小將們能為我說幾句好話。

一天傍晚，一個西安交大的毛澤東思想紅衛兵E和一個武漢華中師院的井岡山戰鬥隊紅衛兵G從外面調查「走資派」材料回招待所。我照拂他倆洗臉、喝茶、吃飯後，又幫他們鋪好了床鋪，因他兩個住在一間客房裏，平常總是同出同進，似乎蠻談得來。睡覺前，他倆想洗腳，我立刻給他們倒了洗腳水。我沒想到的是，他們在洗完腳後，微笑地向我說了聲：「謝謝。」

「謝謝」這個詞我在文革中久違了，久違了，好幾個月都沒聽到了，特別是這個詞從紅衛兵嘴中吐出來，我是萬萬沒料到的。平常，我習慣聽到的詞是「黑幫」、「反革命」、「罪惡滔天」、「罪該萬死」……所以，我當時硬有點受寵若驚，語無倫次地回答：「別謝我，謝我，兩位小將，我是黑幫，運動初期被揪出來的反革命。」

「什麼？你是黑幫、反革命？」E和G頓時睜大了眼睛：「你們機關造反的頭頭為什麼不早告訴我們？」

「他……可能……忘了，」我畏畏縮縮地：「……因機關人手不夠……就派我來照拂你們了……」

「你是走資派？」

「不，不……」

「那你犯了什麼罪？」

「寫了個《典型報告》……」

「什麼《典型報告》？」E問。

原華中師院，如今的華中師範大學校門

「是個長篇的報告文學。」

「呵，」G摸了摸他的前額：「我想起來了，中學語文課本上選用了這篇文章，老師還重點教了這篇文章，是反映農村大躍進旱地改水田的故事吧！」

我點了點頭。

「你就是寫這個故事的作者李德復？」

「是。」

「哎呀，」G跳起來：「當年，你好有名啊！你還是我中學學習的榜樣哩！」

E這時也站起，揚起了眉：「對了，我上中學時也學過這篇報告文學，寫得滿有激情嘛，好多報刊都轉載了……它有什麼錯啊？」

我能說什麼呢？好一會兒，我吞吞吐吐回應：「我在寫的時候是充滿歌頌大躍進的感情的，可後來，經過三年困難時期，我慢慢明白──這篇東西犯了浮誇風的傾向……誤導了讀者……」

「這算什麼，」G說：「為這，能把你打成黑幫？」

「我還寫了其他許多小說、詩歌、寓言、散文……我的領導和同事們就把這些作品中的反面人物：地主呀，富農呀──講的反動語言，統統歸之於我的話。這樣，便將偉大領袖毛主席的一個英明指示『利用小說反黨，是一大發明』死死地罩在我身上，我這頂黑幫帽子便緊緊地箍在腦門心上了，想甩也甩不掉了。」

「那你不會辯駁？」E和G同情地望著我。

「可我出身於剝削階級，且是最壞的那一種──官僚資產階級。他們就分析，我寫的反面人物的話，自然是我階級本能的反映。」

兩個大學生小將不以為然地擺了擺手，說：「這不是理由！牽強附會嘛。」又饒有興趣地：「看不出來，你是個作家！」

我歎了口氣：「用他們的話說，是個反動作家。」

「反動作家？」他們眯著眼笑了，善意地：「能不能把你的反動作品都拿來給我們欣賞。」G又補充了句：「我們在大學裏都是學文學的，和你是同行哩。」

聽了他們的話，老實說，我心裏好激動，真沒想到，在印象裏窮兇極惡的紅衛兵，這會兒怎麼如此的通情達理，竟為我黑幫說話了。

「我所寫的文章、作品、書……」我說：「幾個月前就全部被地委機關抄走了，估計存在檔案室裏……兩位小將若要審查，可否向他們要……」我巴不得G與E能看我的作品，哪怕從中找出很多錯誤，包括有違反和歪曲社會主義的東西，我會心甘情願接受他們的批判和整治。一個人，尤其是像我這號有過錯誤、出身又不好的人，絕非死頑固，絕非不願改造，而是希望有一個實事求是的、讓我口服心服的懲罰。這就是我的幸運和幸福了。

西安交大的E小將走到我面前，拍了拍我肩膀，說：「老李，你放心，你的那些作品、文章，我會向你們地專直紅色造反司令部要的，他們不敢不給我們紅衛兵審查。看了以後，我們會與你交換意見……你呀，該堅持的東西，一定要堅持……」

我似在炎炎盛夏喝了一杯冰鎮酸梅湯，連連點頭：「我明白，我明白。」

武漢華中師院G小將也走到我身邊說：「你在華師俄語系讀過書吧？」

「你怎麼知道？」

「我在中學學你的《典型報告》時，語文老師介紹過你的情況。」

「是的，我是華師俄語系本科第一屆學生，一九五六年九月畢業。」

G此時拉著我的手緊緊地握了約一分鐘，還搖了搖：「我們還是一個母校的先後同學哩！我該叫你學兄吧！」

我連說：「不敢當，不敢當。」

G又換了一種嚴肅的口氣說：「這次偉大領袖毛主席和中央文革的戰備部署——重點是打擊黨內走資本主義道路的當權派，而不是你這樣的文弱書生……你剛才講的情況，我會向你們地專直紅司的頭頭們反映的……站隊站錯了有什麼關係，站過來就是了，對不對？」

我還有什麼話可說？今天，我算碰到兩個活觀音菩薩了。我與他們素不相識，過去又毫無交情，可他們似乎既公正又心平氣和地看待我的問題，還要把我的問題和不實之處反映給當時能直接決定我命運的地專直紅司。這當然是件對我有利的事，但我瞭解地專直紅司中許多人，包括一些頭頭，就是曾經幫地委原領導把我打成「黑幫」和「反革命」的積極分子。他們會不會同意小將們對我的看法和分析呢？生活啊，社會啊，人群啊，是多麼複雜，又多麼揪心：我李德復現今是山窮水盡疑無路呢，還是柳暗花明又一村？什麼叫做命運？就是那永遠也捉摸不透的、變幻無窮的宇宙之魔吧！

紅衛兵的靈魂啊

在我與西安交大紅衛兵E和華師紅衛兵G談話後的第二天，我立刻找到本機關革命掌權者，也就是地專直紅色司令部的一個頭頭，主動向他彙報E與G和我交談的全部內容。我為什麼會如此急迫地向他交代呢？這是解放後我在學習和工作中摸索出來的、一條保護自己的經驗：即自己處於下級和低下的地位時，不光要對上級恭恭敬敬和十分尊重，且任何事情都不能對上隱瞞，特別是一些上級可能要過問的事。我和紅衛兵的接觸，頭頭肯定要瞭解，我絕不能讓他先向E和G問起我，那我就被動了。故我必須搶先一步，做到萬無一失。我心裏十分明白：過去地委的書記、秘書長、主任、科長是我的領導。現在，地專直紅司的頭頭也是我的領導，我均不能有一絲一毫的馬虎。

紅司頭頭聽完我的彙報，眯著眼笑，說：「李德復，你還蠻賊哩！」

「賊」在襄樊土語中的意思是「老奸巨滑」。我亦含笑，卻誠懇回答：「我可不敢『賊』。您對我的約法三章，我都一老一實地執行了：照拂革命小將我盡心盡力，您可向他們瞭解，他們絕對滿意；對於地委機關的機密，無論是過去的、現在的，即使讓我吃了豹子膽，我也不敢洩露半點；至於我個人的罪惡和錯誤，紅衛兵問一點，我交代一點，交代的和我在批鬥會上講的一樣。」

「那你不承認你反黨反社會主義……不是黑幫？」頭頭有點惱火，語氣蠻衝。

「不不，領導，我絕對沒這麼說……」

「那怎麼說？」

「我說，我是官僚資產階級家庭出身，特壞的出身……當黑幫，不用說，是理所當然。」

頭頭沒吭，氣氛緩和了一點，過一會，又笑著說：「你……李德復……還不狡猾？狡猾透頂！事情你全說了，還讓人抓不到把柄……行啦……你……」揮了揮手，算結束了這次講話。

當場，我出了身冷汗，不過，事後還好，頭頭們不僅沒找我什麼岔子和麻煩，似乎對我的態度有了轉變，至少對我的臉色好一些，說話的口氣也緩和了一些。我猜想，這大概是紅衛兵E與G對我的問題有看法，並向他們打了招呼。紅司頭頭對我可以為所欲為，但對這些大學裏來的紅衛兵卻不敢得罪，有時還得忍氣吞聲。

過了兩天，我在招待所為其他紅衛兵服務時，遇到了E與G，他們說——已在地專直紅司要了我的、被抄去的一些作品，不僅他倆看了，與他們在一起的許多紅衛兵都看了，認為我是一個「歌德」派：絕大部分文章都是歌頌社會主義和共產黨的嘛，光因我出身不好、太差勁，就把我打成「黑幫」，恐怕不妥。這些意見，已轉達給地委機關掌握我命運的一些頭頭們了。

我小心翼翼地問：「他們有麼看法？」

「還好，」E說：「他們答應對你的問題再好生考慮考慮。」

G補充了一句：「老李，你別怕，他們要問起你來，你要據理力爭！黑的就是黑的，白的就是白的，真金不怕火煉，對不對？」

聽兩位小將這麼一說，我這雙被束縛的「黑幫」之手，雖沒打開枷鎖，似乎也在鬆動了。我內心是相當高興的，但我反覆告誡自己，不能喜形於色，不能激動，要忍耐、忍耐、再忍耐，讓地委機關掌權頭頭仍把我作為能隨時使喚的馴服工具，對我不產生反感，以利於我最後能解脫。

也就在這個時候，我不僅和E、G兩位相處得較好，與其他許多外來的紅衛兵，包括本地的一些紅衛兵也談得攏了。他們大都讀過我的《典型報告》，或看過《典型報告》的電影——也許是作品效應吧，在這期間，他們好像沒把我當黑幫，而我在他們面前，也慢慢去掉了黑幫的畏縮樣子，有時還能與他們稱兄道弟，海闊天空地講這論那，包括談生活，談政治，談文化大革命……甚至坦誠爭辯，毫無禁忌。

一次，我與E、G還有幾位大學歷史系、哲學系、政治系、教育系的紅衛兵在他們住宿的房子裏閒談，我大膽把藏於內心深處的、一些不明白的、關於文化大革命的問題提出來，向小將們請教，是正兒八經的、誠心誠意的請教……我說：「我是一個出身於剝削階級家庭的、犯了多次錯誤的小知識份子，可我從主觀上又是非常想改造好自己、緊跟毛主席和無產階級幹革命的一個文化人，可我為什麼老跟不上趟？對一些發生的問題老不能理解、老壓在心裏想不通呢？比方現在要揪黨內走資本主義道路的當權派，要揪軍內走資本主義道路的一小撮，在我們襄陽地區，就是要揪地委第一把手兼軍分區政委焦德秀，可我知道，焦德秀是一九三八年參加革命的老幹部，是在地道戰中打日本鬼子幹出來的，解放後，他的工作、生活都比較清廉，到現在又沒查出他有什麼原則問題……那為什麼一定要揪他和打倒他呢？

我還沒有講完，幾個小將既嚴肅又嘻嘻哈哈地你一句我一句地教訓起我了：「老李，你可真是個老朽，朽木不可雕也！你沒讀偉大領袖毛主席八月五日寫的〈炮打司令部——我的一張大字報〉嗎？這不就是針對中國的赫魯雪夫劉少奇的麼？劉少奇在國內革命戰爭、抗日戰爭、解放戰爭中的功勞大不大？他寫的〈論共產黨員的修養〉有沒有價值？據說，連『毛澤東思想』這句經典定義都是他首先提出來的……可這有什麼用？毛主席說他是中國的赫魯雪夫，那他就一定是中國修正主義的總頭目，就該全黨共伐之，全民共誅之；就應如林副統帥講的，對毛主席的話——理解的要執行，不理解的也要執行！對一個國家主席劉少奇尚如此，對你們襄陽地區一個小小的地委書記、一個小小的軍分區政委——焦德秀，那還在話下嗎？肯定應該揪，絕對要打倒！對不對？」

小將們把我批判得眼皮子直眨。在當時，我真是一點反駁的理由都沒有，只好啞口無言。但我不是太服氣，過一會，又提了個問題：「我覺得……對大的當權派可這樣懷疑，這樣揪鬥，但對一些小蘿蔔頭，為什麼也要往死裏批、死裏整呢？據我瞭解，就在我們市郊的一個中學裏，一個班的幾十個男女學生，圍鬥他們的班主任——一位年輕漂亮的女教師，竟把一條銀環蛇套到這個老師的脖子上，差點把她嚇死……你們說，這也算是嚴肅的階級鬥爭麼？」

一個小將立刻接住我的話回應：「李德復呀，你這又右傾了，毛主席怎麼講的——革命不是請客吃飯，不是做文章，不是繪畫繡花，不能那樣雅致，那樣從容不迫，文質彬彬，那樣溫良恭儉讓……女班主任怎麼啦？不是大當權派，也是小當權派。不就是那樣文質彬彬地嚇了她一傢伙嗎？這有什麼了不起！毛主席怎麼講，我們紅衛兵就怎麼做……難道還有錯麼！」

我又無話可說了。但我最後還是想了一招，說：「我知道，前一段你們紅衛兵根據中央文革和《人民日報》社論的號召，到處破四舊，消滅封資修……幾多圖書館的書你們都抄了出來，一堆一堆地焚燒……是不是全燒了呢？我看也未必。這一陣你們到襄樊串聯，我幫你們搬行李，就發現你們夾帶了好多報上批判的黑書，像《紅與黑》、《苔絲》、《少年維特的煩惱》、《簡・愛》、《包法利夫人》、《復活》、《安娜・卡列妮娜》……你們這麼做，也是在執行毛主席的教導嗎？」

聽到這裏，這些大孩子——大學生紅衛兵「轟」地一聲大笑……有的說：「好個李德復，你還敢檢查我們的包包呀！」有的說：「老李，你學過毛主席關於百花齊放、百家爭鳴的方針沒有？他老人家不是明確地告訴我們：『有錯誤就得批判，有毒草就得進行鬥爭。』而且告訴我們如何辨別香花和毒草的六條標準。我們私帶這些黑書，目的就一個——用毛主席講的六條標準，一條一條地對照毒草批判，徹底地鋤掉毒草。這有什麼不對呢？」還有的說：「偉大領袖早就講了：『讀書是學習，使用也是學習……從戰爭中學習戰爭——這是我們的主要方法。』以看毒草來鑒別毒草，認識毒草，增加我們的免疫力，不也是一箭雙雕的好事麼？」

應該說，我這個人是比較能言善辯的，但在這些大娃娃面前，我竟言盡詞窮，乖乖地認輸了，儘管他們的那些道理並不十分充足。

最後，小將們還驕傲地說：「……偉大領袖毛主席在北京天安門城樓上八次接見了我們，戴上了我們紅衛兵的紅袖章，用很重的湖南口音高呼：『紅衛兵萬歲！紅衛兵萬歲！』他才是我們永遠永遠的紅司令！總司令！」並讓我記住兩個重要指示：一個是最高指示——馬克思主義的真理千頭萬緒，歸根結底就是一句話，造反有理。還有一句是林副統帥的指示——讀毛主席的書，聽毛主席的話，照毛主席的指示辦事，做毛主席的好戰士。

他們說，這兩個指示是他們紅衛兵的核心宗旨，是在任何地方都戰無不勝的法寶。

總之，在我照拂這些紅衛兵的過程中，我深深感到，他們是非常非常相信、尊敬、熱愛毛主席的，毛主席的話，真是一句頂一萬句；毛主席指向哪裏，他們絕對不差分毫地打到哪裏；就如著名的知青作家梁曉聲在他的長篇小說《一個紅衛兵的自白》裏講的：「……偉大的領袖毛主席，不但是中國人民心中的紅太陽，而且是世界革命人民心中的紅太陽！我們（紅衛兵）宣誓在毛主席的統帥下，與全世界的帝、修、反血戰到底！只要毛主席一聲令，我們敢下五洋捉鱉，敢上九天擒龍！敢向全世界帝、修、反發起最後的衝鋒……用我們的滿腔熱血，染出一個紅彤彤的新世界！」

多年來，在「文革」初，「文革」中，直至「文革」後，我來回思考，紅衛兵的絕大多數是忠厚的、天真爛漫的和心地善良的，絕非當今有些電影、電視上所反映的那樣：即取其一點，不及其餘，一概把他們打扮成穿著軍服，拿著皮鞭，抽打可憐的人們和革命的老幹部。這樣的情況，也的確存在，但並非典型，絕非主流。就算他們造反錯了，打倒劉少奇和打倒許多老幹部全錯了，可誰叫他們去造反的？誰叫他們懷疑一切，打倒一切的？這個賬能算到這些年輕的孩子身上麼？孩子們的心被污染了，我們絕不能說孩子的心原來就壞，而應該去找污染源，只有把壞的源頭截住，純潔的血才會流入天真的心臟，這是最最簡單的道理，不是麼？何況，文革中，紅衛兵還做了大量的、保衛祖國的事和助人為樂的好事，可在輿論上、文藝作品中又有多少反映呢？像著名演員濮存昕，文革中是紅衛兵，愛唱〈造反有理〉這首歌，後來當知青，下放到黑龍江生產建設兵團。一到兵團，就參加抗擊水澇災害的大會戰；後來中蘇邊境珍寶島發生了武裝衝突，又被派到前方架國防電話線——白天挖坑埋電線桿，晚上還要背著槍輪著站崗。天氣冷得不得了，他還能心懷祖國，作保衛祖國的詩：「槍刺挑落了晨星，戰士迎來了黎明」，「淋一身雨水，就讓我們用青春烈火烤乾衣裳」……看看，這就是紅衛兵一顆火熱的心！（摘自北京十月文藝出版社出版的《我知道光在哪裏》。）

還有十九歲的紅衛兵、一九六九年下放到雲南緬甸接壤處外五縣的王曦，竟越過國境，參加緬甸共產黨的國際部隊，為國際共產主義奮鬥。他參加的那支緬共軍隊，均是中國知青，個個高大、勇猛、忠誠、狂熱，犧牲前都高呼「毛主席萬歲」！建立了一個個「黃繼光」般的英雄事蹟。王曦因表現出眾，歷任緬共四〇四五部隊營部文書、連指導員、五旅政治部作戰參謀、〇四二部隊政委、六八師教導隊主任和保衛處處長……像這樣的中國紅衛兵、支持世界革命的國際戰士，他們的一顆顆心不在為世界無產階級奮鬥麼！（摘自《中國新聞週刊》二〇〇九年第一期中的文章〈老知青的緬甸叢林記〉。）

再看一個上海紅衛兵、女知青俞自由，下放到安徽省蒙城縣一個農村勞動，幾年時間，她在自己勞動的地方，與群眾打成一片，被社員選為隊幹部。在此期間，她積極帶領社員科學種田，發展多種經營，使該村成為周圍幾十里最富裕的地方。由於她幹得漂亮，後來被提拔到公社當領導、到縣裏當縣委副書記，最後還被調到天長縣當專管工業的縣長，且每到一個地方，便帶領人民富一個地方。本來，她還能當更大的領導，上級已準備調她任一個市的副市長了，可她又不當這個官，竟跑到美國學習「充電」，拿了一個博士學位回來，成為國內一所大學的知名教授……這樣的人民心、事業心、愛國心，不也是眾多紅衛兵的美麗心田麼？（摘自CCTV的Documentary全紀實。）

紅衛兵的靈魂啊，他們的美，他們的醜，我們如何判斷？還是借用當年紅衛兵、而今知名作家梁曉聲在其《一個紅衛兵的自白》裏對「文革」中熱衷於革命的革命群眾（包括紅衛兵）的一段評價吧：「當他們推翻一個制度重建一個制度的時候，他們是偉大的。當他們虔誠地拜倒於某種宗教式的圖騰的時候，他們是渺小的。當他們被一種脫離實際的理論隨心所欲地擺佈時，他們是可悲的。他們可憎的時候是可怕的……只有掙斷了古代的或現代的封建迷信的鐵鎖鏈的人民才是真正偉大的……」

我十分同意梁曉聲先生的話，只想在此補充一句——這嚴謹的推理邏輯，對於當年年輕、幼稚、忠心耿耿的紅衛兵來說，是不是太沉重了？

好在不受人支配的歷史終將說明一切！

半個「自由身」的一點啟示

就在紅衛兵E、G向我們機關紅司頭頭反映了我的情況，以及紅司頭頭似乎對我的態度有點轉變，我就異想天開地想獲得「自由身」。這，還有個外因是：自從地、市委領導和他們派出去的工作組失去了對文革運動的控制後，上面也沒下什麼指示，就稀裏糊塗地解放了一大批在運動初期被批鬥的所謂「牛鬼蛇神」。因他們——這些整人的當權派和工作組完全按一九五七年「反右」的搞法，與毛主席首先要抓「走資本主義道路的當權派」不怎麼合拍，所以敗下陣來，匆匆收場，以求自保。歷史還證明，他們揪出的一些「牛鬼蛇神」，絕大部分都是好人，有點問題，也是人民內部矛盾，可在那短暫的特殊階段，有的遍體鱗傷，有的甚至丟了性命。像我愛人李婉靈教書的襄樊市一中，有個會計王××，就因舊社會遺留的歷史問題，被打死。我愛人要幸運些，雖因我被揪出掛了黑牌子，卻在這時解脫了。我呢？當然也想趁這個空子掙脫枷鎖，於是在一天下午，找我熟悉的一個機關紅司頭頭，從側面試探了一下。我對他說，我的一個小孩老二——李基鋼在長沙我父母家裏住，時間已經很長了，我想去接他回襄樊，可不可以？這位頭頭想了一會兒，對我的稱呼，突然由運動中的「黑幫分子」、「反革命」，或直呼「李德復」，改稱為：「老李」。這可是一個「質變」。我心中不由大喜，在揣摸——是不是要放我一碼了？但他沒立即說出那句話，只眨巴著眼對我說：「……隨著當前運動的發展，我知道你心中在想什麼？這樣吧，你先回長沙接孩子，有的事，等你回來再談。」

「行啦！」有了頭頭這句話，我雖沒完全鬆綑，至少也是個半「自由」身了。當天，我就到襄樊一中告訴了妮娜。妮娜自然高興。我倆立刻決定：第二天，我就坐汽車赴武漢，然後從武漢乘火車回長沙——一看父母，二接孩子。

到武漢，我有意識地停留了一天，目的是看看形勢。我先跑到水果湖的省委、省政府大院，天呀，鋪天蓋地的大字報，貼滿了道路兩旁的、長龍似的大字報欄，然後是各個部門的牆上、走廊上，可以說無處不是大字報！當然，這些大字報首先是炮轟省委第一書記王任重。這時，王任重的形象像放電影似地在我腦海裏一幕幕掠過：在宜城縣的大澡堂裏，在襄陽地委的小會議室裏……特別是我在省委內部刊物《湖北通訊》上學習過他的、關於讀《資治通鑑》的《讀書筆記》，其中，他用很大篇幅讚揚「君明臣直」，談到唐朝的大臣魏征能不計個人的榮辱得失，冒死向唐太宗進言；而唐太宗知人善用，以德服人，能納取與自己完全不同意見的忠諫。由此，才逐步達到天下太平、國泰民安。他的這些言行，據自己幼稚的理解，都是正確的呀，何況他一直被人們傳說為：毛主席的好學生；「文革」初期，還被毛主席和黨中央任命為中央文革小組的領導人之一……誰知，沒兩個月又來了個一百八十度的急轉彎，被打倒了呢？

再看張體學省長的大字報。那時，他已是在王任重去中央任職後——擔當湖北省委第一書記了。我對他的深刻印象有兩個特殊鏡頭——一個是在修丹江大堤時，他率領十萬民工大軍，用籮筐、麻袋、黃土、石頭戰勝了幾十年一遇的特大洪峰！他那背著手在堤壩上注視排山倒海的、驚濤駭浪的情景，依然歷歷在目；另一個鏡頭是：在一九五九年至一九六一年的三年困難時期，武漢市二百萬人口餓飯，一般一個月只能供應十天半月的口糧，而農村近三千萬農民亦是瓜菜代，黃腫病，餓死人。怎麼辦？張體學親自帶幹部下鄉，一面把省裏的儲備糧飛速運往最需要的鄉村，一面流著淚，打電話向當時管糧食的李先念副總理彙報，要立刻撥三億斤糧，說：「這兩年，湖北吹牛皮，高徵購，都是我的責任！現在，不論給我什麼處分我都接受，只求中央支持……」沒兩天，先念同志給湖北送來了三億救命糧，湖北的老百姓得救了！這個故事是體學夫人林少南同志在丹江工地上告訴我的。當時，我正向她採訪。體學流淚向中央要糧的鏡頭，從此深深定格在我的心裏！這樣的好省長，這樣勇於承認錯誤、承擔責任的省長，怎麼就成了「走資本主義道路的當權派」了呢？怎麼非要炮轟、油煎、打倒呢？

省委、省政府的大字報欄和每處的牆壁上除了厚厚地粘貼了向王任重、張體學開火的大字報外，省委書記處書記許道琦，以及其他大部分領導的名字均上了批判專欄，幾乎個個都打上了紅××，真是三十年河東、三十年河西啊，當年這些解放全中國、建設社會主義的功臣，怎麼彈指間成了反對社會主義的罪臣了呢？不可思量麼？當時的現實就這樣！且全國人民還得乖乖地高呼口號，心甘情願地跟著走！

從省委、省政府的大院出來，我不知為什麼，突然想去找曾帶我下鄉搞「四清」的許道琦書記。那會兒，我有點膽大包天，竟不顧一切奔向省委領導住的茶港新村，並悄悄來到道琦同志的家門口，一個勁地敲這緊緊關閉的大門。好一會兒，門輕輕啟動了，是道琦同志的保姆開的。道琦此時在客廳裏正和另一位同志談話。我喊一聲：「許書記！」他定睛望瞭望我，說：「是德復同志吧，你怎麼來了？」又給我介紹身邊的、亦被造反派打倒的副省長姜一同志。

我當時非常激動，兩眼含淚地、語無倫次地向道琦說——我曉得他在運動初期曾親自寫信給襄陽地委抽調我，可我吃了告別酒，上了汽車，又被拽下來，並無中生有、雞蛋裏挑骨頭地被地委打成「黑幫」……難道一個出身不好的人就一定要遭受如此災難麼？

開始，道琦默不作聲，只靜靜聽我訴苦，等我講完了一個段落，又過了一陣，他與姜一互相望望，才用他一貫的、邊思索邊斟酌的、慢吞吞的語氣說：「德復，你還沒好好研究過我黨的歷史吧，不管有多大風浪，即使誣衊造謠遮天蓋日，到了一定的歷史階段，總是要實事求是的……」

聽他這麼講，我想起了——地委書記焦德秀在前兩個月約我談話時，也講了這麼一句。

「真的麼？」我盯著眼前的許書記和姜一副省長。

「我們認為，生活會證明，將來會證明。」他們說。

「……真有天晴的一天？」我不相信。

「你就等著吧！」

此時，我似見了多年未見的親人，深怕今後再也見不到他們了，便把我前一段挨批挨鬥，受不了殘酷折磨——自殺又被救過來的事講了……

道琦同志輕輕歎了口氣，走過來，撫著我的肩膀說：「德復，永遠不要做這號傻事了。死了，就說不清了，即使說得清，也反襯自己太脆弱了！信念——是經得起千刀萬剮的，明白麼？」

姜一同志在旁邊不斷點頭：「道琦說得對，說得對！」

可我好像明白又不明白，順口咕嚕了句毫無水平的話：「信念，什麼信念？」

「這是你自己堅持一生的真理，真理！」道琦繼續他的慢吞吞的語調：「你過去不是寫過長江麼？不是十分熱愛長江麼？千萬千萬，別作陰溝一滴油，要作長江一滴水。這樣，才能經風雨，見世面……」停了停，又說：「德復，你應清楚，長江上游的一滴水，要流入東海，是很難的呀，千辛萬苦，千搏萬鬥，才能『千險疑無路，奔騰別有天』呀，才能進入一望無際、氣象磅礡的大海洋！人的一生不就是這樣麼？」

那天，從道琦家裏出來，我一口氣跑到長江大橋上，看那浩浩蕩蕩的波濤騰躍飛瀉……我在想自己——是否已經「日暮鄉關何處是，煙波江上使人愁」！當年雄心勃勃的一滴水、一葉舟，現在在哪？是停航了？沉沒了？消失了？難道真經不起颶風箭雨？真過不了急彎險灘？真喪失了信念！人生能有幾回搏？人一輩子能幹成幾件像樣的事？大江在問我，江鷗在問我，航標在問我……我忽然想起十六年前初來武漢，想起在這座大橋上與伴侶暢述理想，縱談藝術，想起這母親般的大江對我的啟示和給我的一切：只要水滴不離開江流，大江是不會拋棄自己的子女的！我雖是官僚資產階級兼地主階級的子女，可也是長江的兒子，雖然不肖，可憐，但長江給我的基因、天賦還是能讓我活下去的！看來，我還得下定決心，像一滴水，哪怕是被污染的水，也要流下去，流下去，直到自己信念的前方！

父親說我似一隻插上孔雀羽毛的小烏鴉

在武漢觀察了一天的形勢後，第二天，我便搭火車回到長沙南門碧湘街多福里十二號家裏——一是拜見父母，二是接我在這兒陪父母住的第二個孩子基鋼回襄樊。

那個時候，我已經是三十六歲的中年人，父親李爾康六十五歲，母親鄺煥秀六十三歲，他們均步入了老年。儘管自己已不算小了吧，但在雙親面前應該說依然是個孩子，故我很自然地把文革中我的遭遇，包括自己的自殺未遂……均細細地向二老傾述。我原以為二老會為兒子的痛苦而傷心，會十分同情和動情地安慰我。可出乎我的意料，開始雙親只是靜靜地聽，不表態，在我講完後，他們不僅不安慰，沉默了好一陣，母親衝口而出：「誰叫你瞎說？誰叫你把我和你爸……生你養你的家說得一塌糊塗……你，你，這不是自找的麼？」

我眼眶裏的淚水不聽使喚地流了下來，內心在激烈鬥爭：難道我瞎說了麼？難道我把我的家、我的親生父母、我的幾代祖宗……說得一塌糊塗了麼？解放後，無論是在求學、參加工作時期，特別是歷屆的政治運動中，組織上幾乎回回要自己交代，批鬥我的同事們亦次次要我坦白：什麼出身？什麼家庭成份？怎樣徹底與過去劃清界線？怎樣深挖自己反動的思想根源？我能怎麼說——我好想說自己是正正堂堂的工人階級，是光光明明的貧下中農家庭成份，我祖宗三代四面光八面淨……可不行啊，不成啊！文化大革命中不是流行一句順口溜麼：「龍生龍、鳳生鳳，老鼠生的

李德復的父親、母親與李德復的二兒子李基鋼在長沙

兒子會打洞。」我只能老老實實地說，我祖父是前清舉人，當過清末一屆知縣，是為反動的封建王朝服務的；我只能說我父親當過國民黨政府天津商品檢驗局局長，解放前夕任過以董事長陳立夫為首的天津恒大公司的總經理，是典型的舊官吏，是官僚資產階級的一個得力助手，是完完全全為反動的國民黨政府服務的；至於我外祖父鄺榮光，是滿清同治年間被派往國外留美幼童中的一個，光緒七年，他奉召回國，是清朝那個年代採礦業的主持人之一，做過開灤礦務局等十幾個重點礦業的總管官吏，自然也是死心塌地為反動統治階級服務……我是這個血統流傳下的一個小老鼠，一隻小烏鴉……而這個小老鼠、小烏鴉又偏偏不安分，一心想靠攏無產階級純潔的天鵝和漂亮的孔雀，那只有根據人間上帝的標準，睜著眼睛也好，閉著眼睛也好，狠狠批判自己原來生活的、富麗堂皇的「鼠穴」，臭罵生自己、養自己的烏鴉祖宗，是瞎說麼？沒有瞎說——無產階級的立場指揮我這麼說；沒有瞎說麼？也不能這麼講，資產階級的人性論似乎在抹煞黑與白的界限，小老鼠的內心也隱隱作痛……但這有什麼辦法，按照唯物論的觀念——是存在決定意識，是物質決定精神，哪一個小老鼠、小烏鴉不想變成小天鵝、小孔雀？哪一位剝削階級的子弟不想叛變自己的階級，脫胎換骨，成為無產階級中的一個，是個光榮的共產黨員？這也不是做兒子的李德復一個人這麼想啊，和我同時代的、剝削階級的子女，哪一個不這麼想？哪一個不朝這個方向努力？可達到目的的有幾個？真是區區地鳳毛麟角。那個競爭的激烈啊，亦是沒有硝煙的戰場！故出身好的後代入黨，為革命挑一擔土就會受到表揚，出身不好的，挑十擔土、百擔土，也難得到一句讚揚，甚至會招來「假積極」的譏笑……文革中還流行過一句話：「站隊站錯了，站過來就是了。」可這個「站過來」簡直太難了，太難了，比取得哥德巴赫猜想這道數學王冠

歷經半世、淡看風雲的李德復的父親和母親

上的明珠還難！生活就是如此殘酷，又這般堅實，我不就是隨這個自以為是的進步潮流，毫無顧慮、義無反顧地向前奔麼？儘管被撞得狗血淋頭，遍體鱗傷，仍一直固執地不回頭麼？這怎麼就錯了呢？怎麼就得不到至親的一句同情話和一聲安慰呢？

在母親說出那句刺痛我的話後，我又竹筒倒豆子把內心那股多年想不通的積怨一古腦全攤了出來，反正在親情的父母面前，又不是在同事們的、揚起高高拳頭的鬥爭場上，該怎麼說就怎麼說，該怎麼哭就怎麼哭，該怎麼放肆就怎麼放肆……

父親低著頭，踱著方步，在我家小客廳轉了幾圈，似乎考量又考量，斟酌又斟酌，最後仰起頭，深深望了我一眼，既嚴肅又帶點傷感的情緒說話了：「復兒，你應該明白一點，天下做父母的，沒有一個不希望自己的子女好和進步！但你在追求進步的過程中，自己對自己應該有一個客觀的認識和估計……是的，我們家庭成份和出身都不好，你揭發和批判的也沒有完全錯，但你應該客觀地看待過去的歷史，以及那個歷史階段的人與事。是的，滿清末代王朝也好，國民黨政府也好，基本上是腐朽的、沒落的、國勢垂危的……但，是不是所有的舊官吏和他們的所作所為都是幹壞事呢？也不能一概而論吧！林則徐禁鴉片的壯舉以及他那句流傳於世的、『苟利國家生死以，豈因禍福避趨之』的詩句——不也是當今社會推崇的嗎？再如滿清將領馮子才抗擊法軍侵犯安南，終於收復失地，取得鎮南關大捷！以及中日甲午海戰，管帶鄧世昌指揮的「致遠」艦，在火炮彈盡之際，竟鼓勵全艦上下：『吾輩從軍衛國，早置生死於度外，今日之事，有死而已』，毅然駕艦全速向日寇主力艦『吉野』撞去……與全艦二百五十餘名官兵一起——壯烈犧牲！這不也是新社會讚揚的、號召大家學習的愛國主義嗎？再看國民黨李宗仁將軍在抗日戰爭時期取得的台兒莊大捷；張自忠將軍在抗擊日寇的隨棗戰役中——儘管兵盡糧絕，三面遭日軍圍困，仍與敵人展開肉搏戰，最後精忠殉國，這亦是共產黨、國民黨均齊聲歌頌的愛國英雄啊！」停了停，父親長長地吐了一口氣，又盯著我的眼睛說：「就談我們科技人員吧，與你外公鄺榮光同時到美國學習的詹天佑，不也是新舊社會都承認的、我國建設鐵路的始祖麼？就論我李爾康，從美國學習歸來，雖為國民黨政府的化學工程服務了幾十年，可解放後，人民政府不也讓我幫助湖南建設第一座殺蟲藥劑廠和化肥廠麼？我不也能為人民服務麼？復兒呀，我說這些，絕不是為滿清、北洋、國民黨政府的官吏們塗脂抹粉，說他們如何如何好，而是說要實事求是，是好就是好，是壞就是壞，是黑就是黑，是白就是白。對一個政府、一個社會，我們需如此看，對一個大人物、一個小人物，我們也應如此分析……你說呢？」

父親講的話，似乎有他的邏輯、有他的道理，我一時的確無法反駁。我總覺得自己是站在無產階級的立場上，對舊社會、舊政權、舊官吏，是絕對要無情地批判、否定的；而對父親，總認為他是站在自己的、官僚資產階級的立場上，對舊的一切是庇護的、同情的，甚至在某些方面還是讚賞的。我這是不是主觀了？是不是用一個傾向掩蓋另一個傾向？

父親這時走到我面前，撫了撫我的肩膀說：「德復，早幾年我就警告過你，在新社會，像我們這樣家庭出來的人，是不宜學文的，特別是搞文學，鑽藝術……這是相當危險的！有時候，一句話，一段白紙黑字，就能闖下大禍，甚至家破人亡！你自己不就是一個現實的例子麼？北京那麼多大作家，比你不知名望高多少的大文豪，現在不也在水深火熱之中麼？而學理科、工科，情況就好多了，至少在意識形態中少惹是非，再就是政府對學理工的人，要用他們的技術，就會寬容些，大度些，像你的大妹李德美，學港口機械；你二妹李德容學醫；你四妹李德珍學物理……不是在歷次運動中，包括這次文化大革命——都沒一點事麼？哪個像你，差點把命都丟了，對不對？你好好考慮一下吧，如果你這次能僥倖過關，能不能主動轉一下舵，換個非文學藝術的、非社會科學的具體事幹幹呢？」

我沒吭聲，內心是不同意的。我這幾十年已經為我喜歡的文學嘔心瀝血，為我鍾情的藝術吃盡苦頭，幾乎要了「卿卿的性命加靈魂」！由此，我絕不會轉移陣地，改變風標……這就是我的信念，我的死結：反正「黑幫」已打了多次了，人也打「油」了，這輩子也只能幹這用三次血水浸泡過的、要命的事業了。

也許父母見我強著頭不回答，他們相互望了一眼，搖了搖頭……母親便插了一句：「復兒，你爸爸的話，我不知你聽進去沒有？我是完全同意的。至於你今後要怎麼走，你已是大人了，更是做父親、有孩子的人了，我們不會勉強，你還是自己拿主意吧！我和你爸只希望你今後走穩當些，摔了跟頭能爬起來。」

我還能爬起來麼？我還能堅持自己的信念、自己的追求麼？我現在是個什麼人呢？到底是革命陣營裏的黑幫兼階級異己分子，還是官僚資產階級兼地主階級的孝子賢孫？或者是站在十字路口，兩邊都嫌棄我、討厭我呢？

父親這時突然冒了一句似乎不太相關的話：「德復，我知道你從小喜歡文藝創作，尤其喜歡寓言，那你讀過譽滿全球的、克雷洛夫的寓言麼？」

「讀過。」我說：「他是俄羅斯亞歷山大沙皇時代的世界三大寓言作家之一。在華師外語系讀書時，我的俄語老師就推薦我學過他的寓言俄語原文全集。」

「我可唯讀過他的英譯寓言範本。」父親說：「你還記得他的一篇寓言〈烏鴉〉嗎？」

「當然記得。這是他寓言創作中膾炙人口的、非常受歡迎的一篇！」

我一下想起來了，這寓言，是克雷洛夫用詩的形式寫的。內容大致是，一隻小烏鴉，羨慕孔雀的美麗，就偷了一片孔雀羽毛，插在自己的尾巴上，混到孔雀群裏到處招搖過市，哪知有一天被孔雀發現了，孔雀們便圍

李德復和四個妹妹少年時期的合影

了過來，將牠猛啄一頓，啄得牠連滾帶爬地拚命逃。牠，不僅被啄掉了插在尾巴上擺譜的孔雀毛，連身上原有的烏鴉毛也沒剩下多少。怎麼辦？牠只好逃回自己的烏鴉老巢……可老巢的烏鴉全不認得——羽毛稀落的牠是什麼鳥了，於是又把牠猛啄一頓，徹底啄光了牠的烏鴉毛。這只小烏鴉想當孔雀的下場是：孔雀堅決不要牠，烏鴉群牠也回歸不了啦……

父親此時點了點我的鼻子，說：「你該不是那只尾巴上插孔雀毛，卻四不像的小烏鴉吧？」

我該怎麼解釋？我無言以對啊，不論在哪——我確實像那隻小烏鴉，混到布爾什維克的精英隊伍裏，裝模作樣地自以為是——正統的孔雀了，結果自然是遭受小烏鴉同樣的命運！

我在長沙家裏只待了一天。第二日，就帶著孩子基鋼和滿腹灰色情緒回襄樊了。

第一次「解放」：個人自私的一次大暴露

從長沙回到襄樊後，有一件事讓我從灰色的情緒中蹦了出來。是件什麼事呢？是本機關紅司的一個頭頭帶著和善的面孔找我談話了……過去，他也找過我，但那是惡狠狠的，一是通知我：上午×時×分或下午×時×分準時去機關組織的批鬥會，老老實實地做深刻檢討，接受革命群眾對你的批判鬥爭；二是命令我：何時在何處與其他黑幫集合，到何地去參加體力勞動，一直到完成勞動任務才回機關；三是警告我：你最近的表現是不是與你黑幫身份有不相符的地方？要認真地、如實地反省，寫個書面檢查交上來──這是階級鬥爭的新動向，你可不要越滑越遠，落到死也不悔改的深淵。可這一次他不但沒採取對待敵人的辦法斥責我，還帶點「同志味」地與我談心：「德復，最近這一段，你的自我感覺怎麼樣？」

「比較好，比較好。」我畢恭畢敬地回答。

「文化大革命以來，機關革命群眾對你的批判、幫助，你接受得了嗎？」

「接受得了，接受得了。」

「真的口服心服了嗎？」

「真的，真的。」我知道這都是違心之言，不只是騙對方，也是騙自己。但人在屋簷下，焉得不低頭？自己儘量討好機關紅司頭頭，讓他對自己有好感，說不定今後在什麼地方，什麼時候，他能小小地拉自己一把。人的兩面派，不就是如此順水推舟形成的麼。

這位紅司頭目可是個聰明人，一下看透我的心思，眯著眼一笑：「你這是話不由衷吧……」但他沒追根刨底地問下去，而是話鋒一轉，點了點我當時神經的敏感處：「你對你自己的問題，到底有什麼看法？」

「有什麼看法？」我苦笑著：「有看法，也不作數……」停了停：「毛主席不是教導我們，要相信黨，相信群眾嘛。我的一切，聽黨和革命群眾的。」我覺得這麼回答，萬無一失。

「那好。」紅司頭目雙眼直視我：「現在黨和革命群眾給你一個任務，上臺狠狠地批鬥我們地區最大的走資派焦德秀！」

「鬥焦書記？」

「對。鬥焦德秀！」

「我這號樣……能鬥焦德秀……」

「你什麼樣？怎麼不能鬥焦德秀？」

我心虛地：「我是個黑幫，我自己的問題都沒解決，能鬥焦書記麼？」

「別叫什麼焦書記……他是走資派！老李呀，你只有批鬥焦德秀有功，才能解決你自己的問題。」

我心中一顫：「有……這麼好，這麼容易……」

「這，你還不明白。你也看了兩報一刊了吧，毛主席在運動初期就講了，文化大革命的根本目的就是揪出黨內走資本主義道路的當權派！揪出躺在身邊最最危險的赫魯雪夫！全國有大赫魯雪夫劉少奇，各個省、各個地區就有中赫魯雪夫、小赫魯雪夫。我們襄陽地區的赫魯雪夫就是焦德秀！你要是聽毛主席的話……你要想摘掉你頭上這頂黑幫帽子，就要拿出真功夫，批倒批臭、鬥倒鬥臭焦德秀！」

我聽呆了，聽懵了，不知該怎麼回答。特別是對面這個頭頭，還是焦德秀比較信任的、新近提拔起來的中層幹部呀！

「你聽明白了沒有？」頭頭吼了我一聲：「告訴你，就在這兩天，我們地專直紅司，將聯合本地紅衛兵組織、外地來襄的紅衛兵組織，以及各個工廠、各個企業的造反組織，在襄陽體育廣場召開批鬥走資派焦德秀及其幫兇走狗的萬人大會，到時你得上臺發言。發言的好壞，批鬥質量的高低，將決定你的命運！你不是想回到革命群眾的懷抱裏來麼？那就看你的表現了，看你是不是忠於毛主席、忠於黨，是不是和革命群眾一條心站在一條戰線上了。我再強調一句：我的這些話，你是不是聽進去了，記清楚了！」

我連連點頭：「聽進去了，聽進去了，記清楚了，清楚了。」

之後，我慢慢瞭解到：關於我的問題，西安交大紅衛兵E、華師紅衛兵G等大學生，還有襄樊第四中學紅衛兵頭頭許世平、吳邦興等——他們都讀過我的小說、散文，對我被打成反革命有不同意見，對我本人比較同情。於是，這些小將向管我的地專直紅司頭頭講了他們的看法：大方向應對準本地區走資本主義道路的當權派，而不是李德復這號連黨員都不是的小蘿蔔頭。就是橫掃一切牛鬼蛇神，李德復的那些文字也夠不上杠杠……紅司頭頭們大概：一、聽進了他們的意見，覺得搞我是過頭了；二、紅衛兵小將們的壓力，對他們也產生了一定的影響，這便使他們就坡下驢，放了我一馬。似乎是偶然中的必然吧，也是諸條件協調合併的、必然中的偶然。石頭縫裏的衰草終究冒了出來。

可我，紅司頭頭給了我機會，紅衛兵們給了我機會，我能不能利用這機會，掌握這機會呢？我當時卻陷於極端的、不能自拔的矛盾中。

也許讀者感覺我有些迂，有些怪——上臺一鬥焦德秀，自己就解脫了，還有什麼可猶豫，可彷徨的呢？但事實是，我這個從小在父母和伯父母家——所謂書香門第接受的、忠孝仁愛的教育，之後稍長大讀魯迅的、巴金的、托爾斯泰的、陀斯妥也夫斯基的書……無形中受了他們人道主義的影響，以及他們讚賞做人要真誠，至少要講道德等等，故對自己的言行，在潛意識裏，有個模模糊糊的、自己對自己的約束：比方，不要冤枉人，不要騙人，不要做連自己良心都過不去的事……由此，讓我在萬人大會上批鬥焦德秀書記，自己的確有些為難！就如我曾經對大學生紅衛兵E、G等講的：經過運動幾個月的調查，在所有關於焦德秀的大字報中，沒揭發他有任何歷史問題；在工作方面，他一切都按照黨中央、省委的方針、政策行事，即使在三年困難時期，因高徵購、浮誇風，在農村有餓死人的情況，但這均是上行下效，以後中央改正了，省裏改正了，襄陽地區自然也解決了問題；在生活作風方面，他一向清廉嚴謹，在我跟他下縣下鄉出差的那幾年，他是不沾幹部群眾絲毫便宜的，沒任何人敢向他送東西，他吃的每頓飯，定按規定交糧票和錢，每遇超標準的伙食，他一方面批評招待他的單位，一方面讓我們隨從人員一起多交人民幣。這個不成文的規則，一直延續到文化大革命他被奪權為止。這樣的一個領導幹部，我如何上臺揭發他、批鬥他呢？我又不能扯謊、造謠、誣衊和編造莫須有的材料……何況運動初期他從隨縣大洪山搞「四清」回機關半夜召見我——說一切揭發、批判，包括把我打成黑幫的問題，最終總是要實事求是的……說明他內心仍有是非觀，並非想一棍子把我打死。那我現在違心地批鬥他，是不是不仁不義？但，我要對此拒絕或消極對待，只上臺應付應付，是不是會得罪地專直紅司與所有渴望開好這次萬人批鬥會的紅衛兵和造反派？到時候不解脫我，不給我取下黑幫的帽子怎麼辦？不是把一個上好的機會作廢了嗎？講良心有什麼用？不冤枉人有什麼好？吃虧、倒楣終歸是自己啊！

當時，對這問題，我悶到房裏，苦思冥想了兩天兩夜，李德復在與李德復鬥爭，靈魂在與靈魂搏鬥，一切讀過的書，一切智慧都在腦子裏翻騰、打滾、生法子：到底有沒有萬全之策？能兩全其美——既不傷害焦德秀，又能解放自己？

我忽然想起英國作家毛姆在其名著《月亮和六便士》中講過的一句話：「良心是我們每人心頭的崗哨，它在那裏值勤站崗，監視著我們別做出違法的事情來。」我的良心是不是也在那裏站崗呢？是在啊！在嚴密地監視我，因為自己說不定會做出違法的事情來。

我還想起在大學裏學過的、美國心理學家馬克斯維爾・馬爾茲的名著《你的潛能》，書中有一句話，我曾抄到我的日記本上：「人不僅不應欺騙他人，而且對自己也應很誠實。我們所說的『真誠』本身，就是以對自我的理解和誠實為基礎的。因『合理的謊言』欺騙自己的人，沒有一個能說得上是真誠。」那現在的我，想去批鬥焦德秀的我，是不是不僅欺騙了他人，也欺騙了自己呢？我是想編造合理的謊言，去獲得本身的自由。這算什麼自由？是真誠的，還是虛偽的？

肯定是虛偽的、虛偽的喲！我能做這號人麼？能做這號沒良心的人麼？我現在雖然是黑幫，但還不是個虛偽的人。我玩過巧，耍過滑，希望保護自我，避免吃大虧，但至少不害別人，不打擊別人。為自己做傷天害理的事，那就不是李德復黑幫了，應換個名字：傷天害理的黑幫！世上的黑幫也還有好壞之分，講良心與不講良心之分啊。

我到底是學文學的，是寫小說的，有豐富的邪門歪道想像力。於是，我先為自己上臺批判焦德秀精心設計：一、情緒一定要高漲；二、口號一定要喊得震天響；三、毛主席語錄一定要背得既一字不差又感情充沛；四、對焦德秀的所謂「錯誤」、「罪過」一句不提，因為，我的確想不起也捏造不出他反黨反社會主義的罪惡；五、那麼，我批判焦德秀什麼呢？仍有很多很多精彩的材料啊，那就是他運動初期不在地委機關時，我為什麼被無中生有的打成黑幫、反革命？這些事實，既具體又真實，都是當時革命群眾在機關主持運動的、某某人的領導下創造性的發揮！這樣，從表面看，我是在批判焦德秀，因為不管他在不在地委會，他都是一把手嘛！而實際上，我是環顧左右而言他。焦德秀是個幾聰明的領導啊，他只要稍微一聽，一思索，一分析，心裏不就很明白了麼？什麼叫心有靈犀？什麼叫曲線關照？這也算是我在文革中的一個精選的小說細節吧！

批判焦德秀的大會按地專直紅司與紅衛兵各派，以及造反派各組織的約定，一共舉行了兩場，一是在地委機關內部，叫「預演」吧；二是在襄城體育廣場。我個人的「發言表演」，完全由我上述的五項設計進行，應該說十分成功，沒露出一丁點破綻。波斯作家薩迪在其著作《薔薇園》中講：「寧可因為說真話負罪，也不要說假話開脫。」我呢，自我鑒定是：在批判焦的大會上說的全是真話，但涉及到具體事上與焦沒任何關係。從焦在批鬥後對我的回頭一瞥，他已完全明白了這一點。我總算是沒說假話，也痛快地開脫了自己。這也算是我的一點狡猾吧，但我問心無愧。

兩次批焦的大會開了後，沒兩天，地專直紅司給我平了反，但用的是中共襄陽地委機關黨支部的名義。內容如下：

公　告

根據中央批轉關於軍隊院校無產階級文化大革命的緊急指示和中共中央關於處理無產階級文化大革命中檔案材料問題的補充規定，經地委機關黨支部討論，決定給文化大革命運動初期，被地委中一小撮走資本主義道路的當權派打成黑幫的李德復同志徹底平反。他的問題屬於人民內部矛盾問題，應當眾恢復名譽，將全部整理過的或者沒有整理的黑材料當眾焚毀，未收回的一概作廢。

中共襄陽地委機關黨支部（蓋章）

一九××年×月×日

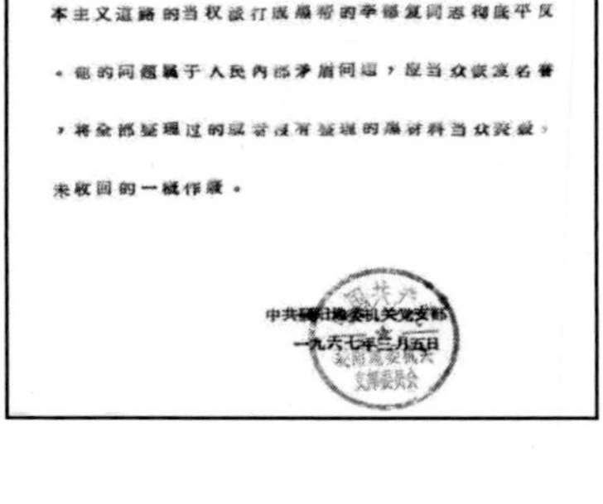
公　告

根据中央批转关于军队院校无产阶级文化大革命的紧急指示和中共中央关于处理无产阶级文化大革命中档案材料问题的补充规定，经地委机关党支部讨论，决定给文化大革命运动初期，被地委中一小撮走资本主义道路的当权派打成黑帮的李德复同志彻底平反。他的问题属于人民内部矛盾问题，应当众恢复名誉，将全部整理过的或者没有整理的黑材料当众焚毁，未收回的一概作废。

中共襄阳地委机关党支部

一九六七年三月五日

這次平反，是不是真地按《公告》中講的：徹底為我平反了呢？沒有，沒有，沒有！只能算是一個初步的緩衝吧。我的霉運尚未完結，九九八十一難，還有幾個關鍵災難正在等待我這個屬猴的、官僚資產階級的後代哩！

激烈武鬥中的一聲淒厲呼喊

就在我第一次得到所謂的「解放」，一九六七年帶著淒風血雨的風暴到來了。我為什麼要用風暴這個詞呢？因為一九六七年一月一日，《人民日報》、《紅旗》雜誌按照毛主席的指示，發表了題為〈把無產階級文化大革命進行到底〉的社論。社論宣佈「一九六七年將是全國全面展開階級鬥爭的一年」，號召「向黨內一小撮走資本主義道路的當權派和社會上的牛鬼蛇神，展開總攻擊」。其實質就是「奪權」。而且，這早在《十六條》中已明確提出了：「要撤換那些走資本主義道路的當權派，把那裏的領導權奪回到無產階級革命派手中。」

那麼，如何貫徹執行偉大領袖這個最高指示——如何奪回其實開國以來就牢牢掌握在他老人家手裏和中國無產階級手裏的權力呢？據一九九六年七月中共黨史出版社出版的《「文化大革命」簡史》中介紹：這個時候，江青、康生等人已看中了上海在全國政治經濟上所處的重要地位，只要在這裏打開缺口，就能牽一發而動整個中華人民共和國的全身，於是，他們先指派聶元梓等人到上海活動，煽動紅衛兵「炮轟」上海市委，接著明裏暗裏支持上海國營十七棉紡廠保衛科幹事王洪文等為首的「上海工人革命造反總司令部」（工總司）到上海市委遊行示威，並提出「我們要奪權」，當遭到市委拒絕後，他們便以赴北京上告為由，強行登火車北上，被阻在上海郊區的安亭火車站。於是，王洪文指揮臥軌攔車，阻斷滬寧鐵路交通達三十多小時。這就是轟動一時的「安亭事件」。此事自然驚動了中共中央，張春橋便奉中央文革之命飛到上海解決這個問題。可他到上海後，撇開中共上海市委，簽字同意王洪文提出的要求，即工總司製造的事端是「革命行動」，上海市長曹荻秋必須向革命群眾作公開檢討。張春橋這一搞法可以說是一箭三雕：一是強加給中共上海市委以頑固推行資產階級反動路線，鎮壓群眾的罪名；二是扶植了反對中共上海市委的力量，使工總司成為搞亂上海的主力；三是收買了以王洪文為首的一批幫派勢力——為中央文革所用。

上海工總司在張春橋的支持下，便如此肆無忌憚地在全國開了一個惡劣的先例。從此，不光是上海，在全國範圍內，立刻冒出了除紅衛兵之外的各種名目的工人、農民、幹部的造反組織，這些組織似乎均受到工總司的造反啟示，大搞揪鬥、抄家、遊行、集會、刑訊逼供等等活動，上海的著名翻譯家傅雷、武漢大學的校長李達、北京的著名作家老舍……不計其數的知名人士如何身亡的？不就是在這血腥的潮流中被淹埋了麼！再就是各級黨組織、行政機關，以及各級黨政領導幹部——從此，大面積的、普遍地受到衝擊、迫害，使整個局勢進一步狂暴、惡化；特別是，在張春橋的支持下，王洪文等又在上海製造了有十多萬人參加的、武鬥流血的「康平路事件」。這次大武鬥，王洪文的工總司，以捏造的、所謂「炮打中央文革」的罪名，打垮了另一派最大的工人群眾組織赤衛隊，使上海市成了工總司一派的天下！這是個武鬥的、奪取一個地方勢力的、人為的「經典範」——一下子就傳遍了全國。既然上海能這麼幹，各地也就效仿起來，本是一個大方向的各個群眾組織和造反組織，頓時分成了兩個陣營，一個是極左的所謂造反派，一個是偏右的所謂保守派，但均自稱為最最忠於毛主席正確路線的革命派——為了獨霸一方的權勢，就勢不兩立地、真刀真槍地大開武鬥戰場！如果我們翻閱一下歷史，不說歷朝歷代，就說近代的袁世凱、蔣介石，他們之所以能稱霸一方和一個歷史階段，無不陰謀採取把「自己人」分成兩派互爭互鬥的辦法，自己則從中掌握、調節，一切為鞏固、發展自己的權力服務。所以說，文革中的全國武鬥，實際上都是中央文革處心積慮製造的，使全國經濟生活和社會秩序極度混亂，以便於他們從中奪權，積極有效的培植自己的親信勢力圈，最後達到他們獨霸一切的目的。司馬昭之心，也許當時誰也不知道，但之後的確是路人皆知了。

也就在這個時候，上海工總司在張春橋、姚文元的支持下，以三十二個造反派組織的名義，召開了「打倒市委大會」。中共中央華東局、中共上海市委、市人委的負責人陳丕顯、曹荻秋、魏文伯均被揪到會場批鬥，並將全市幾百名局級以上幹部揪到會場陪鬥。大會發出三項通令：宣佈不再承認曹荻秋為上海市市長，勒令陳丕顯交代所謂「走資本主義道路」的罪行，請求中共中央徹底改組上海市委。緊接著，他們於二月五日正式成立了上海人民公社。張春橋出任主任，姚文元、王洪文等人任副主任。這就是張春橋吹噓為可以比美於巴黎公社的上海「一月革命」。這個用暴力武鬥奪來的「一月革命」卻深得毛主席的讚賞和肯定。他說：「這是一個階級推翻一個階級，這是一場大革命。」「上海革命力量起來，全國就有希望。它不能不影響整個華東，影響全國各省市」。並要求中央文革小組「替中央、國務院和中央軍委起草一個致上海各革命造反派團體的賀電，指出他們的方針、行動是正確的，號召全國黨、政、軍、民學習上海的經驗，一致行動起來。」

毛主席這一權威的認可和支持，就似一把熊熊烈火，很快將自下而上的武鬥奪權運動在全國打響……在這武鬥奪權極其瘋狂之際，我的一家在襄樊市也遭過幾次大規模的武鬥。其中的一次，幾十年來，已深深刻印在我的腦海中。大約在一九六七年夏天，我的孩子老三李基春突發疾病，高燒四十度，我愛人便打電話到地委機關，讓我回家幫助照料。就在這時，武漢的兩派：「鋼派」與「新派」的武鬥波及到襄樊。我愛人所在的市一中，恰恰是襄樊「新派」的主力據點。為了奪取市里的控制權，襄樊「鋼派」便調集人馬，圍攻一中，要一舉拿下這個「新派」的堡壘。

圍攻的前一天，得到資訊的一中老師和周圍的老百姓幾乎都跑光了，而我們一家住在一中宿舍的「九間樓」，卻因孩子高燒不退，動彈不得。在兩派槍聲大作時，我和妮娜便用幾床被褥將十多平方米小屋的前後窗戶堵住，避免子彈穿堂而入，同時在一張大床底下鋪上草墊，讓大孩子基泰和老二基鋼平躺在那裏躲避，妮娜和我則在床上用一條薄毯子圍著臉蛋燒得通紅的老三基春……就這樣堅持了兩天兩夜，吃、喝、拉、撒都在這間小房裏。空氣污濁，氣味實在難聞。本想等外面槍聲稍微停息，我們便打開門，一是透透氣，二是倒痰盂，三是想到街邊的小副食店買點吃的東西……可是，「鋼派」、「新派」兩方武裝硬是卯上勁了，步槍、手槍、機關槍「嗖嗖嗖」、「嘣嘣嘣」的聲音總是連續不斷，有時子彈射到我們宿舍牆上的「劈叭」之聲，更叫人心驚膽跳，怎麼辦？怎麼辦？房裏空氣不好，沒吃的，這還不是主要問題，關鍵是老三體溫越來越高，通身燙得赫人，加之武鬥前在醫院裏拿的一些口服消炎藥，如金黴素之類已經讓孩子吃完，看來，不送孩子上醫院打吊針是絕對不行了，只是外面流彈橫飛，我和妮娜如何抱孩子出門呢？我們猶豫又猶豫，思量又思量，手不停地在孩子的腦門上摸來摸去，熱度在不斷增加啊，加之孩子的哼吟，使我們下了決心——哪怕槍林彈雨，總不能眼睜睜地看到孩子在自己懷裏掙扎，最後由於沒得到治療而病逝……這樣子一想，我抱著孩子，妮娜打著遮陽傘，也不管外面槍聲如何激烈，啟開房門，再交代老大、老二在家守著，我們就出來了。

外面，陽光刺目，槍炮隆隆，街道上空空蕩蕩，看不到行人。我們三人孤獨地相互依偎著，小心翼翼地向離一中三百多米的市醫院走去，真是一步幾聲槍響，一步一個危險，流彈在我們周圍飛來飛去，似乎在問：你們是什麼人？是鋼派的奸細，還是新派的探子？好大的狗膽啊，想死麼？還是想血染街頭？問我怕不怕？怕！若問我怕不怕死？怕死！但此時為了孩子，一切都不顧了。我還急中生智地一面扯著喉嚨大喊：「各位造反的鋼爺爺、新爺爺，」一面舉起我的孩子基春：「請你們看看吧，我小兒子發高燒已幾天幾夜了，性命都快保不住了，現在要趕緊送到市醫院急救室打吊針……萬望鋼爺爺、新爺爺……新爺爺、鋼爺爺放我兒子一條生路吧，讓我們把他送進醫院……好嗎？我們一輩子感激你們，永遠也忘不了你們的大恩大德呀，大恩大德呀！」

我這樣高聲地、歇斯底里地連喊幾遍後，槍聲戛然停止。一分鐘、兩分鐘、三分鐘……我以為我的喊話起了作用，但「嘎嘎嘎」、「突突突」的槍聲又起，不過沒對我們打，子彈只在我們前後左右跳舞，似乎是警告，又似乎為我們三人引路，一直把我們恭送到醫院門口。真是老天有眼，觀音菩薩保佑，小兒子基春終於進了院急救室，打上了吊針。儘管外面的槍聲似暴風雨，越來越凶，越來越猛，我們的兒子卻得救了，得救了。

就在當日中午，孩子打完了吊針，我們抱著孩子走出醫院大門，突然發覺，才將槍聲大作的情景，不知怎麼回事，一下子無蹤無影了，空氣在凝固，街道兩旁的柳樹在凝固，左邊右邊的商戶門面亦是緊閉著，凝固著……遠處，街尾，一聲聲淒厲尖銳的呼喊傳了過來：「你們這些千刀萬剮的呀，你們這些砍腦殼的呀，你們憑什麼朝我獨兒子身上開槍呀，他就是過過馬路回家嘛，你們就想要他的命，就想把他打死……老天爺，你睜開眼睛看看吧，這是什麼世道啊，什麼混賬王八蛋的世界喲……」

一個約四十多歲的婦女，披頭散髮，拉著一輛板車，板車上躺著被槍擊中的、她的兒子……直向醫院奔來。板車一面走，鮮血一面淌，馬路上頓時出現一條彎彎曲曲的、血染成的、紅紅的淒慘之線；這是什麼線？是革命之線，還是反革命之線？再就是老百姓的血淚線！無處喊冤之線！

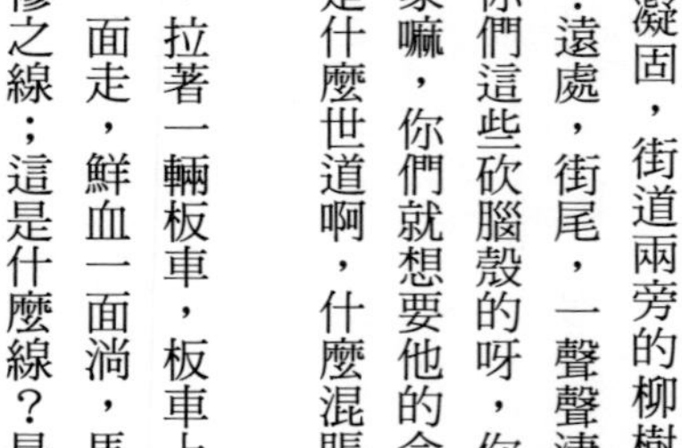

少年時期的老三李基春

這條血染之線，血染之路，是我在文革中印象最深的「紅」，最怕的「紅」，最痛的「紅」！紅色不是代表熱情、代表永遠前進的旗幟麼？可這個紅色，為什麼使我多年來一想起就兩眼一抹黑哩？

很可能，這樣的武鬥，這樣的奪權，這樣的、不斷的死人，驚動了上面，於是，此時，中共中央、國務院頒佈了《關於在無產階級文化大革命中加強公安工作的若干規定》（即「公安六條」）。《規定》要求公安機關「保障大鳴、大放、大字報、大辯論、大串聯的正常進行」；「保護革命群眾和革命群眾組織，保護左派……」最後，還特別規定，凡是「攻擊誣衊偉大領袖毛主席和他親密戰友林彪同志的，都是現行反革命行為，應當依法懲辦。」這個規定在執行中，實際上擴展到凡是對江青、康生、陳伯達這幾個所謂無產階級司令部成員不滿的，便是「炮打無產階級司令部」，都要以現行反革命治罪。

故，文革中的非正常死亡，除了武鬥、無中生有的迫害，還有上述「公安六條」中的、那個特別規定的威力。事實是，在當時那種大環境下，沒有誰不忠於毛主席，包括被打成黑幫的人，在心目中亦是萬分崇敬毛主席的，如我們地委機關文革初期的黑幫隊——五個黑幫，從我這個非黨員的小蘿蔔頭到副部長級的大黑幫，哪個不把毛主席奉為絕對正確的、馬克思主義的創新者！從靈魂深處就不敢懷疑毛主席有丁點不對。可私下對林彪、江青、康生、陳伯達有時會說一兩句不敬的話和發發牢騷。可這種「不敬」和發點牢騷，往往也能置人於死地，像真正的女共產黨員、中共遼寧省委宣傳部幹部張志新，政治理論、文學修養、音樂素質，包括彈奏樂器……都有相當高的水平，只因在文革中對林彪的觀點有異議，有看法，說林彪是「左」傾路線發展的主要成員，是影響「左」傾錯誤不能及時糾正的主要阻力。導致的結果從國內看，是使我國社會主義建設、社會主義革命受到挫折和損失。這種局面確實令人擔憂和不安。同時對毛主席也提了些中肯的意見，說他老人家只強調不斷革命論，而忽視了革命發展階段論，使得革命和建設出現了問題、缺點和錯誤。集中反映在三年困難時期的一些問題上，也就是三面紅旗的問題上。對文化大革命，她也先知先覺地提出，是黨內「左」傾路線錯誤的繼續和發展。並從黨內擴大到黨外，波及到社會主義經濟基礎和上層建築的各個領域，破壞了黨的團結，國家的統一，造成的惡果是相當嚴重的（見陳禹山的長篇通訊《一份血寫的報告》）。就為這，一九六九年九月二十四日，公安部門將她逮捕，在監獄裏關了近六個年頭，一千九百九十天，於一九七五年四月四日按《公安六條》中誣衊毛主席、林副統帥被處死。處死前，怕她喊口號，事先將她的喉管割斷，殘忍之極！可歷史很快證明，她的「意見和看法」百分之百地正確，是當代中國思想解放的、無所畏懼的先驅！只是真理有時是用沸騰的鮮血和人頭落地換來的。

文革後，黨和人民給張志新同志平了反，《人民日報》也發表了紀念她的文章。我於感動和受教育中，於一九七九年七月十五日在《長江日報》上發表了一首紀念她的詩，現抄錄如下：

留下了無畏的微笑

——張志新烈士的骨灰被劊子手拋撒在荒野，沒有留下

骨灰沒留下，
留下了一個特殊材料鑄成的靈魂；
骨灰沒留下，
留下了一顆真正共產黨員的心。

骨灰盒是空的嗎？
不，它裝著人類光明的火種；
骨灰盒是空的嗎？
不，它盛著九百六十萬平方公里的感情。

周總理的骨灰，
撒遍了祖國大地。
你的骨灰，
緊緊跟著他老人家的足跡。

此刻，你是隨周總理暢遊五湖四海，

因堅持真理被殘忍殺害的張志新烈士

還是在月宮裏為楊開慧烈士演奏小提琴？
不論是天上地下啊，
我們都能看到你晶瑩的秀眼，
都能聽到你憂國憂民的琴聲……

骨灰沒留下，
留下了無畏的微笑；
骨灰沒留下，
留下了無私的精神！
這是無產階級的寶貴財富，
江姐七十年代的思想化身。
你——我們這一代的雄傑，
哺育著祖國的子子孫孫。

文化大革命的死人既是異常淒慘，亦是十分悲壯。在此，就以自己寫的這首紀念張志新烈士的小詩，作為本節的結束語。張志新烈士永遠美麗，永遠光明，永垂不朽！

為解放地委書記焦德秀：成了「落血狗」

從一九六七年到一九六八年，拿現在的眼光看，與其說是階級鬥爭最激烈的階段之一，不如說是開展武鬥、人整人的大發展、大爆發。例如上述的上海「一月風暴」刮起了全國武力奪權之十二級颱風，以及「四人幫」誣衊的所謂「二月逆流」（其實是一些老帥，如葉劍英、陳毅、徐向前、聶榮臻、劉伯承和黨內一些高級幹部：李先念、譚震林等人在周恩來主持的一次會議上，對「四人幫」倒行逆施，搞亂國家提出了一些比較尖銳的批評，是那個階段唯一一次正義凜然的「二月抗爭」），再就是於「四人幫」緊鑼密鼓抓「叛徒」的吆喝聲中，造成了震驚中國乃至全世界的劉少奇冤案，並由此產生了無中生有的、抓「叛徒」的政治風波（如所謂的「以薄一波為首的六十一人組成的叛徒集團」），使不計其數的老幹部、好同志被打入監牢，緊接著又是所謂的「一打三反」（又稱「三反一粉碎」運動）、「清理階級隊伍運動」，幾乎把整個國家搞的日夜不寧、人人自危。據中共黨史出版社一九九六年出版的《文化大革命簡史》第216頁中的一段文字講：在這幾個運動的審查中，「濫用專政手段，大搞逼供信，製造了數以百萬計的冤假錯案，加上他們的親屬和有各種社會關係的人，全國被株連的群眾多達一億人，確實史無前例。」

不過，用現在的語言說，在上述武鬥、人整人的期間中，也出現了一次短暫的和諧，那就是毛主席在一九六七年秋天發表了他視察大江南北時的一個重要指示——

毛主席說：「七、八、九三個月形勢發展很快。全國的無產階級文化大革命形勢大好，不是小好。整個形勢比以往任何時候都好。」

毛主席說：「有一些地方前一段好像很亂，其實那是亂了敵人，鍛煉了群眾。」

毛主席說：「再有幾個月時間，整個形勢將會變得更好。」

毛主席說：「關於幹部問題，絕大多數的幹部都是好的，不好的只是極少數。對黨內走資本主義道路的當權派，是要整的，但是，他們是一小撮。我們的幹部中，除了投敵、叛變、自首的以外，絕大多數在過去十幾年、幾十年裏總做過一些好事！要團結幹部的大多數。犯了錯誤的幹部，包括犯了嚴重錯誤的幹部，只要不是堅持不改，屢教不改的，都要團結教育他們。要擴大教育面，縮小打擊面，運用『團結——批評和自我批評——團結』這個公式來解決我們內部的矛盾。在進行批判鬥爭時，要用文鬥，不要搞武鬥，也不要搞變相的武鬥。有一些犯錯誤的同志一時想不通，還應該給他時間，讓他多想一個時候。要允許他們思想有反覆，一時想通了，遇到一些事又想不通，還可以等待。要允許幹部犯錯誤，允許幹部改正錯誤。不要一犯錯誤就打倒。犯了錯誤有什麼要緊？改了就好。要解放一批幹部，讓幹部站出來。」

毛主席關於幹部問題的這個最高指示，深受當年的當權派（包括被打成「走資本主義道路的當權派」）的歡迎，他們認為自己很快就要解放了。再就是保守派也很歡迎，認為他們保的這批「走資本主義道路的當權派」沒有錯。就是在造反派內部也有不少的一部分人要堅決執行毛主席的這個指示。當然，有一大部分造反派，對毛主席這個指示是抵制的。他們的內心語言是：那我們奪權不是白奪了麼？「走資本主義道路的當權派」不很像電影《閃閃紅星》中的還鄉團團長胡漢三——又回來復辟了麼？

當時，我是非常贊成和喜歡這個最高指示的，為什麼呢？一個是，儘管襄陽地委的領導在運動初期把我打成了黑幫、反革命，但認真思考，他們是忠於毛主席、黨中央和省委的政治路線的，有一些官僚主義、主觀主義的錯誤，但絕對不是走資本主義道路的當權派，特別是焦德秀，我前面已經說了，在抗日戰爭時期，打日本鬼子是立了功的，在解放戰爭時期，為建立人民政權亦是有成績的。就是在解放後，到襄陽地區當領導，雖沒有什麼特大的貢獻，但至少沒有犯什麼嚴重錯誤，算得上是一個清廉的、負責的領導。他們該打倒嗎？我認為，群眾批評批評是應該的，但把他們整成「走資本主義道路的當權派」是絕對錯誤的。這是我那時候的客觀分析，應該說其中沒有私心雜念，是秉公而言吧！

是不是我一點私心雜念都沒有呢？也不是；是不是我沒有絲毫報復心理呢？也不是。比方，我為了解脫自己，也在襄陽的萬人體育場批鬥過焦德秀和沈漢民，儘管我在批鬥時，是環顧左右而言他，但其本質還是為了自己。

那麼，這一次對待毛主席的重要指示，我是不理不聞，還是積極回應？為此，我想了一天，最後決定要積極回應。這裏面有百分之七十是公心，剩下百分之三十是私心。我的具體行動是：我要搶在地委機關和社會眾人之前寫一個解放焦德秀的大字報。這可能與我學文學、寫小說有點聯繫。寫小說有一個原則，即「出其不意，理所當然」、「意料之外，情理之中」：我在運動初期是被焦德秀默許打成黑幫和反革命的。我要是頭一個站出來寫大字報解放他，是否不符合邏輯？好像應由出身好的幹部、群眾以及保守派來解放他——才對頭。但我在這時偏要強出頭，而這個強出頭又是響應了毛主席的偉大號召，這不是出其不意又理所當然嗎？從客觀上講，不管我主觀上是怎麼想的，在地委機關和社會上的反應，肯定說我李德復大公無私，會獲得比較好的社會效果。將來焦德秀被解放了，定會記得我這個情，定會幫助我徹底解放。所以說，人是有兩面性的，即正面和反面，有時正面也會反映出反面的個人私心。我就是這麼個人，能很巧妙地把私心隱藏在公心裏，即使有人發覺或分析得出來，也不敢把我怎麼樣，對不對？因為頭一個要解放焦德秀的人是冒著很大風險的。而我的個性，就像我寫文章，要出人頭地，甘於冒最大的風險，就如我在大躍進中寫《典型報告》，在成立人民公社時寫〈小學裏的大學生〉，一次譽滿全國，一次差一點被打成右傾機會主義者「小彭德懷」——亦在所不惜。

當我下定決心要解放焦德秀後，就馬不停蹄地幹起來。沒有人幫忙，我就把上小學的大兒子李基泰喊來幫忙。我在地委機關寫的那張解放焦德秀的第一張大字報比較詳細，說明要解放焦德秀的十個理由；另外寫的幾十張準備貼滿襄、樊兩城的大字報就比較簡單，主要是套用武漢市一些革命群眾組織要解放省長張體學的大字報——比如「打倒張體學有理，解放張體學有功」，我便把它們改成「打倒焦德秀有理，解放焦德秀有功」。說幹就幹，那兩天我就抱了一大卷大字報，我兒子則提了一個糨糊桶跟在我後面，在襄樊醒目的、凡能貼大字報的地方，如襄陽的古樓洞、樊城的電影院門口……我和兒子就把這些大字報貼了出來。我們爺兒倆興高采烈地貼，後面跟著看的人也興致勃勃，有的叫好，有的則十分驚訝：「喲，那不是被打成黑幫的李德復嗎？他怎麼這麼大的膽子，敢解放焦德秀！」

我這個解放焦德秀的風頭一出，不僅在地委機關引起了很大的轟動，而且許多同志也跟隨我貼出了不少同意我觀點的文章；在社會上，凡是能貼大字報的、引人注目的地方，亦貼出了不少說焦德秀好話、要解放他的形形色色的大字報。真可謂百花齊放，五月的龍舟賽江南。而且，從這些大字報中可以看出，不光是所謂保守派的群眾要焦德秀站出來，連不少所謂造反派的群眾，如襄樊第四中學的紅衛兵頭頭許世平、吳邦興、釋貴民等也寫了大字報支持解放焦德秀。什麼叫做人心呢？我認為這就是人心，是群眾內心的、真正的民主意識。

可這樣和諧的、要解放老幹部的氣氛並沒有維持多久，中央又發出了一個通知，要求全黨、全民：「放手發動群眾，打一場人民戰爭，掀起一個大檢舉、大揭發、大批判、大清理的高潮。」打擊反革命破壞活動，反對貪污盜竊、投機倒把、鋪張浪費，簡稱為「一打三反」或叫「三反一粉碎」運動。

這一下子，鬥爭的大方向似乎轉了舵，解放幹部的好勢頭戛然而止，而打擊反革命、投機倒把、貪污盜竊等活動突然燒起熊熊烈火。像我第一個要解放焦德秀的言行在地委機關也驟然變成為「向走資本主義道路的當權派投降」。

地委紅司內部有個極左的小派別，叫ＮＭ，就利用這次機會，活動一些對解放焦德秀左右搖擺的人，要脅紅司頭頭召開了一次「三反一粉碎」大會。這次大會是在地委的食堂裏召開的。ＮＭ頭頭非常厲害，他們首先把紅司內部帶點保守思想的群眾統統斥之為「保皇」敗類，不光文鬥，而且武鬥。我記得，他們中間的一個彪形大漢，一拳就把保守思想比較濃厚的張衛東同志打倒，那一拳的響聲把整個食堂裏的人都震住了。誰要反對他的極左理論，誰要再敢說解放焦德秀，他的拳頭就落到誰的胸脯上。整完了張衛東，他，加上另幾位NM戰鬥員，當場喊：「李德復，站起來！」

我當時好害怕，自然畏畏縮縮地站了起來。

他們又喊：「站到中間來！」

我便老老實實地站到食堂中間。

接著，他們就高喊：「打倒焦德秀！打倒襄陽地區最大的走資派焦德秀！」

全場的幹部、群眾也跟著這樣吼叫。我呢？不知道喊了沒有，但是嘴巴動了一下，只是手沒有舉起來。

那位打倒張衛東的NM彪形大漢就過來指著我的鼻子說：「你為什麼不舉手？為什麼不喊『打倒焦德秀』!?」

我懦弱地說：「我喊了，手，我忘記舉了。」

這當兒，NM派中的一個軍師，綽號叫「痲子」，一下驃過來，指著我說：「李德復，你怕我們不知道，你是焦德秀臥底的第二套班子！他開始把你打成反革命，目的就是要你以後解放他。因為打成反革命的人去解放他，才算是大公無私，最有說服力。」

本來我被會場的氣氛嚇懵了，但他這麼冤枉我，一下子激發了我的主觀戰鬥精神，於是就針鋒相對地對這位NM派成員說：「你太會編故事了！我被焦德秀打成反革命，地委會人人皆知，整個襄樊市的人也都知道，我怎麼又成了焦德秀的第二套班底了呢？而且，解放老幹部是毛主席視察大江南北的重要指示，我要解放焦德秀，是我的民主權利，是我貫徹毛主席重要指示的耿耿忠心。你這樣批評我，居心何在？難道你要反對毛主席的這個重要指示嗎？」

我這幾句義憤填膺的話，不僅激怒了這個NM派的彪形大漢，也把他們這一派別的人都激怒了，於是他們一面高喊著「打倒焦德秀！」、「打倒李德復！」的口號，一面聚攏來，對我一頓拳打腳踢。特別是按著我的頭，抓著我的頭髮，朝食堂水泥地上猛磕，我的額頭立刻流血腫起來了，疼痛之至。

這時，我差不多氣瘋了，儘管寡不敵眾，也揮動雙拳，積極抵抗。一些同情我的群眾就在旁邊喊：「要文鬥，不要武鬥！」

這算不算一場嚴肅的階級鬥爭呢？在NM派看來，確實是一場你死我活的階級鬥爭、路線鬥爭。但在我看來，卻是一場絕無價值的人咬狗、狗咬人的混戰。

最後，會議在紅司頭頭的勸解下自發解散了。NM群眾自然是得勝回朝，而我，不止是被打成了落水狗，事後有人形容，我是被打成了落血狗。但我內心並不悲哀，落血狗就落血狗，文化大革命的血還流得少了嗎？

我因解放焦德秀被挨打的事，一下子傳遍了襄樊市，特別傳到了襄樊四中許世平、吳邦興、釋貴明等紅衛兵頭頭們耳中。他們紛紛為我打抱不平，因為在解放焦德秀的問題上，他們和我是同一觀點的。於是，在一天下午，許世平帶了一大幫紅衛兵殺進了襄陽地委NM戰鬥隊的地方，把NM的人嚇得屁滾尿流，全部都溜了。而且小將們跑來對我說：「老李，兄弟們來晚了，對不起！」

「焦德秀是個好同志，我們任何時候都要解放他。」

「老李，你千萬不要害怕，絕對不要改變你的觀點！」又高呼：「真理萬歲！造反萬歲！解放老幹部萬歲！」

事後證明，這些小將要解放焦德秀的觀點是正確的。他們在紅衛兵時代是做了一些不為人理解，破壞「四舊」和打、砸、搶的事，但總體講，他們絕大多數是愛國的，他們是按照毛主席的偉大指示造反的。他們犯了一些錯誤，也做了一些好事，他們要解放焦德秀，就是做了一件好事，歷史早就應該給他們以正確的評價。

在「五・七幹校」赤裸裸的亮相

關於貫徹執行毛主席解放老幹部的重要指示，由於極左思潮和派性做怪，許多應該解放的老幹部都像焦德秀那樣被擱置了。而這時，毛主席在一九六八年十月十三日黨的八屆十二中全會上的一次講話中說：「文化大革命到底要搞多久？大概需三年吧，明年夏天就差不多了。」但是，樹欲靜而風不止，武鬥還在不斷地進行；解放幹部的問題遲遲得不到解決；很多地方的革命委員會建立不起來；毛主席想召開中共第九次全國代表大會，時機也不成熟……那，怎麼扭轉這種局勢呢？恰恰在這個時候，剛剛成立不久的黑龍江革命委員會於毛澤東的「五・七指示」發表兩周年之際，在黑龍江慶安縣柳河建立了中國的第一個「五・七幹校」。

毛主席的「五・七指示」是一九六六年五月七日，就軍委總後勤部關於進一步搞好部隊農副業生產的報告——給林彪寫的一封信而展示的。信的內容是：

林彪同志：

你在五月十六日寄來的總後勤部的報告收到了，看到這個計畫很好的。是否可以將這個報告發到各軍區，請他們召集軍、師兩級幹部在一起討論一下，以其意見上告軍委，然後報告中央取得同意，再向全軍作出適當的指示。請你酌定。只要在沒有發生世界大戰的條件下，軍隊應該是一個大學校，即使在第三次世界大戰的條件下，很可能也成為一個這樣的大學校，既除打仗以外，還可以做各種工作。第二次世界大戰的八年中，各個抗日根據地，我們不是這樣做了嗎？這個大學校，學政治、學軍事、學文化。又能從事農副業生產，又能辦一些中小工廠，生產自己需要的若干產品和與國家等價交換的產品。

> 又能從事群眾工作。參加工廠農村的社教四清運動。四清完了，隨時都有群眾工作可做，使軍民永遠打成一片；又要隨時參加批判資產階級的文化大革命。這樣，軍學、軍農、軍工、軍民這幾項都可以兼起來。但要調配適當，要有主有從，農、工、民三項，一個部隊只能兼一項或兩項，不能同時都兼起來。這樣，幾百萬軍隊所起的作用就是很大的了。
>
> 同樣，工人也是這樣，以工為主，也要兼學軍事、政治、文化。也要搞四清，也要參加批判資產階級。在有條件的地方，也要從事農副業生產，例如大慶油田那樣。
>
> 學生也是這樣，以學為主，兼學別樣，即不但學文，也要學工、學農、學軍，也要批判資產階級。學制要縮短，教育要革命，資產階級知識份子統治我們學校的現象，再也不能繼續下去了。
>
> 商業、服務行業、黨政機關工作人員，凡有條件的，也要這樣做。
>
> 以上所說，已經不是什麼新鮮意見、創造發明，多年以來，很多人已經是這樣做了，不過還沒有普及。至於軍隊，已經這樣做了幾十年，不過現在更要有所發展罷了。
>
> 毛澤東
>
> 一九六六年五月七日

這就是文化大革命中「五‧七指示」的內容和來源，現在，黑龍江省革命委員會在慶安縣柳河辦了一個農場，定名為「五‧七幹校」，並總結出一套經驗。這正符合毛主席的心意，於是他批示：「廣大幹部下放勞動，這對幹部是一個重新學習的好機會，除老弱病殘者外，都應這樣做。在職幹部也應當分批下放勞動。」從此，幹部下放勞動，開辦「五‧七幹校」之風，席捲整個中國大地。而且，把當時在「鬥、批、改」中未完成的事情，如：審查幹部，清理階級隊伍，對階級異己分子、走資派進行勞動改造等等，都可以在「五・七幹校」內繼續進行。故「五・七幹校」不僅僅是一個艱苦的勞動場所，也是一個階級鬥爭相當激烈的地方。

就在這時，襄陽地區在軍宣隊的幫助下，也建立了「五・七幹校」。幹校的地址在襄北農場。這個農場過去是專門改造被抓捕的美蔣特務的，現在就變成了審查幹部、知識份子、走資派的集中營。我當時就隨一大批襄陽地委的普通幹部、當權派、走資派來到這裏進行勞動改造。

到「五・七幹校」，我碰到的第一個回合，是清理「五一六反革命集團」分子。所謂「五一六反革命集團」，原指北京一度存在的、一個名為「首都五一六紅衛兵團」的、人數很少的極左小組織。他們利用一九六七年「五一六通知」在報刊上公開發表的機會，打著貫徹這一通知的旗號，建立秘密組織，進行秘密活動，散發題為「揪出二月黑風的總後台——周恩來」、「周恩來之流的要害是背叛五一六通知」、「周恩來是毛澤東主義的可恥叛徒」等反動傳單和標語，並將這種傳單和標語張貼在北京一些繁華市區。對此，毛主席在一九六七年九月八號《人民日報》的一篇文章中講了一段話，指出「五一六的組織者和操縱者是一個用貌似極左而實質極右的口號，刮起了懷疑一切的妖風」、「炮打無產階級司令部的搞陰謀的反革命集團，應予以徹底揭露。」故沒有用多少時間，這個反動組織就被清查出來，為首分子被公安機關逮捕，問題基本上解決了。可是，林彪、江青一夥接過清查「五一六」的口號，極力誇大這個反動小組織的力量和活動，任意擴大範圍，千方百計混淆和轉移清查目標，造成了極為殘酷的「紅色恐怖」。有的單位三分之一以上的人都被打成了「五一六」分子，到後來，據中共黨史出版社出版的《文化大革命簡史》記錄，中央「五一六」專案組辦公室主任也為此蒙冤自殺身亡。如此混亂不堪地清查、審訊自然難以進行下去，最後只好不了了之。由於我一向對周總理非常崇敬，平常與同事們、朋友們談論中央領導的時候，總是講周總理是我心中最佩服的領導，認為周總理的胸懷寬廣似海，又能忍辱負重，真是當代的宰相肚裏能划船，不光能划船，還能走航空母艦。所以，一些對我有意見的極左分子想在抓「五一六」分子這個問題上搞我的名堂，可我與「五一六」分子不僅沒有組織上的聯繫，在思想上亦極端討厭他們的極左行為，故他們整我始終沒搞成，我也就躲過了這一劫。

另外，在幹校遇到的第二個激烈的、階級鬥爭的回合是繼續清理階級隊伍，肅清階級異己分子。當時有些極左的同事在軍宣隊管我的指導員面前告我的狀，說我在這方面肯定有問題，肯定是混入革命隊伍的壞人。但是，他們這一良好的「革命」心願，最終也沒有得逞。為什麼呢？因我一參加工作就把我祖宗三代以及所有的社會關係都一絲不苟地向組織交代了，什麼官僚資產階級，什麼地主階級，連父親在恒大公司任總經理——每月的工資是多少光洋都跟組織說得一清二楚。所以，幹校對我的內查外調，怎麼查也查不出對我不利的新鮮材料，想給我另加罪名，也捕不到風、捉不到影。之後，我在總結這條做人的成功經驗時，就認為：要想共產黨不抓你的辮子，不找你的毛病，唯一的辦法就是把你身上的十萬八千根汗毛全部亮給專案組看，讓他們一根根汗毛去梳理，去清洗，你不就乾淨了嗎？即使原來有點污點，經過這麼一清，一洗，不透明也都透明清白了。

當我通過這兩個看似很難通過的、階級鬥爭的關口後，就像洗了一個熱水澡，全身都清爽了，再也沒什麼政治麻煩朝心窩裏頭爬了。於是，軍宣隊的指導員就放心大膽地將我投入到體力勞動改造中。

應該說，我在「五・七幹校」不僅學會了許多農業活，比如：犁田、犁地、耙田、耖地、插秧、種棉花、種菜、種瓜……還有許多建築活、雜活，我都能無師自通，比方：修公路、蓋廁所、當炊事員等等。為修公路，在嚴冬臘月，我打著赤腳，和同事們一起在小河裏撈石頭，後來得了傷寒病，差一點嗚呼哀哉。為種菜，給菜園子送底肥，那時候，我已經得了肺結核，經常一面吐血，一面挑大糞，直至指導員看不過去，叫我停下來醫治。我是一個看起來非常懦弱、可內心非常要強的、至死不求饒的人。你不是要置我於死地嗎？那我就死給你看看！我看你有什麼好得意的。而且這種得意在你心裏也不會那麼舒服，也是個不祥的黑洞。

這種艱苦、超負荷的體力勞動，雖然對我的身心來說是十分沉重的，但苦中也有收穫。古人云：「吃得苦中苦，方為人上人」，我把這句話改為：「吃得苦中苦，方有樂上樂」，並能從中得到一些啟示和智慧。在此，我隨便舉一個例子，比方：我牽牛去犁地，開始，我總是選一犋雄性的大黃牛或大水牯，以為牠們力氣大，工作效率高。誰知兩頭雄性牛在一起，往往互不照應，不相配合，難以控制，把地犁得亂七八糟。後來，我就選一頭公牛和一頭母牛，讓牠們合起來耕地。這個辦法好，陰陽搭配，雌雄合力，公牛能照顧母牛，母牛也能體貼公牛，工作效率就提高了。從中我體會到一個道理，就是幹任何事，不僅要看它的強勢，更重要的是要懂得兩種力量是否能形成合力。這不僅是雌雄的一種天然配合，在同性中亦能取長補短，剛柔相濟，很多事情就易如反掌，水到渠成了。

每天傍晚，在「五·七幹校」的男性宿舍中，還有一種奇觀——因那個時候收工了，「五·七」勞動者從田野歸來，個個都是一身臭汗，幹校卻沒有一個公共洗澡堂，於是，大家就用自己的洗臉盆到燒水房打一盆水，端到宿舍裏，在自己的床頭洗滌。一個大寢室大約二十幾個人，全部脫得精光，洗臉、擦身、洗腳，完全是一派男性的裸體展覽。笑聲呵呵，歌聲嘹亮。這叫什麼快活？這叫窮快活，苦快活，而這種快活，沒有埋怨，沒有詛咒，只有在「五·七幹校」才能創造出來的、一種特殊的、既能洗思想的澡，又能洗體魄的澡的快活！

我一生洗過各種各樣的澡，在大海裏洗澡，在大河裏洗澡，在大湖泊裏洗澡，在大水塘裏洗澡，在大浴池裏洗澡，在大浴缸裏洗澡，也在大腳盆裏洗澡……但至今在我記憶裏最深刻的——是在「五·七幹校」洗的這種集體赤膊澡、集體思想改造澡。

「五·七幹校」的赤膊澡萬歲！

無產階級的「鬥爭情懷」與非無產階級的「親情感悟」

我大約在一九六七年底來到襄陽地區「五・七幹校」。在這裏我目睹了所謂的「全國山河一片紅」，即自一九六七年一月上海王洪文、張春橋等奪權後，又經歷了二十個月的、錯綜複雜的鬥爭，全國（除臺灣省外）二十九個省、市、自治區先後成立了革命委員會，這標誌著「文化大革命」的奪權任務已經基本完成，兩報一刊便稱之為「全國山河一片紅」。其實，這種奪權，成立革命委員會，完全如中共黨史出版社出版的《文化大革命簡史》中評論的：「……不過是一些共產黨員率領一些群眾向另一些共產黨員奪權。奪權之後，仍是中華人民共和國的地方政權……奪權之後的領導力量仍是中國共產黨……政權的性質也沒有改變，仍然是人民民主專政。」實際上，是共產黨奪共產黨的權，是毛主席的左手奪毛主席右手的權。現在想起來很滑稽，聽起來很可笑，可當時是一件很嚴肅的政治大事。可見歷史常常是這樣跟人類開玩笑的。

全國山河一片紅後，給召開黨的全國第九次代表大會創造了條件，毛主席於是在一九六八年十月十三日至三十一日在北京主持召開了中共八屆擴大的十二中全會，在這個會議上，解決了兩個問題：一個是錯誤地批准了《關於叛徒、內奸、工賊劉少奇的審查報告》，並通過決議，宣佈「把劉少奇永遠開除出黨，撤銷黨內外一切職務，並繼續清算劉少奇及其同夥叛國的罪行。」雖然有一些老同志在討論中表示了懷疑，但在巨大的壓力下沒有堅持反對。只有中央委員陳少敏（女）在表決時沒舉手。陳少敏人稱「陳大腳」，不僅腳大，勇氣也大，竟敢在毛主席帶頭打倒劉少奇的環境中，人人贊成，唯獨她不，真巾幗女豪也！人一生的閃光點在何處？不就在這裏嗎？歷史的輝煌不就在這裏嗎？

在此會議上，解決的第二個大問題是，決定召開黨的第九次代表大會。

一九六九年四月一日，這個大會在北京隆重開幕了。開幕式上，要通過主席團名單，並推舉大會主席。這時突然發生一個值得思考的、要載入歷史的小插曲。當時，毛主席突然說：「我推舉林彪同志當主席。」林彪沒預料到毛主席會如此提議，馬上驚慌地站起來大聲說：「偉大領袖毛主席當主席，毛主席當主席。」毛主席又說了一句：「林彪同志當主席，我當副主席，好不好？」林彪連忙擺手說：「不好，不好，毛主席當主席，大家同意請舉手。」於是，全場立刻舉起手來，毛主席見大家舉了手，就同意當主席團主席了，並提議林彪當副主席，周恩來當秘書長。會上，一致通過。

上述小插曲從表面上看好像是個偶然事件，其實這是毛主席有意為之。因為那個時候毛主席已經隱隱地感覺到林彪有野心。所以有意在這個大會上試了一下。林彪是一個極機警的人，立刻見風轉舵，似乎全心全意、忠心耿耿地擁護毛主席。毛主席呢，也就順水推舟，在九大通過的黨章上說明，偉大領袖毛主席的接班人是林彪。這，完全背離了歷史唯物主義的基本原理，違反了黨的民主集中制原則。列寧早就說了：無產階級政黨的領袖不是一個人，而是一批人組成的一個集體。他們是經過實踐的考驗，最有威望、最有影響、最有經驗的人們，他們受到廣大黨員的信任，被推選出來擔任最重要的職務，並對全黨的工作實行集體領導的。黨的領袖既不能保證終身任職，更不能由一個人指定自己的接班人。《鄧小平文選》第二卷、第347頁就講了：「一個領導人，自己選擇自己的接班人，是沿用了一種封建主義的做法。」這種做法，自然同無產階級先鋒隊的性質是根本不相容的，是完全錯誤的。只有在無民生、無法制的「文革」中才能出現這種異端的、無理性的、無原則的現象。不過，亦有一些研究「文革」歷史的人認為，這可能依然是毛主席對林彪的一種試探：九大已把你林彪捧得一人之下，萬人之上了，難道你還不滿足麼？該滿足了吧！但以後的歷史很快證明：林彪的野心絕不止此！

在這次黨的第九次代表會議上，當選的一百七十名中央委員和一百零九名候補中央委員中，原八屆中央委員和候補中央委員僅占百分之十九。許多功勳卓著、久經考驗的革命家被排斥在外。相反的，林彪、江青體系中的相當一批骨幹和親信，還有各地造反派頭頭，如王洪文、王秀珍、劉結挺、王效禹、聶元梓等被大量塞進黨的中央委員會。特別在新選出的中央政治局委員中，林彪、江青集團的主要骨幹占了半數以上，從表面看，他們——特別是林彪的親信在中央和軍委領導機構中掌握了更大的權力（以上觀點、資料見中共黨史出版社一九九六年出版的《文化大革命簡史》第207頁、208頁、210頁）。

那麼，林彪集團是不是真地掌握了很大的勢力，能夠左右中央和軍委的一些決策了呢？從形式看，似乎是這樣，因為林的主要成員黃永勝、吳法憲、葉群、李作鵬、邱會作等都進了中央政治局，黃永勝還擔任了軍委辦事組組長、總參謀長，吳法憲、李作鵬、邱會作都擔任副總參謀長和軍委辦事組成員，葉群也是軍委辦事組成員，實際上控制了軍委辦事組，掌握了很大的一部分軍權。毛主席有句名言：「槍桿子裏出政權。」林彪是不是由此妄圖提前「接」毛主席的「班」，毛主席是心中有數的。這樣，一九七〇年三月八日，毛主席向中共中央提出召開第四屆全國人民體表大會和修改憲法的建議——即改變國家體制，不設國家主席。會上多數人贊同了毛主席的建議。可此時，林彪認為實現自己野心的機會來了。他採取的策略是：表面上堅持擁護毛澤東擔任國家主席，讚頌毛澤東是幾千年才出現的一個天才，以騙取毛澤東的信任，擴大自己的影響，而實際上是想把毛澤東架空，由他來掌握實權。四月十一日，林彪不顧中央工作會議上多數人的意見和毛主席本人意見，再次提出要設國家主席，仍堅持毛澤東擔任此職。次日，毛主席批示：「我不能再做此事，此議不妥。」在此前後的半年內，他六次講過不設國家主席和他不擔任國家主席的話，最後一次在中央政治局常委會上，他憤慨地說：「誰要當國家主席，就可以加上。」他還引用三國的故事：孫權勸曹操當皇帝。曹操說：孫權是要把他放在火爐上烤。毛主席便講，我勸你們不要把我當曹操，你們也不要當孫權。

可林彪卻違反他自己倡導的、對毛主席的話「理解的要執行，不理解的也要執行」的「名言」，為權慾所驅使——繼續堅持要設國家主席，並對吳法憲講：不設國家主席，國家就沒有個頭；又讓李作鵬在憲法工作小組會議上提出：應在憲法中寫上〈國家主席〉一章，說：不能因為毛澤東講不設，別人就不能有不同的意見。而其真正目的，是當年七月他老婆葉群私下對吳法憲說的一句話：「不設國家主席，林彪怎麼辦，往哪裏擺？」而李作鵬則公開向別人說：「林彪擔任國家主席較合適，因為他既是副統帥，又是接班人。」林彪的狼子野心，搶班奪權的陰謀這時已暴露無遺了。

接著，一九七〇年八月二十三日，中共九屆二中全會在廬山召開，毛主席主持會議。會議一開始，林彪就在全體會議上搶先發表講話，他強調憲法草案的特點是：「肯定毛主席的偉大領袖、無產階級專政元首、最高統帥」這種地位。「用憲法的形式把這個固定下來，非常好，非常好！可以說是憲法的靈魂。」林彪在這裏使用「無產階級專政元首」的提法，顯然是改換另一種用語，表達他仍然堅持沒國家主席的主張，在內心裏與毛主席唱對臺戲。而一向性喜投機的陳伯達錯誤地估量了形勢，公開倒向林彪集團一邊，也積極贊成林彪講的「毛澤東是幾千年才出現的一個天才」，憲法中應該設國家主席，毛澤東是理所當然的國家主席，並宣講了一份由他選編的題為〈恩格斯、列寧、毛主席關於稱天才的幾段語錄〉，武斷地說：「按照列寧的說法，否認天才，就是否認領袖，就是否認無產階級專政。」陳伯達這些話帶有很大的煽動性，當即有些代表就跟著起哄，全場的氣氛很緊張，似乎大家都擁護林彪的講話，都贊成設立國家主席。

到八月二十五日上午，毛主席知道了上述情況，認為林彪終於暴露了他的真面貌，表面上要設立國家主席，要他當國家主席，其實是林彪自己要當國家主席，而陳伯達則積極地為林彪搖旗吶喊，於是決定立即停止討論林彪的講話，責令陳伯達檢討。三十一日，毛主席還說：「陳伯達採取突然襲擊，煽風點火，唯恐天下不亂，大有炸平廬山，停止地球轉動之勢。」還強調：「是英雄創造歷史還是奴隸創造歷史，人的知識是先天就有的，還是後天才有的，是唯心論的先驗論還是唯物論的反映論，我們只能站在馬列主義的立場上，而決不能跟陳伯達的謠言和詭辯混在一起。」毛澤東表面上是批評陳伯達，實際上是批判林彪本人和林彪的骨幹及其親信。從這時起，林彪集團就逐步走向了衰落，直至滅亡。

之後，黨的九屆二中全會閉幕了，但是，毛主席並不認為會議上的這場與林彪的鬥爭已經結束，也不想僅限於對陳伯達的揭發、批判，而是採取各種辦法限制和削弱林彪集團的勢力，這些辦法，後來毛澤東自己概括為：「拋石頭」（即寫批示發下去）、「摻砂子」（往林彪控制的機構裏派人）、「挖牆角」（瓦解林彪控制的軍事力量）。

一九七一年八月中旬至九月十二日，毛澤東去南方巡視。在武漢、長沙和南昌分別召集湖北、河南、廣東、廣西、江西、江蘇、福建等地黨政軍負責人進行了多次談話。毛主席著重談了中共九屆二中全會上的鬥爭，明確指出，這場鬥爭沒有結束，他指名批評了林彪、黃永勝、吳發憲、葉群、李作鵬、邱會作等人，說：「他們先搞隱瞞，後搞突然襲擊，是有計劃、有組織、有綱領的。」他指出：「有人想當國家主席，要分裂黨，急於奪權。」「這次廬山會議是兩個司令部的鬥爭。還沒有解決。」表明毛主席不僅不再把林彪當作接班人，而且認為林彪已充當了反對自己的另一個司令部的頭頭。對於毛澤東的這些講話，林彪一夥急於想知道。一九七一年九月六日，李作鵬利用陪同外國軍事代表團到武漢的機會，從武漢軍區政委劉豐處瞭解到毛澤東在武漢的談話內容，就立刻緊急向黃永勝、葉群做了密報。當時，住在北戴河的林彪從葉群那兒知道這些情況後，認為「與其束手待斃，不如破釜沉舟」，決定對在巡視中的毛澤東採取謀殺行動，進而發動武裝政變。九月七日，林彪的兒子、空軍作戰部副部長林立果，帶著林彪謀害毛主席的手令到北京進行了具體部署。他們密謀在毛主席列車到上海市郊一個叫碩放的小火車站附近時，用地面攻擊、爆破鐵路橋梁、飛機轟炸等手段摧毀毛澤東乘坐的專列，致毛澤東於死地。同時，林彪還做了帶領親信、骨幹南逃廣州另立中央的準備。但這一切都被毛主席從一些蛛絲馬跡中覺察到，立刻引起了他老人家的警惕。九月八日晚，毛主席下令將他乘坐的專列趁夜轉移出杭州。九月十日下午，他又突然離開杭州，當晚抵達上海。十一日下午，毛澤東又突然下令列車立即出發，要求鐵路全線綠燈，沿途晝夜不停，直達北京，使林彪集團的謀殺計畫無法實現而破產。九月十一日晚，林彪的兒子林立果得到毛澤東已離開上海的密報，於十二日晚八時，私調專機，飛抵山海關機場，立即乘車赴北戴河與林彪、葉群彙合。在這天晚上十一點，林彪、葉群、林立果不顧北戴河駐地警衛部隊的阻攔，乘汽車狂奔至山海關海軍機場，登上二五六三叉戟型專機，於九月十三日零時強行起飛外逃。

周恩來在北京得到飛機強行起飛的報告後，馬上到中南海向毛澤東報告，說林彪乘坐的飛機明顯要飛向國外。毛澤東卻說：「天要下雨，娘要嫁人，隨他去吧！」決定不派飛機攔截。凌晨一點五十五分，專機進入蒙古人民共和國，在蒙古溫都爾汗上空，飛機因燃油耗盡，不得不迫降時，在地面起火燒毀，林彪、葉群、林立果等人全部死亡。之後，林彪集團其他骨幹分子有的畏罪自殺，有的被拘捕，一場反革命武裝政變徹底破產了。從這一驚心魂魄的「九．一三」事件中，全國人民清楚地看到，鼓吹個人崇拜最力的林彪，竟然陰謀殺害偉大領袖毛主席，用黨章肯定下來的接班人，竟然叛國出逃。這些令人震驚的事實，促使人們不能不進行思考，不能不加深對文化大革命的懷疑和不滿。在客觀上，此事件已宣告了文化大革命的理論和實踐的完全失敗，成為十年文化大革命歷史發展的一個轉捩點。

除此之外，人們也不得不佩服毛主席在任何黨內的政治鬥爭中都能後發制人，戰無不勝：與王明的鬥爭，與張國燾的鬥爭，與劉少奇的鬥爭，與林彪的鬥爭，都是以他戰勝而告終，這在近代史上、中國共產黨黨史上，誰也難以與他匹敵。

作為「五．七戰士」的李德復

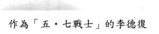

在黨中央上層這次驚心動魄的、毛主席與林彪零距離的鬥爭中，我只是吃驚地注視著事態的發展，個人生活並沒有受到影響。這一段時間，我除了在幹校老老實實地勞動外，忽然渴望親情。應該說，解放以後，我因為家庭出身不好，很不注意親情，卻特別渴望階級情，總覺得階級情才是世界上最偉大的感情，所以，我在土改中，在二十幾年的農村工作中，以及在工廠體驗生活中，與貧下中農、工人階級的感情都比較好。我是主動靠攏他們、向他們學習的。他們呢，也沒有把我當外人，對我也像兄弟姐妹一樣。但是我在學校裏，在機關裏，就發覺，同學、同事對我這樣的人，階級感情就很難培養，每次運動一來，我幾乎都是對立面、被批判的對象，想和大家建立階級情誼，的確難上難。我愛他們，但是他們不愛我，我把他們當階級兄弟姐妹，他們卻把我當階級敵人。有時就有著名作家白樺的那種感覺：我愛祖國，但祖國不愛我。我牽著祖國母親的衣角，想追隨她走遍天涯，不論幹什麼艱難、困苦的活，我都願意奉獻自己，但祖國母親就是不喜歡我。每到這時，我就非常痛心。我為什麼不能和所有的階級兄弟姊妹一樣呢？我真是那只插上孔雀羽毛的烏鴉嗎？我真的只能和天下一般黑的烏鴉生活在一起嗎？

不過，當我翻閱這一次次的、無產階級先鋒隊高層領導之間的鬥爭史，有一種可能是小資產階級的、不被革命者稱道的、不健康的觀點和感情。比如，毛主席與劉少奇，他們不是幾十年的親密戰友麼，少奇同志不僅在國內革命戰爭時期、抗戰時期、解放戰爭時期立了豐功偉績；歷史還證實，就連「毛澤東思想」的科學定義，亦是他概括的……對黨、對毛主席那麼忠心耿耿的一個老共產黨員、國家主席——為什麼要編造、羅列那麼多莫須有的罪狀冤枉他，並下狠心在黨的八屆十二中全會上——把他打成叛徒、內奸、工賊，並將其永遠開除出黨！多年的階級情、同志情到哪裏去了？一貫的實事求是原則、唯物主義的精神到哪裏去了？不僅黨內高級幹部、普通黨員心寒，黨外人士也聞之心痛！再就是林彪，毛主席對他那麼好，那麼愛戴，已把他作為法定的接班人了，他還要迫不及待的搶班奪權，千方百計謀害毛主席，且不說有沒有共產黨員黨性，連普通老百姓的良心都讓狗吃了。這叫什麼「三忠於」、「四無限」的無產階級感情？是叫任何人想起來就可憎、可怕的鬼魅殺人狂！既沒有絲毫一向標榜的無產階級人性，連一直被批判的資本主義的人道主義也沾不上邊，除了權力的爭鬥，就是血淋淋的殘殺！

與此同時，我常回憶，像我這類出身於非無產階級、剝削家庭的子弟，親情有時也是溫柔美好的。儘管成份不好，家庭成員在一起，也並不是相互包庇、相互隱瞞、遮蓋階級本身帶來的污垢，也能像貧下中農和工人階級那樣，是人道的，是愛黨、愛國家、愛毛主席、愛人民的，當然，也愛自己的家庭。儘管他們是另類。這，難道就完全錯了嗎？我從實踐中感覺到，這裏面亦有正確的部分，有真實的感情，比方，一九五九年，我的大孩子李基泰兩歲多患羊鬍子瘡，冬天都得敞開胸口——否則血和膿會沾住衣服，撕開生疼！在本地襄陽各個醫院都治不好，我岳母便把他帶回河南淅川，讓我岳父——一代名醫，耗時幾個月，把這個難治的瘡壓下去了。當時，全國人禍導致大鬧饑荒，淅川縣城也集體吃大食堂，沒有哪家吃得飽，沒有哪家不得黃腫病，死的人可不少啊。可我岳父母一家，包括孩子的舅舅、小姨們，把能吃的東西，先滿足我的小孩吃，他們寧肯餓著肚子過。這不是可貴的親情是什麼？再如「五・七幹校」每次放假時（每月有四天假），我就在放假前積極做一些準備：把幹校分給我的一、二斤花生仁，一顆一顆地塞進一兩個瓶子，全部帶回襄樊的家，給愛人吃，給孩子們吃。看他們一粒粒從瓶口取出花生仁，一粒粒放到嘴裏嚼，我就有一種說不出的幸福感；幹校果園分給我的桃子、梨子……我也一個都捨不得吃，全部保存起來，到

李基泰在外公家治癒羊鬍子瘡後留影

放假時，用兩個竹簍裝著，挑著走六十里路，帶回家給愛人、孩子們享用……見他們吃得津津有味，我就有一種親情的溫暖。還有，在歷次政治運動中，我父母儘管責怪我不該揭發他們，但我在「五・七幹校」過苦日子時，父母還給我寄來我小時候最喜歡吃的乳酪……父母到底是父母，子不戀瓜瓜連子，血濃於水，這不就是中國可貴的、傳統的、永遠也分不開的親情麼！我那時想，這種親情難道有階級性嗎？貧下中農、工人階級可以這樣，那麼我這個官僚資產階級兼地主階級的家庭和後代是否也可以有這種享受？

這，是我在文革「五・七幹校」中的一種感悟。我常自歎：自己只是個沒有失去感情的文人、凡人，儘管有時我的感情不對路，不是無產階級的，但我也要為我這點真情活下去。這大概不是罪過吧，是不是？

我的壞心眼

凡是到「五・七幹校」的人，統稱「五・七戰士」，但「五・七戰士」分幾個等級：一等，是作為「五・七幹校」的領導；二等，是作為「五・七幹校」的一般幹部，比方當班長、排長；三等是「五・七戰士」中的積極分子，他們的任務是專門監視、幫助有問題的「五・七」學員；四等，就是被幫助、被監視、被批鬥、被審查的「五・七戰士」。他們和戰士的稱號名不符實，依然是被整的對象。我呢，屬於第四等。上一章已經講了，當時，我除了勞動外，就是被審查，有時也被拉出來挨批挨鬥。

可我，在襄陽地委機關已挨過一陣子整，該交代的問題已反覆交代了多少次，沒什麼更新的玩意，加之地委黨支部在前不久給我平了第一次反，所以幫助我的兩個積極分子儘管多次給我做工作，採取各種各樣的恐嚇、引誘、擠牙膏等辦法，但始終在我身上榨不出什麼油水，我也的確赤裸裸的脫光了靈魂上的衣服，實在沒什麼可講的了。但兩個積極分子「宜將剩勇追窮寇」，非要在我身上逼出點什麼板眼。我也知道，要不找點什麼新鮮東西，他們是不會甘休的。因為，只有這樣，他們才能立功，才能向上交代，才能證明他們是正兒八經地在整治我。

為完成這個我總以為完成不了的、卻又非完成不可的任務，我想了好幾天，發現那怕用寫小說的、虛構的辦法也沒得法。最後，我在一天睡午覺時，突然想起了一個人，一想起這個人，我就覺得有靈感，有法子了。

這個人是當時專管我這個黑幫的、革命群眾中的積極分子，在此，我給他取個代號，叫「W」。W對我的確厲害，許多整黑幫的辦法都是他在我身上創新出來的：比方，把我拉到烈日下，說是讓我看大字報，實際是讓六月驕陽把我曬暈；再如，讓我打掃廁所，打掃一遍不行，再打掃第二遍，甚至打掃三遍、四遍，其目的是要我在廁所裏多聞臭氣；還有，讓我整天勞動，從早晨六點幹到晚上八點還不收工。至於要我拉死人上山埋，唆使地委子弟強迫我喝痰盂污水、吃煤渣子飯，都是他背後偉大的創意，以至造成我當時自殺未遂。所以，我從心裏非常恨他，總想找個機會報復，也就產生了怎麼報復他的壞心眼。

那，怎麼報復呢？那會兒，我是站在水裏，他是站在岸上，我是被審查者，他是監督被審查的人，我想報復也沒有機會啊……只有把恨埋在心裏，牙齒咬的「嗞嗞」響，就是不敢出手。後來，機會終於來了，那就是地委機關黨支部第一次給我平反，我獲得自由後，便要求地專直紅司在此時，開展一次批判資產階級反動路線的會議。所謂資產階級反動路線，就是文革初期，在地委當權派和文革小組的領導下，把我們一批小蘿蔔頭當右派打，當「牛鬼蛇神」掃……那時期，最厲害的打手就是這位W。

我如何利用這個批判資產階級反動路線的機會來報復、打擊W呢？現在想起來，我的心眼也夠損人的了。我的辦法是：決不武鬥，而是比武鬥厲害十倍的靈魂鬥。

怎麼個鬥法呢？就是在開批鬥會的時候，讓W站到場子中央，讓地委參加會的群眾都圍著他，我則在旁邊提問。

我問的第一個問題是：「W，你認識我是誰嗎？」

W：「你是李德復同志。」

「我真是你的同志嗎？」

「是的。」

「既然我是你的同志，你為什麼對我那麼心狠手辣、殘酷無情？」

「那因為前一段你是黑幫。」

「是的，前一段我是黑幫，可那是被冤枉的黑幫，是無中生有的黑幫。即使是黑幫，是反革命，按照毛主席的最高指示，按《十六條》的規定，也應該文鬥，不要武鬥，是不是？」「對對。」

「既然對，你為什麼在批鬥我的時候，不僅僅是侮辱我，還打過我；不光是你打過我，還唆使地委一些不懂政策的工人打我，甚至唆使一些地委幹部子弟強迫我喝痰盂污水、吃拌了煤渣的飯……」

「這……」

「什麼這、那……你這到底是為了什麼？是不是不執行毛主席的指示，違反《十六條》？」

「……」他自知理虧，低下頭，不吭聲了。

我乘勝追擊：「你一定要交代，你這是為什麼？我知道，你這樣做是為了表現得更積極，表示和我這個黑幫勢不兩立，而這種特殊表現，其目的又是為了哪一樁？請你坦率地講出來！」

他的頭垂得更低，越發不吭了。

我逼過去：「你今天非要把這個問題竹筒倒豆子倒出來不可！」

「我……我怎麼倒？」

「怎麼倒？難道你還不清楚嗎？我們地委機關好多人都知道你有個德性，有個習慣——身上常帶著個小本子，專門記同事們的缺點、錯誤，然後悄悄到領導那裏告密，且經常是無中生有，添油加醋，害人。其目的就是討好領導、希望提拔……也就是想踩著別人的肩膀攀高枝吧。現在我問你，你對我那麼狠，是不是想在這次運動中，表現得格外突出，能得到領導賞識、重用，又爬上一個新臺階？」

W眼睛直眨真眨，就是不回答。

我點著他的鼻子說：「今天，你不回答是絕對過不了關的！」又回頭望瞭望周圍的群眾：「你們說是不是？」

大家吼了一聲：「是！叫他交代！交代！」

因為對這個問題，機關蠻多人對他有看法。他過去害過不少同志，讓許多同事吃過虧。所以，這時大家都跟著我齊聲炮轟他。

緊接著，周圍群眾奔上來，你一言，我一語：「W，老實點，快交代！」「你今天不講清楚是絕對過不了關的！」

為了觸動他，啟發他，這時，我很溫和地對他說了一句：「W，你現在已經是副科長了，你這樣積極整我、整人，是不是還想往上跳一跳呀？」

W向周圍望望，覺得不答覆不行了，只好點點頭：「是有那麼點意思。」

我說：「那你把這點意思說具體點不就行了！」

他便輕輕地吐出了幾個字：「還不是想上升一格……扶個正……」

我追問一句：「扶什麼正？大聲點！」

他聲音放大了：「當個正——科——長——」又不好意思地垂下了頭。

全場群眾都聽到了，「轟」地一聲笑起來：「光想當個正科級呀？」

有個群眾竟跑上來拍拍他的肩膀：「恐怕不止想當正科級吧？是不是還來個一級跳、二級跳？」

W：「這，我還想……」

「想什麼？說！」

「搞個副主任吧！」

下面又「轟」地一聲大笑起來。

接著，又上來幾個群眾問：「副主任是不是還小了點。我就知道你是個官迷，你徹底交代下，還想攀多高的枝？」

W更不好意思了，臉通紅，喃喃地說：「哎，爬到副秘書長這個位置我也就到頂了。」全場笑得更厲害了：「這傢伙真不可想像，鬥李德復，整人，就是為了這一手喲！」緊跟著，有更多的人圍上來，指著他的臉，開玩笑：「是不是還想當秘書長、當書記？」W連連擺手：「這我可不敢想，我再使勁，一輩子也爬不到那個高位。」鬥爭到這種時候，完全不像個批鬥會了，倒像場諷刺喜劇。有些人笑得蹲到了地上：「這個W真是個活寶，想當官的活寶！」「這種人還想當秘書長，我看連當副科長都不夠格！」……到這時我也心滿意足了，覺得仇報的還可以。有人指著我的脊樑骨說：「李德復真是一肚子壞水，真會揭別人的天靈蓋。」

也就在這時，主持大會的地專直紅司頭頭宣佈散會……

從此，W的綽號就叫「副秘書長」。而且這個綽號一直戴在他頭上——沿用了幾十年，以至於人們喊他「副秘書長」，他還習慣成自然地點點頭，只是，從此他再也沒有得到提拔——是我害了他。現在想起來，這是我今生做的最缺德的一件事。

在幹校，我把這件事寫成材料，作為我的新罪過，交給那兩位監督我的積極分子。那兩位看了我的這份「罪」，不想笑，亦笑彎了腰，從此就再沒讓我寫新的材料了。

救我命的老水牯

文革中，我在「五・七」幹校生活近四年。四年裏，幹校有麼子值得我留戀的呢？是和那「黑幫」被審查的同仁們一起用汗水建成的、當時「高級」的漂亮廁所麼？是那數不清的、革命大批判的鬥爭會麼？是那位永遠正確的、目光像兩把刀的政治指導員麼？不，我總是忘不了那頭牛，那頭老水牯……

記得是一九七一年春天，我所在的「黑幫」連隊派我去種西瓜。瓜園在一個離幹校較遠的大山窪荒崗裏，那兒雖是生荒、但沙土壤，又避風，種瓜正是地方。有一天，我要犁荒地，就到耕畜班去牽牛。耕畜班的老班長問我：「你過去掌過犁麼？」

我搖了搖頭。

他一指：「就用這頭牛吧。」

我一瞄，是頭渾身毛已稀拉的老水牛，儘管體格高大，彎彎大大的牛角也甚雄偉，但我還是懇求：「是不是換頭年輕的？」

老班長眨眨眼：「年輕的，怕你奈不何……這老牯子，挺自覺，對你合適。」

我心裏雖不樂意，但背個被審查的包袱，不敢強嘴，便答應了。

老班長從牛欄裏把牠趕出來，給了我一張犁鏵。我背上犁鏵，拿起牛韁繩，可在前面怎麼也牽不動牛。老水牛固執地彎著頭，不知在強啥。我正惱火，老班長笑著說：「牠在給你上課哩。」

「麼課？」

「走路的課。」

「走路還有課？」

「對。一般是——牛前面走，人在後面跟，往左喊『咧咧』，往右嚷『噠噠』。現在，你在頭裏死拉，不合使牛人的規矩，咋行？」

我連忙來到牛後，沒吭聲，牠就邁開步子了。看來，是我不懂經，錯怪了牠。

到了地裏，給牠套上鏵，我就犁起來。開始，我有些擔心，怕牠欺我這生手，可牠非常將就我、配合我：犁深了，牠站著不動，等我提犁再拉；犁淺了，牠也不跑，等我按下鏵再動……真是又自覺、又得勁……我也就喜歡上了牠，感謝耕畜班老班長給了我個好夥伴。

一連犁了兩天地，都挺順暢，到第三天，地快犁完，只剩兩三分面積了，牠忽然立住，不動了。我直吆喝：「走，走，走哇！」牠慢條斯理地搖著尾巴，回頭望瞭望，理也不理。我舉起鞭子，甩得「劈叭」響，牠依然如故。這時一個從山坳裏挑柴禾過來的老農對我說：「牛在跟你說話。」

「跟我說話？」我反問，「說啥？」

「你到前面看看嘛。」

我走到前面，一瞄，哎呀，牛蹄下的生荒橫了塊大石頭。

老農說：「……老水牯為啥不動呢？就是告訴你，快把石頭搬掉，要不，會碰壞犁鏵。」又說，「你們幹校這頭老水牯，好通人性，不簡單啦！」

「呵，」我連忙去搬開石頭，等我再握犁把，牠馬上起步，「吵吵吵」地又向前奔了。

犁罷地，就需直耙三次、橫耙三次、再轉圈耙三次，得把土耖得粉碎溜平，才能泡坑，下肥，播種……誰知，一日我正趕著老水牯在橫耙，耙著耙著，牠又立著不動。待我上前查看，一抬頭，乖乖，不知啥時，一隻裂齒細腰灰狼蹲在不遠處的田坎上。我的心「怦怦」直跳，但神還穩得住——我一個大人，久經考驗的「五·

七戰士」，諒條把狼也奈何我不得，正謀思咋辦？老水牯卻一下蹦起，繞著我發神經似的轉起了圈。我隨著牠的身影，眼睛跟著轉，糟了，另外三個田坎上，都蹲著只裂齒細腰的灰毛狼，大概是兩公兩母結伴出來的吧？汗水頓時從我背脊上雨點似地噴出，麼辦？麼辦？喊嗎，幹校離此山窪荒崗有六、七里，再好的嗓子，聲音也傳不回去的！等對面山上砍柴的人過來吧，現在才下午三時，他們之中最早的也得四時多下山……這四隻狼大概早已計算好了，從前後左右包抄我，叫我顧此失彼，最後成為牠們的口中餐。人到此時已迷愣愣！既不喊，也不動，我這雙恐懼的人眼與四雙貪婪的狼眼，對視著，較量著，真是上天無路，下地無門呀！我只得向老水牯靠攏，身子緊緊靠著牠的腹部，牠也實實地貼著我。這時，四隻灰狼立了起來，慢慢朝我逼近……說時遲，來之快，老水牯猛然趴下，我下意識朝牠背上一跨，一把抓著韁繩……牠一躍而起，拖著帶釘的耙子，揚著兩支水光淩亮的大角，「突突突」地朝回幹校的路上奔，前面的一隻狼大概沒料到，嚇得往旁一跳，牠就馱著我狂跑起來。四隻狼並沒放過我，緊緊跟著，但沒敢靠得太近，土路上揚起了牛蹄掀起的、迷眼的飛塵……離幹校只二、三里了，已能看到幹校的灰色大門了，狼才慢慢隱去。

回到幹校耕畜班，我幾乎癱倒，只喃喃對老班長說：「得虧老牯子……得虧老牯子……」

老班長聽我講完才將的遭遇，輕輕撫著老牯子絨毛稀少的背說：「人啦，有牛這號自覺，我們的思想就改造好了。」

我還能說什麼呢？當年盛夏，西瓜豐收。每過幾日，我就摘個又甜又大的瓜，給老水牯送去，並親自切開餵牠。如今，不管幹啥，我都會自然而然地想起牠，就有一股無形的力量在我血管中燃燒……

老三李基春的調皮搗蛋

我在幹校開始是和大家一起幹大田的活，果園的活，菜園的活，以及公共建築的活，後來軍宣隊派我一個人種西瓜，我就成了種瓜「專業戶」了。由於瓜地離幹校有好幾里，面積將近三十畝，我一個人確實忙不過來，加之個人單幹又沒人說話，十分冷寂，於是經軍宣隊指導員批准，就把我的兩個孩子李基泰、李基春帶到瓜地上和我一起勞動，也消除一些寂寞感。本來老三李基春年紀小，是不想帶他來的，但他小時候特別搗蛋，加之我愛人妮娜那時正在學校鬥、批、改學習班學習，無暇管他，只好讓我把他帶走。在此，我只講老三的一件令我和我愛人吃驚的調皮事：即當年我在襄陽地委工作時，地委菜園後面有一口大池塘，池塘旁有一棵高高的老榆樹，榆樹年年在春夏之交都結許多小圓小圓的榆莢——老百姓稱為榆錢。這時，基春就會約些小夥伴，操竹竿，打圓圓的榆錢，用小竹籃裝著，拿回家叫我愛人蒸饃饃吃，可香哩！再好的麵食館也做不出這等饃饃的野香味。有一年，榆錢隨著春風紛紛飄灑之際，榆樹上不知什麼時候托著個臉盆大的馬蜂窩，孩子們只要用竹竿打榆錢，馬蜂就毫不客氣地群起而攻之，螫得孩子們不敢攏邊。小基春得知後，就拍著胸部逞能：「老子就要把它戳下來！」小夥伴勸他：「基春，戳不得，螫死個人呢！」可基春是個聽話的人嗎？他想搞的事——就是碰得頭破血流也是要幹的。他從一本童話中知道，馬蜂魔王最怕火爺爺，於是，他從我住的宿舍裏找了根小竹竿，竹竿尖端綁了一圈舊棉絮，棉絮上澆了點煤油，然後拿了盒火柴，揣入口袋，並約兩個平素蠻要好的小夥伴，便向大馬蜂窩偷襲了，進攻了。小基春讓兩個助戰者在下面把風，自己挾著竹竿敏捷地爬到一個正對著蜂窩的樹丫子上，先隱蔽，後掏火柴，一下點燃沾煤油的棉絮，「忽」地一聲，直搗敵巢。這一炮，相當準，傾刻間，黑麻麻的大馬蜂窩就化為灰燼，不少馬蜂被燒死。可是搶先飛出巢的、沒有死的馬蜂還有一大陣，牠們從竹竿的來路發現，巢窩是被這小娃子毀的，這還能放過？便轟轟然朝小基春壓來。剎那間，基春從頭到腳叮滿了又粗又大又狠毒的葫蘆蜂。牠們咬著、螫著，盡情地發洩仇恨，小基春用手打下去一層，牠們又飛上來一層，簡直要與基春拼命了。

「基春，快下來啊！」小夥伴們邊喊邊跑邊躲，生怕馬蜂來螫他們。

小基春咬著牙，忍著痛，捽下竹竿，飛快地溜到樹腰，縱身一跳，下來了。但他跳下樹，馬蜂也飛下樹，他往前面跑，馬蜂跟著在後面追，他到哪兒，馬蜂追到哪兒，硬是纏著不放了。在這危險時刻，他突然想起樹旁邊有口塘呀，便奔到塘邊，「撲通」一聲跳下了水，平靜的水池頓時激起了幾尺高的水花，等小基春扎了個「泌子」浮起，水上浮起了一層打濕翅膀，再也無能為力的黑馬蜂。殘餘馬蜂不甘心地繼續在水面上追逐小基春，可小基春一會兒扎下水，一會兒又浮起來，馬蜂沒法子了，只好退卻。

小基春全身濕乎乎，臉被螫腫了，手背、腳背也被馬蜂螫了數不清的包。他混身連骨頭都疼，卻眯著眼笑。幾個小傢伙飛快跑到我的辦公室向我報告。我又氣又急，立刻將他送到附近醫院。醫生看後，馬上給他打針、吃藥、塗抹消毒和消腫藥水，說他中馬蜂毒太狠、太深，治晚了小命都保不住。小基春在醫院昏睡了一天一夜，我愛人也守了一天一夜，最後，他終於醒了。沒兩天，就出院上學了。這學期，他數學得了個零蛋，可他燒馬蜂窩的事在全校學生心裏打了個雙百分。從此，比他高好幾級的同學，比他個子大的同學見了他都服氣，他也成了該校的「小霸天」，成了他們童話裏的、什麼都不怕的衝天大王。

現在，在幹校瓜地，我們爺三個便在荒地上用木柱和茅草搭了個草棚子，白天勞動累了可以在裏面休息，晚上就在裏面睡覺。當時，老大十來歲，老三——七、八歲，都能幫我一手。比如，我用板車拉肥料，車把由我掌握，老大在前面用一根套繩拉，老三就在後面推，使我省力不少。但我發現，老大經常偷懶，套繩往往是彎的——沒使勁。而老三，莫看年紀小，卻在後面拼命地推，還高興地大喊：「爸爸加油，哥哥加油！」對此，我總是表揚老三，批評老大；再就是挖瓜坑，一個瓜坑一般直徑需一尺，深度要一尺五，我給他哥倆分配任務，老三每挖一個，老大要挖兩個，並讓他們展開勞動競賽，結果，他們兩個挖的數目差不多。並不是老大比老三力氣小，而是他的積極性不如老三；還有，當西瓜播了種，瓜秧剛剛出來時，經常會被瓜秧的天敵——地老虎（又稱土蠶）咬斷苗尖，故到這個關鍵，每天晚上都要提個馬燈到每棵瓜秧周圍去捉這壞東西。我們為了保護瓜秧，經常抓地老虎從天黑抓到天發亮，因為地老虎晚上才偷偷出現。每次捉這傢伙，老三總是眼尖手快，捉得最多，而我和老大比他總低一個檔次；再就是西瓜一熟，甜瓜能上市時，荒地成群的野兔便來偷瓜吃。我們父子三人就要拿一面鑼，繞著瓜地「當當當」地敲響，把野兔嚇走。為此，每晚要起來多次，我和老大都疲倦地不得了，而老三卻一點瞌睡都沒有，拿著鑼，一面打著，一面跳著，不曉得有幾快活。

老三是不是在幹校一直都這麼好？一直都不惹事生非呢？這，是我一廂情願，他可做了兩件嚇壞我的事。一件事是——他不知從哪裏撿了個小洋鎖，又不知他用什麼辦法把那個小洋鎖拆開了。小洋鎖中間有一個閃閃發光的齒形圓輪，他也不知出於好玩還是什麼目的，經常把那個小齒輪含到口裏。我發現了幾次，也罵了他幾次，不允許他把小齒輪放到嘴裏。他表面上答應不放了，可一背到我，又那麼幹。之後，我後悔沒把那個小齒輪搶過來甩了……結果有一天，他竟把那東西吞到肚子裏，還想瞞著我，幸虧被別人發現，向我告了狀。當時真把我嚇懵了，不知該怎麼辦？加之幹校醫務室沒有X光設備，不知那個小齒輪在基春的胃裏還是在腸

李德復的三個孩子（從左至右依次為李基春、李基鋼、李基泰）

子裏。醫生對我說，就是送到襄樊市醫院去，照X光片，那東西太小，也不一定能查得出，即使查出在哪兒，也需開腸破肚，非常細心才能把那傢伙剔出，如果小齒輪卡在某要害器官，還可能危及生命，甚至一輩子不敢挪動。對這件事，我一直不敢告訴我愛人，她要知道了，那會急得更厲害。當時，幹校裏的許多同事給我出主意，有的要我立即把小基春送城裏醫院，有的就給我講了一些土辦法，比方：要基春喝一碗醋，因為醋可以蝕融那小齒輪；有的則要我讓基春吃沒有切碎的、長長的、半生不熟的韭菜，說韭菜能夠將那個小齒輪纏住，然後讓它排泄出來。我呢，人急亂求醫，既讓小基春喝醋，又讓他吞一把把幾寸長的韭菜，同時逼他吃瀉藥……每當他在荒地裏解一次大便，我就拿一根棍子在他的大便裏撥來撥去，像找金子一樣地找那個齒輪。他一次次大便，我一次次用棍子找，終於在他第二十一次大便時，長長的韭菜就把那個小齒輪捆著拖出來了。小基春終於得救了，我簡直高興得要命，一蹦幾尺高。當然，我為此還是把他打了一頓，叫他永遠記住這次教訓。

還有件事，叫人見了也是挺害怕的。是件麼事呢？就是那會兒「五‧七幹校」的伙食不怎麼好，我和兩個孩子又住在校外，每天我只是中午回幹校拿一頓飯，另外多拿幾個饅頭，作為早餐和晚餐。為了改善伙食，我和基泰、基春想了一些點子：一是在周圍的水田溝裏捉魚蝦和泥鰍，然後用洗臉盆加點鹽、放點水煮著吃；再就是晚上背個麻袋，打個手電筒到水田裏逮青蛙。有時一晚上可逮半麻袋，第二天也是用水和鹽煮著吃。當時，很少吃到豬肉、牛羊肉，有這些魚蝦和青蛙肉，我們也知足了，吃得津津有味。而小基春，對抓魚、摸蝦、逮青蛙最感興趣，他經常背著我和他哥哥一個人出去幹這件事，有時亦能有收穫。一天下午，他又獨自出去搞這玩意，結果，到太陽下西山了還沒有回，我急了，就和他哥哥四處去找。也就在此時，發現遠處有個小黑點，飛快地向我們瓜棚奔來，我仔細一瞄，是小基春。待他跑攏，我大吃一驚。原來，他的右手食指被一個幾斤重的大甲魚咬住，死也不放。他呢？不哭，也不叫，似乎還像抓了個什麼大勝利品。我立刻跑過去把他攬住，用另一隻手狠打那個甲魚的屁股，想讓甲魚張開嘴，放開他的手指。但怎麼使勁打都沒用，甲魚就是不張口。我急的混身是汗，什麼法子也想不出來了。小基春反過來還安慰我，說：「爸爸，莫慌，莫急，我有的是辦法！」

「你有什麼辦法？」我恨恨地說。

「你看著吧，我馬上叫這龜兒子開口。」說著，他從我身邊飛快地跑進我們的瓜棚，把我們切菜的砧板拿出來，把菜刀也拿出來。我不知道他要幹什麼。

只見他把甲魚放到砧板上，把被甲魚咬住的右手食指往外拉，讓甲魚的頸脖長長地露到外面，然後他左手抄起菜刀，向甲魚的頸脖根奮力一砍，手起刀落，甲魚頓時身首異處。也就在這個時候，甲魚的眼睛閉上了，嘴巴也張開了，小基春血淋淋的右手食指便從甲魚的嘴巴裏拿了出來。

我連忙問：「基春，疼不疼？」

「不疼不疼，」還加了一句：「這龜兒子是我從石頭縫裏把牠摸出來的。」

這天晚上，我們就用大甲魚打了牙祭。基春手指頭傷口經過消毒，擦了我帶到瓜棚的紫藥水，很快就好了。他是我三個兒子中最經得起打、受得了罪的孩子。

這只是李基春小時候和在「五・七幹校」中給我闖的幾次禍，到了他青年時代，給我闖的禍、惹的事就更多、更厲害了。我和他媽媽總以為我們上輩子欠了他什麼，非常後悔當年生他下來後，為什麼猶豫著──不拿他去換和他同時生的、文化局張科長的小女兒，張科長當時就缺一個兒子呀。直到現在我老了，七十八歲了，又得了癌症，才慢慢體會到：小時候、年輕時代，最調皮搗蛋的李基春，卻是我幾個孩子中對我最孝順的。有人說，調皮搗蛋的孩子不一定壞，溫順馴服的孩子也不一定好，關鍵就在你困難的時候，需要他的時候，他是何種表現？他是不是真正盡到了一個做兒子的義務？同時，是不是為自己單位，為自己國家盡責任的工作人員？生活是漫長的，人的生命是有限的，一個人到底怎麼樣，絕對不能看他的一時一事，而要看他的整個生命過程，特別是看他在要害時刻的一言一行。李基春長大後，還「創造」了許多使我特別傷腦筋和特別使我欣慰的事。這些事我將在以後的章節裏向大家敘述。

美麗情懷：率領百來隻綿羊的老將軍

在「五・七幹校」瓜地，雖然有兩個孩子陪著我，但每天收工回棚，內心仍然空虛。特別是晚上，四周很靜，空氣像凝固了一樣。有時，我側耳傾聽知了和蛐蛐兒的叫聲，那音調竟如此悲切、低沉；有時，我仰望天上的月亮和星星——月兒緊鎖彎眉，星星在眨著淚眼。老實說，那陣子，對生活、對前途，我已喪失了信心。平常，除了指導員要自己寫思想檢討，我是發誓不拿筆了。這支曾給我帶來歡樂和讚揚的筆，我視為災難之源、禍害之首。「文革」前，我為寫進入山門的文學大師蘇曼殊的傳略，曾把《金剛經》、《大藏經》的一部分找來翻閱，摘錄，誰知竟成為我搞唯心主義、反黨反社會主義的「罪惡」之一。原來，自己對佛經中的「超凡入聖、隔絕紅塵、明心見性、安身立命」覺得可笑，可這時，我似乎省悟：它講得有道理！並想起《紅樓夢》中林黛玉續賈寶玉〈參禪偈〉中的一句話：「無立足境，方是乾淨。」如今，我光頭黑背，赤裸半身，終日帶著孩子在瓜地裏立足，是不是「乾淨」了呢？是不是「一切皆空，一切皆無」了呢？我常常默念心裏的兩句座右銘：「關閉你的思路，煩惱就走開了；閉上你的眼睛，生活就容易了……」

就在自己灰心懶意、混混糊糊過日子的時候，一天清晨，我從瓜棚裏出來，剛伸了個懶腰，忽然聽到左邊「劈叭」一聲炸耳的響鞭，接著一群綿羊「轟轟轟」地從瓜棚前奔過。我知道這是崗那邊某大軍區「五・七幹校」裏的羊。往日牧羊人從沒起這麼早。今天，他怎麼積極啦，放羊兒出來吃露水草了。我定睛一瞄，喲，換了個牧羊人，過去是個中年的鬍子漢，現在卻是個白髮老頭。這老頭，紫膛臉，劍峰眉；一雙軍人特有的鷹隼似的發光的眼睛，一張有厚厚雙唇的、輪廓鮮明的嘴；新理的平頭，刮得很乾淨的下巴，滿臉似刀刻的粗線條皺紋；上身是白粗布襯衫，下身是綠軍裝；肩上斜背著草帽，腳踏一雙多耳草鞋……猛一看，正正堂堂，十分精神！可惜的是，他腳有點跛，走起來一歪一歪。望他遠去的挪步吃力的背影，我不禁歎口氣：這老同志，不知犯了什麼法，腿已跛了，還要他牧羊……

以後，每天清晨五點，老頭準時趕羊從我這兒過，鞭子總是那麼炸耳，趕路總是那麼匆忙，人總是那麼精神！像有一種無形的感染和力量，把我已養成的早睡習氣給搞掉了。也不知為什麼，我早上要是不起來看他從門前過，心裏就像缺點啥。一天，他們幹校的一個經常來玩的小戰士找我買瓜，我向他打聽：「你們新派來的這個羊倌，原是幹啥的？」

「你猜？」

「搞後勤工作？」

他搖頭。

「軍墾農場的？」

他搖頭，神秘地豎起大拇指：「是個老將軍！」

「將軍？」

「可不，身經百戰的將軍！」又悄悄地：「你保密啵？」

「保密？」

小戰士把老頭的名字一說，我嚇了一跳：「是他，他呀！」這可是個經過萬里長征的老革命。如今，掰手指頭數，全國能有幾個？想當年抗日戰爭、解放戰爭，他是指揮千軍萬馬的呀，可現在，指揮百來隻羊……

我問：「這是怎麼回事？」

小戰士告訴我，一九六七年，將軍因不同意當時的搞法，被打成「二月逆流」的「軍內一小撮」，送到這兒勞動改造。校部知道他小時當過放羊娃，就再讓他拿起趕羊鞭。他沒拒絕，來的第二天便正式「上任」了。

我一面聽小戰士述說，一面瞭望瓜棚對面的山巒。綠茵茵的山上，一群奔走的綿羊，像塊飄忽的白雲，在坡上坡下不斷地移動。那個戴著草帽、穿著白襯衫、甩著響鞭的牧羊人不就是名震中外的他麼？此時此刻，他在想什麼呢？他在這塊土地上一次又一次灑過鮮血，他的一條腿就是為創建我們共和國而失掉的……生活有時多麼不公平啊！他會埋怨麼，責怪麼？會如佛經上講的：剎時「大徹大悟」，看穿一切麼？

從此，不論上午他趕羊從我這兒上山，還是下午趕羊從我這兒回校，我總是情不自禁地目送他——直到看不見他的身影：那跛腳奮力趕路的姿勢，那甩響鞭的嚴肅神情，就像木刻刀雕鑿的一幅表示「生命」的版面，全刻在我脆弱和灰黯的心上了。有一回，我看他趕羊趕得汗流滿面，就請他進瓜棚歇歇，吃個瓜。他挺認真：「瓜怎麼賣？」

我說：「你是老革命，免費招待。」

他笑起來：「呵呵，招待老革命呀，那更要講『三大紀律、八項注意』囉！」

我嘴上沒吭，心裏想：真是！到這種時候了，你還抱著這「老本經」？！便說：「好吧，吃一斤算你一斤的錢。」

待我把瓜摘來，他又嘀咕：「我得先交錢後吃瓜。」

瞧他那固執勁，我說：「行，一分錢一斤。」

他瞪著眼，開玩笑地：「你……這是收買我吧？」

我說，這是我們地區幹校的規矩，自種自銷，主要供應幹校的幹部和學員。只收點象徵性的錢，是個意思。

他倒當真起來：「我可要給你們領導提個意見，公是公，私是私，不能搞什麼象徵性的板眼——占公家的便宜，對不對？」

這天他吃的瓜，硬付了一角錢一斤。

我握著他付的幾張鈔票，內心久久不能平靜。我想像得出，這個老頭過去一定是位對人對己都十分嚴厲的首長，現在處境如此——卻還是個對人對己一絲不苟的牧羊工！如果一個人能在痛苦的逆境中仍保持自己的貞節和操行，他心裏一定蘊藏著不滅的火種……

後來，由於天天見面，加之他經常來買瓜，我們就變成老朋友了。我逐漸發現，他不僅是個處處對自己要求嚴格的老頭，還是個對琴、棋、詩、畫各個方面都感興趣，且很容易接近的「老青年」。有時，我們邊品嘗西瓜，邊天南地北地論古道今……慢慢，我放鬆了自己在思想中建立的「警戒線」，什麼話也敢跟他講——內心的苦悶啦，低沉的情緒啦，「一切皆空」的佛家思想啦，甚至在他面前毫無顧慮地大聲吟唱唐代李德裕被貶謫至海南島作的詩：「一去一萬里，千至千不返，崖州在何處？生度鬼門關。」可他說：「到鬼門關也不要緊嘛，可以打鬼嘛。」有時，我還揮動他的趕羊鞭，搖頭擺尾地背誦林黛玉的〈葬花辭〉：「……一年三百六十日，風刀霜劍嚴相逼……一朝春盡紅顏老，花落人亡兩不知！」可他拍拍我的肩膀：「那麼悲觀幹麼子？我看，冬去春就要來，花落還會有花開。」並用雪萊的名句激勵我：「想開些，『過去屬於死神，未來屬於自己』嘛！」

觸動我最深的，是這年的八月中秋節。那天下午，我正在瓜地裏收穫最後一批秋瓜，準備用板車運回幹校。這時，他忽然氣喘喘地，拐著腿，從對面山上闖來，大聲地對我吆喝：「夥計，喜事！喜事！」

我望著他樂顫顫的面孔，以為他要回北京了，忙問：「喜麼事？」

「我那『美人兒』（他餵養的一頭高產母羊），才將在山上產了三隻漂亮的崽子！」

「這呀，」我涼了半截——也值得他如此高興？

「幫幫忙，」他既是懇求又是命令：「用你那拉西瓜的板車，把咱的『月母子』和羊羔拉回去！」

看他那急迫的模樣，我馬上拖著板車跟他上路了。在母羊生產的地方，他哪像是曾指揮過千軍萬馬的將軍啊，簡直是個地地道道的老羊工。他把白襯衫脫了，打個赤膊，用衣服輕輕地給每頭小羊擦血污，邊擦，臉上的條條皺紋舒展開，顯露出慈祥的、溫情的笑意。他還在我那兒買了個大西瓜，細心切成一塊塊，又把瓜瓤上的瓜子一顆顆摒掉，然後雙手捧著，送到母羊嘴邊，邊餵邊嘟囔：「『美人兒』，辛苦啦，辛苦啦，待會回去，我再做好的犒賞你！」

在返回羊圈的路上，羊群規規矩矩地在前面走，我用板車拉著「美人兒」和兩隻羊羔在後面跟著；他呢，由於剛生下來的一隻小羊體質弱，站不起來——怕牠在板車上不舒服，竟親自抱著，跛著腿，一歪一歪地撵著車屁股……我回頭瞄他，儘管他每走一步都非常吃力，但臉上喜盈盈地笑成了一朵花，就似他當年帶兵打了個勝仗一樣！我一直不明白：這個有大功於國的人，現在頭上壓著莫須有的、千斤重的大帽子，他為什麼還那麼使勁幹這與他根本不相稱，實際上是侮辱他的工作呢？也許我們之間很熟悉了，加之在這種特殊的環境裏，彼此的地位相同，我便帶刺地、直捅捅地點他一句：「你好『積極』喲！」

他笑了笑：「我知道你有看法。」盯著我：「……咱羊圈添了三隻羊，總是好事吧。」

「反正對你沒好處。」我說：「哪怕你把一百隻羊養成兩百隻、三百隻，該整你還是要整你，該批你還是要批你……」

「這當然。」他說：「但我問你，羊增多了，到底對誰有好處？」

我諷刺地瞟了他一眼：「這我管不著，也根本沒心思管。」

「不對！」他抱著小羊羔，跛著，一下上前攔住我：「同志，你管得著，也應該管。」火氣不小：「不管咱們受了多少委屈、多少罪，但把羊餵好了，把瓜種好了，」又望望周圍「五・七幹校」的土地，「把莊稼種好了，增加收入了，這總是好事，總給國家增加了財富！你說對誰有好處？對黨、對人民、對社會主義……有好處！」

我一時說不出話來：他，他是這樣想的呀！不撫摸抽在身上的鞭痕，不考慮橫加在身上的恥辱，心裏唯一的思念是：黨、國家、人民……我忽然想起群眾中的一句諺語——黃金不會腐朽，寶刀不會生銹。人的真正價值在哪裏呢？就在於任何時候——哪怕打入十八層地獄——也不陷於絕望，而能堅持自己的信念，知道自己的價值！

只聽他繼續講下去：「你知道抗日時期在延安的搶救運動麼？那時，我們好多同志被當作國民黨特務抓起來了，每天，不是開會鬥爭，就是押著上山開荒。他們在批鬥會上堅持原則，不承認自己是『特務』；開荒時，卻竭盡全力，踏踏實實地幹。後來，黨說話了，毛主席說話了，這些同志大部分都得到了解放，又毫無怨言地開赴抗日前線。他們開的荒，那年秋天獲得了豐收……」

聽著，我望望前面的羊群，又回首看看自己的瓜田，以及周圍「五・七幹校」開墾的土地，迷惘地問：「我們也會解放……豐收？」

他那雙鷹隼似的眼睛一亮：「要緊的是，同志，首先應該戰勝自己——這可比什麼都困難。我們不怕身外的黑暗，卻怕內心的黑暗。你不是讀過佛經嗎？佛教的祖師爺釋迦牟尼說過一句話：『心可以為地獄，亦可以為天堂。』只要我們心裏的火光不滅，信仰的天堂就一定會到來……」

打那以後，自己的心情好些了，甚至又拿起筆記起創作素材來，總覺得前面有一團熊熊的火光在閃……第二年，這位放羊的老將軍忽然被調離，我也在幾年後分配了工作。時間一晃就是多少個春夏秋冬，現在我一想起他，就覺得他的那雙鷹隼的眼睛似乎在繼續問我，不，在問所有的當年於「文革」中挨整的人：「同志，你心裏的那團信仰之火還在燃燒吧，燃燒得還旺盛嗎？」

萬萬沒想到：我被委任當黑幫組長

誰能想像得到呢？我們四個：李德復、H、K、R——「文化大革命」中的死對頭，竟能生活在「五・七幹校」一個小小的瓜棚下。

我在想，生活難道是一副洗亂了的麻將牌麼？為什麼有時摸到手裏的是「十三不靠」；有時又是清一色「一條龍」。這是運氣，是巧合，還是命中註定？

在「五・七幹校」，我開始被分配到第三連。第三連是咱幹校的重點連，正如學校一位軍代表說的：「林子大，什麼鳥兒都有；水深，烏龜、王八齊全……」用當時的眼光看，除直接領導該連的幹校副政委、軍宣隊的田代表和幾個從地委機關留下來的、堅持「正確路線」的、作為「鬥批改」骨幹的、真正的布爾什維克外，其他均是正在審查中的「牛鬼蛇神」：走資派、叛徒、反動權威、階級異己分子、文藝黑幫、「五・一六」分子，等等。我是本地區「文革」初期即揪出來的「三家村」黑線代表人物，到當時——一九七〇年初，已是運動中的「老油條」、「老運動員」了。對這種牛棚式的生活早已習慣，真有點「如入鮑魚之肆，久而不聞其臭」。有時，不僅不覺得臭，還覺得空氣正常。因為周圍的人都與我不相上下，這比在機關裏孤零零的當「黑幫」自在多了。

一天，我和兩個孩子從瓜地勞動回到瓜棚，連部通訊員小姜就來通知：田副政委有請。我心中一跳，不覺勾起學員中的一句口頭禪：「天不怕，地不怕，就怕姓田的軍代表找談話。」因此，我隨小姜邊往校辦公室走，邊犯毛：是不是自己最近不夠「老實」？忘乎所以？勞動偷懶？傳播小道消息？還是審查我的外調人員回來了，又發現什麼「事出有因，查無實據」等嚴重問題？當我跨進校辦公室門檻，喊了聲：「田政委（我總把那個『副』字省略），瓜地五七學員李德復到。」一再細細端詳對方的動靜。這位軍代表，約摸三十二、三歲，一張觀音菩薩的臉，一套那時最時髦的、四個兜的草綠軍服，一雙洗得發白的軍用球鞋……在我這類臭老九面前，他永遠是那麼威嚴、清白、高高在上、不可一世……以至那張好看的臉，總是皮笑肉不笑；那憋出來的、學某位中央首長講話的聲音，總是叫「黑幫」們在背後笑破肚皮，但當著他的面，沒哪個學員敢放肆，包括那些頭髮花白的、戴著各種「帽子」的延安時期的老八路。這會兒，還好，他的臉皮沒笑。因一笑，按他的習慣，我准沒好果子吃。田代表一貫是以「堅持原則，態度要好」的辦法——整治他要制服的人的。

「老李，」田代表拖長了聲音問：「最近學習得怎麼樣呀？」我機械式的背誦：「學偉大領袖的《五．七指示》，學一九六九年十一月二十日《人民日報》社論——〈堅持幹部參加集體生產勞動〉，學黑龍江柳河五七幹校的革命經驗……」這些文件都是前不久校部佈置的。

「好了，好了，」田代表擺了擺手，「看到你在瓜地的『思想彙報』，你學得還不錯嘛，思想改造也有進步……」

我心裏懸著的一塊石頭總算落下來。只聽對方繼續拖著長音說：「組織上想給你派幾個種瓜助手，由你領導，獨當一面……」

我一下傻了：怎麼，要解放我了？還獨當一面？一輩子都沒碰到這號喜事啊！

「給你三個人，把你瓜地的瓜棚擴大，蓋個像樣的大窩棚，就住在那裏接著種西瓜。」

原來是這樣！我不住地點頭。不管怎麼說，田代表總算提拔了我，既放心我住在幹校外邊的荒坡上，又讓我管幾個「同類」。從沒做過領導的我，沒想到這次在「黑幫」群裏竟當了個頭。

「你要注意抓革命、促生產呀……」拖得軟軟的聲音像念普渡經，「這不僅是給你一個為人民服務、為幹校服務的機會，也是考驗你是不是『三忠於』，是不是與你資產階級世界觀初步劃清界線……」

我除了千謝萬謝外，還能說什麼呢？

我這夜做了個夢，夢見黃土坡上蹦出一望無際的、圓滾滾的大西瓜。我陰乎乎的世界裏，似乎飄來了一片春光。

第二天，田代表在連部召集被派往料礓黃土坡瓜地的幾個學員開會——作戰前動員。我到那兒一看，心一黑：軍宣隊怎麼派這三位和我一起勞動改造呢？真是哪壺不開提哪壺呀！

一位是與我同在地專直機關工作的H。他在專署農業辦公室管理科，我在地委辦公室。剛解放那陣，H——一個從農業大學才畢業的學生，進了「革大」，鍍了一層思想改造的「金」，就分配到這裏。他技術上有一套，幹事也很積極，只因背了個家庭出身不好的包袱，一直上不去。「文化大革命」一來，按以往運動的規律，從地委到專署——當地的首腦機關，得先揪出個運動對象，以便「政治掛帥，典型引路」。那誰能獲得這份榮譽呢？在政治機關工作的人對此心中都有一本帳：一、先找家庭出身不好的人。數來數去，只有我和H。H是地主家庭出身，我是官僚資產階級家庭出身。雖然「天下烏鴉一般黑」，H好像在這方面比我稍稍強一篾片。二、看是否入了黨？當時，我倆都申請了，可H申請了十年，我參加工作比他晚，才剛剛遞上申請。H已是專署機關黨支部培養的積極分子，我還沒沾邊。在這一點上，H又比我強一篾片。三、「文化大革命」首先是革文化人的命。我喜歡寫小說，又不合時宜地在那兩年出了幾本集子，H卻從不寫這類文字，由此角度分析，H更高出我一篾片了。特別是在階級鬥爭的火線上，H也學會先發制人，第一個在專署貼了我的大字報，繼而引來專署如雪花般的觸及我靈魂的「炮彈」，以及地委領導點頭，機關「文革」小組發動，群眾批鬥，我按組織計畫自然被定為當地的「文藝黑線人物」。對此，我內心恨H。之後，據上面的精神，當地的紅頭文件，打擊面不能超過百分之五，也不得少於百分之三，於是為湊百分之三的指標，榮譽又落到H的身上，讓他戴上頂「反動權威」的帽子，也與我一起發配到「五・七幹校」，真是「天網恢恢，疏而不漏」。我為此還暗地打了二兩酒喝：怎麼樣？彼此彼此吧。在肚子裏「快活了又快活」。現在，把他這個冤家和我分到一個瓜棚下，那還不後脊樑對後脊樑，天天有好看的囉？！

田代表給我安排的第二位種瓜者，就更出乎我的意料了，竟是原專署副專員K。在我和H被機關群眾打成「反革命」不久，他這個剛從外地搞「四清」回機關、一貫領導運動的人，在不理解的迷惘中，被紅衛兵小將（其中有他一個在高中讀書的兒子）打成了「走資本主義道路的當權派」，也和我、H一起背著背包，到「五・七幹校」接受軍宣隊和貧下中農的再教育。我和H都知道，運動初期，我倆的命運是操在K這些當權派手裏的。我們都跟K下過鄉，並按K的指示調查研究，寫典型材料，多次得到K的表揚；工作之餘，還與這位上級下過象棋，打過撲克，很有點像毛主席講的那種：「我們一切工作幹部，不論職位高低，都是人民勤務員」的水乳交融的味道，可「文化大革命」一來，地委、專署機關文革小組給我、H兩人戴上敵對分子的帽子，K點了頭。故在這個問題上，我與H都把K作為「仇敵」！如今K成了我們的「同路人」，一起到「五・七幹校」，還要一起種瓜，這日子能太平嗎？！

田代表最後給我安排的一位種瓜者，叫R，使當場的K眼皮子真顫，也叫我和H渾身不自在。此人是本地區某局一般幹部，本地著名造反派頭頭之一，人稱R司令，成立地區革委會時，他被結合進領導班子，為革委會常委之一，後因鬧派性，揪了「軍內一小撮」，搞武鬥，被支左部隊和革委會免了職，並遣送到「五・七幹校」接受勞動改造。這位R司令是第一個帶人衝進專署——要打倒K的人，是第一個發動K的兒子揭發K的人，也是第一個把K、H和我一起揪到萬人批鬥大會上——進行「噴氣式」飛機表演的人。不用說，我們三個均嚐過R司令賜予的皮肉之苦，對他的恐懼感和厭惡感恐怕也是一致的。現今，「為了一個共同的目標，走到一起來了。」又怎能和平相處，不搞「階級鬥爭」呢？何況還在以階級鬥爭為綱的火紅年代。

田代表這天的動員報告對我較有利，他說：「李德復自來五七幹校，勇於改造，勞動不錯，經校部研究，委任他為西瓜組組長；H是學農的，作技術指導；K在本地區過去管了十幾年農業，當顧問；R則要在勞動實踐中認真改造。當然，你們都要好好改造。毛主席教導我們說：『階級鬥爭、生產鬥爭和科學實驗，是建設社會主義強大國家的三項偉大革命運動……』你們種瓜，也要本著毛主席的教導去作……」大約他發現R司令沒用心聽，便突然吼了一聲：「聽明白沒有？」

四位「敵對分子」一怔，約四秒鐘，齊聲回答：「聽明白了！！」

由此，一場階級鬥爭的好戲，就在這荒地的瓜棚中激烈地展開了。若干年後，我為這段生活寫了個中篇——《瓜棚春秋》，在武漢市的一個大型文藝雜誌上發表。讀者讀後，曾來信問我：「真有這麼回事麼？」我回答是：「若沒有，我能寫得出麼？」

水蛇吞噬傻青蛙的啟示和秋瓜幼苗引來的人性

四個冤家：一個「文藝黑線人物」苕作家、一個「反動權威」能人精仔、一個三八式「走資派」、一個「造反派」司令，為了生存，是不是也為了希望？終於走上同一條路。我們拉著載放蘆席、鐵絲、木柱、木板、鐵鍬、挖钁、簸箕、手鐮、彎刀以及自己簡便行李的板車，在我原來搭瓜棚的地方，擴建了一個較大的窩棚，在窩棚後幾十米的地方挖了個露天廁所。看來，從此這裏便是我和他們的棲身之所了。

這天勞動，是非常沉悶的，彼此之間，除因勞動銜接的需要，不得不對話外，心態上基本是「你是你，我是我，鴨子與雞不一夥」，但工作效率不慢，「工程」質量也不錯：窩棚內搭個小木台，上面端端正正放著K特意帶來的、用玻璃鏡框嵌著的領袖像——為了雷打不動的「早請示、晚彙報」；窩棚門口，立了個葫蘆、絲瓜架——夏日看瓜好遮陽歇蔭；廁所的坑，不僅下面填了一排排料礓片石，上頭斜面還鋪了幾塊拾來的破磚頭，是為今後取肥方便……總之，不管我們幾個人怎麼彆扭，只要想活下去，就得黃鱔泥鰍一簍裝，不齊心地齊心幹。

活一幹完，被田代表委任為瓜組組長的我，吩咐大夥兒把稻草抱進窩棚，散勻鋪平，再解開各人的行李，打地鋪。別看這麼個窩囊地方，在他們心裏還劃分了等級：誰睡裏面？誰安置中間？誰迎著門口？按目前狀況，我是頭，是四個人中境遇最好的，該帶兩個孩子睡瓜棚的寶地——最裏面，風吹不著，雨飄不進。而其他三個，烏鴉莫說八哥黑，相差無幾，就看我組長大人的心意了。但他們完全沒想到，我仍是傳統的唯上觀點，把K專員安排到最裏面。R不服氣，但忍住，沒「造反」，只是不滿地瞥了K一眼，嘴裏嘟嘟囔囔罵我：「狗×的苕作家，什麼時候了，還在拍走資派的馬屁！」H、R被安排在窩棚中間。能人精仔H為此有點受寵若驚，連連推辭，他大概想：「我曾是貼李德復大字報的人，又是推李德復過線的人，他為什麼還照顧我？」

我自己，則帶著兩個孩子睡到易受風吹雨打的棚門口，不知是故意顯示「領導要帶頭吃苦」的姿態，還是有點怕幾個有來頭、有背景的夥計合起來擺治我。

鋪位一定，我就排了值日表。四個人一人輪一天。任務是，每天拉板車到校部打開水、打飯，向田代表彙報瓜組的工作進展，取回學習資料和各自的信件……到結瓜時節，還要巡夜送瓜等等。

待一佈置完，地鋪鋪好，我宣佈休息，自由活動。K便習慣似地從提包裏取出《毛澤東選集》四卷精裝小型合訂本，正兒八經地學習起來；他一直想在那裏面找出令自己口服心服的、為什麼被打成走資派的最高指示。H卻弓著腰，半蹲著，不斷按摩自己在運動中挨鬥受傷的腰，潛臺詞是：請我這個組長今後派工要考慮他的內傷；R還是「造反派」司令的身價，「嗷嗷」地吼了幾個大呵欠，就「大」字形地、大大咧咧地朝自己鋪位上一倒，怒目圓睜，是不是在想當年造反派的排場和威風？我卻邁出棚子，繞著三十畝種瓜的料礓荒崗轉了一圈，忽發現崗坡下還有個約三分大的小池沼，水面上密密地浮了一層綠萍。滿池子青蛙「呱呱呱」地叫得幾快活幾熱鬧，真有點「春江水暖鴨先知」的韻味。我霎時忘了自己「牛棚黑幫」的身份，心裏襲來一縷溫柔，緩緩蹲了下來，邊聽這野外的「爵士樂」，邊與蛙類同樂。就在這時，浮萍中隱隱地顯露出一個小小的「綠三角」，牠悄悄地、悄悄地，像京劇中那種下身腳移、上身紋風不動的臺步，向一隻唱得正歡暢的青蛙逼攏……說是遲，來得快，當「綠三角」離捕獲物尚有尺把遠時，猛然躍起：喲，一條青光閃閃的水蛇——一口銜住青蛙的後半身，青蛙一面掙扎，一面哀叫，但一秒鐘一秒鐘地逐漸衰弱，慢慢地不動了，無聲了，整個小池沼都靜悄悄了，只見蛇口中的

20世紀70年代的李德復

捕獲物一釐米、一釐米地在消失。這個達爾文的生物界圖景，把我驚得目瞪口呆：這「綠三角」，這水蛇，隱蔽得幾深、幾妙，牠在捕吞青蛙時，青蛙不僅毫無知覺，還興高采烈地唱著「幸福之歌」！我回想自己，運動初期被揪出前，不也和這隻青蛙一樣：在幻想著脫胎換骨，幻想著入黨，幻想著為這世界上最純潔、最美好的主義奮鬥一生、寫作一生，可頃刻之間，被推入「反革命」深淵……這幾個現在與自己共住一個瓜棚的夥伴，不也是幾隻「青蛙」——只是與自己不同種類的「青蛙」，被不同種類的「水蛇」，在同一個沼澤裏活生生地吞噬了麼!?自然界竟是這麼無情，人世間又是這麼相似！

我在小池邊，又仔細觀察了幾次「綠三角」吞食青蛙的可怕景象。讓我感到奇怪的是：青蛙群始終不接受教訓，每當水蛇隱蔽地幹掉蛙們一隻同類，池子裏要沉寂一陣，但過一會兒，一隻隻青蛙又露頭、跳躍，「哇哇」地歡騰不停，好像唱：「沒事了，沒事了，幸福的生活又來到！」也正是此時，「綠三角」再顯示一次不動聲色的殘酷。我看了下錶，這種重複每次約五分鐘。好在堰塘裏的蛙多，蛇少，好像能無止境地這麼持續下去。直到天掛黑，我才若有所思地踱回瓜棚。

晚上，我硬是睡不著了，腦海一次又一次閃現水蛇吞噬青蛙，而青蛙始終不覺悟的畫面……我想自己：在地委機關，別人只是幹工作、寫文件，自己不僅如此，還見縫插針地寫小說、出集子，自覺不自覺地到人前挺自得。表面看，幾聰明啊，幾有臉面啊，黨幾相信自己啊，似如青蛙在大聲歌唱春天給的歡樂……結果呢？神不知鬼不覺成了人家的盤中餐。不僅可悲，可憐，還可歎，可歎，可歎！因這多年來，不論自己出了什麼事，為什麼只在主觀上找原因，總認為是思想沒改造好，資產階級的世界觀在作怪。到底什麼是資產階級世界觀？我似乎清楚又不清楚。只斷定所有的壞事都是資產階級世界觀造成的，包括自己被打成「反革命」。而客觀上，怎沒發現有條「水蛇」在窺伺？這個惡鬼在推人下崖，直到成了剁板上的肉，才有一點點感覺。這感覺——也只是看到H為保自己而不得不拋出個墊背的。其實，他也是「蛇」的獵取物，只是放到下一口吞食罷了。看來，對這能人精仔也不該那麼切齒痛恨了……我似乎瞄到個無所不在的神，牠像人看地上的熙熙攘攘的螞蟻，想先踩死哪個，後踩死哪個，還不由心所欲？

此刻，我還想起自己的倒楣出身，這出身也像永遠纏住我的一條蛇——災難一直跟著，靈魂永不安寧！我常暗暗埋怨父親：你本來是教授、高級工程師，為什麼在解放前鬼迷心竅地應聘到一個國民黨辦的大公司當總經理兼總工程師？這下可好，沒申請入國民黨，算入了國民黨；本是解放後人民政府劃分階級成分的自由職業者，卻躍成了官僚資產階級。你覺得冤屈麼？想想，解放前有幾個人能到國民黨公司裏當總經理，儘管你個人沒資產，只是掙高薪供養太太和孩子們……可這步棋，你不只害了自己後半輩子，也害得你兒子打上剝削階級中最黑的階級烙印，即使你兒子被打成黑幫、反革命，也不懷疑黨有什麼錯，社會主義有什麼錯，還至死不悔地、真誠地抱著「三忠於」、「四無限」！

當然，我有時也有想不通的地方：雖是剝削階級出身，但在上學時，受過進步書籍影響，在舊社會便願作本階級的叛逆；解放後，自己又主動積極回應黨的號召，像抗美援朝，把自己什麼珍貴的東西都捐獻了，由於未被組織批准過鴨綠江打美帝國主義，哭了幾多回啊；就是後來參加工作、寫小說，不也是百分之百地歌頌黨，歌頌社會主義，歌頌毛主席！是一片幼稚的紅心，沒半點做作……但為麼子越努力表現越被奚落，越追求真理越受打擊，嘔心瀝血的歌功頌德竟成了含沙射影的毒草攻擊！為麼子、為麼子、為麼子啊？？打上黑色階級烙印的這號男子——就該這麼無情的被撕裂麼？

我惶恐，我困惑，只是這場大運動，又讓我喝那麼多水，經歷那麼多事，才慢慢使我從亂麻般的、錯綜複雜的生活裏，稍稍有點自己的思考：再那麼認識，是不是值得？再那麼活，是不是活該？即使是蛙類，是不是還做那只顧歌唱、不顧後面水蛇血口的蛤蟆？盲目相信，是不是要加點反動懷疑？

我翻身坐起，點燃一根平常很少抽的低級香煙「大公雞」，縷縷青煙飄升入黑幕，顯示條條彎彎曲曲的灰絲……

一連幾天勞動，再就是吃飯，睡覺……因我們四人心裏互有三八線，臉仍繃得緊緊的，沒什麼生氣。

忽然，一天，飛來了兩隻燕，竟在瓜棚頂的一根橫樑上築起巢來。我們雖互不關心，但對燕子卻飽含深情。每到勞動間歇，都願蹲到瓜棚下，看這對春天信使建牠們愛的小屋。那狹長的深藍色的翅膀，那輕盈的剪刀狀的尾形，那清脆的溫柔的嘰嘰細語，一會兒在黃土崗上裁剪藍天白雲，一會兒在瓜棚內銜泥逗趣，真叫這蹲野外「牛棚」的人羨慕死了。人雖是萬物之靈，但有時真不如自然界的一草一木、一鳥一蟲有情、有福呢！

一天又一天過去，燕子的巢眼看要竣工了。一次，能人精仔H忍不住地向三位同類擺了擺自己的專業知識：「知道麼？一隻燕子每天捕食二十餘次，口中所銜所吞的蚊、蟲可達三百餘隻。」

「吹牛！」R司令頂了一句。

「這是科學。是生物學家經過無數次觀測，用準確資料定下來的。若將一隻燕子在整個春天吃的昆蟲排成一條線，長度可達一公里以上。」「反動權威」能人精仔H此時是不是在想：這與政治無關，可以與這個不知天高地厚的造反派辯一辯。

「走資派」K也不知不覺地加入了談話行列：「H說得對！燕子是消滅害蟲、捍衛莊稼的益鳥。牠與布穀鳥、杜鵑、大山雀、貓頭鷹……等等，都在我們保護之列。過去我們地委、專署，每年到這個時候，都要發一個《千萬別打春天鳥》的通知……對不對？」

我亦習慣性地應道：「對，對。」忽然冒出了一句：「無可奈何花落去，似曾相識燕歸來。」

「你說什麼？」R司令警惕地瞥了我一眼，「你如今無可奈何？」

我一下傻了眼，全身汗毛差點豎起來。連忙說：「這可是北宋晏殊的詩。」靈機一動，又冒出一句：「燕子聲聲裏，相思又一年。」

「什麼？你還留戀過去的歲月呀！」司令咄咄逼人了。

「這是周總理青年時代懷念祖國寫的一首詩中的兩句……有問題麼？」

對方不吭了。

另外兩個人心裏也鬆了口氣。

這天晚上，四個人——各人睡各人的薄被褥後，不約而同地想當日發生的對話和爭辯。三個年歲大一點的捉摸又捉摸：莫看到這裏來了，沒田代表、沒積極分子監管了，但「戴帽」的人還可以監管「戴帽」的人，說話可是要小心呀！R司令卻翻來覆去睡不著，是不是在想自己目前的處境——造反怎麼會落到如此下場？會與自己打倒的人為伍？會受「黑線人物」的制約……自己再這麼「忠心耿耿」和「捍衛」劃得來麼？自己過去追求的目的到底對不對？自從「下野」後，他思想就一直困惑，鬥爭著……有些過去認為神聖的東西，這會兒也不覺得那麼正確了；有些過去認為永不改變的原則，這會兒也在動搖了……難道自己還需那麼下意識地甩打人的「水袖」麼!?

第二天清早，R司令起得最早，他繞著瓜地轉了一圈，突然飛跑回棚，大喊：「快起來，快起來，出苗了，出苗了！」

另外三個人一骨碌爬起。司令引我們來到地右邊右角的一個瓜坑邊：果然，一根才播下種的比火柴棍還細的秋瓜苗破土而出，兩片豆瓣大的嫩黃葉兒，還頂著細粒塵土，沾著晨露，在微風中飄顫，幾晶瑩，幾漂亮啊！我們四條漢子還有我兩個孩子，不約而同地趴在地上，驚喜地、直愣愣地瞪著這個苗兒，我們撒下種子（可不是仇恨）——第一個長出來的生命。

我們的心田上似乎也冒出了「第一個」苗兒。
我們不知為什麼會這麼歡喜？！
是本能？是人性？
看來，萬惡的黑幫也是有人性的！

四個「黑幫」為什麼會自覺地建立統一戰線？

沒兩天，我從校部帶回一張紅紙，套用唐代劉禹錫的兩句詩，給瓜棚寫了副對聯：「舊時州府堂前燕，飛入幹校勞改家。」橫聯為「瓜上荒崗」。

瓜棚門柱和橫額一貼這三細條紅紙，與地裏的一片秋瓜苗相映，真有幾分生氣。

R司令此次沒心思在對聯裏挖掘政治問題了，反稱讚我老李的字蒼勁有力。

就在這春風徐徐吹上料礓瓜崗沒幾天，校部田代表連著給我們佈置學習任務，兩報一刊（《人民日報》、《解放軍報》、《紅旗》雜誌）的元旦社論，就叫我們學了二十三次，每次都讓我們深刻領會：今年全黨全民要進行一次思想和政治路線方面的教育，教育，再教育。只要是再教育，我們幾個就悟出：按常規，得有批判對象。我們雖是關進籠裏的「老虎」，在此時是不是要牽出來回回火呢？接著，田代表又佈置我們「早請示，晚彙報」背誦早已背得爛熟的最高指示：「千萬不要忘記階級鬥爭……必須年年講，月月講，天天講，使我們對這個問題，有比較清醒的認識……」這就使我們更緊張了，很可能又有相當一級的人物落進階級鬥爭的網。只要如此，肯定上掛下聯，一下聯，我們便會再作一次寒冬落葉，一會兒飄向烏雲滾滾的空中，一會兒又落進萬丈深淵……

正如我們所料，一日，我回校部打飯，連部通訊員小姜通知我——瓜組全體學員下午返校，有重要文件傳達。

當我們忐忑不安地、匆匆地來到幹校「乾打壘」禮堂——終於得知：林彪於去年九月十三日叛國投敵，摔死在蒙古的溫都爾汗，儘管這是最後一次內部的、給「戴帽」人的傳達，報紙對此卻未公開報導。因此，傳達文件的校部領導之一——田代表反覆強調：要保密，洩密者罪加一等。同時號召大家一面批判他過去口口聲聲頌揚的副統帥林彪，一面要揭發本地區、本校的「小林彪」。把上上下下的、大大小小的「林彪」批倒批臭。我們四人邊聽邊出汗。過去，我們沒一個有資格能與林彪、甚至林彪的部屬聯繫，但現在都可能是「副統帥」的「下層基礎」、「孝子賢孫」。

會後，田代表把膽小悠悠顫的我留下，單獨開「小灶」，個別啟發教育：「老李，文件聽清楚了吧？」

我直點頭。

「與階級敵人鬥，思想得進入前沿陣地。」

我繼續點頭，只是想：我原來就是階級敵人，這……不亂了套？

「你那小小瓜棚，不是真空，聽到『槍炮聲』了嗎？」

我不好點頭了，這槍炮聲可不是隨便聽的呀！

「上面一陣風，下面一層浪，林彪要復辟，總有人幫腔……」田代表是編這種政治順口溜的天才，「你說說，你那兒誰幫腔了？」

我更不好點頭了，吭吭嘰嘰地，半天憋不出一句話。

田代表有點躁了，在原地踱了幾步，忽地偏著頭問：「老李，你知道，組織上為什麼任命你當瓜棚小組的組長？」

「明白……明白。」

「明白什麼？是要你立功贖罪呀，現在時機到了，你怎麼按兵不動？」

我眨巴著眼，「按兵」不「按兵」，都不知怎麼說。我知道，田代表是那種總讓別人提著心過日子的性格。今天，我註定要倒楣了，就是用自己編小說的快速法，恐怕也編不出田代表需要的東西。儘管我是多麼想立功贖罪呀！

「R放了些什麼？他過去跟林彪……不，跟林賊不是跟得最緊……張口就是林的語錄……什麼『完蛋就完蛋』的……」

我萬萬沒想到，田代表一下子把副統帥喊成賊，且喊得挺順溜……而自己，不知麼搞的，是不是又來了文人脾氣，竟有點同情起林彪來。難怪人們老批判自己立場不穩。

「K這個老傢伙麼樣？他是個老走資本主義道路的貨，過去不總把林賊的『八九重要講話』……不，『八九反動宣言』……當經念麼？」

我心想：你才把「八九講話」當經念……在一次學習報告會上，你還說「這是對毛澤東思想的最新發展」……

「喂，麼搞的？怎麼一槓子也打不出一個屁！對了，那個偽善的H……你總該揭吧？你到這地步，不是有他一份功勞麼？你不拱他，他拱你！『你不鬥他，他鬥你』」，田代表又不自覺地順口用了句林彪語錄，「階級鬥爭麼？你為什麼老不懂？」

我就是對此老不懂！大學畢業的我，成了中國作家協會會員的我，在這一點上弱智，硬比不上只上了初中的田代表。

田代表批了我兩小時，讓我一會兒發冷，一會兒出汗。我耷拉著一副「文革」鍛煉出來的哭喪臉，態度好得不能再好了，卻沒放出一個違背良心的、自己臭自己的臭屁。「綠三角」捕青蛙的情景總在我眼前閃來閃去。最後，田代表只好點著我的鼻子說：「加強階級鬥爭觀念，帶著政治感情回憶，務必挖出你們那兒的定時炸彈。否則，你就是知情不報，你本身就有問題，甚至有大問題！」

田代表讓他燒開的開水一直開著，只是把水壺從這個火爐提到那個火爐上。

傍晚，我快快地回到瓜棚。瓜棚的三位當然知道田代表為什麼留我，也不知這把懸起的刀落到他們之間誰的頭上。我一回去，都在看我的臉色。H立刻遞上一杯開水，看我接不接，我一接，他放心了——這回，可能不會鬥他……K靠著牆還在學語錄《階級鬥爭》這一章，問我：「組長，校部傳達的文件，要不要討論？」

「要。田代表還要求作記錄，他要檢查。」

K點點頭，在考慮發言提綱了。「文革」中，他最大的教訓是，開會得寫發言稿，並存底，照著念。否則鬥起來，過去你沒有說的也說你講了，辯也辯不清。

R司令這時沒吭聲，他似乎一直在想：這個最最忠於毛主席的接班人怎麼會背叛黨呢？他怎麼也想不通，怎麼也解釋不通。他過去最贊成「懷疑一切」的理論，但從沒有懷疑過「林副統帥」呀！世界就是這麼顛來倒去的麼？

這晚，打來的晚飯，大夥兒破天荒的、第一次剩了一大半。夜裏，我們四個「牛鬼蛇神」都沒睡穩。平常鼾聲如雷的「走資派」熄了火，磨牙最凶的司令也悄然無聲。

我們在憂國憂民還是憂自己？瓜棚外一輪春月，帶著迷迷糊糊的一輪月暈……這日子，連挨整有時也挨得不明不白啊。

天氣越來越暖和，秋瓜苗一天一個樣，由芽乳黃到淡淡綠，逐漸變成一望一片耀眼的翠明綠。為壓瓜蔓，促其早開花早結果，在我的帶領下，每天中午，日頭最猛的時候，四個「戴帽」分子打著赤膊，戴著搭頭帽，

李德復和同事在「五・七幹校」

拿著彎彎鐽，沿著一兜兜瓜藤，邊理順邊壓土……個個背脊曬得油光水滑、黑不溜秋，即使大雨傾盆潑下來，也沾不上。皮膚較白的K，成了我們中間的第一個非洲人，連臉上的皺紋都是烏的。莫看他是「當權派」，多年來養尊處優，卻不叫一聲苦，反說：「下放勞動嘛，就是要鍛煉，要改造。有好處，有好處。」

R司令卻不以為然，衝著我喊：「作家，苕作家，你是在煉油，還是在烤燒餅？不能早上幹，中午歇著？」

「我不想早上幹？你問問H權威。」我說。

「H，啥黑權威，懂個屁。」

「我不懂？」能人精仔H反唇相譏，「這可不是打倒誰，舉拳頭就行了，不信，你試試。瓜藤早上特脆，特別是藤尖、蔓頂，一碰就斷，那還結得了瓜？到時候，上面查起來，說你有意破壞生產，R常委，你擔當得了麼？」

一句「R常委」，搞得司令火毛燎燥的，過去這麼喊還差不多。這會兒卻是聽著心痛。他終於吞了。他明白：H這人精仔只怕上級，哪怕比他只大一釐米的官，他都怕。只要是和他平起平坐，他就不把你當回事。

也就在這段校部閉門集中批林彪、西瓜田正忙的時刻，田代表隔三差五的——一會兒派通訊員來喊K回校部，一會兒呼H，一會兒又叫R……叫誰誰心裏都吊著一個桶：該不是又輪到自己做靶子了？人活到這份上，像是塊爛不溜筋的抹布，哪兒髒就哪兒擦。不過，靶子暫時還沒有安到西瓜地。田代表啟發教訓我的那番話，是不是只嚇唬嚇唬便罷了呢？

這天，四位「受審」漢子正在烈日下勞動，忽然，H喊了聲：「組長，快過來。」

我過去一瞄，只見能人精仔手裏提起根瓜藤，藤尖端有一花苞，苞下結有小拇指大的一個小瓜，可挨著瓜的嫩藤基本已斷，只留些許藤皮筋絲牽連著……

「地老虎，地老虎！」H繼續向我喊，「學名叫土蠶。這傢伙專愛吸嫩瓜尖的漿汁，不除掉，不等西瓜開花就宰了瓜的命……」

「麼辦？」K、R這時也奔了過來。我們在愛護自己的勞動果實上始終天然一致。

我擺了下「內行」的架子：「一、得向田代表彙報；二、到校部倉庫要兩塊麻油香餅，磨成細沫，等日頭落山，每棵瓜前，灑一小勺；三、半夜後，我們起來，端著臉盆，打著手電筒、馬燈，棵棵瓜前照照。地老虎是個晝伏夜出的害人精，此時，聞著麻餅香味，肯定出來吃食，我們就一條一條地逮著往盆裏丟，不說一網打盡，至少消滅個八九不離十，你們沒來之前，頭一茬春瓜也遭地老虎摧殘，我帶孩子們就這麼幹的……」

大家一致贊成我的辦法，我除讓K留守瓜棚外，帶著兩個組員立即趕回校部，一面向田代表報告，一面領得香餅，磨好，還到小賣部買了幾筒新電池，打了兩斤晚上點馬燈的煤油。

一切準備停當，半夜零點，我把大家喊了起來，兵分兩路：H與K一組，我與R司令一組，展開了殲滅地老虎的勞動競賽。

如果地老虎不咬瓜秧尖，不吸瓜的血，從表面看，牠像一個體態豐滿的、甚有風韻的少婦：穿著悠綠綠的旗袍，溫溫順順地爬走姿態，細膩溜溜的柔光皮膚，一步一回顧的、情兮兮的神氣……還真逗人哩！可誰知牠那張細細的嘴竟那麼厲害，就這麼輕輕一吻，愛情的殺手呀，喪了瓜的一生！我邊捉土蠶，邊從接觸土蠶軟和的體感——想到和某些人握手的手感。手是那麼美，那麼溫柔，握起來是那麼舒服，可往往就是那雙手扼著了咽喉……自己現在每天的呼吸不都感到十分困難麼？

「『當權派』，你們抓了幾條『俘虜』？」R司令在大聲吆喝，荒野裏頓時傳來聲聲迴響……

「十四條！」H能人精仔得意地叫著。

「我不信。」

「不信你過來數。」K活躍起來。

「你他媽的H黑權威肯定留了一手……」R司令跑過去了。一會兒，蹦回來，對我說：「苕作家，學到點，把燈放到後面，一放前，地老虎就土行孫似的鑽土了。」

三十畝瓜，六小時奮戰，到天放魚肚白時，整整逮了滿滿四臉盆綠花花的地老虎。累是累了，但大家挺興奮。臉盆、馬燈一放，有的朝田坎一坐，有的乾脆躺倒……什麼造反派、當權派、黑幫、反動權威，像一下子沒有了名份和界線；什麼階級鬥爭、路線鬥爭、人與人的過不去，也一下子無蹤無影了。

也許每個人腦子裏的哨兵此時下班了，該說的、不該說的話都不知不覺地流了出來。睡在田坎上的R司令在舞動雙腿，忽地冒出一句：「嗨，夥計們，我們在捉地老虎。可曉得啵，有人在……」他翻身坐起，點了點我，「在捉你！」

「什麼？」我眼睛真眨。

「捉你這個『苕作家』……嘿嘿！」

就這一句，把大家拉回了現實。

「誰捉我？」

「我說你是個苕作家嘛，還不清楚？田代表！怎麼，你不信，你別鼓著眼望到我，就是他！前天，他叫小姜喊我回校部彙報思想，實際上是叫我揭你，至少把你揭成咱們連的小林彪……他說，你毒草讀得多，又愛胡思亂想，立場從沒有端正過，不抓你抓誰？」

「可他……」我吞吞吐吐地，「前些時也要我揭你啊……還揭老H、老K……」

能人精仔一下抓住我的肩膀：「你揭了沒有？」

「我揭不出，挨了他一頓批！」

H咬著牙：「他不也動員了我……害得我這兩日不知該麼辦？」又問K，「『當權派』，動員了你啵？」

「當權派」唔唔兩聲，眼睛直翻。

「你說吵，死不改悔的。」R司令一步蹦起來，拿出了鬥走資派的架式。

「說嘛，K專員。」我竟像過去那麼喊他……

「我……」這個有幾十年政治鬥爭經驗的老專員卻猶豫不決。此刻，他內心在激烈鬥爭：說不說呢？說不說呢？是的，自己雖與這幾個「分子」同住牛棚，但身份畢竟不一樣。畢竟是三八式的老共產黨員，畢竟受了黨三十多年的教育，畢竟有較高黨性的、高級幹部的覺悟。不管自己如何討厭這個姓田的軍代表，不管這個姓田的革命資歷比自己相差如地球與火星那麼遠，他總代表了一級黨組織，他的話就得聽，得服從，十二萬分反感也得服從。田代表是動員自己揭發此地的幾個「分子」，但叫保密，甚至會說：「這個你懂，拿黨性保證，這是黨的鐵的紀律。」

是啊，是黨性，是黨的鐵的紀律！就如被打倒的頭號「走資派」劉少奇著的《論黨員自我修養》中講的那樣。可這種神聖的東西，他信奉了幾十年，自覺地、無條件地執行了幾十年，為什麼在這次空前的、偉大的運動中，驟然跌價，不起作用了呢？到底什麼是真黨性？誰個又真正代表黨？真是「老革命遇到新問題」，一直叫他迷迷糊糊，怎麼學雄文四卷也解不開心中的疙瘩。特別聯想自己，就似一個騎飛馬的人，在快速奔跑時忽的摔下。太突然了，太意外了啊！一個雇農出身的人，一個從地道戰裏殺鬼子抗日的戰士，一個忠心耿耿跟隨黨幹革命、搞建設的幹部，怎麼會一夜之間質變為反黨反社會主義反毛主席的、走資本主義道路的當權派了呢？自己深刻反省過，用語錄對照過：是有錯誤，甚至有嚴重錯誤，特別近幾年，官大了，思想不那麼純了，圖享受，貪大功，靈魂深處，想爬到更高的位置。故在反右、反右傾、小四清、大四清中，自己悄悄地、表面上是光明正大地拋出幾個戰友和部下，犧牲幾個階級鬥爭的政治生命，創造幾個抓階級鬥爭促生產的成功典型，使自己從一個階梯穩穩當當地登上另一個階梯……只此而已啊，至於想推翻培養自己的黨，打倒給自己那麼多權力和利益的社會，是根本沒有的事，完完全全地無中生有！可現在，這世界否定了自己的一切，連把當年抗日、打反動派——也說成是投機，甚至昇華到有叛變嫌疑……若不承認，就是狡辯，就是「黨教育了你數十年，連一滴嘎黨性都沒有」，是「典型的混入黨內的反革命修正主義分子」……總之，給你這個三八式老革命眼裏揉沙，心窩楔釘，腦門抹糞，叫你抬不起頭，伸不直腰……就連親生兒子都要剝自己靈魂的皮，自個還裝什麼正經？還堅持什麼誰也不堅持的「原則」？拉倒吧！和此時此地的三個「分子」沒啥區別，如今都是共和國的天涯淪落人……血一般烏，皮膚一般黑，無啥可保留！！於是，他深深吐一口氣，像獲得一次解脫，向三位「同仁」猛一點頭，說：「是的，田代表也動員了我。我說，未經調查、研究、落實，不宜這麼辦。」

「官話少說！」R司令吼著冷笑一聲：「我只問你，當權派，你揭了我們沒有？」

「憑黨性，」K又下意識提到這個對他毫無意義的、已無約束力的黨性，平靜地說：「我怎麼會做這等事！」

「夠朋友！咱們四個夠朋友，都沒有鑽他的鬼圈圈。」司令直拍我的肩，「怎樣，這回咱們算走到一起來了吧！」

「走到一起來了，一起來了。」大夥搖頭，點頭，真是無限感慨。春風已度玉門關了！

「他媽的，以後他說得口吐蓮花現，老子也只當放狗屁！」

「他一篙子打了一船人，是想叫大夥落水，他在岸邊看猴戲！」

「對這號總給別人挖坑的角色，睡覺都得睜一隻眼！」

「對對對。」

「臨行喝媽一碗酒……」R常委情不自禁地唱起《紅燈記》。

田代表萬萬沒想到——我們四個「戴帽」的，互不相容的冤家，竟在這場「你死我活」的階級鬥爭中，建立了一致對他的統一戰線。又因我們對地老虎消滅得乾淨，瓜勢越長越好，田代表還在一次連隊大會上進行了表揚，說這是抓革命、促生產，是抓住了批林這個綱的結果。當然，這只是對這個集體而說的；對集體中的每一個——他還是老看法，老辦法。他就不相信階級鬥爭不靈。

世界啊，就這麼又有趣又可怕！

階級鬥爭中的一個插曲

這幾日，校部對摔死在溫都爾汗的林副統帥，可稱之謂——連「靈魂」亦批得體無完膚。而荒崗的瓜地卻無「戰事」。我有時還恢復了過去當作家的敏感，腦子裏閃過一幕幕新鮮的創作素材。我再也沒想到，打成「走資派」的K，不知出於什麼動機，竟恢復以往在八路軍中當指導員的作風，半夜起來，給R司令、H權威、還有自己這個「反動文人」蓋被子，腳步是那麼輕，掖被子的手是那麼溫暖。就這同一個人，為什麼在運動初期毫不留情地同意地專直「文革」小組把別人打成「黑幫」？而現在又真心誠意害怕別人著了涼？還有這位R司令、R「常委」，常常夜裏打手電背麻袋下崗到稻田裏逮青蛙，白天下工後又跑到旁邊生產隊的小賣部打酒，晚上則架起秸桿火——生鹽水煮田雞下酒，並與批判臺上的死對頭「走資派」劃拳對飲，吆喝聲震得天上的星星都要往下落，不是窮快活，而是今日不知明日的死快活！那個能人精仔H權威則嘻嘻哈哈地在旁邊給他們作酒裁判，好像天地間，此時此刻，他們是最無憂無慮了。我有時過去勸他們：「輕點輕點。」沒想到一向穩重的K「走資派」，晃著腦袋瓜子，似回到他幾十年前的雇農時代，說：「毬！誰管得著。來，作家，有酒當樂，乾一杯！」

到瓜田勞動，他們簡直與周圍生產隊裏的社員差不多，又唱又鬧，甚至粗魯地開「性」玩笑。這在「文革」前，是誰都不敢這麼想的呀！堂堂的專員也在場呀！

住在校部的田代表是否知道這幾個「戴帽者」在享樂呢？真是最新的階級鬥爭動向！是的，近日他有點憂鬱焦急，原因之一，即這四個已進行了發動的「敵人」，為什麼沒有按階級鬥爭的規律互相開展鬥爭？應該是人整人、狗咬狗，各人為了維護自己而撕咬對方的血肉。荒涼山崗割草頭，窮鬼殺餓鬼，就看誰的刀子快呀！然如今，帶著血腥氣的小報告一個也沒來，按兵不動嗎？靜觀情況變化嗎？真他娘的是不是鬧了階級調和的鬼喲。

田代表的大名叫田苦根，四十三歲，是五代貧農家庭出身，解放後翻了身，讀了書，入了伍，不算快也不算慢地在軍隊裏慢慢當上了中層幹部，並在他那農民意識裏，逐步從實踐中形成了一整套的、活學活用的、上人生「進步」階梯的個人秘訣。開始，他只是在各項運動中悟出報紙上講的真理——階級鬥爭「一天不抓，敵人搗亂；兩天不抓，敵人翻天；長久不抓，人民江山危險。」「不抓階級敵人暈頭轉向，抓了階級敵人心明眼亮。」工作中也確實如此，即使有什麼差錯，鬥爭的大方向永遠是正確的。接著，他又像道士修道似地慢慢悟出，這階級鬥爭還與自己提升有切身的、不可分離的關係。每每，他抓住這個綱，不僅工作上去了，地位也上去了。何樂而不為！又是正面形象，又是步步雲梯！當然，要「雲梯」穩穩當當，從不閃失。這，他直到最近，才在腦門心總結了完整的一套。

應該說，這一套來之不易，是存在決定了他的意識。他開始當兵，到當班長，當排長，直到當連指導員，並沒這一套。一心一意為人民服務，一心一意身體力行，「軍民團結如一人，試看天下誰能敵？」對權力欲，對凡不符合馬列主義、毛澤東思想的東西，是充滿熱情反對的，是想用階級鬥爭這個武器去清除的。老人家發動群眾搞「文化大革命」，他開頭也認為是為了清除腐敗，鏟掉特權。只是到後來，怎麼說，隨著一種不可阻擋的、和平時代的、「階級鬥爭」的大潮流，特別是「文革」進入深層後，使他徹底改變過去殘留的一點純樸觀點，慢慢摸到這中間有個飛黃騰達的竅，猶如他在會上一面義正辭嚴批判「入黨做官論」，一面在心裏竊罵：「哪個不是先入黨才做官的！那些有權的大官——誰又不是黨員！真是脫了褲子放屁，還不讓聽響！」於是他那套「三段搭梯進步法」，就這麼在心裏出臺了：一曰嗅氣候。為甚叫「嗅」，不叫看呢？他認為光看，是表面化，等你看到了，已來不及了。而「嗅」，是新的階級鬥爭還沒有出現前，就要聞出點道道，早準備，早架勢，爾後才能捷足先登，搶不到頭功也至少搶個二功；二曰，抓墊腳鐵板。為什麼不抓墊腳石頭，而抓鐵板呢？即階級鬥爭的對象——要抓準，抓狠，抓死！石頭有時滑，搞得不好會讓自己摔一跤，而鐵板踩上去又平又穩，是墊自己上升的好材料；三曰押寶，要押上次「寶」的反「寶」。這是什麼意思？即第一次賭天牌，第二次就要賭地牌。縱觀中國幾十年的階級鬥爭，他概括出：階級鬥爭的老路不能走，老皇曆不能翻：土改時，鬥爭對象是地富；三反、五反、反右、反右傾……對象就不是地富，特別是這次「文化大革命」，誰料得到——對象竟是許多老革命！如果把寶還押在過去運動的對象上，那不就落水成了輸家？好在田代表有「嗅」的天性，「抓」的敏感，這次史無前例，他的三段式的最後一招，恰恰打在他的上級——一個常常讚揚彭老總的老團長的要害部位，才幾個回合，就使他踏著鐵板雲梯，從營副教導員一跳而成為營教導員，緊接著，部隊又委派他為本地區軍宣隊的主要成員之一。本地區革委會便請他來做幹校副政委，兼任知識份子成堆的第三連指導員。希望他能把這些總改造不好的知識份子，以及一些「戴帽」文化人，好好肅整一下，最好能挖出個什麼驚人的東西，或寫出個能讓中央「文革」、省革委會批轉的典型材料。

田苦根也有志於此，甚想趁批「林副統帥」的東風，把自己抓階級鬥爭的能耐顯示顯示。他撒下了幾副網，其中一網罩著西瓜地的四條「死老虎」，很想從這「死老虎」中趕出個活老虎來。這也不是不可能——李德復這苕作家，腦子總喜無邊際的幻想、瞎想、胡編八編……能不在這風口浪尖上冒個問題？K原是地區專員，與本地軍分區常聯繫，林彪「帶槍的劉鄧路線」，他總沾了點腥？而R造反派，原就愛引林彪語錄，一背一大串，至少也是個林家的小孝子賢孫。至於H，其檔案就記載，是個專保自己揭露別人的「大王」，一壓一擠，他能沉默？就是現編——他也能編個上綱上線的……可不知是河道彎彎曲曲，還是自己的船沒有撐好，明明有魚的地方硬不冒水泡。本來，他預計瓜地的牛鬼蛇神這幾日要到他辦公室洗刷自己和出擊一個草棚下的同類。奇呀，一天天過去了，就沒來……是麼回事？未必階級鬥爭失靈了？

這天，田代表下意識地望望窗外，又端起窗臺上他帶來的軍用望遠鏡，只一瞄，發現H正滿頭大汗，朝自己的方位跑來。有經驗的軍代表揉著手心，咬著嘴唇笑了。

H能人精仔跑到校部來幹什麼呢？原來，瓜地的瓜，被四條黑漢子擺治得漂漂亮亮，特別是瓜棚門口遮蔭藤架上的瓜，是H用本地葫蘆與日本無籽瓜嫁接而成的，其形又像冬瓜，又像枕頭，還帶了點舞蹈女演員的三圍曲線，美得俏，美得妙，我曾是大學外語系畢業生，就給其取了個既好聽又流暢的名字：「喀啦莎」（kpaca）。一次，田代表和幹校的幾個領導巡視到此，在窩棚門前嚐新，指著遮蔭藤下晃頭晃腦的瓜問：

「什麼品種？」

H順口而出：「喀啦莎。」

「是我嫁接的新品種。」能人精仔解釋了一番，最後暴露：「是組長取的外國名。」

「崇洋媚外！」田代表皺起了眉頭，把我喊來：「這瓜是在中國土地上長的，怎麼取個外國名？你看農場蘋果園的品種，叫國光、紅光、大國光、大紅光……又響亮，又長中國人的志氣！你呀，思想為麼子總解決不了呢！」

「田代表，」我口氣非常尊重他，「這可是偉大革命導師列寧故鄉的語言。」

「列寧故鄉的語言？」

「是的，就是俄羅斯的語言。最近校部發給我們學習的一、二、三、四冊《列寧選集》，是用這種偉大的語言寫成的。客啦莎的中文意思是美麗。我想，我們在五・七幹校改造，勞動是美麗的，學習是美麗的，種出來的瓜也是美麗的……」

田代表沒吭聲了。

我這回總算用上了我編故事的天才，雖然捏了把汗。

這天，四條黑漢，按照田代表指示，兩人推一車早熟瓜，另兩人各挑一擔喀啦莎，要往校部送，為的是給第二天召開的批判林彪大會的領導和各連隊的發言人解渴。本來，我安排：K「當權派」和H權威拉車，我和R司令挑擔子。儘管現在我們四個人「跛子不比瞎子美」，平起平坐，但我考慮：K年紀大一點，過去總是自己的上級，派活一貫給輕省點的；H腰有傷，運動初期又是他先揭發了自己，若派重活，怕別人懷疑報復，故一直發揚他幹技術活的長處。搞運輸嘛，就叫他和「當權派」用車子，是事先配好了的；而派R司令挑瓜，一因他年輕，二因司令只注意路線對不對，幹點重活倒不在乎。至於自己，儘管是個黑幫組長，但大小算個「領導」，挑重擔子是完全應該。可哪曉得，這日「當權派」偏不拉車，非挑擔子不可，說自己年輕時一擔能挑二百斤，如今老底子還有點；再是毛主席講了，有些幹部為什麼會受群眾批判呢？是官做大了，自己以為了不起，不平等待人，嚴重脫離群眾……所以，這次挑擔子，他想用實際行動回應毛主席的教導。有麼辦法？我只好把自己挑的那擔喀啦莎，讓給K承擔。這樣，我們拉的拉，挑的挑，在過一座沒欄杆、搖搖晃晃的木筒「快活橋」時，H忽然講起田代表問我——「喀啦莎」為什麼叫「喀啦莎」？我則用「列寧故鄉語言」把田代表頂到牆上不能再指示的笑話，R司令頓時仰首哈哈大笑，K當權派忍不住「嘿嘿」小笑，當事人我和H也忘乎所以格格直笑。唉，黑幫們天生不能樂，一樂便生悲。就在此刻，「當權派」腳下一滑，筐裏面瓜一滾，重心一歪，老天爺不管你K曾是什麼官，將他滾下了河。我這個旱鴨子這時真苕了，儘管過去在自己書中寫過下河甚至下海救人的英雄，自己卻沒那個不顧一切為人犧牲的精神，只是惶惶無主地、焦急地、歇斯底里地大喊：「救人啊，救人啊！」H呢？狗爬式的游泳他是會幾下，可讓他從三米高的橋上往下跳，一是膽怯，怕自己老本也賠進去；二覺得救的是「走資派」，不是革命幹部或工農兵，即使費了吃奶的勁，也不會得到麼表揚；三這個K，K專員，我H過去工作那麼賣勁，為什麼不提拔我？我在運動一開始就那麼積極，提供炮彈，為什麼不放過我？我如今還能捨命救你嗎？那不太虧了我？當然，能人精仔也不想「當權派」淹死，便對我說：「我到校部報告去！」邊跑邊回頭地一顛一顛地去了。而R司令卻把擔子一丟，罵罵咧咧地：「呆啥？作家，苕家，還不下橋喊人！」一頭紮下水，朝K撲去。

這，讀者諸君，算不算是在階級鬥爭的風浪中經受考驗呢？

階級鬥爭被人道主義征服

那天，H就是為K落水，奔到田代表辦公室來向領導彙報的。

田代表心裏格登一下：不是來揭發問題呀！但馬上意識到，K雖戴了「走資派」的帽子，還有個「叛徒」嫌疑，但正在內查外調，沒有最後定性砸死，如果今後萬一翻身，對自己的上升下浮會產生影響的。於是，他馬上命令自己：救人，還要造點「革命人道主義」的氣氛，說明批判「走資派」，是批他走資本主義道路的資產階級靈魂；救他，是讓他有機會低頭認罪，改造自己，重新做人，再立新功。於是，他喊了兩個會游泳的「五・七戰士」，吆喝上H，開了部吉普，吵吵嚷嚷地、浩浩蕩蕩地、故作姿態地從校門口直奔出事地點。

在車上，能人精仔H繼續向田代表報告：說在他的帶動下，似乎看到R從橋上跳下水去救K了。對此，田代表愣了一陣，掏盡肚子裏學的馬列主義，也分析不清楚，為什麼這個恨「走資派」入骨的、要在K身上踏上三隻腳的、永遠不讓K翻身的極左司令，會下水救自己的對立面。這個天賜的、置對手於死地的大好機會，為什麼不利用呢、未必R不明白，只要老K一翻身，肯定要大大報復的呀，也要在他身上踏上三隻腳，甚至插三把刀……人真是個怪物，整不倒某人時非整死不可，能不費吹灰之力推人下崖，又偏偏伸出救援之手。不可理解，不可理解，偉大的「文化大革命」！

不僅田代表對此不理解，就R司令可能對自己現時的衝動也覺得僅僅是「衝動」。

R可以說是在紅旗下生，紅旗下長，紅旗下讀書上學，在某一時期，是真正的陽光雨露禾苗壯的紅旗「接班人」。首先，他的家庭成分正，父母雙雙是出身硬梆梆的血統工人。一個是煉鋼廠的爐前工，一個是紡織廠的擋車工。R從小就受到他們樸素實在的「三熱愛」（熱愛毛主席、共產黨、社會主義）的教育。加之R學習還行，又樂於助人，因此，儘管他性格大大咧咧，有點放蕩不羈，仍在小學、中學、大學先後被選為少先隊幹部、班幹部、校幹部。他知道，這一切都是黨給的，新社會給的，毛主席給的。毛主席的確是他心中最紅最紅的紅太陽，他心中最高最高的紅司令。毛主席說：「馬克思主義的道理千條萬緒，歸根結底，就是一句話：『造反有理』。」他怎能不造反呢？毛主席說：「向黨內一小撮走資本主義道路的當權派奪權！」他怎能不奪呢？！他是純得既可怕又可愛，純得心中只有毛主席一人能主宰他！所以，運動初期，毛主席「炮打司令部」的大字報一發表，他就在自己所在的專署機關內帶頭造反：造本單位當權派的反，造地區黨政當權派的反，還對周圍的同事們說：「你們要從理論上弄通，最近我學語錄，學老人家最近講話，悟到一點，毛主席為什麼堅持年年、月月、天天念念不忘階級鬥爭呢？因為他生性討厭高高在上的人，『高貴者最愚蠢，卑賤者最聰明』，認為有的人一在高位上，不管自覺不自覺就要壓迫人民。故他過去領導革命，把騎在中國人民頭上的帝、官、封拉下馬。現在，儘管他是中國天下第一，可對他過去在一個戰壕裏共同戰鬥的戰友、現居顯位的很多人老看不慣，擔心他們變，認為他們有的真變修了。所以，他教育我們：『階級鬥爭是青年的一門主課』（一九六八年八月二日《人民日報》）；要我們『關心國家大事，把無產階級文化大革命進行到底』（一九六六年八月十二日《人民日報》）；還講：『現在的文化大革命，僅僅是第一次，以後還必然要進行多次』（一九六七年五月二十三日《人民日報》），故林副統帥接著發揮：現在革命，是革過去革過命的命。具體到你，不就是首先要革一些『老革命』的命嗎？這叫新時代的大義滅親。痛苦是痛苦，但它是歷史的潮流，歷史的必然。我們不能違背，否則，就會被大江東去的革命浪潮淘汰！」

不幸而言中啊！正當R勢如破竹地造反，一天等於二十年，由一個一般幹部到任造反派頭頭，任地區造反派中的一個勤務員，任地區革委會常委……但曾幾何時，曇花一現：因他帶領「造反派」批判帶槍的劉鄧路線，衝擊了地區軍分區首腦機關……結果迎來了毛主席下的最新指示：「還我長城！」「向解放軍學習！」立刻，他像遭到十二級冰雹摧毀的剌頭苗，一下子成了野心家、壞頭頭，被趕出革委會，與運動初期他踏上一隻腳的「黑幫」們成了一路貨色！鬥爭就是這般邏輯，這般翻手為雲、覆手為雨！開始R很不理解，一肚子委屈。帶槍的劉鄧路線不是毛主席最親密的戰友提出來的麼？「抓軍內一小撮」不是無產階級司令部的聲音《紅旗》雜誌上發表的麼？難道責任統統由他們這些年輕的造反派負？就為這一點，便對這些年輕人全盤否定？每當深夜不眠，他心裏輕輕地呼喚：毛主席，毛主席，難道這是您老人家的意思？我不相信，不相信啊！

生活繼續扎扎實實教訓他——叫他吃後悔藥都無機會！他在中學學的《狂人日記》這時自然流向他的腦海：「……我翻開歷史一查，這歷史沒有年代，歪歪斜斜每頁都寫著『仁義道德』幾個字，我橫豎睡不著，仔細看了半夜，才從字縫裏看出來，滿紙都寫著兩個字：『吃人』！」「文革」，不也像那個時代的吃人攪肉機麼？！他一下明白——魯迅為什麼偉大……

後來，R來到西瓜組，和這幾個革命對象混天天，從給秋瓜打窩、上肥、治蟲、壓藤，到打枝、留瓜、下瓜、送瓜……漫漫體驗出這麼多年他沒感覺到的東西，連他最尊重的語錄也沒給過的東西。他一時說不具體這是什麼東西……說沒有改造，還真的在改造哩。一天，他和我李德復一起挖晚瓜窩，忽然莫名其妙地來了一句：「給別人挖坑的人，他自己也會落進去……」我好像沒懂。也難怪，我這輩子只是不斷落到人家事先挖好的坑裏，我沒資格，也沒想到給誰挖坑。

今日，當田代表率領幾個救援人員開車到河邊時，K已被R和我喊來的社員救了起來。老K雖喝了不少水，社員卻用土法子，讓他伏到走動的水牛背上，沒幾久就將水全吐了出來。衰弱是相當衰弱，但命總算是撿到了。

田代表皺著眉問R：「你為什麼會救K？」

R司令仍是個造反派相：「由你解放軍怎麼想都行。」

「自己做的事自己說。」

「圖你田代表表揚。」

「真的？」田代表晃了晃頭。

「不信，你今日掉下去我也會救！」

田代表語塞，咬著嘴唇閉口了。

從此，田代表不知咋搞的，再也沒有讓瓜棚的審查對象「狗咬狗」地向他提供階級鬥爭的新炮彈了。幾個月後，批「林副統帥」的事淡下來，幹校頭一次沒抓到「小林彪」。據說，校部幾個領導（包括田代表）為此都受了上面的批。田代表苦悶了幾天，人們估計他有新動作，但他終於沒向烏龜、王八多的三連發動「三審三查」，梳運動「辮子」。按當時清理標準，可能「小蝦子」「小魚」是漏了幾條。

往後，瓜田的幾個「黑幫」真成了幫，賊膽越來越大，經精心策劃，有時我們瞞著田代表，讓K「當權派」悄悄回城休息兩日，還讓R司令與女友約會。能人精仔H當然不放過此等偷閒良機，常把自己種的喀啦莎，以及在社員家買的便宜雞蛋，隔三岔五地送回家。我則傷疤未好卻忘了痛，又浪漫起來，把連部給我寫檢討的紙，拿來記素材，還悄悄地在構思一個未來長篇，也不管自己將來怎麼發落。

這中間，風乍起，也有點小風波，即一日清早，田代表派通訊員小姜把我找了去，叫我彙報我們瓜組最近除了勞動外，還學什麼？有什麼心得？

我用報紙的語言，編故事的機靈——編了一大套。

田代表沒聽完就擺手：「算了，算了。我早知你會這麼講。」指指窗臺上的望遠鏡，「我曉得你們最近幹了些啥！」

好久沒出的冷汗一下從我黑油油的背脊上冒出來。可田代表沒進一步為難我。

我回去後，與其他三人攻守同盟了一番，就等著田代表的好戲——各個擊破。

怪，善抓階級鬥爭的人是不是把這活生生的「階級鬥爭」忘了？一直到這年八月十五，我們收了秋瓜回幹校，此後延續三年，接著又一個個離開這永遠忘不了的地方，田代表始終沒找我們的事，再沒抓我們的階級鬥爭。

我後來見了他們說，這是僥倖！R司令卻懷疑田代表的內分泌——是不是失調了？

若干年後，我們瓜棚四條黑幫漢子從襄樊市大中華酒店酒足飯飽出來，我說：「真想看看田代表！」已離休的K說：「他早已轉業了，就在我這幾年主管的農業局工作。」

「還整人嗎？」能人精仔H故意刺了一句。

造反派R司令說：「他和我們植物研究所的幾個年輕研究生在攉治塑膠棚高產無籽西瓜哩！經濟價值可凶！」

我似有所悟：「好題材，田代表也轉軌了！」

我們四人不約而同地笑起來。

是失態麼？我以黑幫身份在地區革委會當家的門口大吵大鬧

按說，解放後，我經過了歷次政治運動，挨過無數次批判鬥爭，已深深地接受了教訓，並總結了若干條如何生存、生活，以及應付各種各樣出其不意的、災難性的經驗，由此，一向做人做事，特別是對大小領導，總是唯唯諾諾，低眉順眼，謹小慎微，深怕有一點差錯，更不敢有絲毫不敬和得罪，不論在人前人後，差不多成了條件反射和固定習慣。

可我萬萬沒想到，在一九七二年夏季，也就是我在「五・七幹校」勞動改造的第三個年頭，我竟膽大妄為，在當時襄陽地區革委會當家主任的門口大吵大鬧了一次。

襄陽地區革命委員會是在一九六八年元月十六日經武漢軍區臨時黨委批准的，主任是當時襄陽軍分區政委蔡德清（作為軍隊代表），副主任是蘇斌（原襄陽專署副專員，作為被解放的革命幹部代表），其他的副主任，如張平、趙毅敏等（作為革命群眾，即造反派代表）。當時，原襄陽地委書記焦德秀還沒有解放，與地委機關的一些幹部赴「五・七幹校」一起勞動，接受審查。焦被分配到幹校茶水房為全校燒水，這時，他已完全放下了地委書記的架子，起早貪黑，按時供應幹部、學員的開水、熱水，工作勤勤懇懇，深受同志們的歡迎和讚揚。誰說「五・七幹校」不能改造人？至少對過去當權派的官僚架子是一次正而八經的整訓。看來，人與人，包括大人物與小人物，只要放到一個平等的地面上，幹什麼都無貴賤之分。

直到一九六九年二月，焦德秀在幹校經過組織審查，無任何歷史問題，雖有工作上的失誤，但絕非走資本主義道路的當權派，應該說是一個比較好的黨的高級幹部，於是被上級加任為襄陽地區革委會副主任，實際上他僅在革委會主任、軍分區政委蔡德清一人之下，於其他副主任之上，也自然為革委會地方上的當家人了。焦德秀離開幹校後，緊接著，又一批地委、專署在幹校勞動的幹部陸陸續續回到革委會，分到各個部門工作。而我，過了一天又一天，既是光陰似箭，又是度日如年，到一九七二年六月份，和我一起在瓜棚種瓜的原專署副專員K、專署農辦能人精仔H、以及本地區某局原造反派司令R也全調走了，就留下我一個孤零零地在荒野的瓜地上苦苦勞動修行……這個時候，我的兩個孩子基泰、基春也回到襄樊，在我愛人督促下復習功課，上面在號召複課鬧革命了。

光杆司令的我，每晚，就一人搬個小板凳坐在瓜棚下，看滿天的繁星，天上的星星密密麻麻，那怕再小的星星，再暗的星星，都有一個適當的星座，可我的星座在哪呢？祖國九百六十萬平方公里，就放不下我一張書桌，就容不下我一支筆？天上的星星似乎在譏笑我：你不是一個勁想向上爬麼？你不是從小就想當作家麼？現在可好，把天當日光燈，把地當格子紙，在用刨西瓜苗的小鏟寫詩作文了！就是寫出來，又有誰看、誰稀罕？天上的星星又似乎在同情我，勸導我：李德復，你就死了那條拼命往上攀高枝的心吧，如今，你的瓜不是種得很好嗎？遠近幾十里不是有點小名聲嗎？前一陣，周圍生產隊種的瓜都得病怏怏垮，唯有你的瓜打了你自己配製的藥——一片活生生！為此，好幾個生產隊的幹部不是請你去給他們種瓜麼，承諾一月給六十斤口糧，瓜地賣瓜三七分成，集體得七，你得三，蠻劃得來呀，如你愛人、孩子想來落戶，生產隊全包，這不也能一家團圓？日子也蠻不錯嘛！是的，蠻不錯，可我這官僚資產階級兼地主階級出身的子孫難道就是這下場、這出路了麼？不甘心喲不甘心，不甘心又能麼樣？特別在一個風雨交加的深夜，雨水從窩棚頂的空隙裏滴滴嗒嗒地灑到棚內——我用水桶接雨，用洗臉盆接水，用油布、雨傘遮住身子，淚水就不由自主地、下意識地流呀流……我想流往九十九層天際，卻實實在在流向八十八層地獄……也就此時，天空一聲炸雷，突然刺激了我，轟燃了我的心靈——明天，管它三七二十一，找焦德秀去，找當今革委會的當家主任，找當年給他拎包包、開汽車門的地委書記——憑什麼還把我囚禁在荒崗的瓜地上？為什麼那麼多幹部都分配工作了，唯獨我沒有份？難道我真是十惡不赦的反革命麼？

第二天，雨過天晴，微風徐徐，太陽溫柔地撫摸著我，還向我招手微笑，似乎在祝福我一天好運。我呢，橫下一條心，豁出去了，顧不得向連隊請假，穿了一身沾滿料僵土的、髒兮兮的幹部服，戴了頂破草帽，跑到公路上攔了輛拖拉機，就往襄樊市來了，到了市里襄陽城區，便逕直奔向老地委（即新的革委會所在地），闖到焦德秀的家門口，還按我過去的叫法，大喊：「焦書記，焦書記，今天，我小蘿蔔頭李德復來此專門向您請教了，請您一定要接待我，聽我申訴，讓我把話講完……」

同樣的話，我喊了三遍，焦書記沒出來，他愛人宮穎超同志（原地委婦聯主任，新革委會的婦女領導幹部）卻開了門，她告訴我——焦德秀不在家，有話能否跟她說，她可以替我轉達。

在地委，宮穎超同志曾帶我下鄉搞過抗旱救災，餘糧徵購，以及生產大隊的夏秋兩季分配……由於我對她像對地委所有領導一樣，工作十分賣力，效果都能達到她提的要求，故她對我的印象一向較好，還當著很多人的面表揚過我：「你這個李德復變靈光哦，真是我們地委的寫手、秀才！」可我這個被地委許多領導欣賞過的秀才，現在竟落到沒單位要、人人嫌的下場。

我那會兒是這樣回答宮穎超的：「行啦，宮主任，就請您把我的一點意見、請求轉呈給焦書記吧。」

「好。進來坐，喝杯茶，心平氣和地說。」

我沒想到她對我這麼客氣。但我不願進屋，也不想喝那口茶。我不是怕什麼，也不管這兒是本地區大領導——革委會焦主任的家，卻想在此大聲申訴，能招引周圍各部門的幹部出來聽聽——我李德復今天講的是不是有道理？是不是在忍無可忍下的肺腑之言？

我這麼想，就這麼在焦主任、宮主任大門口大聲地，一頓一頓地說開了。由於我過去在教育學院、華中師院練就一套背臺詞、上臺即興表演的功夫，這下我全用上了：一是語調有力，轟轟然，二是條理清楚，邏輯準確，論述流暢。我說：「宮主任，您對我的為人，我的工作肯定是清楚的。可我，從一九六九年冬被下放到襄北農場五七幹校到現在，多少年了，眼看與我一起來的地委、專署幹部一個個都重新分配了工作，上班了，就留我一人在荒原上種西瓜。我到底犯了什麼天大的錯誤呢？無非是我家庭出身太壞——官僚資產階級兼地主階級；再就是我發表了近百篇文藝作品和出版了幾本小說；還有，便是我文藝作品中反面人物的言行，都成了我骯髒靈魂的意識形態——竟作為把我打成『文藝黑幫』、『右傾翻案分子』、『階級異己分子』的依據。可我自認為，除了階級成份，其他都是莫須有；而且，我堅決反對打、砸、搶，我一開始就支持解放老幹部和出身好的年輕黨員幹部……在襄樊，解放焦德秀、焦書記的第一張大字報還是我貼出來的哩！」

宮主任聽到這裏，點了點頭，連說：「這個，德復，我知道，我知道。」

我心裏想：焦書記還記得呀，您宮主任還記得呀……接著，又急匆匆地高聲亮嗓：「當年，一九六六年，文革初期，焦書記從隨縣大洪山結束四清回地委，那時我剛被打成反革命，一肚子冤屈。一天晚上，焦書記派通訊員召見我，曾親口對我說，『德復，對你的問題，總有一天會落實的……』可現在，地委大大小小幹部的問題都落實了，為麼子獨有我的問題難落實？我真地是罪大惡極麼？」說著，我從口袋掏出張一九六七年三月五日中共襄陽地委機關黨支部在機關公告欄上貼出來的、並由組織專門交我保存的、一張對我的平反正式公告，立即吼吼聲念道：「根據中央批轉關於軍隊院校無產階級文化大革命的緊急指示和中共中央關於處理無產階級文化大革命中檔案材料問題的補充規定，經地委機關黨支部討論，決定給文化大革命運動初期……被打成黑幫的李德復同志徹底平反。他的問題屬於人民內部矛盾問題，應當眾恢復名譽，將全部整理過的或者沒有整理的黑材料當眾焚毀，未收回的一概作廢。」一念罷，我又帶著質問的口氣繼續吼：「地委機關黨支部給我這張徹底平反的文件到底算不算數？這是一級黨組織公開向幹部、群眾公佈的、一個正兒八經的告示呀……這多年來，對我這個臭名遠揚的本地黑幫，何人不知，誰人不曉？難道還臭得不夠，要永遠踏上一隻腳，遺臭萬年麼？」說到此，我好悲憤，既不顧宮主任出門拉我進屋，亦不顧圍觀人群看笑話……原地委許多熟人這時上來勸我，我一點也聽不進，真有點破罐破摔，還帶點神經質地叫喊：「如果我真是個反革命，就把我關到襄樊第五監獄得了，為什麼從一九六六年六月審查到今天一九七二年六月，六個年頭過去了，大家都回來了，卻把我一個人吊到半空中……死不死，活不活，這是黨的政策嗎？是毛主席的最高指示嗎？」就在我吵得不可開交，越來越不像話時，原地委副秘書長沈漢民同志來了，他先用一雙炯炯發光的眼睛直視我：「你是李德復麼？」

「我是李德復！」我咬牙切齒地說。

「這個李德復我不認識！」他一把拉著我的手，說：「我認識的是一天跑一百四十里——上三道嶺、摩天嶺的李德復，寫高山旱改水——《典型報告》的作家！醒醒吧，德復！」

他這句話還真地把我點醒。

我長長地歎了一口氣，一屁股坐在地上。

他又把我扯起來。我乖乖地跟他進了他的辦公室。我知道，他已官復原職，手裏掌握著不小的權力，可他能為我這個千夫所指的、還懸起來的黑幫分子做善事麼？我當時腦子空空，已不抱任何幻想。聽天由命吧！

他安置我在屋裏坐下，還給我泡了一杯新茶，親自端到我面前，輕言細語地：「德復，別發火，別毛躁，有話慢慢講，你的問題，也不是德秀同志一個人就能定，你是著名作家，革委會幾個領導正在商議，遲早要解決的……你就耐心地再等等，好不好？」

我低著頭，沒吭聲。

他繼續說：「我記得，文革前，有一次，你與我談A·托爾斯泰的長篇《陰暗的早晨》，書中有那麼一句話，大意是——知識份子參加革命呀，要經過『三次血的洗禮、三次石灰水浸泡、三次清水的過濾……』你是不是已經歷過了呢？要經得起考驗啊。生活肯定是殘酷的，但你永遠要保持你的身心純潔、意志堅強，在滅頂之災中仍然絕不灰心，奮勇直前。今天，我再送你一句話：人生一世忍為先，你已經忍了六、七年，難道最後這一點時光就忍不住了麼？千萬別前功盡棄！」

我當時沒回答，但漢民同志的確說到我心裏去了。我沒再發牢騷，安安生生回到幹校瓜棚，整整睡了一天一夜。

大約一個月後，有天中午，我打著黑不溜秋的赤膊，光著上身，只穿個短褲頭，在瓜地裏摘剛成熟的嫩秋瓜，忽然聽到蘇式嘎斯六九吉普車的喇叭聲。我心裏一震，這不是我熟悉的小車麼？又有哪位地委領導能坐車上這個荒梁子來看我這另冊上的人呢？該不是太陽從西邊升起來了？嘎斯六九在瓜地邊停住，一個穿幹部服的同志從從容容地向我瓜棚走來。我迎上去，一看，喲，是焦德秀的貼身秘書楊期友——我的老熟人，文革前，我和他不是經常隨焦書記下鄉搞調查研究、寫調查報告麼！

期友同志高高興興過來了，高高興興握著我一雙粗糙的、帶著泥土的手，說：「今日呀，老李，你該請我吃糖，吃糖！」

「請你吃糖？」我一時還沒領會過來：「我有這個資格麼？有這個福氣麼？就是請……你敢吃麼？」

「怎麼不敢吃？地委辦公室好多同事都要吃你的糖……今天，是你的大喜日子！」

「大喜日子？」

「對，革委會下指示了：你被分配到襄陽日報當編輯、記者。人盡其才呀，老兄！」

聽了期友這句話，我默默地站在原地三分鐘，一動也沒動，眼淚像襄江洪水氾濫，一江辛酸、歡欣何處流？有誰知？中國知識份子也和中國農民一樣，是最容易支配，最容易滿足，最能服服貼貼按上面指示或者扛鋤頭或者拿筆桿子的老實托子啊。

當天，我就隨期友同志回襄樊，飛快地辦了去報社工作的手續，又喜滋滋向愛人妮娜和孩子們報喜，晚上，還拿著地委招待處給我的一張看襄樊文工團歌舞表演的戲票——去地委大禮堂「亮相」。當然——是亮相，是「黑幫」復原為幹部的亮相。是「壞人」復原為「基本是好人」的亮相，幾多認識我的人在我背後指指點點：「李德復回來了。」「他沒事了。」「他解放了，又能耍他的筆桿子了！」

聽到這些話，我內心好受用，我衷心感謝黨，黨對我是實事求是的，是落實了政策的。

但我這次是不是真地度過了九九八十一難，真地如地委機關文告上寫的——徹底解放了呢？

生活沒有到此止步，災難還沒有饒恕我。我並沒有完全解放。為什麼？若讀者有興趣的話，就再看我以後「享受痛苦」的小史吧。

我也是拜倒在報刊宣傳和文藝創作極左路線下的忠實奴隸

莫看我從建國以來就遭受極左政治路線（包括報刊宣傳和文藝創作路線）的打擊和迫害，但至今我都感到奇怪：我對當時的極左路線和思潮並不一個勁地反感——在挨整、受批判時，會痛苦、埋怨，可一旦事情過去，仍讓我自由、寫東西，我便忘乎所以，仍然故我。愛人妮娜曾多次勸我，別再寫啦、寫啦……又耽誤時間，又傷身體，又擔驚受怕，何苦呢？不知何時烏雲又籠罩到你頭上！而我，迷得很，一個字都聽不進，反而積極地、全力以赴地按當時上面和報刊上宣傳的極左路線和理論去工作，去寫作，一滴嘎回首反思的想法都沒有，亦談不上癒合了瘡疤就忘了疼。我在前面的章節中也說了——我一生最大的缺點是「沒記性」：再大的苦，再厲害的仇，風一吹，就沒影了；最大的優點仍是「沒記性」的同義詞「善忘」：即受的罪那怕挖了心窩子，背後被人捅了無數次刀尖子，只要沒取了我的性命，我會痛沒消，血沒止，就統統忘掉！還是妮娜對我常搖頭的那句話：「人咋說不信，鬼一拍飛跑。」

除了「沒記性」、「善忘」這個德行的原因外，我這個受極左路線殘害的角色，為啥亦是執行這條路線的積極分子和忠實奴才？主要——還因為建國以來，在政治、宣傳文藝戰線上，全國從上到下都一直在加強這方面的整風、教育，比方：

一、一九五一年五月開展的批判《武訓傳》運動

《人民日報》在當年五月十六日發了一篇評論，指出：「《武訓傳》是歌頌清朝末年的封建統治者，而誣衊農民革命鬥爭，誣衊中國歷史，誣衊中華民族。」並首次提出：「資產階級的反動思想侵入了戰鬥的共產

黨。」當時年輕、幼稚的我，儘管在一九五〇年的思想改造運動中，受到了批判和打擊，但是，看了這樣的評論，還能不接受教訓，不服服貼貼地、全心全意地跟著這條路線走嗎？

二、一九五四年十月，最高領袖毛主席發動的、全國範圍內的「批判俞平伯的《紅樓夢研究》運動」從天而降

其實批判俞平伯不是終極目的，批判俞平伯是為了批判「五四運動」中的一個旗手——胡適。處於風暴漩渦中的俞平伯被這如同晴天霹靂地打擊打懵了。他不解、壓抑、冤屈、憤懣，而又孤立無援，無權申辯，只有沒完沒了地檢討、認罪。二十多年後，他方能說出真話：「我的書《紅樓夢研究》寫於一九二二年，確實是跟胡適跑，但那時我還不瞭解共產黨，不知道社會主義，怎麼會反黨反社會主義呢？」而我，當時看到「五四運動」的旗手受批判，「紅學」研究的大家在報刊上被圍剿，我一個愛好文藝的小蘿蔔頭肯定是按著報刊上指引的方向，從思想上反對、批判胡適和俞平伯的，儘管這兩個著名文人，我在國民黨時期讀高中時對他們是相當尊重和敬佩的。

三、一九五五年批判「胡風反革命集團」運動

這年一月二十日，中宣部向中共中央遞交了「關於開展批判胡風思想的報告」，到一月二十六日，中共中央批轉了這個報告，批判胡風的運動就在全國如火如荼地開展起來了。我在這個運動中，被打成「小胡風分子」和「胡風的應聲蟲」。我那會兒只有低頭認罪，反覆檢討，積極同胡風的「反動思想」劃清界線，又怎敢背離鬥爭的方向，不跟隨黨指導的正確路線走呢？

四、反擊右派分子運動

一九五七年六月八日，中共中央發出毛主席親自起草的〈關於組織力量準備反擊右派分子倡狂進攻的指示〉：以大字報為戰鬥武器，在鬥爭中取得經驗，鍛煉人才；同時，讓反動分子向黨提意見，儘量使右派——包括反動的教授、講師、助教以及學生大吐毒草，暢所欲言；然後，巧妙地推動左、中分子發言，狠狠地打擊右派分子。從此，在全國範圍內開展了大規模的、反擊資產階級右派進攻的鬥爭。據資料顯示，全國在打擊右派期間，共錯劃了近五十多萬右派分子，是極左路線的、一次典型的突出歷史事件。我那時是運動中的驚弓之鳥，我怎能反對這條雖極左卻幾乎是全黨全民均支持的殘酷路線呢？

五、一九五七至一九五八年，批判馬寅初「新人口論」運動

一九五七年七月五日，《人民日報》刊登北大校長馬寅初於一九五七年六月在第一屆全國人民代表大會第四次會議上的書面發言，提出：「為了擴大生產和再生產，加速資金積累，加速工業化的進程，應該降低消費比例，這就必須把人口控制起來。」「人口的增殖，就是積累的減少，也就是工業化的推遲。」所以「非控制人口不可」。他的這個發言發表後，在黨的領導下，全國就開展了一個批判他的「新人口論」運動。第一頂帽子是：「新人口論」是資本主義的馬爾薩斯人口論，是否認了「人多是好事」這樣一個所謂歷史唯物主義的重要原理；給「新人口論」戴的第二頂帽子是：否認了社會主義制度的優越性；給「新人口論」戴的第三頂帽子是：對當時六億人民缺乏感情。我那時對資本主義的馬爾薩斯人口論一竅不通，對馬寅初的「新人口論」也沒有研究，既然黨中央認為要批判這個「新人口論」，全國人民也響應了號召，我自然隨大流，跟著走，只是沒不懂裝懂，在討論這個問題時，保持沉默而已。

六、一九五九年批判彭德懷右傾機會主義運動

一九五九年七月二日到八月十六日，在廬山召開的中央政治局擴大會議和中共八屆八中全會上，作為中央政治局委員的彭德懷給黨的主席毛澤東寫了一封不足四千字的信（誤傳為萬言書），對「三面紅旗」提出了一些與眾不同的觀點，結果被視為對「三面紅旗」、黨的領導和毛澤東本人的倡狂進攻，會議據此通過決議，要求在全黨普遍深入地開展一場反對右傾機會主義運動，在上面抓彭德懷，抓大右傾機會主義分子，在下面抓「小彭德懷」，抓「小右傾機會主義分子」。這次運動中，由於我寫了兩篇談人民公社缺點的小說，差一點在湖北文藝界被打成「小右傾機會主義分子」。於那種情況下，我只有服從這條極左路線的運動，根本沒有絲毫懷疑這運動的方向錯了，這亦是我的本性：只要是當時黨認為是正確的，我絕對認為正確。

七、一九六三至一九六四年，批判「鬼戲」運動

一九六三年三月十六日，中央文化部黨組給中央宣傳部並中央呈送了〈關於停演「鬼戲」的請示報告〉。報告認為，近幾年來，「鬼戲」演出漸漸增加，嚴重地在舞臺上播放毒素，毒害觀眾；報告還特別點了昆曲《李慧娘》的名，說該戲大肆渲染鬼魂，而評論界卻大加讚揚，並且提出了「有鬼無害論」，各地便演出了有鬼魂形象的各種「鬼戲」。該月二十九日，中共中央批轉了這個報告，並在全國報刊上展開了對「鬼戲」地批判。與此同時，江青點名狠批了孟超的《李慧娘》和廖沫沙的《有鬼無害論》。這一來，不僅在戲劇界，在全國文藝界均展開了一場批判「鬼戲」的運動。我倒是喜歡「鬼戲」，甚至覺得《聊齋》中的一些鬼比人還有人性，但是看到這場鬥爭風暴，我就把這些想法統統吞到肚子裏，再也不敢暴露，還是那句老話——隨大流吧！

八、一九六五年批判「合二而一」的運動

這場關於「一分為二」與「合二而一」的論戰，是從一九六五年五月二十九日《光明日報》發表艾恒武與林青山合寫的文章〈「一分為二」與「合二而一」〉開始的。在艾、林的文章發表前，時任中央理論小組組長的康生便認定「合二而一」是反毛澤東思想的階級調和論，且認為通過這篇文章可以抓住大魚楊獻珍。為了引蛇出洞，康生授意《光明日報》在發表艾、林文章的同時，以學術討論的形式，組織發表一批文章，有贊成的，有反對的……這樣一討論，凡是贊成「合二而一」和稍微有一點肯定的人，不管文章是否發表，都被轉回原單位，對作者進行了整治批鬥。到該年七月十七日，《人民日報》緊接著發表了署名王中、郭佩衡的文章：〈就「合二而一」問題，與楊獻珍同志商榷〉；八月下旬，《紅旗》雜誌又發表文章〈哲學戰線上的新論戰——關於楊獻珍同志的「合二而一」論的討論報導〉：認為「一分為二」與「合二而一」的論戰是一場堅持唯物辯證法與反對唯物辯證法的鬥爭，是兩種世界觀——即無產階級世界觀與資產階級世界觀的鬥爭。這篇文章發表不久，中央黨校在大禮堂召開了全校學生、員工一千多人參加的、批判楊獻珍的大會。這一把火也燃起了全國對楊獻珍「合二而一」的哲學論點展開了毫不留情地批鬥。我對毛主席的一分為二是非常贊成的，但在直覺上，對楊獻珍的「合二而一」也不覺得有什麼錯：《三國志》一開始不就講，天下久分必合，久合必分嗎？就是在當代中國，國共鬥爭的時候，是一分為二，後來在毛主席領導下，打跑了國民黨、蔣介石，中國不就「合二而一」了，成立了中華人民共和國！這又有什麼錯呢？但這都是我當時幼稚的胡思亂想。毛主席肯定是正確的，楊獻珍肯定是錯誤的、反動的。

九、從一九六三年到一九六六年的社會主義教育運動

這是中共八屆十中全會後，黨中央在全國城鄉有計劃、有步驟地開展的一次規模宏大的社會主義教育運動。從表面看，是清政治、清經濟、清組織、清思想的四清運動，實際上是毛主席為了「反修防修」、反覆辟、防止和平演變的戰略部署。但在階級鬥爭為綱的理論指導下，大量的社會和管理問題卻人為地上升到階級鬥爭的路線上，不僅傷害了大批基層幹部和群眾，並使階級鬥爭的目標逐步上移，越來越集中於領導權方面，深化了黨在階級鬥爭上的誤區，使左傾錯誤理論和錯誤實踐越演越烈，為文化大革命的發生拉開了帷幕。我在一九六三年到一九六五年是參加過小四清和大四清運動的，在上級黨的領導下，也堅決地貫徹執行了這條極左路線。

十、一九六六年開始的「文化大革命」是對中國建國以來的政治、經濟的大顛倒、大倒退

在這一段，我只講「文革」對文藝創作的顛倒。一九六六年二月二日——二十日，江青以接受林彪委託的名義，在上海錦江賓館召開部隊文藝工作座談會。會上，江青認為：建國以來，「有一條黑線專了我們的政，所以要堅決進行一場文化戰線上的社會主義革命，徹底搞掉這條黑線。」會議在江青這極左思想的指導下，批判了建國以來的、幾乎所有正確的文藝創作理論，他們稱之為「黑八論」：即「寫真實論」、「現實主義——廣闊道路論」、「現實主義深化論」、「反題材決定論」、「中間人物論」、「時代精神滙合論」、「離經叛道論」、「火藥味論」，從而為「反中間人物論」和「三突出」的創作方法打下了基礎。

到文化大革命中的一九七四年五月二十二日，《人民日報》刊登了一篇〈《三上桃峰》是企圖附和文藝黑線的大毒草〉的文章，說其是「『中間人物論』的黑樣板」、「鼓吹寫『中不溜兒』的人」、「主張寫平平凡

凡的事」、「妄圖以不好不壞，亦好亦壞的中間人物來取消無產階級英雄。」故一定要把這個「中間人物論」批倒批臭。

與此同時，江青特別贊同和推廣於會泳在一九六八年五月二十三日於《文匯報》上發表的一篇文章〈文藝界永遠成為毛澤東思想的陣地〉中所提出的、所謂塑造無產階級英雄人物的「三突出」原則：

一突出，在所有人物中突出正面人物；

二突出，在正面人物中突出英雄人物；

三突出，在英雄人物中突出主要英雄人物。

從此，這條「三突出」創作原則就成了文化大革命中所有文藝創作的根本法則，凡符合這一原則的，江青就肯定為「紅色作品」，凡不符合這一原則的，江青便認為是「黑作品」，一概受到批判、打擊。文藝創作是如此，報刊報導的寫作亦如此，這就把文化界、新聞界的左傾思想推到了極端，幾乎都是用一個模子、一個框架、一個形式來寫以階級鬥爭、路線鬥爭為綱的、圖解御用的精神產品。

大陸十七年來和文化大革命十年中，我主要受上述十類政治、宣傳、文藝極左路線的薰陶、教育，而且深深相信了這些理論和思想。所以，我成為這種理論的應聲蟲和精神奴隸，似乎很自然。當然，文革中亦有很多先知先覺者，比方一九六六年八月二十四日自溺於北京太平湖的中國著名作家老舍；一九六八年八月3日吞服安眠藥自殺的著名散文家楊朔；一九六六年九月二日在家上吊自殺的著名翻譯家傅雷夫婦；一九六六年五月十八日，自縊身亡的原《人民日報》總編輯鄧拓；一九六八年十一月十一日在獄中自殺的北京市副市長、歷史學家吳晗，以及一九六八年十二月十日在獄中被迫害慘死的中國戲劇大師和國歌的詞作者田漢先生等。

我認為，能堅持真理，在文化大革命中最後倖存的文學大師唯獨巴金一人。

我，當然不能和上述先知、先覺的大師們、大作家們相比，我連他們的一個小指頭都不如，但我從內心十分敬佩他們，尊重他們，下決心永遠向他們學習，能學到一點是一點。也有可能，我這一輩子都學不到。

所以，我這一節的標題是：〈我是拜倒在報刊宣傳和文藝創作極左路線下的忠實奴隸〉，我覺得這對我一點也不誇張、不冤枉，這是我靈魂中的一個癌，一個黑瘤，我現在就是要治好這個癌症，除掉這個黑瘤！

「文革」的造龍人

請看，下面是在一九七四年七月，由「三突出」原則創作出來的一首風靡全國的歌〈無產階級文化大革命就是好〉

詞、曲作者：上海市工人文化宮文藝學習班

無產階級文化大革命（嘿）就是好
就是好呀就是好呀就是好
馬列主義大普及
上層建築紅旗飄
革命大字報（嘿）
烈火遍地燒
勝利凱歌衝雲霄
七億人民團結戰鬥
紅色江山牢又牢
口號：（文化大革命好　文化大革命好）
無產階級文化大革命就是好
就是好　就是好　就是好

無產階級文化大革命（嘿）就是好
就是好呀就是好呀就是好
一代新人在成長
頂風逆浪戰英豪
工業學大慶（嘿）
農業學大寨
萬里神州傳捷報
七億人民跟著毛主席
繼續革命向前跑
口號：（文化大革命好　文化大革命好）
無產階級文化大革命就是好
就是好　就是好　就是好

看了吧，怎麼樣？想當年，這是響噹噹的、全國人民均會唱的、均認為是好得不得了的革命歌曲；可冷靜下來，用現在的水平，用沒有偏見的藝術眼光看，誰都知道，這只是一疊疊教條主義的口號堆砌！是一句句狂熱的、盲目的呼叫！有多大意思？當年為震天響的政治音樂武器，今日卻是落下地底的歷史塵埃！不過，它總在「文革」中紅了一、兩年，也算劃得來了……不是天上一顆耀眼的金星，至少是流落天邊的殘雲吧。

上面講的是「文革」中用「三突出」原則創作的革命聖歌。在此，我再介紹一篇我一九七四年自己用「三突出」原則在襄陽報社為配合農業學大寨運動寫的一篇散文——

〈造龍的人〉

誰都知道，龍的故鄉在中國。

幾千年來，龍在中國流傳了許多神話和傳奇。

今天，在農業學大寨的群眾運動中，人民群眾用自己的雙手創造了許多神奇的長龍。這些龍，給予我們一種嶄新的啟示。

游龍

先談保康縣西坪大隊五虎山下的這條游龍吧。你到那兒一看，便看到陡峭的高山上，打了一個石洞，一股清泉，從南往北，穿山而過，這本來就很令人驚羨了。可是，你想得到嗎？在這個石洞下面，幾十米的地方，還有一個更深更大的石洞，一股大水，仍然由南向北，咆哮奔騰而來。為什麼高頭一股水，底下又來一股水？真把我搞迷糊了。我不得不向正在洞口掄大錘、掌鋼釬、打炮眼、修渠道的姑娘們請教。有個胖胖的姑娘，眉毛一揚，咯咯一笑，說：「同志，這叫游龍戲水呀！」

「游龍戲水？怎麼戲法？」

「你看，」她把手一揮：「上面洞子來的水，是山那邊響水河上游的水，我們紮了個擋，把水位抬高，引過來，改了對面山上一轉轉田，這不叫游龍戲水嗎？！」

「那下面洞子呢？」

「下面洞裏的水，還是響水河的水，是從它的中游引來的，水位比較低，引過來，好灌低山的田，平壩的田……」

「呵，這也是游龍戲水呀！」

「這還不算！」胖姑娘繼續說：「等會你再到那邊去看看：響水河上游經我們一紮，中游被我們一截斷，下游就沒水了。在那平坦坦的河床上改水田，才是正兒八經地游龍戲水哩！」

好傢伙！她們硬是逼著河水改道，硬是在游龍身上改田呀！我望望修渠道的二十幾個年輕姑娘，有的十七、八歲，有的二十來歲，便問：「這裏不止你們幾個吧？」

「怎麼？」姑娘們轟地一聲笑了：「你還瞧不起呀？」有幾個馬上解釋：「咱們是鐵姑娘基建專班，一年四季專搞農業基建。莫說這兩個洞子，就是再大的工程，咱們也拿得下來！」

聽著這豪邁的誓言，再看看她們揮著黑紅健壯的臂膀，舉起二十磅大錘，那麼準確，那麼有力地打在黑粗的鋼釺上，不禁肅然起敬。她們打一下，掌鋼釺的把釺子轉動一次，一個個深長的炮眼就這麼一錘一錘地打成了。我不禁問：「打一個過水洞，要多少根鋼釺？」

姑娘們又轟地笑起來：「同志，這不能論根。」

「論什麼？」

「論斤。」胖姑娘又急忙解釋：「論根，怎麼數得清呀？」她用手往上面的洞子一指：「這個寬三米、高三米、長七十米的水洞，咱們打眼放炮，一點一點地打禿了一百七十八斤鋼釺。」

一點一點地打禿了一百七十八斤鋼釺，這該要打多少錘，淌下多少汗水，歷經多少艱辛啊！

我激情地問：「你們打了上面的洞子，就接著幹下面的洞子？」

「打出味來了嘛！」

「有人不放心吧？」

「總有個把。有的還想看我們的笑話哩。」

「結果……」

「結果在事實面前低了頭，認識到我們姑娘也能在懸崖上打穿山洞！」

聽了她們的介紹，我又望望這兩股翻騰出來的清泉，深深感到，有這樣堅毅不拔和這樣樂觀的戰士，世界上還有什麼困難征服不了呢！

暗龍

當西坪大隊游龍戲水的情景還在心中回蕩，當那些高山姑娘打炮眼的叮噹聲還在耳邊迴響，我又轉到了鄂西北天險之一——鑽天洞。

站在鑽天洞下，往上一望，心口就嘣嘣地跳起來。這裏，是由兩個陡峭的山峰逼成的。一個峰尖頂著另一個峰尖，中間只有一線天。要上鑽天洞，就得穿過這一線天。要穿過一線天，就得攀懸崖陡壁。陡壁上，不知哪一代的老石匠鑿了一百八十九個「抓手」和「腳踏」。所謂「抓手」、「腳踏」，就是可以放手、腳的小石眼。人一上去，就得手攀「抓手」，腳踩「腳踏」，一手緊扣一手，一步緊挨一步，稍一不慎，就會粉身碎骨。真如當地人說的：「鑽天一條線，身在雲霧間，腳下三千丈，伸手摸著天。」

可是一上鑽天洞，心胸豁然開朗，展眼一望，真沒想到，在這海拔一千七百米高的石峰上還有一塊平平坦坦的土地。於是問正在地裏鋤草的一個中年人：「這地有多大？」

「十八畝。」

十八畝地上長了一片綠油油、肥乎乎的好包穀！但從包穀林裏一看，喲，這大一塊莊稼，怎麼沒一條溝呀？細細一查：可不，畦溝沒有，腰溝沒有，連個圍溝都沒有。記得平原有句農諺：「一畝九條溝，你的不收我的收。」這高山上，下起雨來，山洪吼吼叫，沒有溝怎麼行？我正感到疑惑，這個中年人好像摸到我的心事，把鋤頭一頓，說：「同志，我們這兒沒有溝。」

「沒溝？」

「有龍。」一個年輕小夥子回答道。

「又是龍？什麼龍？」

「暗龍！」

「在哪裏？」

那小夥子怪熱情，把我引到地邊，用鋤頭往下狠挖，挖到兩尺多，露出一塊青石板，再挖，就現出一個四面用石頭砌好的溝渠。小夥子說：「同志，看到麼，這是地下溝渠，咱們叫暗龍。這塊地，一共有三十六條暗龍，不論是雨後山洪、山上流水，統統從這兒過！如果要用水，把暗龍一紮，水就冒出地面了。」

「呵！」

「這樣搞，好處可大哩。」小夥子睜大了眼睛接著說下去：「第一，再也不怕水漬；第二，把年年挖明溝的工都省了。特別是我們這兒土如珍珠水如油，一搞暗龍，三十六條明溝都免了。這就等於騰出了兩畝平地。兩畝平地，在我們高山上可是件大事呀，種上包穀，一年要收一千六百多斤哩。」

「真是寸土必爭啊！」我感慨地說：「費的工不小吧？」

小夥子把手一指：「你看那……」

順著他的手勢一望，我說：「什麼也沒有呀！」

「那兒原是一座石山。我們把它全部炸平了，把青石板一塊一塊地搬來，才砌成了這三十六條暗龍！」

「這樣幹，誰出的主意？」

「你還不曉得？就是剛才跟你說話的那位同志，他是我們的支部書記。」

我情不自禁地回過頭來，再仔細地打量了一下支部書記：這個四十多歲的中年人，一身粗布衣服，一張和氣的臉，拿一把長柄彎鉤鋤頭……看來和普通社員一樣。我走了過去，望著周圍的石峰說：「你們這兒的石山真大真多呀！」

支書抬起頭，望了我一眼，「就怕小了、少了。」

「小了、少了？」

當年修改河道造成的良田

「可不，」他一面鋤草一面說：「你看，這十八畝地，砌三十六條暗龍，就幹掉一個石山。咱們隊有四百多畝斜坡地，都要整平搞暗龍，得多少石山？！」

他這一說，我突然感到周圍的石峰都塌了下去，我眼前出現了一條又一條長長的地下暗龍……。我在想，這位領導群眾劈山造地的帶頭人，同五虎山下那一群朝氣蓬勃的姑娘比起來，儘管性別不同，年歲不同，閱歷不同，然而，在思想境界、鬥爭精神和學大寨的革命氣魄上，又是多麼地相似呀！

石龍

懷著戀戀不捨的心情，我從鑽天洞下來，第二天，搭上公共汽車回縣城去。走著走著，汽車猛地一停，司機回過頭來，大聲說：「要看大山區的石龍麼？現在下車。」

我腦子一閃：大高山的龍真多啊！一會兒游龍，一會兒暗龍，現在又出來個石龍，便匆匆下車，跟著一群旅客朝公路旁的一個峽峪走去。一到峪口，山上少有的奇異風光一下跳入眼簾。原來，峽峪兩邊，豎起兩座像利劍劈開的青石山，兩山之中，綠油油的梯地真像樓梯的石階，一層一層真往上疊。疊到最後一層，你看不到梯地了，卻看到一股蔚藍色的水流，像從哪塊雲彩裏倒下來的一樣。真是奇呀！

許多人一個勁地問：「這股水從哪兒來的呀？喲，又到哪去了？」

一位本地的遊客說：「到石龍裏去了。」

「什麼石龍？」

「人造石龍。」接著，這位義務宣傳員就熱情地給我們宣傳開了。他說，這裏過去是「抬頭見石頭，低頭見石頭，見了石頭就發愁」的石板溝。文化大革命以來，石板溝大隊的幹部、群眾，決心學大寨，征服石板溝。可這兒，要土沒土，就是把土搬來了，連個放土的地方都沒有。放到陡壁上，風一吹，刮跑了；放到峽峪裏，小河裏的水一沖，流跑了。不過，窮則思變啊！這裏的幹部、群眾，想了個大膽的辦法：把峽峪裏面的小河溝挖深，使水位下降，並充分利用這裏的石頭，在小河溝上蓋一層青石板，青石板上再墊土種莊稼。有個老貧農把這種辦法叫做造石龍。所以，你在龍頭上可以看到的水，全在龍身下，之上儘是一層層梯地，在龍尾上，還可以看到一股大水，則是從最後一層梯地下面的水洞裏流出來的。

義務宣傳員邊介紹，我們邊往裏面看。世界上的事呀，有好多是無法想像的：那塊塊水平梯地的田當頭，有一個個朝地下垂直開的天窗。天窗上，蓋了一塊塊大青石，那大青石，就像城市馬路兩邊蓋陰溝的蓋子一樣。不過，在這兒，你把大青石一揭開，就看到下面還有道小河，河裏的水流得嘩嘩響。絕壁上寫了這麼幾句：

小河不見天
梯田壘山尖。
龍從地下走，
莊稼在上邊。

還有兩句是：「地下流水嘩嘩響，水上莊稼撲撲長。」這完全是真實的寫照。

正看著，那個熱情的義務宣傳員忽然用手一指，說：「喲，這個老貧農，每回來都看到他。」我們朝前一望，只見在梯田高處，一個白髮蒼蒼、黑紅臉膛、滿面慈祥的老漢，背著一個山區特有的大背簍，在新改的梯地裏到處找石頭，找一塊，就往背簍裏丟一塊。義務宣傳員說：「你們曉得麼？這就是那位把這種工程取名為石龍的老貧農。他如今已七十歲了，早在十幾年前，隊裏就不讓他出工了。可去年，男男女女大戰石板溝，他在屋裏硬是坐不住，睡不下，天天往工地上跑，跑來一次，隊長送回去一次，可你前腳送，他後腳來，隊長沒法了，說：『好，你實在要來，只准你在新建的梯地上揀石子。』因為這裏地少，青石板上墊的儘是山區的土混石，需要把其中石子揀出來。隊長這一講，老頭高興了，以後天天背個背簍，在梯地裏揀呀揀呀。造石龍的時候，他在揀；石龍造好了，他還在揀；石龍身上長包穀了，他仍在揀。他說，他這一輩子不想再幹什麼，就是要把新改田裏的石子一塊一塊地揀乾淨。有個記者來採訪，問他揀了多少簍，他自己說不清，隊長也說不清，全隊的人沒有哪個說得清……」

是的啊，那怎麼能數得清呢？那是一簍簍石頭麼？不！那是一簍簍金子也換不到的紅心啊！我仰首再看這個站在高高梯地上的老貧農，忽然明白：造石龍的奇跡並不奇怪，因為造龍的人，都是這樣一些人啊！

回到汽車上，當汽車加足馬力沿著山區的公路直往前奔的時候，我還在懷念那舉起十二磅鐵錘打炮眼的高山姑娘，那擔心石山不夠大、不夠用的黨支部書記，那天天在梯地揀石子的老貧農……。縣委的一位領導同志講得好：「咱們有了這樣積極學大寨的幹部、社員，有了這樣造龍的人，山再高，自然條件再差，又算得什麼？」現在保康縣正在隊隊學大寨，全縣趕昔陽，決心用自己的辛勤勞動，把保康建設成高山上的江南！

當結束這篇故事的時候，我不禁記起了一九五八年大躍進中一首膾炙人口的民歌——

天上沒有玉皇，
地上沒有龍王，
我就是玉皇，
我就是龍王，
喝令三山五嶽開道，
我來了！

是的啊！那英雄的高山姑娘，那領著群眾前進的支部書記，那紅心似火的老社員，那千千萬萬學大寨的戰士，他們「就是玉皇」，他們「就是龍王」！他們才是真正造龍的人！

我這篇不像樣的、用「三突出」原則寫的、歌頌「文革」中農業學大寨的東西，讀者們勉強地看完了吧？這裏面的確突出了正面人物、英雄人物，只是沒在英雄人物中突出主要英雄人物。因為我當時的所見所聞就是這個樣子，再加工，再想像，也超越不了原型，便草草收了筆，打上了句號。

這篇文章一九七三年十一月七日在《湖北日報》副刊版上發表後，湖北人民出版社又把它收入到一個歌頌農業學大寨的作品集子裏，讀者反映還可以。現在看來，〈造龍的人〉之所以有此客觀反映，正如恩格斯（1820-1895）於一八八八年對英國作家瑪．哈克奈斯講的：「巴爾扎克儘管在世界觀上並不先進並不正確，但由於他具有嚴格的現實主義創作方法，也能寫出現實主義的好作品。」匈亞利文藝評論家、美學家盧卡契（1885-1971）也認為：「一個偉大的藝術家，不問他的世界觀如何，即使是反動的，只要他遵照現實主義的創作方法，也可以創作出偉大的作品。」我國作家、評論家胡風亦是這個觀點，他曾明確指出：「真實的現實主義的創作方法，能夠補足作家底生活經驗的不足和世界觀上的缺陷。」我當然不能與那些大作家比，寫的東西最好的也是二、三流，只是我一開始學寫作，是自然而然地、習慣地運用現實主義的方法，這樣，儘管我世界觀沒改造好，不正確，對文化大革命認識不清，對農業學大寨盲從，但一寫作，總是按現實主義的路子走，〈造龍的人〉也就有點真實性，人物多少也有其性格和可信度了。

「文革」中，我這人就這麼在「三突出」原則創作方法的影響和指引下，一方面繼續犯錯誤，一方面磕磕絆絆地走我的人生路，創作路……何處是盡頭，只有老天爺知道！

高山雪蓮的故事

農業學大寨運動到底好不好？這運動在我國農業生產過程中起到了什麼作用？在文化大革命中又給人們做出了何種榜樣？在此，我想用我寫的另外一篇報告文學〈高山雪蓮〉做些分析和說明。

寫這篇東西，創作方法與描繪〈造龍的人〉一樣，是突出正面人物、英雄人物，特別是突出主要英雄人物。文章在襄陽報面世後，湖北日報在一九七四年十月十五日換了個標題：〈壯志壓倒萬重山〉——又整版在該報發表，並得到湖北省婦聯一位領導的讚賞和表揚，還推薦給全省婦女同胞學習。現在，就請大家費點時間看一看，評一評——

高山雪蓮

在「農業學大寨」的戰鼓聲中，我來到了保康縣九裏公社簡槽大隊。這是一個農業學大寨的先進單位。一進簡槽，就可以看到，在群峰之中，到處都是梯田梯地，層層疊疊，直聳雲霄，雄偉極了。引我上山的，是這個大隊建設專班負責人、民兵連長薛紅海。他一面帶我們參觀，一面給我介紹：

「你看，」他指著一塊石坎直、面積寬、平展展的梯地：「這是一九六四年，毛主席號召全國『農業學大寨』的時候，咱大隊婦代會主任鄭玉蓮同志帶領群眾搞的樣板田。」

過了一會，他又指著一片石坎砌得像城牆似的梯田說：

「這是一九六七年、一九六八年，鄭玉蓮同志帶領社員，與階級敵人鬥，與保守思想鬥，鬥出來的！」

又一會，我們上了一個陡坡，迎面是一眼望不到邊的梯地，上面的坑種包穀長得真好，包穀托簡直像小棒槌，愛煞個人。薛紅海說：「這片當家地裏，有鄭玉蓮在一九六九年冬，冒著大風大雪，帶領十二個婦女大幹苦幹的一塊，現在已經收到兩季好莊稼了。」

我們正要問鄭玉蓮在哪？薛紅海又引我們來到錘聲叮噹、炮聲隆隆的治山工地。他指著幾個抬大石、掄大錘的年輕人說：「他們都是鄭玉蓮培養的建設山區的闖將。」我們再也忍不住了，便問：「鄭玉蓮呢？」

「她……」薛紅海的眼睛一下湧出了淚水。他用手向前方一指：只見藍藍天空下，一株高大的青松，挺立在東山上。

有一分熱就該發一分光

鄭玉蓮同志是中國大陸培養起來的婦女幹部。土改運動時期就擔任鄉婦聯主任，平時認真學習毛主席著作，工作中吃苦耐勞，曾多次被評為勞動模範。她跟社員一起，鬥天改地的頑強精神，尤其令人敬佩。

一九七〇年秋天，鄭玉蓮帶領十七名婦女，參加了全大隊的「三治」專班。她和男同志一樣，打炮眼，劈懸岩，挖基腳，放石炮，吃在工地，睡在工地，幹在工地。

有一天，她和一個年輕人抬石頭，工地女炊事員湯志秀見她兩腿打顫，渾身汗濕，趕緊跑過去，奪她肩上的杠子，說：「玉蓮嬸，你有病吧？」

「沒有。」鄭玉蓮笑著說。

「你瞞不過我，你的臉色都變了啊。」

「變啥？我就是這號臉色嘛！」

「那你去歇一歇，我來抬！」

「看你說的，我還沒抬夠呢！」

她是沒抬夠，也抬不夠啊！

一九七一年一月，有一次她一連抬了七天石頭，終於支持不住，暈倒在工地上。黨支部書記閔來榮知道後，親自跑來動員她回去休息，叫她到醫院去檢查。鄭玉蓮說：「你還不知道，我過去就有個頭疼病，頭一疼，就暈，暈一下就好了。你放心，真是病了，我會治的。」閔來榮一走，她又抬起石頭來。就這樣，一連幾次，她暈了又醒過來，醒過來又抬石頭……最後，和她一起在工地負責的民兵連長薛紅海堅持要鄭玉蓮回去，鄭玉蓮說：「工程還沒完，我咋能回去？焦裕祿是縣委書記，病得那麼重，還下鄉哩！肝癌痛得很，他就坐在椅子上頂一頂，一直把籐椅都頂了個窟窿，還給全縣做規劃哩！」

黨支部還是做出決定，把鄭玉蓮送往醫院治療。經醫院檢查，確診為子宮癌後期，已經擴散。但醫生們表示，一定盡力搶救。

送她去的同志，看到鄭玉蓮那麼好的精神，那麼旺盛的精力，誰會想到她得的是癌症。他們抑制不住自己的感情，撲簌簌地流下了熱淚。可是，鄭玉蓮還是那麼樂觀，那麼鎮定。

她再三向醫生要求，帶著藥物離開了醫院，又回到了簡槽。

鄭玉蓮從醫院回來之後，群眾、幹部都來探望她，要她留在家裏好好養病。而鄭玉蓮呢？卻堅持要求和社員們一起參加戰鬥！她不能抬石頭了，不能打鋼釺了，就積極參加隊裏的農活。大家去種包穀，她也去種包穀，貧農老奶奶賈清蓮奪過她裝種子的竹籃，心疼地說：「黨支部叫你休息啊，你怎麼又下地了，你病得這麼厲害，咋經得起風吹日曬？」鄭玉蓮說：「老奶奶，讓我跟大夥在一起吧，跟大家在一起，我心裏暖和些，快活些，就覺得沒有病了，為集體，為簡槽，我只要有一分熱，就該發一分光。」還有什麼話能勸她呢？大家只好讓她撒種。她把種子一粒粒地撒得那麼細緻，那麼均勻啊！她哪裏是在種包穀，她是給大家撒下了學大寨的種子！革命思想的種子！大家去梯田送糞，她也背個背簍去了。隊長周昌潤奪下她的簍子說：「你回來的任務是養病，不是叫你回來拼命，不要你送糞！」鄭玉蓮說：「老周，我不能給梯田梯地砌石坎了，難道我給新開的梯田送一簍糞也不行嗎？這樣吧，我不能送一簍，送半簍，不能送半簍，就墊個簍底吧！不幹點啥，心裏不踏實啊！」有什麼辦法呢？大夥只好看著她搖晃著身子，一點一點地給梯地上糞，這一挪一步啊，都體現著她對農業學大寨的一片忠心！後來，無論幹什麼活，大家都不許她沾邊了。她就暗暗地領著幾個小孩，在洋芋地裏鋤草。鋤著鋤著，她兩眼冒黑，支持不住，就摔倒在地。幹部、社員知道後，跑了過來，硬扶著她回家。她懇求道：「我不能鋤，就讓我坐在地裏，坐著教娃子們鋤草，叫他們注意質量！」幾個婦女抱住她說：「玉蓮啊，這是啥時候了啊，你就不心疼一下自己，你把你的心，都給了我們啦！都給了我們簡槽啦！」

她們是瞭解鄭玉蓮的心的，多少年來，鄭玉蓮為建設社會主義新簡槽，和大家一起，與天鬥，與地鬥，與階級敵人鬥，該操了多少心呀！前兩年，隊上有個反革命分子，誣衊簡槽大隊積極建設梯田梯地是「圖名利，爭表揚，往上爬」，狂叫學大寨的常年建設專班要下馬。鄭玉蓮知道後，肺都氣炸了。她找到大隊黨支部書記閔來榮說：大寨這條大道我們走定了。階級敵人要我們走回頭路，我們可要領導群眾，堅持鬥爭呀！鄭玉蓮一心為搞好簡槽大隊的社會主義建設，立場是多麼鮮明，鬥爭是多麼堅決。如今，要她離開日日夜夜戰鬥過的土地、山崗，她心裏是多麼不好受啊！玉蓮同志，社員們是瞭解你的啊！

鄭玉蓮硬是走都走不動了，才不得已地呆在家裏，睡在床上。可是，她掛牽的還是隊裏的大寨田建設到哪裏了？地裏的莊稼長得如何？她聽到炸石的炮聲，心裏就高興；她聽到外面的號子聲，精神就振奮。她多麼想出來看一看，望一望啊！她說：「不建設好簡槽，我死也不安心。」

只要還有一口氣，就要為人民服務

就在鄭玉蓮病得起不了床的時候，第二生產隊有個貧農的小孩陳愛喜，因為哥哥要到山外去建設公路，家裏沒有人，就跑到鄭玉蓮家裏，要跟玉蓮嬸住在一起。

睡在床上的鄭玉蓮知道了這件事，就對大夥和家裏的人說：「讓愛喜住到我家裏吧，他是個懂事的好孩子。」

陳愛喜和他哥哥陳愛忠是一對孤兒，父母在一九六三年去世了，當時，愛喜才六歲，愛忠十四歲。教養這兩個孩子的責任，鄭玉蓮主動擔當起來。每年冬天快到了，她就領郭志秀、楊章英等幾個婦女，熬幾個夜工，把兩個孩子的棉衣、棉鞋準備好；她還經常到這兩個孩子的園子裏種菜、上肥、鋤草，幫他們推磨、縫補、漿洗、打掃……經常給這兩個孩子講他們父母在舊社會受的苦，要他們記住新社會的甜。她對孩子們說：「要是在舊社會，你們這樣的孤兒，不是餓死了，就是被地主折磨死了。可現在，在毛主席共產黨的領導下，你們吃的、穿的、住的、用的，集體都管啊，你們冷了，大夥操心，你們病了，大夥著急……你們的恩人是毛主席，你們的親人是貧下中農。你們可不要忘記這些，你們一定要爭氣。長大了，要好好建設簡槽！」

小愛喜住到鄭玉蓮家後，一直守在病床邊捨不得離開。鄭玉蓮就叫愛喜去給隊裏放牛。愛喜放罷了牛，晚上回來，又守在床前。她就叫愛喜把《愚公移山》拿來，一老一少，共同學習。鄭玉蓮鼓勵愛喜長大了，要做建設山區的闖將，要做改變簡槽面貌的先鋒！

在鄭玉蓮病重的時候，貧農女社員陳千秀經常跑來看鄭玉蓮，一看就是好久。她有多少心裏話，要向階級姐妹傾訴啊！陳千秀結婚來到簡槽後，看到簡槽山高坡陡，情緒不高，隊裏幹部喊她去參加勞動，她說：「你們的地種到天上去了，我爬不上去。」隊裏幹部喊她去學習，她說：「可以，那你得給我哄孩子。」有些人感到她很扎手。可鄭玉蓮還是耐心地給她做思想工作，一次不行，兩次；兩次不行，三次。有一次，鄭玉蓮找到她家，一面談家常，一面談過去。鄭玉蓮問：「你爺爺過去幹啥啊？」

「給地主當長工，後來討米。」

「你父母呢？」

「也是給地主當長工、討過米。」

「你兄弟呢？」

「哥哥給地主放牛，弟弟被國民黨抓伕，死到外面了。」講到這裏，陳千秀哭起來了。

「你一家兩輩都是受苦的！」鄭玉蓮說：「可是，你把這都忘乾淨了。」

「我忘了？」

「可不，你想想看，現在，你丈夫再不擔心被抓伕了，再不擔心當長工了，吃不愁，穿不愁。可這咋來的呢？這是毛主席、共產黨領導我們幹革命得來的。可現在，你不願意為集體幹活，這就是不好好革命啊。要都是這樣，就會倒退，就會回到過去的那個社會裏去。」

陳千秀沉思了好大一會兒說：「好吧，往後學習、勞動，你就來喊我。」

從此，鄭玉蓮經常帶著陳千秀出工，和陳千秀一起學《紀念白求恩》，學「毫不利己，專門利人」。開始，陳千秀以為，只要不占集體的便宜，積極為集體幹活，就是「毫不利己，專門利人」了。鄭玉蓮告訴她，這個目標不行，還要積極幫助階級兄弟。為了實現共產主義這個遠大目標，寧可把命豁出去，這才是「毫不利己，專門利人」，這才是白求恩同志的精神。於是，陳千秀就跟著鄭玉蓮一起，來到梯田建設工地，和鄭玉蓮抬大石頭了。鄭玉蓮就是以這種滴水穿石的精神，幫助階級兄弟和姊妹，使他們成為農業學大寨的幹將。

在鄭玉蓮病情嚴重的時候，黨組織叫她的大女兒周昌英——公社衛生員回來照顧她。一天半夜，鄭玉蓮醒來，喊女兒起來，把燈點著。

「你把《為人民服務》打開，讀一遍給我聽。」

女兒認真地讀了：「我們這個隊伍完全是為著解放人民的，是徹底地為人民的利益工作的……」

鄭玉蓮已經聽了一千次，一萬次了。但是，她還需要聽，還要用《為人民服務》中的每一句話來檢查自己的思想。她真心地問女兒：「昌英，你看，我還有什麼缺點？」

「媽媽！」女兒飽含著淚水，想到：媽媽才從區衛生院回來的時候，一天，得知貧農女社員楊章英到公社衛生所做節育手術，媽媽竟完全忘記了自己的病，跑去整整照顧了一天。楊章英說：「玉蓮呀，你自己的病一點不顧，卻豁出來照顧我，叫我心裏咋過得去？」鄭玉蓮說：「看你說的，實行計劃生育，是黨的號召，做好婦女工作，是我婦代會主任本分的事！我咋能不管呢？」

女兒還想到：媽媽已經病得不能起床了。有一天天很冷，媽媽從昏迷中醒來，聽到張清善要到公社去做節育手術，就叫女兒趕快給張嬸生個火籠，送她上衛生院。女兒有點猶豫了：「你也要人照顧啊！」

「你怎麼說這樣的話？」鄭玉蓮發怒了：「我不能去照顧她，你就不能代替？這是黨交給我的任務啊！」又說：「昌英，你是衛生員，應該明白，節制生育，這是解放婦女勞動力的重要措施，要是把孩子多的婦女勞動力都解放出來，我們簡槽就會建設得更快！你明白嗎？」女兒明白了，什麼叫「為人民服務」，母親的一舉一動使她明白了！

鄭玉蓮病危的時候，大隊黨支部書記閔來榮來到她的床前。鄭玉蓮對老閔說：「老閔啊，我為黨做的工作很少，一想到就心裏難過。我已經不行了，想開個婦女幹部會，把工作安排一下。」支書看她病情嚴重，只安排婦女幹部輪流到她家裏去看她。

婦女幹部郭光福去看她，她首先就問：「最近開了婦女會沒有？」小郭說：「開了！」她滿意地點著頭說：「小郭，你是個黨員，婦女工作的擔子落在你肩上，你要好好聽黨的話，帶領廣大婦女把簡槽建設好。」

她把每個生產隊的婦女隊長喊到床前，一個個反覆交待：「要認真讀馬列的書，讀毛主席的著作；要不斷發動婦女，參加梯田地建設；要做好婦女團結、計劃生育、愛國衛生工作；要注意培養下一代。」最後還說：「我建不了的梯田梯地，請大家幫我完成任務吧！」

婦女隊長的工作交待後，她又趁晚上社員收工，叫她丈夫翻山越嶺通知她所在的第二生產隊婦女，到自己家裏開了一個婦女會。

鄭玉蓮的小屋裏，紅光透明。她喊著每一個進來的姐妹，親切地叫著她們的名字：

「義秀啊！」

一個四十多歲的婦女走到她跟前。她是生產隊長周昌潤的愛人。過去，對丈夫的工作有點拉後腿，經鄭玉蓮幫助後，進步很大。這時，鄭玉蓮對她說：「你可要支持昌潤，他是隊裏的領頭人，你支持他搞好工作，他就能更好地帶領大夥走大寨路！」

謝義秀說：「玉蓮孀，你放心，我把你的話記在心裏！」

「秀英啊！」鄭玉蓮又喊。

一個年青的姑娘走到她床前。她是一個回鄉知識青年，在鄭玉蓮的幫助下逐漸懂得青年人應該把精力用在搞好社會主義的建設上。這時，鄭玉蓮對她說：「秀英，你可要好好學習毛主席著作，好好上進。年青人，不要只想吃好、穿好、玩好，要想到搞社會主義，把集體建設好，把梯田梯地建設好。活著幹革命，生活重千斤；活著為個人，不如一根針，你說對吧？」

韓秀英說：「玉蓮嬸，你放心，你的話我一輩子也忘不了！」……

就這麼一個個囑咐，一個個交待，講著講著，她昏過去，等醒過來，她又講……一直持續到半夜，把她想交待的事都交待完了，她才同意散會。

散會前，她還和大家約好：「只要我還有一口氣，到今年臘月二十四（即一九七二年二月八日），隊裏放年假了，你們再來談心……」

生命不止，戰鬥不息

鄭玉蓮從一九七一年一月三十日離開梯田建設工地，到一九七二年二月二日病逝，病魔折磨了她一年多，死亡無時無刻不在威脅她的生命。

一九七一年十一月八日，鄭玉蓮聽說黨支部要在大隊部傳達黨中央關於批林整風的文件，堅持要人把她抬到大隊部去。同志們勸她說：「你的病太重，翻山越嶺，顛顛簸簸，你受不了呀！」她說：「聽毛主席的聲音，聽黨中央的聲音是大事，病再重也得聽！」於是，就在當天晚上，黨支部書記閔來榮，親自把黨的文件帶到鄭玉蓮身邊，原原本本地傳達給鄭玉蓮。聽著聽著，一股無產階級的義憤充滿了她的胸膛。等閔來榮同志傳達完後，鄭玉蓮握著拳頭說：「老閔，我向黨組織保證，我只要活著一天，就要批判林彪這個政治騙子一天。」她又說：「只要我們多建大寨田，我們簡槽就會建設得好！」這時，鄭玉蓮哪裏像個垂危的病人，她永遠是一個衝鋒陷陣的戰士！

在她病危的最後日子裏，她的戰友、梯田基建負責人、民兵連長薛紅海又來看望她了。薛紅海一個勁地詢問她的病情。可她呢？一個勁地關心梯田建設。

老薛告訴她現在改田的進度很快，她聽了非常高興，並關心地說：「搞社會主義得有個長遠規劃，具體安排，一坡一坡地改，一畈一畈地改，像大寨那樣，把所有的田，都改成水平田，海綿田，更好地建設社會主義！我活著見不到這些田了，只要你們把這些田建設好，我就放心了！」

薛紅海強忍著淚水說：「玉蓮同志，你放心，你想建的梯田，我們一定建好，你想做的工作，我們一定做好！我們已下了決心，哪怕簡槽只有一塊田，一面坡沒改好，我們也決不下戰場！」

第二天，她丈夫問她：「你想吃什麼？」

鄭玉蓮搖搖頭。最後，她說了：「我求你一個事？」

「啥事？」

「你用背簍把我背起來。」

「你要幹啥，玉蓮？」

「我要看黃葉杆槽，老薛說，那裏已經砌了五條墻了。」

「那麼遠，背著走，你咋受得了？」

「永春，」玉蓮懇求道：「我這一輩子啥都沒求過你，你就答應我這個要求吧？」

周永春含著淚水把愛人背了起來。剛出門，沒走幾步，鄭玉蓮就感到發暈。老周準備把她背回去，她振作精神說：「不要緊，朝前走！」

轉了一個彎，下面是鄭玉蓮一九六九年冬冒著風雪，帶著十二個婦女改成當家地的大槽。在陽光映照下，碧綠的高粱長得又挺又粗又壯。看著這學大寨的豐碩成果，她臉上露出了勝利的微笑。

已經背出去一百步遠了，兩百步遠了，三百步遠了，天上的太陽啊，多麼溫暖，宇宙的空氣啊，多麼新鮮，簡槽的山山水水，多麼值得玉蓮留戀！就在這個時候，他們上了一個大石坡，鄭玉蓮從高處向前一望，下面幾裏外的梯地建設工地，一下擺在眼前。

「喲，那不是黃葉杆槽麼？」她驚喜地說。

「是的。」

「你聽，他們打鋼釺的聲音？」

「聽到了。」

「看，他們就要放炮了！」

接著，炸石山的炮聲轟轟隆隆響成一片。

就這麼，她躺在那裏，看了一個鐘頭，又一個鐘頭……周永春再三勸她：「娃子媽，回去吧？」她總是輕輕地搖搖手，說：「等一等，讓我再看一眼，再看一眼！」又說：「我死了，你就給我埋在高高的山頂，讓我天天能看大家建梯田梯地。我要聽這轟轟的炮聲，聽大家的號子聲、笑聲……我在地底下，也就快樂了。」

周永春含著淚直點頭。

在鄭玉蓮臨終的時候，黨支部書記閔來榮特意來看她，問她有什麼要求。鄭玉蓮這個從來不流淚的戰士，頓時熱淚盈眶。她斷斷續續地說：「黨交給我改的田，我沒有改完……黨交給我的工作，我沒有做完……我對不起黨，對不起貧下中農……我再不能和你們一塊戰鬥了。我只一個要求，就是請支部用共產黨的五條標準審查我，這是我最後一次的入黨申請……」

鄭玉蓮同志雖然去世了，但她永遠活在簡槽人們的心裏。她那堅忍不拔、挖山不止、改造山區的革命精神，已成為簡槽人民學習的榜樣；她那全心全意為人民服務、毫不利己，專門利人的高貴品質，已開花結果。到一九七三年，這個大隊在黨的領導下，繼續建設當家地一百五十多畝；糧食和多種經營均獲得豐收。過去，「山高坡陡地瘠薄，怪石如林青阪坡」的窮簡槽，如今已成為「當家地佈滿山崗，牲口滿圈糧滿倉」的新山區，已成為襄陽地區和保康縣農業學大寨的一面紅旗了。

當中共保康縣委追認鄭玉蓮同志為中國共產黨黨員和省婦聯追認她為優秀的婦代會主任的決定傳到簡槽時，好多人都高興得流淚了：「玉蓮呀，玉蓮，你是我們的好榜樣，我們貧下中農都要沿著你走過的路，朝前走！朝大寨的路上走！」

大家都讀了吧，有什麼感覺？即使只瞭解鄭玉蓮上述的這些原始材料，應該說，她是值得歌頌的，也是感動人的。我作為作者，當時認為「三突出」的創作原則，確實把她「突」出來了。但過了幾十年，用現在的目光看，卻發現：

一、鄭玉蓮那麼自覺，那麼努力，那麼奮戰，已強迫送到醫院，已確診為子宮癌後期，醫生亦表示要盡力挽救，可為什麼還讓她離開醫院，回到家裏？回到家裏也就罷了，為什麼還讓她到工地、到田裏幹活？那怕是幹輕微的勞動……直至她去世。這當然展現了她一不怕苦、二不怕死的精神，但有這個必要麼？各級組織，包括大隊、公社、區裏、縣裏，又不是沒有條件，又不是沒有能力——把她送往更好的醫院治療！這只能說明，當時學大寨只講苦幹、大幹、死幹的極左思潮，而缺乏真心真意關心幹部、群眾的人道和人性思想，是不是？

二、鄭玉蓮土改運動時期就是積極分子，就是鄉婦聯主任，且平時認真學習毛主席著作，工作中吃苦耐勞，曾多次被評為勞動模範。可為什麼到了一九七二年二月二日病逝前還沒有被批准為共產黨員，於是她不得不在臨終前向黨支部書記閔來榮提出最後一次的入黨申請。這是不是有點殘酷？那麼好的一個人，那麼對黨忠心耿耿的人，為什麼就不能在她生前讓她進入無產階級先鋒隊呢？當然，這樣的事例，在當年不僅僅發生在鄭玉蓮一個人身上，好多對黨有突出貢獻的人，往往都是死後才批准入黨，我在內心常為他（她）們打抱不平。

三、可能是為了突出紅花，這篇文章的綠葉就暗淡多了。這是「三突出」創作原則最大的缺陷和毛病。由於綠葉不茂盛，自然也影響紅花的美麗。所以，此文只見鄭玉蓮一人的模範尖端，其他陪襯就很少有光彩了。這亦是那個時代的要求，自己也以為這樣寫才優秀，才合格！現在想起來，真可謂缺智無知。

對大寨精神，周總理曾說了三句話概括：即，一、政治掛帥、思想領先的原則——這一點鄭玉蓮在學大寨的過程中做到了；二、自力更生、艱苦奮鬥的精神——這，鄭玉蓮也做到了，只是過份地克己復禮；三、愛國家、愛集體的共產主義風格——鄭玉蓮亦超額地達到了，但她完完全全不顧自己，忘了自己。我個人覺得——這方面是不是也過頭了。

而大寨的經驗教訓，「文革」後，各地包括大寨本身，也作了總結，大概在以下幾方面：

一、不斷人為地製造「階級鬥爭」，形成階級鬥爭擴大化。大寨人有一句話：「鬥一步進十步，步步鬥，進一路。」在「千萬不要忘記階級鬥爭」和「階級鬥爭要年年講，月月講，天天講」的指引下，他們把各級黨政領導當作「走資本主義道路的當權派」，把許多與他們觀點不一致的幹部、群眾當作「敵我矛盾」，對社員群眾一些不順眼的小事也要進行批判，總之，就是鬥、鬥、鬥，有時搞得戶戶心慌，人人自危。

二、不斷地變革生產關係，搞「窮過渡」，從小隊核算過渡到大隊核算，又多次並隊從大隊核算向公社過渡，大搞一平二調，離開了生產力發展的基礎，一切適得其反。

三、不斷「割資本主義尾巴」、「堵資本主義的路」，忽視個體經濟，收回社員自留地，連養豬、雞也由集體統一經營。社員連一點經濟自由都沒有，再窮再苦也要說集體富，公社好。

四、在社員分配制度上，推行「一心為公勞動，自報公議工分」。這種「大概工」破壞了社會主義按勞分配的原則，平均主義盛行，嚴重挫傷了社員的生產積極性。生產力即使在「政治掛帥」的強迫命令下一時上去了，但絕不經久，不要多長時間就降下來，農村無數事實已證明了這一點。

由此，全國學大寨的成績和弊端，我個人的看法是七、三開：弊端為七，成績為三。

成績是：周總理對大寨概括的那三句話，的確在全國農村起到了良好的影響和作用，無形中提高了幹部、社員的政治思想覺悟；與此同時，大寨的經驗推動了全國大搞農田基本建設，在許多鄉村建立了大批高產穩產田和水平梯地。

弊端是：全國學大寨運動加大了農民負擔，大部分農村收入下降，這是因為當時連年農田基本建設「大會戰」，大量平調生產隊的勞動力和錢糧，把社隊「搞空了，搞窮了」。農民收入在文革期間不僅沒有提高，且年年下降，據有關材料顯示：一九七六年全國農村人均口糧比一九五七年還低四斤，人均收入在六十元以下的生產隊占百分之三十八，全國有一點四億農村人口處於饑餓半饑餓狀態。好在「文革」過後，黨的十一屆三中全會的改革開放政策已把這些弊端改正了，現在的大寨已與過去的大寨完全不一樣了，由政治的窮過渡改變為經濟的大發展了。

農業學大寨運動到底好不好？在我國政治運動和農業生產中起到了什麼作用？我這個老頭子在此不知高低地妄評了一番，這都是我個人在文革中的一點體驗，肯定有許多不正確之處，望各位指正。謝謝。

〔本節關於大寨的一些觀點和資料來之於《黨史研究》2004年第11期中的一篇文章〈一個時代的終結：對農業學大寨運動的總結〉作者：蕭冬連〕

鄧小平的威力

眾所周知，「文革」期間，由於瘋狂地推行殘酷的極左路線，派性深重，武鬥不斷，加之「四人幫」叫囂：「寧要社會主義的草，不要資本主義的苗」，「寧要沒文化的勞動者，不要有文化的資產者」，「寧願兩年不搞生產，也不能一時不搞階級鬥爭」，「抓革命保險，抓生產危險」，致使國家生產建設大幅度倒退，人民生活水平急劇下降。可是，誰也沒想到，在我生活的湖北襄陽地區，卻在極其艱難的那幾年創造了奇績——建設了舉世聞名的「地下長龍」和「天上銀河」！

何謂「地下長龍」和「天上銀河」？我想摘用當時一直具體領導這個工程的副總指揮長沈漢民同志（係地委副秘書長，後為地委副書記）寫的、發表在一九九六年《湖北水利》第二期的一篇文章〈鄂北崗地的「黃金水道」〉：

> 襄陽地區的西北部俗稱鄂北崗地，是湖北省著名的「旱包子」。這塊二九八〇平方公里的土地，由於缺水，歷史上大片土地荒蕪，人煙稀少。這裏的群眾，過去流傳了一首順口溜：「襄北乾旱多，缺水無奈何，種的綠豆不結角，包穀不結砣，離了紅薯不得活。」這是解放初期這兒生產、生活的真實寫照。「襄北」崗地（含光化、襄陽、棗陽西北部），域屬南陽盆地南緣，係第四紀黃褐土沉積層，因地表水切割、浸溶形成崗隴相間，波狀起伏的崗坡地貌，平均海拔高程八十至一百四十米之間，區內植被稀少，水土流失極快。群眾稱：「下三天流黃水，乾三天裂著嘴」。當時的襄陽地委為了改善這裏的生產條件，採取以工代賑等辦法，修了些堰塘；五〇年代末期，在「三治」（治山、治水、治土）高潮

中，襄北還先後修起了黑龍堰、排子河、孟橋川、石河畈等中、小型水庫。但是，由於缺乏充足水源，水庫絕大部分蓄不滿水，修的堰塘，群眾說是「下三天滿了，放三天完了，旱三天裂了」。因而農作物仍難免遭乾旱之害。加之襄北常年八百毫米左右的降水量，徑流滲小，且多集中於春季和九月份，在農作物正需用水的六、七、八月，又常遇伏旱，這時，水稻、包穀吐穗，綠豆、芝麻揚花，遇上乾旱，葉枯花落，顆粒無收，群眾稱為「卡脖子旱」。為適應農業生產條件，襄北人民不得不大面積種植紅薯，因紅薯係根莖作物，耐旱，天旱雖然會影響產量，但旱後遇雨，還能生長有收，而它的藤、葉既可人食，還可作牲畜飼料。故此紅薯成了襄北群眾的主糧。「早上梆梆梆（剁紅薯），晌午靠山椿（蒸紅薯），晚上改個頓，還是紅薯湯。」

一九五八年九月，國家決定修建丹江口水庫，即在襄陽地區老河口的上游，腰斬漢江，庫壩水位高程將達到一百五十米以上。中央這個重大的決策，給襄陽地委徹底解決襄北缺水問題帶來了新的思路。當時設想：在丹江口水庫建成後，從其東側引水，就可把取之不盡的丹江水引灌到海拔高程一百米左右的襄北大地，不僅可改善已有田地乾旱缺水的現狀，而且還可把千年荒蕪的數十萬畝黃土枯崗改變成水澆地和良田。

一九五九年秋，以趙修同志為主的襄陽地委，從實踐中創造性地總結了老河口市渡槽河「西瓜秧」式水利灌溉網經驗之後，即著手引丹渠道工程的規劃。一九六〇年由湖北省水利廳勘測設計院會同襄陽地區和光化、襄陽縣水利局，組織工程技術人員，對渠道的走向先後進行了五個方案的勘測、規劃。決心在丹江水庫建成後，興建引丹工程。

一九六九年一月，經湖北省革委會同意，報經國家水利部批准修建引丹渠道。興建引丹工程，雖處於「文革」時期，武鬥頻繁，但忠於人民事業的各級領導同志，排除干擾，積極領導和支持工程建設。

當時的國家水利電力部，以錢正英部長為首有六位領導同志親臨工地檢查指導工作，湖北省革委會主任曾思玉、副主任張體學親自審定渠線走向方案，副省長夏世厚、省水利電力局局長漆少川等領導同志親自審批工程資金、器材、物資，鼓舞了群眾鬥志，極大地促進了引丹工程的進程。為實施工程的具體領導，襄陽地區成立了引丹工程指揮部，光化、襄陽兩縣相繼組建了民兵師、團、營領導機構，同時調集了近十萬民工，一場引水治旱，改造自然的人民戰爭迅速在襄北大地展開。

一九六九年十一月，引丹渠道第一期工程首先在清泉溝隧洞破土動工。在這場改造自然，氣壯山河的戰鬥中，襄北人民表現出極大的社會主義熱忱和一不怕苦、二不怕死的革命精神。

清泉溝隧洞是引丹工程的渠首和最艱巨的工程。隧洞進口在河南省淅川縣原香花公社的楊灣，洞身穿過鄧縣珠蓮山的腹部，出口在湖北省光化縣袁衝公社的黃莊。這個一洞穿兩省連三縣，長十三華里多的隧洞，地面山巒起伏，溝壑縱橫；地下裂隙多，泉水大，塌方頻繁。參加隧洞施工的一萬多名農民和湖北省水利工程二、三團的工人、技術人員，以「血汗滴穿珠蓮山」的精神，鬥頑石，戰塌方，不畏艱難險阻，日夜奮戰在隧洞中。

馬克思說：「最強大的一種生產力是革命階級本身」。按照常規，打隧洞需先打一條導洞，為了搶時間，清泉溝隧洞打破了這個常規，一開始就主洞、導洞一起打。隧洞施工以農民為主體，民工按部隊建制，實行團、營、連領導，在工人、技術人員的指導下，日夜三班四上，不論春、夏、秋、冬，不分節假日，二十四小時地戰鬥著。

由於這項工程需要勞動力多，各營、連大約招集了三分之一的女民工。姑娘們以「婦女能頂半邊天」的英雄氣概，都堅強地與男民工並肩戰鬥，為引丹渠道的勝利竣工立下了豐功偉績。打清泉溝隧洞主要是向頑石開戰，這些來自農村的姑娘們，看到省水利三團工人和小夥子打風鑽，也要求擔任打風鑽的任務。在她們再三要求下，襄陽團成立了「鐵姑娘」、「劉胡蘭」風鑽排，光化團成立了「李悅萍」風鑽排。這些女青年，組織起來後，經三團老工人現場培訓，以百折不撓的精神，克服了重重困難，成為打隧洞的先鋒隊。襄陽團「鐵姑娘」風鑽排開始十八人，後來發展到三十二人，年紀大的二十一歲，小的只有十七歲，開始兩人打一台風鑽，一干就是六個小時，遇到人手不夠，就一人抱一台風鑽打。有時打高眼，婦女個子矮，就組織人梯站在肩膀上打眼，遇到打低眼，就跪在泥水裏打，為找準炮眼，有時需用手扒開石渣、爛泥，膝蓋跪得青紫，指甲扒劈了，鮮血直流，也沒有人叫苦。姑娘們不僅戰勝了困難，而且還創高產，一個班打一米多深炮眼五十六個。省水利三團風鑽工人讚歎道：「真不愧是鐵姑娘啊！」

打隧洞的戰士不畏艱險，戰勝了重重困難，在完成引渠斜井進入主洞後，以日成洞十米的速度，於一九七二年十月完成了隧洞的開挖，和襯砌斷面高、寬各七米的清泉溝隧洞，為引導渠道全線竣工開闢了先河。

興建引丹工程，正處「文革」中期，原黨、政機關癱瘓，地、縣、社抽調到工地數以百計的幹部，當時大部分沒有固定單位，沒有工作，有的沒恢復黨籍，有的還在接受「審查」。但是這批來自「五湖四海」的群體不計個人得失、恩怨，一到丹渠工地，就和群眾滾在一起幹工程。原地區教育局幹部嚴嵐山同志到丹渠工地後，工作兢兢業業，和民工同吃、同住、同勞動，深受群眾的好評。一九七二年六月三十日晚，他上大夜班，第二天清晨，本應下班休息，為了搶澆已立模的邊牆，他未出洞，讓上班的民工帶飯在洞內吃，正當他率領群眾澆築邊牆混凝土時，洞外天降暴雨，洪水倒灌隧洞，他因不識水性，光榮犧牲，獻出了年僅三十六歲的生命。

引丹工程是宏偉艱巨的，廣大幹部是清貧廉潔的。從指揮長到民工都是住工棚，吃食堂，下工地，參加勞動，沒有特殊照顧。主體工程近五年時間，各地到工地參觀，文藝團體到工地慰問演出，解放軍和外單位支持工程的不下數千人次，人們都在食堂交錢、交糧票吃飯，伙食標準一餐四角錢；省、地革委會領導同志到工地，也是四菜一湯。

引丹渠道工地上，彙集了省、地、縣一大批水利工程技術人員。這些同志到工地後，其專長和智慧都得到了充分的發揮。當然，在那特殊的年月裏，工地的簡報中，也有「洋奴哲學要批判，反動權威靠邊站」的口號，但是在整個施工過程中，從未發生歧視技術人員的事情。從指揮長到各民兵師、團、營的領導幹部都信任、依靠、支持他們。因此，科技人員心情舒暢，忠於職守，積極工作，敢於發表和堅持正確意見。這對引丹工程戰勝各種困難，多、快、好、省地完成任務，起了極其重要的作用。

清泉溝隧洞，從十華里多長的珠蓮山腹部穿過，除進、出口外，從中打了四個斜井，斜井進入主洞後又分兩頭開挖，全線共有九個工作面同時施工。各個斜井距地面淺則三十、四十米，深則近百米，而隧洞的走向，由於時間緊，僅地面勘測了中心樁。當時人們擔心，在如此複雜的情況下，各斜井之間能不能準確地對上口，最後能形成完整的隧洞？這個艱巨而複雜的任務，完全落在科技人員的肩上。他們背著經緯儀和標杆，日夜奔走在各個工作面上。首先是由地面的中心樁測斜井，由斜井到主洞，逐點、逐段地反覆測量。在進入主洞後，每個工作面上打一個眼，放一次炮，不論前進多少公寸，技術人員均到現場測量，把需要打炮眼的位置，用紅油漆劃上圈，風鑽工照圈操作。在廣大幹部和群眾的共同努力下，僅一百九十二個晝夜，就打通了五千八百九十米長（當時八百八十米的拱砌採取明洞開挖）的清泉溝隧

氣勢恢宏的排子河渡槽

洞的下導洞，整個隧洞最後地段的銜接，僅以二公分之差對上了口，形成了一條完整的「地下長龍」。清泉溝隧洞附近的河南、湖北的群眾，聽說隧洞順利貫通，紛紛進入隧洞參觀、學習、祝賀。

排子河渡槽是引丹渠道第二期工程的一個重點建築物。渡槽橫跨在兩個丘陵上，一百八十三個槽墩由西而東個個頂天立地，一百八十二節槽身橫置墩頂，節節相連。全長四千三百二十米的渡槽，宛如一條天上銀河橫臥長空。槽身過水斷面淨寬三米，高三點六米，牆高四點二五米，過水流量三十五至三十八點五立方／秒。建成後可灌渡槽以東五十多萬公頃農田。當時的襄陽地委出於急切改變「襄北」農業生產條件，促進農業上《綱要》，提出一年半建成大渡槽的要求。但是，「渡槽施工，難在高空」，要實現這個目標，除人力、資金、物資保證供應外，有兩個主要矛盾必須解決：一是近二百個平均高二十四米（最高墩四十九點五米）的槽墩如何澆起來？按常規施工，澆這樣高的槽墩就是拼人力、拼物資，特別是需大量的木材豎排架、立範本、搭人工跑跳送漿，而且每次混凝土澆築只能三至五米。據此推算，除去冰凍期高空無法作業外，僅槽墩澆築就需要一年半以上；二是長二十五米、重二百噸的一五九跨和長十五米、重一百二十噸的二三跨整體槽身如何吊上去？據說當時湖北省乃至全國水利史上尚無整體起吊二百噸的先例，也無這樣大型的吊裝設備。這兩個難題如解決不了，一年半建成大渡槽是難以實現的。

湖北省水利電力局把引丹工程當作重點，除物資、資金大力支持外，派出了省水利工程局局長李明山、總工程師謝勘武以及大批工程師長住工地指導施工。科技人員從工程開始，就把槽墩澆築和槽身吊裝作為科技革新項目攻關。首先是工程師王綏芝根據水泥廠用滑動鋼模澆圓筒倉的原理，提出用滑動鋼模代替木模澆築槽墩的構想。設計組的工程師們，充分發揮自己的才智和創新精神，採用滑模提升部分的原理，並逐一試驗解決其他一系列的難題，在我國水利史上獨創了滑動鋼模，由鋼模、吊裝、提升系統和內外懸掛腳手架等組成。使用時，將整套設備在槽墩基礎上安裝好，由六個民工站在對稱位置平衡轉動螺旋提升器，將其荷載量傳到承重鋼筋、傳到基礎，把鋼模、滑架以及槽墩上的施工人員整體逐漸提升。混凝土提升控制在初凝和終凝之間，其速度每二十四小時澆築六米，直澆到槽墩設計高度為止。省水利工程局修配廠職工為渡槽工程日夜趕制十二套鋼模，全工地除拆卸安裝外，日夜平均有八套鋼模澆築，每晝夜澆槽墩四十米以上。就這樣，一百一十四個高槽墩，僅四個月時間共滑升澆築槽墩二千七百一十米，完成混凝土一萬多立方米。據計算，這項技術革新，共節約木材五千多立方米，標工二十多萬個，扒釘、元釘、鐵絲等二百多噸，而更重要的是工效比木模澆築提高五倍以上，使高空作業搶在冰凍之前；為渡槽提前竣工創造了條件。

一九七四年七月十五日，排子河渡槽全面竣工，從一九七三年二月二十六日破土動工算起，歷時僅十六個半月。其工程建設速度之快，效益之好，費用之省，技術之新，為我國水利史上罕見。排子河渡槽提前竣工，使其灌區內五十多萬公頃農田提前二年受益，節約工程預算資金百分之十。工程質量優良，通水二十多年來一直安全運行，在一九七八年全國科技大會上曾榮獲「全優獎」。

一九七四年八月三十一日，引丹渠道主體工程全線通水。當時的湖北省委書記處書記姜一等領導同志，率領全省地、縣委書記到排子河工地剪綵。從此，丹江口水庫浩瀚的碧波，按照規劃的宏偉藍圖，通過縱橫交錯的高低、大小渠道，流入千年枯崗荒坡，注入千村萬戶的農田。

引丹渠道主體工程五年時間共完成土方六千二百二十八萬立方米，石方六十六點四萬立方米，混凝土及漿、幹砌塊石八十多萬立方米。新建、擴建的渠道、水庫、泵站的引、蓄、提水能力淨增九億立方米，新增、改善灌溉面積計十四萬公頃，約占全地區耕地面積百分之三十；它成為襄陽地區旱、澇保收程度最高、面積最大、最為集中的農業穩產、高產的糧棉油生產基地。

引丹渠道運行二十多年來，為灌區引、提水計八十餘億立方米，累計灌溉面積一百二十餘萬公頃。一九九五年襄樊市春、夏旱相連，許多地方人畜飲水困難，農業歉收，但引丹灌區農業仍獲豐收。據統計，一九七三年至一九九三年，灌區糧食平均畝產由一百一十八點五公斤提高到五一六公斤，增長四點三五倍；皮綿畝產由二十三公斤提高到五十九公斤，增長二點五倍；油料畝產由三十一公斤提高到一百一十三公斤，增長三點六四倍。農民人平均收入由六十四元提高到八百五十元，增長十二點五倍。光化縣建國後直到丹渠通水前的二十多年，農村部分地區吃返銷糧，城區每年國家供應糧食一千五百萬公斤。丹渠通水後，不僅摘掉了「供應」帽子，每年還向國家售糧五千多萬公斤。

如今的襄北，不僅「旱包子」得到根本治理，農業生產發生了歷史性的變化，其他經濟效益和社會效益也是巨大的。昔日一片荒涼的黃土枯崗，現在到處呈現田連阡陌、林茂糧豐的江南秀色。因為有了水源，襄北的林業、電業、養殖業、鄉鎮工業以及文化衛生事業也得到長足的進步。如利用跌水沿渠修建小型水電站二十九座，裝機六十一台，容量達一萬六千七百一十萬千瓦；渠道兩旁植樹九十多公里，造林面積逾零點三萬公頃；養殖水面一萬多公頃，年產鮮魚五百多萬公斤。據一九九四年統計，引丹灌區糧食累計增產二十五億公斤，棉花增產三千八百零四萬公斤，油料增產六千四百八十七萬公斤，總計淨增效益二十五點四億元，是引丹工程國家投資一點九億（含渠首泵站投資）的十三點三倍。

事過多年，我曾就襄陽地區在「文革」中能創造這個奇績詢問過漢民同志：「當時，全國到處打派仗（包括襄陽地區），社會這麼亂，很多地方都停工停產，你們怎麼能把如此浩大的工程幹下來呢？」

漢民同志眯了眯眼，深思一會兒，說：「威力呀，鄧小平的威力！」

「鄧小平的威力？」

「可不。最近我看了一個資料。」漢民說：「一九七一年十一月和一九七二年八月三日，鄧小平兩次寫信給毛主席，表示願意為黨、國家、人民做些工作。毛主席在信上的指示肯定了鄧的長處和功績。一九七二年一月，毛澤東在參加陳毅追悼會時，向陳的遺孀張茜提到鄧小平的問題性質屬人民內部矛盾。一九七二年八月十四日，毛澤東對鄧小平八月3日的來信又作出指示，周恩來立即抓住這一有利時機，將毛主席的指示和鄧小平的信送中央政治局委員傳閱，並於一九七三年三月十日主持召開中央政治局會議，認真討論了鄧小平的信和毛澤東的指示，作出關於恢復鄧小平黨組織生活和任國務院副總理職務的決定。中共中央的決定說，對鄧小平的『進步應當表示熱烈的歡迎，並由國務院分配他擔任適當工作』。鄧小平從監管的江西回到北京後，四月十二日參加了歡迎西哈努克親王到北京的宴會，很快，就全身心投入工作，積極發動幹部、群眾，對全國各方面進行大張旗鼓的整頓。用他的話說，就是軍隊要整頓，工業要整頓，農業要整頓，自然，也包括水利建設亦要整頓……我們引丹渠道工程建設，我們的地下長龍和天上銀河，是托了他的福，沾了他的光呀！以他『鋼鐵公司』和說一不二的作風及權威，誰敢再破壞生產，誰敢再阻礙生產！生產力不就這麼上去了，發展起來了！」

漢民同志這一席話，一下子就解除了我心中的疑惑和疙瘩。

襄陽地區在建設了引丹工程——造地下長龍和天上銀河的那段時間，我還在襄陽報社當編輯、記者，在地委宣傳部和報社領導的支持下，我曾到引丹工程第一線深入生活，積極採訪，並與工程一線的幹部、我的老朋友衛士洪同志一起，歷時兩年，寫了部以清泉溝隧洞為背景的長篇小說《地下長龍》，一寫出來，很快在

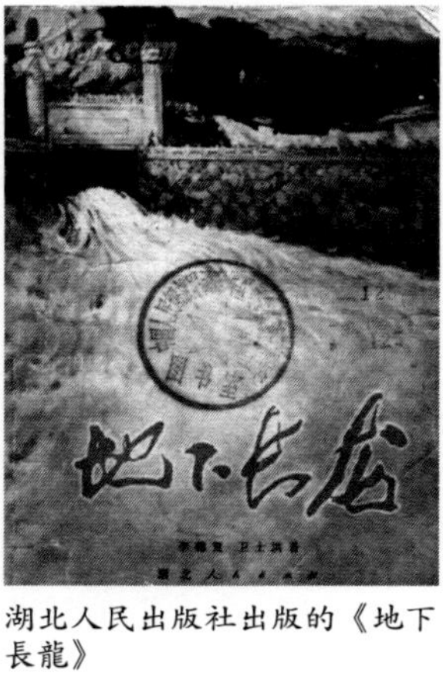

湖北人民出版社出版的《地下長龍》

一九七四年二月，由湖北人民出版社出版，第一次印刷就七十五萬冊。在當時，除了浩然的長篇小說《金光大道》的印數——《地下長龍》沒法看齊外，恐怕全國其他小說的印數都在它之後。是不是這本書寫得蠻好呢？不是的，不是的！只是那個時代，全國文化荒、書籍荒，特別是長篇小說——猶如大海中一帆孤舟，人們還不把它當成「航空母艦」！可「文革」後，這本書也遭到了批判，幸虧我在書中大量引用了毛主席語錄，對裏面的主要英雄人物、次要英雄人物、正面人物、中間人物、反面人物……才沒說成是我的化身，才沒說我「指桑罵槐」，我算是幸運地躲過一劫。

現在，有些年輕作者看到這本書，說：「老李呀，《地下長龍》七十五萬冊，稿費大大的吧？」

「當年沒要稿費。」我一老一實地說。

「為什麼不要？」

「那是『文革』風格。連人都是國家的，國家每月又發工資，你還能要寫書的錢麼？」

「你想得通？」

「為什麼想不通？都是這樣嘛。」

「『文革』後，政策變了，多勞多得了，你可以找出版社給你補發呀！」

「我還沒想到這一點。」

「那現在可以大大方方地想囉。」

我歎了一口氣：「我的確缺錢，我也沒有不要錢的風格，特別是我現在得了絕症。可想想打清泉溝隧洞犧牲的一些民工、幹部，我能張得開這張嘴嗎？忍忍吧，這樣心裏似乎舒服些。對不？」

說來說去，我們那個時代的人，是有點愚，有點呆，可這是時代造成的，既造就了那個時代，也造就了我這號自以為正確的、傻裏傻氣的人。

「文革」中的雅興閒筆

我這個人的成長，一直是背著「官僚資產階級兼地主階級」家庭出身的包袱，又加上開國後不斷接受階級鬥爭的文化和教育，所以說，我是屬於二十世紀五〇、六〇年代那段歷史的、比較傳統的保守主義者。對於文藝思想，我自然無保留地接受當時的主流觀點。比方，文學一定要為政治服務，作品一定要為國家那一階段的中心任務服務，全國的輿論指向哪裏自己就必須緊跟。這是不需要動任何腦筋就會這麼做的。回顧我寫作六十年，每步都是這樣走過來的。「文革」前的十七年中，要歌頌大躍進，要讚揚人民公社，那我就得圍繞這個中心寫。文化大革命中，自己只要解脫了，就得按江青提倡的「三突出」的寫作原則去創作。手中的這支筆，並不由自己大腦指揮，而是由紅頭文件、報刊社論，以及社會的主流輿論所左右。就是自己在採訪中、寫作中發現一些有趣的、但沒有政治意義的事，也只在心裏欣賞，很少用筆描繪出來。主觀上認為，寫出來也沒麼意思。現在，多少年過去，自己馬上就跨入耄耋之年了，想想在青年、壯年時代遇到的一些閒事還蠻有趣。覺得如今再不展現有點可惜。下面，我就把藏在心裏的小小趣聞軼事拿出來與大家共用。

我真碰上了姜子牙不用鉤釣的魚

一九七三年夏，我和新華社記者老吳進保康縣的原始森林採訪，那是我第一次進原始森林，發覺所有的樹不僅望不見頂，高不可攀，遮天蓋日，黑森森的一片連著一片，而且碗口粗的攀樹藤一根一根排得好密，似從上面懸下來的天繩。人抓住此繩，似乎就能上天；而林中的羊腸小徑，堆滿了殘枝落葉，可能是落葉積攢時間長了，腳踩上去一步一個坑，還散發出腐朽的氣味……給我們帶路當嚮導的是當地公社武裝部長C同志。他對我們說：「這裏是原始地帶的無人區，虎、豹、野豬成群，巨蟒、三角毒蛇經常出沒，特別是旱螞蝗，千萬不能讓牠鑽進褲腿，牠可是吸人血的大王……」他的講述、介紹，搞得我和老吳的心一炸一炸的。我便對這位「山裏通」建議：「C部長，你老兄能不能講點好聽的、原始森林有，而外頭平原沒得的美事？」

「想聽美事？」

「是呀！」

「好，那我給你們擺一個。」C停頓一下，賣了個關子，說：「你們知道姜子牙釣魚不用鉤的地點嗎？」

老吳回答：「我只知道傳說中講——姜子牙釣魚不用鉤的本事，但不知道他在哪兒釣的。」

「就在我們這裏呀，」C興致衝衝地：「就在前面不遠的霸王河的子牙釣魚臺！」

「真的？」

「真的！」

「能今日帶我們去瞄瞄麼？」

「當然可以。我們待會就從那兒路過嘛。」

「那姜太公無鉤能釣的魚，我們也能釣得起麼？」

「釣得起！」

「好哇！」我高興地說：「那我們今天就做一次幾千年前的姜太公吧。」

說時遲，走得快，半個時辰，我們就趕到了霸王河。此處海拔四百多米，霸王河的水全部是高山泉，碧綠見底，能讓人看到水下游魚。武裝部長C指著水中的魚對我們說：「這就是霸王河中的霸王魚，由於此處的水質特別純淨，加上山泉水飽含有益的礦物質，故霸王魚的肉特別鮮嫩可口，這是神仙吃的魚。你們住在大城市，是永遠享受不到的。」

老吳就問：「那我們今天能不能享受一兩條？」

C說：「那還不容易！」說著，他就在旁邊叢樹中折斷了一根長長的樹枝，又從路邊龍鬚草篷中拔了一把龍鬚草，然後，他非常熟練地用龍鬚草搓成一根繩子。

我和老吳問：「C部長，你這是幹什麼？」

C說：「做釣魚杆啊。」

我們不解：「用這樣的釣魚杆能釣到魚？」

「你們城裏人呀，少見多怪，」C說：「待會兒你們就明白了！」

C把用樹枝和龍鬚草編成的繩子做成一個無鉤的釣魚杆後，接著，從腰際取出一把山區開路、砍柴、割草的腰刀，就地挖出幾條肥乎乎的蚯蚓，再用釣杆下的繩子綁了一軲轆這樣的魚餌。當這一釣魚程序完成後，他就把這土釣杆交給我和老吳，說：「你們就可以開釣了！」

我和老吳互相望了一眼，有點不相信，說：「這能釣魚？」

「試一傢伙嘛！」

老吳和我拿著釣杆站在霸王河邊，將吊著蚯蚓的龍鬚草繩往水裏一丟，頓時，就見一群霸王魚朝繩下的蚯蚓圍來。牠們爭著搶著咬魚餌，把繩子直往下拉，眼看繩子都要拉直了，我們焦急地對C說：「還怎麼辦？」

「怎麼辦？拉起來就是了！」

「那魚不就跑了？」

「跑不了的！」

聽C這麼一說，我們就把釣杆一扯，乖乖，繩下一下吊起了五六條五六寸長的霸王魚！牠們咬著蚯蚓死不鬆口，我們搖了搖魚杆，牠們仍不鬆口，直到我們把牠們甩上了岸。

看到這幾條活蹦亂跳的霸王魚，我和老吳高興得不得了。我們這輩子第一次能用無鉤的草繩釣上了鮮亮的高山泉水魚！正兒八經做了一回姜太公！

我們問C：「為什麼霸王河的霸王魚這麼狠，咬著蚯蚓就不放呢？未必真是姜子牙的法力？真應了那句『姜太公釣魚，願者上鉤』……」

C說：「這都是歷史的傳說，其實，霸王河的魚為什麼能咬著蚯蚓不放呢？是因為這裏山高水寒，這些魚的食物基本是山上枯朽的落葉和上游泉水中帶來的一些小昆蟲及微生物。可以這麼說，這些魚從誕生後就沒開過葷，全是和尚、尼姑似的吃素。所以，這回一逮住蚯蚓，算是大葷大牙祭，自然會咬定青山不放鬆。這也難怪，一輩子就這一回嘛！」

老吳點了點頭說：「是這個理，是這個理。人為財死，魚為食亡，天經地義也！」

真沒想到，人的財性與魚的食性竟是那麼不約而同的一致！

這天，我們三個人還在霸王河邊升起了篝火，專門燒烤霸王河的霸王魚做午餐。那鮮味真叫人一輩子都忘不了。我現在想，如果那裏現在修一條公路，開闢一個旅遊點，那會把錢賺死，你信不信？

關老爺說了：「此處耕牛不需要牛韁繩。」

告別霸王河，我們飽含霸王魚的餘香，來到歇馬坡。這裏已靠近原始森林邊緣。儘管四處都是懸崖陡壁，但低山、中山、大高山均有住戶人家。這兒合起來是一個生產大隊，低山是一個生產隊，中高山是一個生產隊，大高山又是一個生產隊。我們是在大高山的一株大榕樹下歇的腳。望著石壁上刻的三個大字：「歇馬坡」，我問C部長：「這兒為什麼叫這個地名呢？」

部長說：「這可有點來頭。」

老胡問：「麼來頭？」

C頓了頓，說：「據傳，當年關公敗走麥城從此過……」又補充了一句：「當年的麥城就是現在的穀城，就因關公在這兒打了敗仗，老百姓尊重關老爺，忌諱這個『麥』字，就把『麥城』改成了『穀城』。」

「還有這麼回事啊，」我說：「那歇馬坡就是關公在這歇馬的地方囉。」

「是的，」C說：「這兒的確是關公赤兔馬歇腳處。可你知道，關公為什麼在這裏歇呢？那是因為他的馬韁繩在被孫權的追兵追得緊急時，一下子鬆了，掉了，馬就不能跑了，關公不得不在此停下。」

我又問：「關公沒有馬韁繩，怎麼再往前跑呢？」

C說：「就在這時，關公看到梯地裏有農夫牽牛犁地，便帶馬走過去，對農夫說：『你能不能把你的牛韁繩借給我用？』農夫看是關公，便說：『行啦，但你把我的牛韁繩拿走了，我怎麼犁地呢？』關公說：『你的牛今後不需用韁繩照樣能犁地。』農夫說：『這是真的？該不會騙我吧？』關公說：『我怎麼會騙你呢？你現在就可以試試。』於是，農夫把牛韁繩從自己牛鼻子處取下，交給了關公，然後再揚鞭犁地，果然，這牛沒韁繩照樣把地犁得順順的。往左走就喊：『得得得』，往右走就喊：『哇哇哇』，要轉彎就喊：『悠哇轉』，牛不知道有多聽話，自覺得很啦。從此，歇馬坡的大牛、小牛、公牛、母牛就再也不要牛韁繩了，從三國時代一直延續到現在。」

聽到這，我和老吳都笑了：「好一個關老爺，真是說話如神，說話算數哩。」

C部長卻眯著眼睛說：「說關老爺神也行，說這裏的牛最聽人的話也行。」

「那為什麼呢？」我和老吳想聽C進一步解釋。

C指了指周圍梯田梯地：「請看，此處懸崖陡壁，山高地險，那些梯田梯地，你能說它是田，是地嗎？

完全是碟碟坵、碗碗坎，一坵一坎，有的就一兩分地。在上面有的能種百十棵玉米或高粱，有的只能種幾十棵黃豆或綠豆，還有的只能是一棵莊稼一個坑，巴掌大呀，一些糧食幾乎都是從土豁子和石縫裏長出來的。牛在那些碟碟坵、碗碗坎犁地時，往下一望，都是石牙交錯、萬丈深坑，牠稍不留意，就會滾下去。牛也怕死，所以，一到地邊，你只要喊聲『得、哇、悠哇轉』，牠就很自覺地扭過來。有時，農夫不喊牠也會轉。人和畜生對珍惜生命都是一樣的。牛有靈性，牠決不會無緣無故的因為沒有牛韁繩就不顧生死往懸崖前邁步。」

聽了C的這一番議論，我和老吳直點頭：「看來，這個地方不用牛韁繩就能犁地，除了有關公的那句權威話以外，還有點心理科學的道理呢！」

這天，在C的帶領下，我們還看到農民牽牛犁地的確沒有牛韁繩。這不止是今古傳奇，還是當今的生活現實。

喝不醉的神仙密封酒

我和老吳從保康的霸王河、歇馬坡等地採訪後，合作寫了篇當時關於文化大革命的、治山治水治土的報導，老吳就回武漢新華分社了。而我又到穀城縣的石花街採訪。石花街傳說有三寶：第一寶是奎麵。什麼叫奎麵呢？就是這裏能做出如頭髮絲一樣的細麵。不光是細如髮絲，且能從髮絲中間穿一個更細的孔，你看這麵有多細，估計全世界就只石花街能做。這種麵不僅口感好，易消化，還是治胃病的特效藥。我在採訪期間幾乎天天要吃這種髮絲奎麵，太好吃了，太過癮了！第二寶是這裏的豆腐，號稱扁擔豆腐。為什麼以「扁擔」二字取名呢？因為這種豆腐與別的地方豆腐完全不一樣，寬度二寸，長度卻有一尺，做好後，又嫩，又白，還特別有韌性。你若拿一雙筷子放到這一尺長的豆腐中間，可以舉起手來，長長的豆腐不僅不會斷、掉下來，而且能像人挑擔子那樣悠悠晃晃，是一獨特奇觀。這扁擔豆腐為什麼有這麼好呢？是因為，一、這裏水好，石花街的水有超常的凝聚性；二、這裏的黃豆好，豆質是全國一流；三、做豆腐的女人幾乎個個都是豆腐西施。人們說，石花街從古到今都出美女，主要是此處山好，水好，稻米好，人也好，這樣的自然環境、人文環境造就了豆腐西施和西施豆腐。

那麼，「喝不醉的神仙密封酒」又是怎麼回事呢？這除了緣於上述的幾個優美條件外，還有個傳說，就是三百多年以前，明朝末年，李自成和張獻忠兩股反對封建王朝的義軍在這裏彙合，號稱雙雄會。李自成愛喝酒，張獻忠就更愛喝酒，於是他們在義兵的簇擁下，騎馬在石花街上轉了一圈，大聲吆喝：「哪家的酒好，我們就到哪家去喝，銀子是多多的！酒家老闆就到我們馬前自報家門吧！」於是各酒店老闆跑到李自成和張獻忠馬前獻酒，都說自己店裏的酒是最好的。李自成和張獻忠就叫他們把各自酒的好處說出來，並親自品嚐他們帶來的酒。李自成和張獻忠一共問了、嚐了五十家的酒，都不甚滿意。這個時候，一個堂堂威武的漢子走到他倆面前，說：「李大王、張大王，還是來我店喝酒吧！」

張獻忠說：「你店裏的酒有什麼好呢？」

這漢子回答：「有藏窖百年的密封酒呀。」

李自成便問：「藏窖百年的密封酒為什麼就好喝呢？」

漢子答：「酒藏百年後，酒的純、醇、香都凝在一起了，既穩定又爽口，過去這種酒只是進貢給皇帝喝的，現在兩位大王為民除害，為民求福，所以這酒只能獻給你們喝了。」

張獻忠又插了一句：「這給皇帝喝的酒，老子當然要喝。那請你再講講，這酒除了你才說的那些好處外，還有什麼別的酒不及它的地方？」

漢子說：「有一點，全國的酒、宮庭的酒都不及它，即喝它十碗不會醉，一罈不會倒，人稱是神仙也喝不醉的密封酒！而且，喝了此酒，可以舒舒服服睡一覺，不頭暈，不煩躁，在夢裏就當上皇上了。兩位大王，你們說這酒如何？難道你們不願到我的酒舍坐一坐嗎？」

李自成和張獻忠聽罷，哈哈大笑，帶著義兵，拍馬來到這家堂皇的酒店，在這裏連喝了三天三夜，的確好喝，的確不醉，的確做了若干好夢！由此，歷史給這雙雄會加了一句話：「雙雄打天下，雙雄永不醉！」

我到石花街採訪時，聽到當時區委書記給我講了這個故事。他還把這幾百年窖藏密封酒讓我喝了幾盅，說：「這酒每年從深窖取出一百斤，又放入一百斤石花大麯。一年只取一次、放一次，從明代到今天，一直是如此。故，凡是到石花街的人，不論是幹部群眾，不論是港澳僑胞還是五洲四海來的客人，都想嚐一嚐這神仙都喝不醉的酒哩。」

我是在二十世紀七〇年代到此喝了這種酒，至今三十年過去了，嘴裏還留了這種酒的餘香。你說這種酒的魅力大不大？我記得喝這種酒的一個細節是：你拿筷子，伸到酒杯裏，可以拉出一條像蜘蛛網似的細絲來，而且拉一兩尺都不斷，真是神呀，奇呀！

讀者諸君，你們想去嚐嚐這世界上只有中國才有的酒嗎？就請開車直去湖北穀城的石花街吧！

採訪幾十年，我深感中國之大，中國之美，中國的無奇不有，關鍵在於羅丹說的一句話：「我們缺少的不是美麗，而是善於發現美麗的眼睛。」

有五千年歷史的中國啊，還有許許多多的神奇等待我們去發現，去開發。

我的庸人自擾與自憂

由於我出身於剝削階級中最糟糕的那兩類，故我在青年時代直至中年，常常身不由己地考慮自己的生存、前途、命運。

我曾用我學到的一點近代史和中國共產黨史的知識——來預測我應朝哪個方向前進，往哪項業務去鑽研、努力。我在歷史的縫隙中發現，如要在共產黨領導下從政，建立功勳，最好的機遇是黨成立之初，第一次、第二次國內革命戰爭時期，抗日戰爭時期，以及解放戰爭時期。為什麼呢？因為這個時候，黨一方面為了建黨，要迅速壯大自己的隊伍；另一方面則需發動廣大群眾，積極開展推翻壓在中國人民頭上的三座大山（帝國主義、封建主義、官僚資本主義）的鬥爭，以完成新民主主義革命的理想。這，必然需要吸收大量知識份子。而知識份子在那年代，大部分出身於剝削階級家庭，因沒有一定的物質條件，沒有錢，是讀不起書、也出不了國留洋的。這個時候參加黨、參加革命的知識份子，絕大多數有較深厚的馬列主義基礎，能用革命理論，指導自己的思想行動，不僅能背叛自己的階級、家庭，而且革命意志堅強，能為革命犧牲一切。像工商大地主家庭出身的澎湃，參加黨後，創建了廣東海陸豐農民運動的革命根據地，建立了中國第一個農村蘇維埃政權——海陸豐縣蘇維埃工農政府。在一九二七年黨的「八・七」會議上當選為中央政治局候補委員，後轉為政治局委員，為革命做了大量卓有成效的工作，直到一九二九年八月二十四日被叛徒白鑫出賣——於上海英勇就義。毛澤東稱他為偉大的革命家、「中國農民運動大王」。再看我們的周總理，出身於封建官僚家庭，卻是南昌起義的領導者，中國人民解放軍創始人之一，解放後一直是日理萬機的國務院負責人，全國人民最熱愛、最敬重的國家領導人！著名女詩人柯岩在總理去世後，即興寫了一首紀念他老人家的詩：

周總理，我們的好總理，
你在哪裏呵，你在哪裏？
你可知道，我們想念你，
——你的人民想念你！

我們對著高山喊：
周總理——
山谷回音：
「他剛離去，他剛離去，
革命征途千萬裏，
他步步緊跟毛主席！」

……

我們對著大海喊：
周總理——
海浪聲聲：
「他剛離去，他剛離去，
你不見海防戰士身上，

他親手給披的大衣……」

我們找遍整個世界，
呵，總理，
你在革命需要的每一個地方，
遼闊大地
到處是你深深的足跡。
……

總理呵，我們的好總理！
你就在這裏呵，就在這裏。
——在這裏，在這裏，在這裏……
你永遠和我們在一起
——在一起，在一起，在一起……

你永遠居住在太陽升起的地方，
你永遠居住在人民心裏。
你的人民世世代代想念你！
想念你呵，想念你，
——想——念——你……

不論是為黨為革命流血盡忠的澎湃烈士，還是一生對黨對國對民忠心耿耿、操碎了心的周總理，他們家庭出身雖不好，卻真正鍛煉成一個出色的、無產階級的先鋒隊戰士！在黨內，還有一大批像澎湃、周總理這樣的、背叛自己原階級的優秀革命家，他們的生命是光輝的，他們當年選擇從政，一心一意做職業革命家，拋頭顱，灑熱血，鞠躬盡瘁，死而後已，亦是完全正確的！故詩人對他們的頌揚，也是全國老百姓對他們的歌頌——他們永遠居住在太陽升起的地方，永遠居住在人們心裏，人民世世代代想念他們，他們永遠和我們在一起，在一起！

可我在歷史角落裏看到另外一幕場景，即在一九二八年七月召開的中共六屆一中全會上當選的中央政治局主席、中央政治局常委會主席向中發（1880-1931），他十四歲入漢陽兵工廠當學徒，純粹的工人階級，亦有一定政治覺悟和工作能力，卻在一九三一年六月二十二日被國民黨特務逮捕後，隨即叛變，向敵人出賣了我黨大量機密，而他的情人楊秀貞（妓女）在特務面前卻什麼都不說。周恩來由此稱這位當時黨的一把手——氣節還不如一個妓女！還有一位叫顧順章的角色（1904-1935），十一歲在工廠當童工，曾是南洋某煙廠小工頭，也算是工人階級中的一份子吧，由於能說會道，工作能力突出，曾擔任中共中央政治局候補委員、中央特委成員，負責黨的地下秘密工作，但他生活作風糜爛，在一九三一年四月二十四日被國民黨特務抓捕後，經不起酒色和名利誘惑，投靠了敵人，出賣了我黨許多機密，導致我黨一些地下組織人員被殺，在南京監獄並未暴露身份的惲代英同志亦同時遇害。陳賡（中共特科負責人之一）曾說：「只要我們不死，准能看到顧順章叛變的一天。」後人評論——此人是中共歷史上最危險、最陰險的叛徒。

看來，在那個革命初期、中期鬥爭最激烈的年代，知識份子，特別是從剝削家庭出來的知識份子，只要是主動參加革命，都是比較清醒的，有較高馬列主義水平和實踐能力的，其中很多人在中國大陸，成了黨、政府以及軍隊的高級幹部。這絕不是說出身好的工農兵幹部不優秀。優秀的工農兵幹部肯定占絕大多數！至於向忠發、顧順章這號革命隊伍中的敗類，在工農階級中只是個別的、極少數。且亦有許多出身好的工農分子，像領導二七大罷工的林祥謙；至死在敵人面前威武不屈的、毛主席稱之為「生得偉大，死得光榮」的革命烈士劉胡蘭，他們不都是我們中國人民世世代代學習的楷模麼！當然，我們同樣看到的一點是，建國之初，從中央到省，大部分領導均由黨的、久經考驗的知識份子幹部擔任；眾所周知的《共產黨宣言》，則是無產階級革命導師馬克思、恩格斯於一九四八年一月合作——為世界第一個無產階級政黨「共產主義者同盟」制定的第一個理論與實踐的黨綱，並於一九四八年二月，第一次以單行本的形式在倫敦用六種文字出版。而馬克思是律師家庭出身的知識份子，恩格斯是紡織廠資本家家庭出身的知識份子。馬克思能寫出《資本論》並出版，也都是恩格斯出錢資助的。所以說，知識份子出身的革命者是最早建設革命理論和領導革命實踐的天然帶頭人，這絕非言過其實，而是實事求是。國際無產階級的革命運動歷史證明：無論在前蘇聯、古巴、越南、朝鮮……如列寧、卡斯楚、胡志明、金日成等，莫不如此。知識份子與工農兵在革命運動的大潮中，都是不可缺少的，都是相當重要的，只是在分工上，在不同的發展階段，各有不同的責任和位置，這是每個革命者所具備的條件，以及革命歷史給予的機遇所決定的。生活已完全證明了這一切。

正由於我對上述這些問題的思考，加之在解放後前三十年的親身經歷，以及所見所聞的、殘酷的階級鬥爭，深感階級出身不好的人，在革命啟蒙階段和戰爭時期——從政、從軍的確有奔頭，有前途，而一進入和平時期，儘管有黨的「有成份論，不唯成份論，重在政治表現」的政策，但出身不好者很難有拋頭顱、灑熱血的機會，卻有很多很多在政治運動中一次又一次挨批挨鬥的場合，像我在「文革」中三次被打成「黑幫」、「反革命」——自己都成了人民的對立面，為階級敵人了，那還有什麼指望，有什麼前途呢？故我有一段儘管到了襄陽地委機關——一個最好從政的地方，自己內心一方面高興，一方面也庸人自憂：哪怕忠心耿耿，百依百順，把吃奶的力氣都使出來，依然是入黨難於上青天，高攀不僅上不了天，還會適得其反——半空倒栽蔥，事實不就是如此麼！這只有等建國的後三十年，鄧大人、鄧老爺子出山，真正取下了「兩個凡是」的枷鎖，我這類出身不好的、知識份子的命運才能徹底改變！不過這是後話。故我從「五・七幹校」被調到襄陽報社後，一方面戰戰兢兢工作、寫作，按著上級的要求，努力為地委領導的中心政治任務服務，一方面則心有餘悸，害怕階級鬥爭的方向標突變，自己為報紙寫的報導、文章又成了批判的靶子，不知什麼新造的黑帽子又會飛到自己頭上。所以，很想換個地方工作，比方到大學教書——教俄語，講文學，我大概還能湊合；再就是到一個文藝單位搞創作，離政治稍微遠一點，不像搞新聞那麼直接，自己的保險係數是不是會高點呢？今後的路是不是會走得順點呢？我真害怕被再次框進「反革命」的牛棚裏了。

自己想得倒美，可這美還沒攏到邊；它的反面卻不聲不響地像影子跟隨到我身邊……

羅明同志教我「三享受」

我想到大學教書，想到文學部門寫作，這目的達到沒有？我為此又想了些什麼門道呢？

我首先想到的是，找焦德秀的秘書——我的好友楊期友同志。當時是一九七三年初，焦德秀書記已經調到湖北省委任省委常委、省委宣傳部部長。如果期友向他進一言，把我調到省裏哪個學校、哪個文學部門，豈不易如反掌？可我等了一年多，沒有任何反饋。我忽然悟到：很多大領導，是非常珍惜他的政治生命的，是不許任何小問題玷污自己的，像我這樣的一個剝削家庭出身，不管冤枉不冤枉，在歷次的政治運動中都當過批鬥對象，雖然結論都是「內部矛盾」，但名聲總不哪麼好，至少遺臭襄陽地區和湖北文學界吧，而且，我又是個不起眼的小作者，他自然不消費力——那怕只是一個小指頭的翹起，就可改變我的命運。他沒這麼做，我絲毫不怪他。因我能從「五・七幹校」到襄陽報社當記者，不就是他一句話麼！他當年有那句話，我今生就十分感謝了。我怎能得寸進尺，一而再，再而三地求他援手哩。

焦德秀書記這尊菩薩沒請動，我不心甘，就找原湖北省委書記處書記許道琦的秘書王成才同志，成才亦是我的好友，用武漢話說——非常「鐵」，是「整」朋友吧！他在文革中，曾由省委調到襄樊市任市委宣傳部副部長，後又調回省委宣傳部任文體處處長，他和省委宣傳部副部長羅明同志曾有過上下級關係，於是想托他為我給羅部長美言兩句，看能否達到我調武漢的目的。

我之所以求羅部長，是我感到羅部長對我的印象還好：這，我在本書第二十二節曾敘述過。一九六五年十一月，全國青年文學創作積極分子代表大會在北京人民大會堂召開，與會代表一千一百多名，我是三十多名湖北省代表團的成員之一。當時代表團的領導就是羅明。羅明同志在與我接觸幾天後，發覺我除能寫小說外，還能做公務員。這是因為我在襄陽地委給書記們寫過材料，當過差，比較聽話，比較能貫徹領導的意圖。於是，他就臨時派我做會議記錄、寫簡報，當他的助手。我呢，在地委機關已養成做領導得心應手的馴服工具，做事，寫東西的確勤勤懇懇，絲毫不苟。試了幾回，羅明對我還算滿意，瞭解我不管幹啥——總是拼命往好的方向努力，我便想，能不能由於這點過去印象——他能提攜我一下呢？那時他還兼任省文化局局長，調我進個文化單位，應該不難，何況我又不想當官，只要有個合適的、小蘿蔔頭的文藝職位就燒高香了。

就在一次我到湖北日報修改一篇副刊部約我寫的散文期間，打電話給羅明部長，問他有沒有時間接見我。他一聽是我，很高興地說：「到我辦公室來吧，我正想與你好好談談。」從他回話的情緒裏，我揣摸成才同志已為我的事與他打過招呼，就興致衝衝地去了。

到了他的辦公室，我剛坐下，他就開門見山地說：「德復，有什麼事，你就儘管講吧。」見了好和藹的老領導，頓時，我忍不住將我在文革初期受的罪和痛苦，在「五・七幹校」後期一人住野外瓜棚的孤獨，以及對今後的生活、前途和想搞文學創作的心意均感到迷茫的思緒——全在羅明面前傾瀉了出來。我囉囉嗦嗦地講了一個多小時，羅部長一直抽著煙，靜靜地聽著。我講完了，他眼睛仍注視我：「還有嗎？」

「沒有了。」

「那好，」他在將抽完的煙屁股上又接上一根煙，說：「就你剛才講的，我給你參謀參謀……你說你痛苦，你孤獨，你迷茫，照我看，好得很！」

「好得很？」我真不解羅部長為什麼這麼回答。

「有痛苦，正好享受……」

「痛苦還能享受？」

「可不，」他說：「你讀過美國著名作家Jack London（傑克・倫敦）的作品嗎？」

「我在華師上大學時，讀過他的《馬丁・伊登》、《鐵蹄》、《熱愛生命》等中譯本：好野性，好瘋狂，好豪氣！特別他寫狗和描繪狼，簡直把動物的獸性和人的獸性結合在一起了，讓人看後心驚膽跳，直擊靈魂！」

「你說得對。」羅明點頭：「可你知道他為什麼能寫得如此野，如此真，在當今世界還沒有任何作家能超過他呢？」沒等我回答，他繼續往下說：「這是因為他從小受盡了罪和苦——他童年非常不幸，是私生子，生父把他和他母親甩了，他母親只好嫁給一個已經有十一個孩子的繼父。繼父窮得叮噹響，根本養不活老婆和孩子。傑克・倫敦十一歲就外出打零工謀生，他在工廠和成年人一樣幹活，每天工作十小時，只為了一美元；他還結識海盜，偷襲牡蠣場的鮮貨，被巡警抓捕後，被罰坐牢、做苦工；出獄後，他到處流浪，四處淘金，因不斷犯法，監牢、警察局便成了他常來常往的地方。不過，在這段時間內，書成了他離不開的伴侶，他不僅愛讀世界文學名著，連馬克思、黑格爾、斯賓塞、達爾文、尼采等的著作，他也喜歡鑽研，並在這個時候考取了加州大學，只是沒讀多久，因窮退學，因病休息，卻在一八九九年，他二十三歲時，發表了第一篇小說〈給獵人〉，接著又出版了一個短篇小說集《狼之子》，此後，他把所有的精力投入到寫作上。一九〇九年，他的代表作《馬丁・伊登》出版，揭露資本主義社會的殘酷無情，對人性的蹂躪，對正義的踐踏，一舉成名，轟動全球！就這樣，在他四十年的短暫生命中，創作了十九部中長篇，一百五十個短篇，三部戲劇，一部紀實文學和若干政論……德復同志，你聽清楚了沒？搞明白了沒？傑克・倫敦若沒有青年時代的災難，若沒接受痛苦的勇氣，而且，不僅僅是接受，還能體驗、戰勝、享受，就不能創作出文學作品，誕生小說和戲劇中的、眾多讓讀者不能忘懷的好人物……對不對？」頓了頓，又補充一句：「千萬不能把痛苦僅僅當痛苦，而要把它當財富！高爾基的《童年》、《人間》、《我的大學》，不也是這樣冒出文學土壤的嗎？『高爾基』的俄語原文為

『Голь джи』，就是『痛苦』之意。這也說明痛苦給高爾基無窮的靈感，所以，他以『痛苦』作為自己的筆名。」

聽到這裏，我心裏一震、一省、一醒，羅明同志講得真好！我怎麼從沒想到要享受痛苦呢？它可是文學的、最重要的源泉啊。我從口袋裏拿出筆記本，準備把羅明同志講的話記下來。可他用手制止我，連說：「莫記，莫記，你覺得有用，放到心裏就行了。」他這麼說，使我想起成才講過他的歷史：解放前，他一直做地下工作，任中共四川北碚中心縣委書記、重慶市委宣傳部長、樂山中心縣委書記、武漢市委地下工作負責人之一……由於搞這工作要嚴格保守秘密，一般什麼事都用腦子記，極少留文字痕跡。此習慣，羅部長保留到解放後許多年，一直到現在。於是，我把剛拿出來的筆記本收起，想接著聽他講。他呢，又在將抽完的煙屁股上接上一根新煙，深思了一會兒，便注視著我娓娓道來：「你不是說在五•七幹校感到寂寞，在野外瓜棚一個人感到孤獨麼？我說呀，寂寞也好，孤獨也好，也應該好好享受。你總該知道，也讀過姚雪垠的《李自成》吧，寫得真精彩，真地道，毛主席都稱讚了哩！他為什麼取得這樣的效果？我看，一九五七年他被打成右派，是禍也是福！說他當右派是福，是因為當右派的寂寞，當右派的孤獨，當右派所遭受的殘酷，使他徹底地靜下來，有充分時間思考。據說，他那段時間寫《李自成》，明代的歷史卡片都做了幾萬張哩！對不對？再說哥倫比亞的著名作家加夫列爾•馬爾克斯為什麼能寫出舉世聞名的大作品《百年孤獨》？描繪出布恩蒂亞家族百年七代的興衰、榮辱、愛恨、福禍和文化與人性中根深蒂固的孤獨，其內容涉及社會和家庭生活的方方面面，可以說是拉丁美洲歷史生活的濃縮投影……這是因為作家從內心深處認識到：『在文學創作的道路上，作家永遠是獨軍奮戰的，這跟海上遇難者在驚濤駭浪裏掙扎一模一樣，是啊，這是世界上最孤獨的事業……』所以，德復呀，孤獨有什麼不得了，有什麼可怕，又怎麼能擋住你想走的路！關鍵是你要有信心，相信自己，相信毅力能跨越那似乎邁不過的坎，對不？否則，你只有在孤獨中自生自滅，自己打敗自己……」

我一面認真地聽，一面默默點頭。

羅明同志仍然往下講：「說到這裏，我還想告誡你一句，人呢，不能總是敢為天下先，有時候，還要敢為天下後，享受天下後。眾所周知，漢代的司馬遷，三十八歲時做了太史令，就因給李廣的孫子李陵說了幾句好話，漢武帝大怒，不僅把司馬遷下了監獄，還處以宮刑。這是對一個男人的大辱，污及先人，見笑親友。這夠痛苦了吧？夠殘酷了吧？夠孤獨了吧？夠恥辱了吧？為此，他本想一死，卻又想，人固有一死，或重於泰山，或輕於鴻毛，於是忍辱負重，為了完成他的《史記》寫作，又重整精神，活著，就是寫好我們中國第一部紀傳體通史，被魯迅稱之為『史家之絕唱，無韻之離騷』。全書完成，包括十二『本記』、三十『世家』、七十『列傳』、十『表』、八『書』，共五個部分，一百三十篇，五十二萬六千多字，記敘了從傳說中的黃帝至漢武帝太初四年上下三千年的歷史。所以，人們評論『百代而下，史官不能易其法，學者不能捨其書，六經之後，唯有此書』。而我認為，就是到今天此書也大放光彩……德復，看到沒有，司馬遷受了那麼大的罪，但是他享受了痛苦，享受了孤獨，雖然沒有敢為天下先，卻敢為天下後，且在他的晚年立功名於天下，切切實實地享受了敢為天下後。」

這一天，我聆聽了羅明同志教導我的「三享受」，覺得這是我此生最大的一次精神享受，最好的一次靈魂洗滌。

羅明同志講完了，我沒有再提調動的事，也不好意思再提這事，心想，只要真正做到了這「三享受」，我在哪裏工作、學習、寫作不都一樣嗎？不都一樣地能取得成效嗎？

我意想不到的是，半年之後，羅明同志就把我從襄陽報社調到武漢來了，進入了湖北省文藝創作室（就是「文革」前的省作家協會）。

樂極生悲

這一節的標題，為什麼叫「樂極生悲」呢？「樂極」——是因為一九七五年秋天，我被調到省作家協會，以為今後自己可以從事喜愛的文學創作了；「生悲」呢？就是在一九七六年九月九日，偉大領袖毛主席逝世，我根據作協機關刊物《湖北文藝》（「文革」前稱《長江文藝》，「文革」中改名《湖北文藝》，「文革」後又恢復為《長江文藝》的稱號）的要求，去寫一篇紀念毛主席的文章。

由於我長期生活在襄陽地區農村，瞭解到毛主席在農村合作化高潮時期，曾為〈襄陽縣夥牌鄉襄部生產合作社如何飼養和使用耕牛的經驗〉作過批示，於是就想去那兒寫「在毛主席英明批示下，襄部幹部、群眾是怎樣抓革命、促生產，並取得革命、生產雙豐收的」。我將這個想法向管我的領導作了彙報，他完全同意。這樣，我就到襄陽夥牌鄉襄部合作社去採訪了。那個時候我雖調到武漢省作協，但我愛人妮娜和孩子還住在襄樊市。加之，我想體驗工廠生活，寫寫工人題材，便設法把愛人調到當地最大的、也是全國很有名的襄陽軸承廠子弟中學教書，有時就在軸承廠蹲點勞動。軸承廠離襄陽夥牌鄉僅三十華里，公路較好，騎自行車，最多三小時能趕到。我回到襄樊，便有時在軸承廠家裏住，有時到夥牌襄部參觀、座談、採訪。文章就在這個時期慢慢寫好了，題目是〈〈東方紅〉是咱最愛唱的歌〉。可我萬萬沒想到，問題就在此時冒出來了，階級鬥爭的刀子不知為什麼對我那麼感興趣——又「呼」地一下架到我的頭上了。

這是怎麼回事呢？原來，我採訪的襄陽夥牌鄉襄部合作社的直接領導——該鄉黨委和革委會負責人之一張平。他是襄陽地區造反派的一個大頭頭，三結合時，被結合到地區革委會當常委，之後，下派到夥牌鄉做領導。「四人幫」沒倒臺、省裏一些進了三結合的造反派頭頭沒下臺之前，張平等有名氣的地區造反派也都正兒八經地挺神氣。一旦「四人幫」被打倒，省裏的造反派頭目被逮捕，他們也就如多米諾骨牌全趴下了，由革命的造反派一夜之間變成挨批鬥的「四人幫」的狗腿、爪牙了。而我到張平領導的地方寫文章，張平有一回竟闖了鬼，帶了些人跑到我軸承廠家裏看那篇文章，還提了些意見。於是我頓時被牽扯上，流言蜚語四起，說我和張平在萬山（軸承廠所在地）開黑會，蓄謀反對黨、反對革委會，而且四處貼批判我的大字報，說「文革」初期揪我是揪對了，把我打成黑幫和反革命不冤枉，是完全正確的。看，好事很難輪到我，壞事一冒，我就給沾上，好像我天生就是做階級鬥爭壞典型的料。此事立刻傳到省作協。作協當時正要抓一個與造反派同流合污的、能大張旗鼓批判的靶子，我正好撞到這上面。就這麼，我這個「老運動員」又邁進不願走的、卻非走不可的不歸路。

在這裏，我想請大家看看我當年用心寫的紀念毛主席的這篇文章。從當年的眼光看，是一片忠心，沒啥問題；用現在觀念評價，是有點問題，有點左。但我因為它，在三年中度過了多少個不眠之夜……現抄錄如下：

〈東方紅〉是咱最愛唱的歌

作者　李德復

一千首歌啊一萬首歌，
〈東方紅〉是咱最愛唱的歌，
大陽一出烏雲散，
江山萬里紅如火！

一千首歌啊一萬首歌，

〈東方紅〉是咱最愛唱的歌，
唱出了一個新世界，
毛主席啊，您永遠活在咱的心窩窩……

金色的秋天，襄部大隊一望無際的滾滾稻浪中，傳來了陣陣發自肺腑的山歌。這歌聲是全大隊二千多貧下中農的心聲，這歌聲表達了他們對毛主席的一片深情！在那「長夜難明赤縣天」的苦難日子裏，是〈東方紅〉給他們驅走黑暗，帶來光明！在那「亂雲飛渡」的緊急關頭，是毛主席對襄部的光輝批示，指引他們鬥寒流，戰冰霜，奪取了一個又一個新勝利！

老一輩的襄部人都知道，解放前，這兒原是個土質瘠薄、耕牛奇缺、「下雨一團糟、天晴一把刀」、「綠豆不結角、包穀不結砣」的鬼地方，多少窮人「春來無牛哭皇天，秋播無牛淚連連」，再加上地主、惡霸的壓榨剝削，一遇災荒，真是溝死溝埋，路死路埋，餓狗肚子就是長工、佃戶的棺材……可這會兒，你到襄部一瞄，哪有這等痕跡？！在那六千多畝的廣闊耕地上，水田相連，堰塘棋布，牛馬成群，鐵牛飛奔！據老人們回憶，千百年來，這兒只有三畝水田，解放後，僅二十七個年頭，就飛躍到三千畝，翻了一千倍！它迫使這個過去連要飯都無處要的地方，建起了一座又一座能蓄存幾十萬到百萬斤糧棉油的現代倉庫！

喝水不忘掘井人，幸福想起毛主席！每當襄部人民歌唱〈東方紅〉的時候，每當他們唱到：「毛主席，愛人民，他是我們的帶路人；為了建設新中國，呼兒咳呀，領導我們向前進」的時候，內心是多麼激動啊！一窮二白的襄部，就是在偉大領袖毛主席的革命路線指引下，在他老人家的光輝批示下，不斷鬥爭，不斷革命，不斷前進……

那是一九五一底，襄部的群眾剛剛慶祝過土改翻身，誰知不久，不知從哪兒刮來了一股「四大自由」的妖風，把許多人的思想一下扭到「發家致富，各奔前程」的邪道上去。大夥看到，有十一戶貧農由於缺乏耕牛，又遇天災，把剛剛分到手的土地、房屋又賣掉；大夥還看到，一些家底厚、有高頭大馬的富裕中農，以及個別勞力強、耕牛壯的翻身戶，竟請雇工，買土地，又在朝地、富的黑道上走。當時，有一句順口溜滿流行：「大車大馬秤砣牛，發家致富不用愁。」不論老的富裕中農，還是新生的暴發戶，大都利用本地耕牛缺，用牛工雇人工，用耕牛搞剝削。很多人就想：為什麼過去無牛的人現在又用牛壓迫人？過去賣土地的人現在又買土地？這都是因為有「四大自由」。有了這個鬼「自由」，才出現兩極分化；有了這個鬼「自由」，那傷千家、害萬代的老路才又有人走！就在這關鍵時刻，毛主席、黨中央關於在農村開展互助合作的指示發表了。它像霧海中的燈塔，照亮了人們前進的方向！大夥立即組織起來，與「四大自由」鬥，與那些想走剝削道道的富戶們鬥，辦起了襄部第一個農業生產合作社！在鬥爭的實踐中，他們深深認識到：耕牛，不僅是生產鬥爭的工具，還是階級鬥爭的工具。為了鞏固和發展集體，一定要把耕牛餵好！這時，襄陽地委書記趙修同志到這兒蹲點。當他調查瞭解本地的耕牛情況後，便和貧下中農一起，總結了〈襄陽縣夥牌鄉襄部農業生產合作社關於餵養和使用耕牛的經驗〉。不久，偉大領袖毛主席看到了這篇文章，認為很好，把它編入了《中國農村的社會主義高潮》這本宏偉的馬列主義著作中，同時，加了光輝按語：「作者以很大的熱情研究了這個問題，所述農民的意見也確是農民自己的語言，似乎作者是到了這個鄉同群眾一道研究過這個問題的。我們希望……每人都下鄉去研究一個至幾個合作社，每人寫出一兩篇文章來。」當襄部的幹部、群眾第一次捧讀這光輝按語時，真是感慨萬千，熱淚盈眶！他們認為，這個批示，不僅是鼓勵他們把集體耕牛養得更好，能寫出一篇好文章，更重要的，是號召所有幹部，相信群眾，依靠群眾，在社會主義的金光大道上，奮勇前進！

「百萬工農齊踴躍」，在毛主席光輝批示的鼓勵下，褢部人民爆發出衝天的幹勁，邁出了驚人的步伐！從一九五五年到一九五八年，糧棉油每年遞增百分之八十！到成立人民公社時，這裏不僅興辦了畜牧場，還建設了軋花廠、榨油廠、米麵加工廠、農具修配站……集體資金積累了四十多萬！但他們毫不滿足，乘大躍進的東風，快馬加鞭，還下決心要辦鐵牛場——拖拉機站！

可是，在這大好形勢下，忽然間，天空飄來了幾片烏雲。我國連續三年遭受了嚴重的自然災害，蘇修又背信棄義撕合同、撤專家，陰溝裏又乘機刮了一股「三自一包」、「工業要退夠，農業要退夠」的妖風。這妖風窮兇極惡，不僅不容褢部辦拖拉機站，還像一支餓狼，恨不得把大躍進建成的廠子一口吞噬掉。

「堅決頂住！」褢部人民唱著〈東方紅〉，想著毛主席，捧著《中國農村的社會主義高潮》，一遍又一遍重溫毛主席的光輝批示……只要依靠群眾，相信群眾，沒有克服不了的困難，沒有衝不過的火焰山！一九六〇年，他們頂了一年，一九六一年，他們又頂了一年。人民公社的威力，貧下中農的幹勁，不僅戰勝了自然災害，還促進社辦企業越辦越強，公共積累越來越雄厚，大夥久久思念的拖拉機站亦上馬了！

也就在這個時候，毛主席他老人家在黨的八屆十中全會上發出了「千萬不要忘記階級鬥爭」的號召。這聲音猶如平地春雷震撼寰宇，進一步鞏固了集體經濟，鞏固了人民公社，鞏固了無產階級專政！這時，褢部人民又高歌唱起〈東方紅〉：「……毛主席，愛人民，他是我們的帶路人；為了建設新中國，呼兒咳呀，領導我們向前進……」內心是何等的激奮啊！他們說：「毛主席好像來到了褢部，咱們這裏的事情，都裝在他老人家的心裏咧！」看，當年在合作社成立的騾馬站，在毛主席的陽光雨露下，現在已變成有十八台大型拖拉機的鐵牛站了……在褢部寬敞的田間大道上，在那遼闊的田野裏，一部部閃閃發亮的「東方紅」牌拖拉機，一輛輛靈巧的小型「萬能」牌鐵牛，不正在來回奔馳，高歌猛進麼！用毛澤東思想武裝起來的人民，是我們時代的真正英雄，相信他們，依靠他們，就能頂住狂風惡浪，就能寫出最美的篇章！

有戰鬥，就有歌！裏部大隊從缺牛到牛馬滿圈，又從牛馬滿圈到鐵牛飛奔，是一支戰鬥的歌，一支革命的進行曲！就在去年秋天，這裏的人民又合奏了一曲新的英雄交響樂！當時，在公社的領導下，他們和別的大隊一起，大搞土地平整：要把小塊變成大塊，要把大塊連成平原。這樣，鐵牛才能充分顯示自己的優越性，「東方紅」拖拉機才大有用武之地！

而在今年秋天，一九七六年的秋天，仍在這個毛主席批示過的地方，連日來，和全國各地一樣：鞭炮齊鳴，鑼鼓喧天，紅旗漫捲，歡聲雷動！堅決擁護以華國鋒主席為首的黨中央！憤怒聲討王、張、江、姚「四人幫」的反黨罪行！我們的步伐，永遠按著〈東方紅〉的節拍前進！我們的行動，堅決聽從以華國鋒主席為首的黨中央的指揮！用毛澤東思想武裝起來的人民，不僅能把千萬個「萬戶蕭疏」的裏部建設成社會主義的花園，使千萬個無牛、少牛的窮鄉僻壞發展成牛馬成群，鐵牛飛奔，同時，在激烈的階級鬥爭中，形成了一股浩浩蕩蕩的革命洪流，她猶如大海怒濤，洶湧澎湃，勢不可擋！一切想拉歷史倒退的跳樑小丑，一切妄圖復辟資本主義的可恥蛀蟲，終將「無可奈何花落去」，「幾聲淒厲幾聲抽泣」……

聽吧！全國人民在高歌〈東方紅〉：「……毛主席，愛人民，他是我們的帶路人；為了建設新中國，呼兒咳呀，領導我們向前進……」

聽！歡騰的裏部，遼闊的大地，又傳來陣陣發自心田的歌聲：

一千首歌啊一萬首歌，
〈東方紅〉是咱們最愛唱的歌，
生命不息，鬥爭不止，
毛主席啊，您永遠活在咱的心窩窩，永遠活在咱的心窩窩……

看完了吧？大家以為如何？是不是一篇反對黨、反對革委會的文章？可是，當一種要求政治輿論和社會潮流一致的壓力下，不是的，也絕對是的。是眾怒難犯，還是眾口難辯呢？到那種時候，只能聽天由命了，或者是等運動後期，政策的改變和落實，以及某青天大人物的智慧與撥亂反正了。

怨天麼？怨地麼？什麼都不能怨！只能說是命。命運這東西，是由天上一隻大手和地上一隻大手聯合掌握的。我想溜，是溜不掉的！任何類似我這號角色的人，也絕對溜不掉。

我在「兩個凡是」下的「說清楚運動」中

「四人幫」打倒後，黨中央在全國範圍內進行正本清源、撥亂反正，狠批「四人幫」及其各地的忠實走狗，這是完全正確的。只是，當時在黨中央一把手華國鋒同志的「兩個凡是」（凡是毛主席做出的決策，我們都堅決擁護，凡是毛主席的指示，我們要始終不渝地遵循）的指引下，所開展的「說清楚運動」是不是也帶著極左的痕跡？我是這樣想的，要是真正貫徹了「兩個凡是」，建國以來的一系列極左路線造成的冤案，比方，反胡風運動，反右運動，反右傾機會主義分子運動，以及對劉少奇、對彭德懷等做出的錯誤批判和結論，是不是都不能平反？鄧小平同志是不是也不能出山？許許多多的冤假錯案也就不能恢復名譽了？可見堅持「兩個凡是」，是絕對錯誤的。而南京大學哲學系教授胡福明寫的〈實踐是檢驗一切真理的標準〉，經《光明日報》和中央黨校理論研究室反覆修改後，又在胡耀邦、鄧小平的堅決支持下，最後定名為〈實踐是檢驗真理的唯一標準〉，才是真正合乎馬列主義原理的，它擊中了「兩個凡是」的要害，為肅清開國以來的、極左路線錯誤打下了扎實基礎，為改革開放三十年提供了有力的理論依據。我之所以寫上述這段話，是想講我在省作家協會「說清楚運動」中，有些說不清楚的東西。這些說不清楚的人和事，可能在別的單位沒有，就是在作協機關，可能別人沒有，唯獨我有。

我不是說我不該在這個運動中說清楚。說清楚對我來說也是必須的。因為，我在「文革」後期也犯過錯誤，比如，我寫過一些關於「走資派」的小說和散文：像在《湖北文藝》上發表的〈鐘聲嘹亮〉，在《武漢文藝》上發表的〈闖將〉，在《湖北日報》上發表的〈女哨兵〉等。儘管這些作品只占我當時發表總數的五分之一，但不管怎麼說，這總是個錯，說嚴重一點，就是罪過。這亦說明，開國以來，我有種頑固的跟風傾向，只要當時什麼是文藝界的主流，我就跟什麼，中央主要報刊登什麼，我就跟什麼走，完全沒獨立思考，徹頭徹尾的政治應聲蟲。那會兒，文藝界被「四人幫」及其爪牙掌握著，他們提出的創作方法是「三突出」，他們要批判的人物是「走資派」，且從表面看，他們代表了黨，毛主席又支持他們，我想都沒想就緊跟，還以為這是正確的創作道路，沒像有些清醒的文藝界人士那樣，鬥不過，便保持沉默。而我，好大喜功，只要一分鐘不挨整，就想出風頭，出人頭地，它是我一生靈魂中的可怕劣根性，在共和國的每個階段，都有表現，周圍的人也都看得清清楚楚。

當然，除了我，有的作家亦和我一樣。一些掌握文藝實權的人，也曾公開號召學「三突出」的創作方法，寫批判「走資派」的文章，甚至在打倒「四人幫」後，「兩個凡是」沒受抵制和批判前，仍然講「走資派」是客觀存在，是可以寫的。現在看，這句話肯定不對，但人家命好，是權威，過去又一貫正確，自然不會因此去「說清楚」。而我為這個問題，反覆在作協從一九七六年說到一九七九年，不管怎麼檢討，都沒被通過，似乎永遠都說不清。

我的另一個「說不清」、通不過的問題是：我的立場不穩，特別在「文革」中期至後期，比方，大夥說紅衛兵造反不對，不好，就應把他們送到農村去接受再教育，可我在某些會上和平常言談中，流露出紅衛兵造反不是他們自己要造，是毛主席號召他們造，是中央文革小組支持他們造，最高指示不是有這麼個語錄麼：「馬克思主義的道理千頭萬緒，歸根結底就是一句話：造反有理。」為什麼號召人家造的時候就有理，人家造完了，又說人家造錯了，沒有理，把人家都趕下鄉去？我講這句話，卻犯了大忌，挨的批可不少，不過，至今我還不服。還有一個立場不穩是：對保守派和造反派的評價。運動初期，我在襄陽地委機關看到一些紅衛兵、造反派整保守派，我雖然挨過保守派的整，但內心認為他們絕大多數是我瞭解的同事，家庭出身都很好，又是黨員，平常工作兢兢業業，就是比較老實，比較聽領導的話，怎麼會反黨反社會主義呢？為此，我的這些無心言論成了當時紅衛兵、造反派批鬥我的根據。反過來，到運動後期，保守派得勢，造反派退潮，許多造反派受到了保守派的批鬥，搞得也很厲害，有的還被投入了監獄。我當時也想不通，說過：造反派造反也不是他自己要造，是上頭號召，支持他們造的，要他們去奪「走資派」的權，去揪「軍內一小撮」，難道錯了，就把罪惡都算在他們身上？這也不太公平吧？事後證明，緊跟「四人幫」走的造反派，在全國也是極少數，為什麼政治風氣一變，就一定要眉毛鬍子一把抓呢？我自認為，「兩個凡是」下的「說清楚」仍以階級鬥爭為綱，把一切看成敵我矛盾，其實，其中有許多是人民內部矛盾，應用內部矛盾的方式處理，這才能團結大多數，認清「四人幫」的本質，效果就會更好，對不對？

上述問題，直到黨的十一屆三中全會召開後，鄧小平出山主持國家大政，才算真正得到解決。在省作協的「說清楚」運動中，關於我的所謂「萬山黑會」問題，是本機關唯一的批判重點，經我無數次「說清楚」，無數次地接受批鬥，也沒有得到領導和革命群眾的涼解。他們對這個問題好像很慎重，又非常非常感興趣，總希望在這個「黑會」中把我置於不歸路，讓我永不得翻身。若干年後，我工作過的襄陽報社社長畢希聖告訴我，作協機關曾派人到報社調查我，建議報社把我揪回襄樊上街遊鬥，讓我這個文化大革命初期遺臭萬年的人，到文化大革命後期亦要遺臭萬萬年！

那個時候，作協每次批鬥我，積極分子對我的要求是：一、老實交待事實；二、結合事實，深挖階級根源、思想根源、歷史根源；三、挖根源的時候，一定要分析自己為什麼站在敵人的立場上，為什麼仇視黨、社會主義和人民群眾？具體說，就是要自覺聯繫到我家來看我寫紀念毛主席文章的、造反派頭頭張平的一切罪過，並與他的階級根源、思想根源、歷史根源緊密掛鈎。這樣就能用形式邏輯的辦法判我和張平一樣反動，一樣應該打倒。

可是，我怎麼聯繫也聯繫不上，從階級根源看，張平的家庭出身好，屬於革命階級，而我是官僚資產階級兼地主的剝削階級，怎麼聯繫得上呢？出身好的人怎麼會教出身不好的人幹壞事呢？再就是，張平是黨員，我不是，黨員的思想覺悟一般比非黨員要高，要正派，黨員對非黨員只能有好的影響，怎麼會讓非黨員胡作非為呢？還有一條是，張平的歷史清白，社會關係也不複雜，我雖然在解放前沒參加什麼三青團、國民黨或其他反動組織，但，從清白純潔度看，是永遠不如張平的，張平怎麼可能把我引向歧途呢？所以，我檢討來檢討去，只能上綱上線，將自己臭罵一頓又一頓，卻老達不到領導和積極分子的要求，於是就老過不了關。那階段，我已經被鬥疲了，鬥服了，甚至想，你們說我有什麼罪就有什麼罪，你們想把我打成什麼反革命就是什麼反革命，無非去坐牢、勞改，我自己是毫無辦法了。但，即使我這樣低頭服輸，他們的評語是——我太狡猾，思想意識太壞，真是死不改悔的傢伙！

我就這麼從一九七六年秋天到一九七七年，到一九七八年，到一九七九年，一直沒解脫，一直被掛著，也一直沒做結論。領導想批鬥我的時候，就把我拉出來鬥一頓，鬥完後，又讓我去坐黑屋子，算是那些年機關的固定節目吧！真是要死死不成，要活也活不好，麼辦？就天天泡著。它使我深深體會到：人掉在深水裏和污泥坑裏，僅露出個頭，永遠也起不來的味道。這味道我在韋君宜的《思痛錄》第一章〈「搶救失足者」〉和第十章〈當代人的悲劇〉中讀到過，以及二十世紀九〇年代，我在北京胡青坡同志家裏聽他講述的、在反右傾機會主義分子運動的一九五九年——他在文聯和作協挨整自殺未遂的經歷中體察到。這種軟刀子殺人不出血的體驗，當年延安的老革命韋君宜、胡青坡均品嘗了，沒想到我這個解放後才參加革命的小蘿蔔頭也跟著在「文革」中品嘗了一番。

品嘗中，我曾用寫小說的觀察力發現，知識份子和工農幹部在階級鬥爭中，整人的方式是不相同的。工農分子整人很直接，他要認為你是敵人，就真恨你，罵你，搞武鬥。如運動初期，我在襄陽地委挨鬥，鬥我的大部分是工農分子，他們朝我吐口水，差點戳瞎我的眼睛，完全把我當階級敵人，一點也不掩飾他們的仇恨。而作協知識份子鬥我，有的面帶微笑，從不打人武鬥，只是句句話像釘子，挖我的神經末梢，不僅僅是貓玩老鼠，「欲加之罪，何患無詞」，且帶有高超的文學水平，讓你有冤也只能往肚裏吞……那得意的冷笑，那蔑視的眼色，那刻薄入骨的語言，比工農分子的拳頭、巴掌更傷人，更挖心窩。特別是那些道貌岸然的一貫正確者，那些兩面左右逢源踩著別人肩膀的攀登者，似乎一輩子都是「康生」似的，勝利一方永遠都是騎在我這號失敗者頭上拉尿的主宰和主人。此處，我還得補充一句，作協大多數同志，批是批，鬥是鬥，對我還是留了一手，沒想把我一腳踩死。他們心裏大概也明白——我再壞，也不會是階級敵人，那就邊批邊看走著瞧吧。有人耍猴戲，有人看猴戲，我就是那只任階級鬥爭擺佈的、又可憐又引人恨的猴子。難怪我生肖就屬猴啊。

在那幾年中，我除了奉命挨鬥外，還必需接受一些說不出口的「潛折騰」。這也是文革後期「說清楚」運動在我身上的另類創造：

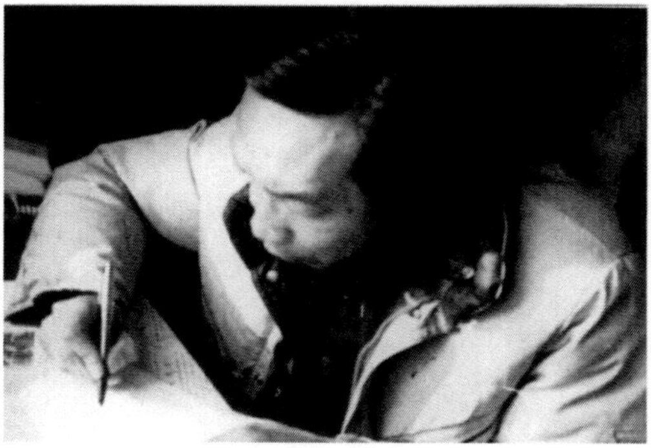

李德復在黑屋寫檢討

一、住客房黑屋，受房客監督

我分到作協工作後，從一九七五年到一九七八年，一直沒分到宿舍。特別是成了被批對象後，就更沒那個指望了。領導在我來時，分配我在機關大門口右邊的、一間黑黢黢的客房中占個床位。這房子約十三、四平方米，可放三張床，平常是給下面業餘作者來漢臨時歇息的。我呢？未受批判前，算是那間房子的義務招待員；挨批後，我是那房子受監督的罪人，由下面來的工農作者看管。於是「狗走千里吃屎，李德復又成了黑幫」的臭名，不久便傳到本省各地區文藝界。我只有認命、苦笑。

二、睡作協男人洗澡堂的水泥地

大約是一九七七年到一九七八年間，作協攝影部從外地調來一個攝影師。為了給這位攝影師騰房子，領導令我從客房搬出。搬出可以呀，可我夜裏住哪裏呢？他們就讓我在男人洗澡堂的水泥地下睡。那是個夏天，等男同胞都洗完澡，到深夜十一、二點了，我這時用一個拖把——把水泥地上的水拖乾，然後鋪上竹席睡。儘管是夏天，睡後背脊涼浸浸的，心裏涼絲絲的。可誰叫你是黑幫呢？罪人就該受這個待遇。如今，幾十年過去了，我背心落下了寒痛病。只要一痛，我就想起睡洗澡堂的水泥地，這不叫懲罰，叫變著花樣的「穿小鞋」。

三、孩子、妻子受辱

我自從被列為本單位的「說清楚」對象，一般是不允許回襄樊探親的，也就是說，從一九七六年秋季一直到一九七八年年底，我愛人沒調到武漢工作前，我是很難請假回襄。因此，妻子妮娜在這段時間，趁寒暑假——帶老三基春來武漢作協看我，並給我帶一些換季的衣服和日常用品。那時，我還沒分到房子，不是睡男洗澡堂，就是得到領導恩准後，在辦公室住一宿。我愛人、孩子來了後，我沒請示，就讓愛人、孩子晚上住單位大辦公室。可這，闖禍了。有一晚，領導突然來到辦公室，見我愛人住在裏面，她就橫眉豎眼，板著棺材臉，把我愛人狠熊了一頓：「你懂不懂，這是單位辦公室，有很多文件，是機要之地，你怎麼能住到這裏！趕快走！趕快搬！」怎麼辦？我只好將愛人、孩子轉移到男人洗澡堂，與我一起睡濕乎乎的水泥地，真是人在屋簷下，不得不低頭，而且要低到褲襠裏！我愛人是襄樊市的模範教師、模範班主任，從沒受過如此的侮辱和污蔑。事後她說：「我又不是特務，怎麼會盜竊你們作協辦公室的機密！」說來說去，還是我這個做丈夫的無能，做丈夫的有罪，才牽連到她和孩子。也就在這天晚上，我那老三基春跑到傳達室去玩，摸了摸傳達室的電話，一下碰上批鬥我的積極分子V，頓時，她當著我夫婦的面，把我才十幾歲的孩子大罵了一頓，說：「你懂不懂規矩？這是機關的電話，能玩麼？真是沒家教，孽種！」我知道，這是指桑罵槐，點我兒子，其實是訓我們夫婦。我倆一句不吭，由她發洩。我知道，她是罵給離我們不遠的、剛剛狠批我愛人的那位領導聽的，並以此獲得那位領導的好感。當時，我和愛人就像砧板上的魚，任人奚落、任人宰割，還為人做嫁衣裳。值嗎？也值。至少獲得了寫這種感情的體驗。

四、我一個「黑幫」能代表整個作協去挖泥塘

就在我「說清楚」的那一段，省政府號召武漢市的幹部群眾到東西湖挖堰養魚，讓市郊區成為魚米之鄉，讓市里的老百姓有新鮮魚吃，有便宜魚佐餐。開始一兩次，我和作協其他員工一起坐車去挖，去勞動。後來，機關的人都不去了，就讓我一人扛著鋤頭、挑著擔子，隨省直其他文藝單位坐卡車去東西湖幹活。別單位的熟人就問我：「李德復，你怎麼一個人來了？」我說：「你明知故問。」熟人就調侃：「光榮呀，夥計，一人就代表一個機關。將來機關食堂賣魚，應多給你幾條！」我說：「謝謝，除非你能把我調到你單位上班。」對方就閉口不吭了。是的，哪個單位能要我這號不值錢的、又討厭的黑色知識份子呢？

五、對我的名字全方位封殺

從一九七六年秋到一九七九年——前後三年半時間，我在作協除了做「批鬥標兵」外，有時候領導也把我當個正兒八經的人使用。比方上級派給作協的什麼任務呀，作協開什麼會呀，作協參加什麼活動呀，我便被派去打雜、當招待、做記錄、寫稿子……我也十分樂意去做，自認為總算幹了點正事，也是我改過自新的好機會，但無論我如何好好幹、認真地做，在寫作上，領導是絕不讓我署名、留一絲痕跡的。用現在的話說，是全面封殺我李德復的臭名。此處，我試舉幾個例子：

A、領導在文革後期，要我編了三本書——一本叫《飛雪迎春》（湖北省一九四九至一九七九年短篇小說選）；一本叫《永恆的春天》（湖北省一九四九至一九七九年散文、特寫、報告文學選）；一本叫《花兒朵朵》（湖北省一九四九至一九七九年兒童文學選）。這三本書，我費了很大精力，整整查了半年的資料。編好後，小說請碧野同志作序；散文、特寫、報告文學選請徐遲同志作序；兒童文學選請吉學沛同志作序。編者名稱：用的是湖北省文學藝術界聯合會。當時，我有個小私心，能不能在這本書後面，給我掛上個「責任編輯」的名，讓文藝界知道：李德復還在世上，還能編書。但這個建議遭領導否決，我也就到此止步。當然，心裏有點不舒服。

B、上級領導給我們作協一個任務，就是河北人民出版社要出一本書——記錄各兄弟省支持唐山抗震救災英雄模範事蹟，取名為《抗震救災英雄譜》，本來，這個光榮任務不應落到我這個要「說清楚」的角色身上，作協能寫的人多得很嘛。但不知為什麼，領導竟讓我到武漢市收集材料，由我來完成這篇報告文學。我便單槍匹馬，花了一個月的時間積累素材，又花一個星期寫了篇湖北人民的〈英雄贊〉，稿子通過後，我的「小九九」又來了：看能否署上「李德復」的臭名，讓我稍微變香一點，但依然遭領導否決，最後署名為「楚天」，登在這本書的首篇。我呢，也只有像阿Q那樣自我安慰：李德復能代表「楚」（湖北）的一個「天」，亦算了不起呀。這叫什麼，叫含著淚的微笑，哭不出的內傷。

C、再就是我們單位讓我編了本報告文學、散文集《紅日照楚天》，由湖北人民出版社出版，署名是湖北省文藝創作室。我的小心眼仍然是想署個責任編輯的名，但我知道這是徒勞的，所以自己提都沒提。一個領導為此還表揚我，說我稍微明白點事體了。人的個性呀，就這麼一而再、再而三的壓了下去。我這個人，一生只能由別人壓，不過總想在壓的縫隙裏冒出一株能代表自己的小草來。可憐的、頑強的表現慾啊！

當我的名字被作協領導全面封殺，我對自己在作協發表文章陷於絕望時，我這黑幫小草便不知天高地厚地採取了向全國進軍的貿然行動。且自己給自己壯膽——東方不亮西方亮，此處不用爺自有用爺處，於是我在一九七九年首先給《安徽文藝》寫了篇小說〈感情〉，不出一個半月，便在《安徽文藝》登出，還放到刊物的重要位置——首篇。這一春曉破冰之作，讓全國以及本省許多報刊看到：李德復還在寫文章啊，也有地方給他發表啊，於是，一年間十幾家報、刊、出版社紛紛向我約稿。我只要一投，他們就登，比方湖北日報就登了我的〈車輪、軸承、軌跡〉、〈要做黨的助手〉、〈春之歌〉；長江日報就登了我的〈特殊習慣〉、〈無畏的微笑〉、〈手術刀上的眼睛〉；布穀鳥雜誌就登了我的〈老綿羊〉、〈你的靈魂最美麗〉；河南《奔流》雜誌就登了我的〈立春〉（接著，小說月報轉載）；《芳草》雜誌就登了我的〈妻子〉；湖北人民出版社就出版了我的《一個黨委書記的照相簿》；《寫作研究》就登了我的〈論短篇小說結構〉……等等，真是運氣來了，天下刀子都擋不住。之後我想了想，這都是因黨的十一屆三中全會的陽光，鄧小平理論的陽光照射到中國大地，也照到我那間黑屋的角落，否則，我能那麼幸運？

生活還是光明的！
生活仍是美麗的！
我沒想到這次生活降到低谷，就來了一股力量讓我升了起來。這，不是運氣，不是投機，而是大環境好了，小環境也不得不改變！

人間自有真情在

我在看一代宗師季羨林先生寫的《牛棚雜憶》時，發現了兩個動人細節：一個在第十一章〈大批鬥〉中，季老被武鬥打倒在地，全身精疲力竭，眼睛發花，趴在地上起不來。而批鬥他的那些幹將，把他甩到那兒就不管了。麼辦？命還能不能活下來？也就在這時，他感到有人在攙扶他，他迷迷糊糊地睜開眼，一看，原來是和他一起挨批的兩個學者，一個叫張學書，一個叫王恩湧，他們比季老年輕，便把重傷的季老架回了家。季老從此記住了這兩個人，用他的話說：這種在苦難中相濡以沫的行為，證明人性沒有泯滅，人間還有真情。

另一個細節在這本書的第十八章〈半解放〉中，那時，北大給季老的生活費只四十多元，這四十多元還不能由他去領，因他天天都要到黑幫大院去勞動。誰幫他領呢？是和他一起生活的老嬸母。老嬸母月月去東方語言系會計室領這錢時，認識給錢的老會計，他姓袁，對她非常和氣，沒把她當黑幫家屬看，還悄悄對她說：「老人家，把錢收好，走路要小心。」老嬸母知道季羨林是黨員，黨員應交黨費，但她不明白，當時北大的掌權者說黑幫不配當黨員，自然也不配交黨費。可老嬸母卻對袁會計說：「季羨林可以交黨費吧？」袁同志說：「可以，你就代他交吧！」之後，老嬸母把這些情況告訴了季羨林，說：「人家仍把你當黨員看哩！」對此，季老頓覺，這是冰天雪地中送來的一股溫暖，終身難忘。誰說文化大革命中無情？這就是無情中的情，最為珍貴。

我在作協「說清楚」運動中，受到種種折磨，但也遇到季羨林先生講的這類無形中的溫情。自古以來，中國就提倡患難見真情，危困知友誼。如果僅在飛黃騰達之際，人們對你有情，這種情也是廉價的，甚至是虛偽的。而在危難之中，哪怕送來一星點溫暖，亦是雪裏送炭，銘刻於心。在這裏，我把自己這方面的感受備忘如下：

一、在作協，我為什麼老記得徐遲、洪洋和看門的陳老頭？

在對我「說清楚」的批鬥會上，徐遲偶爾也參加，但他從沒發過言，只是有時靜靜地望著我，一種漠然的態度。會一散，他就匆匆走了。可有一回，在批鬥我之後，我剛回到那間管制我的陰暗小屋，他忽然來了，讓我吃了一驚。那時他早已解放，恢復了名譽，且寫了一系列膾炙人口的報告文學，使他在原來的基礎上，又上了個新臺階，名聲更大了。而我，當時似乎沒解放的希望，黑幫的帽子仍牢牢地扣在頭上，我跟他的政治座標、文學地位，差距十萬八千里，他憑什麼來到黑幫的房間看我呢？這不是有損他的名譽嗎？可他就這麼大大方方地進來了，手裏拿著他當時剛出版的一本名震文壇的書《哥德巴赫猜想》遞給我，說：「德復，你看看吧。」我立刻從凳子上站起來，雙手接過他的名著，還沒回答，他就走了。我翻開此書封面，發現他在扉頁上寫下一句話：「德復同志留念。徐遲。」在「說清楚」運動中，我幾乎沒有聽到過作協還有其他人稱我為「同志」，沒想到徐遲在他贈我的書中寫下這兩個字。這兩個字重千斤——高過泰山，寬過大海！什麼叫寬容？什麼叫鼓勵？什麼叫不一棍子打死？什麼叫給黑暗中的人一絲希望？就是「同志」這兩個字！徐遲給我的這兩個字，不光在

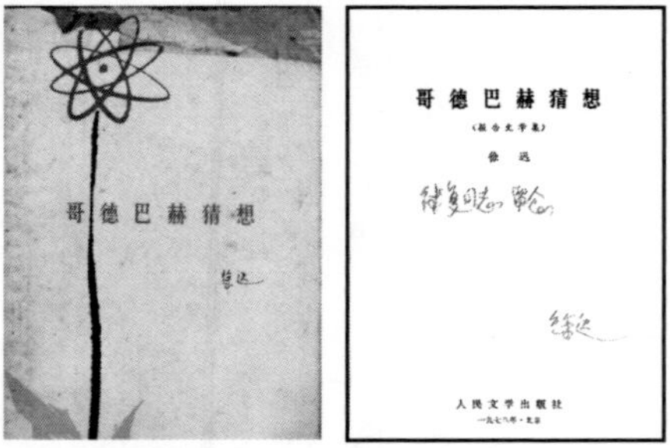

徐遲送給李德復的《哥德巴赫猜想》封面及扉頁題字

李德復和徐遲先生

當時讓我內心燃起了一團火，且在之後多少年，只要我遇到了困難，它就能給我力量。感情這個東西是很奇怪的，有時候它能要人的命，有時候卻又能讓人起死回生。徐遲已經走了好幾年了，可現在我老記得他在我那間陰暗房子裏的多情背影。

再說洪洋。洪洋和我同年生，只比我小幾個月，但他在作協的資格比我老得多。我一九七五年進入作協時，他已是作協的老住會的專業作家了，著作等身，名聲在外。他寫馬學禮的那四句名言——「見先進就學，見後進就幫，見困難就上，見榮譽就讓」，至今還在全國流傳。我於「說清楚」的這一個階段，在作協內部只有他經常去我那間陰暗房裏看我。他並沒說很多安慰話，而是跟我談文學、藝術和古今中外的一些名著，使我能忘卻身在囹圄之中，並依然能引發我愛文學、學文學、寫文學的衝動。我知道，他這樣做的潛臺詞是：莫灰心，莫喪氣，麵包是有的，牛奶也是有的，希望和前途仍在你的前面。故，只要他間或在我那裏坐上一小時或半小時，我就會快活一個星期，當天晚上，我還會悄悄從作協跑出去看一場電影，以示慶祝。我的一個長篇《死角》就是在這批鬥和反省期間偷偷改寫出來的。

李德復與洪洋同志

再就是作協的門房陳老頭和他的妻子，對我也非常好。儘管我在作協當黑幫好幾年，他們卻從沒把我當壞人看，還把我當應該關心的晚輩。我當時在漢無親無故，不說是百年孤獨，至少是三到四年的孤獨。特別是有病的時候，愛人又不在身邊，誰來關心、照顧？那就是陳老頭和他的老伴了。有一次，我挨批之後，突然胃痙攣，疼得在床上打滾，就是陳老頭把我駝在他的那輛破自行車上，一直把我送到湖北省人民醫院，直到我在醫院觀察室恢復了，才又把我駝了回來。所以，我在前面也講過，毛主席〈在延安文藝座談會上的講話〉，我記的最深的一句是：「最乾淨的還是工人農民，儘管他們的手是黑的，腳上有牛屎，還是比資產階級和小資產階級知識份子乾淨。」的確是乾淨啊，特別是和那些在我倒楣時給我落井下石的同事和賊友們比！

二、在武昌，我為什麼老記得王成才、曹志勤、涂懷章、謝文禮、黃秀文等同志？

王成才當時是省委宣傳部衛生體育處處長（「文革」前曾是省委書記處書記許道琦的秘書）；曹志勤當時是湖北省社隊企業管理局政治部主任（「文革」前曾是省委書記王任重的秘書，王任重解放後，他仍回到王任重身邊當秘書）。他們兩個人經常在星期六的下午，各個單位都下班了，就開部小轎車到作協來看我，且一進作協大門就喊：「李德復在哪裏？」我從那陰暗的房子出來後，他們就熱情地和我握手，仍大聲說：「德復，晚上我們請客，喝酒去！」說著就拉我上車出門，到隔壁省高等法院宿舍。因曹志勤的愛人就在法院工作，且每次都是由志勤夫人做很多菜給我們下酒。飯桌上，王、曹二人與我稱兄道弟，給我談國際形勢，國家大局，本省省情，以及武漢市市情，等等，好像我不是黑幫，而是和他們平起平坐的國家幹部。我好感動、好感動。我知道，他們之所以這麼做，是給作協那些整我的人看的，是想用他們的影響，讓作協那些特別看不起我的人收斂一點。後來，作協一些人也知道了，一個是許道琦的秘書，一個是王任重的秘書，他們能這樣公開地和黑幫李德復來往，說明李德復的問題還不是那麼不得了，至少不是什麼反革命事件吧。這種無意識的張揚的確使有些人對我好一點了，對我不是那麼鄙視和殘酷了。明代後期著名的理學家蘇浚在《雞鳴偶記》中講：「道義相砥，過失相規，畏友也；……利則相攘，患者相傾，賊友也。」什麼是真朋友，畏友，諍友？什麼是一生不能忘懷的朋友？王成才、曹志勤是也！

謝文禮呢？著名電影劇作家、《武當》等二十幾部電影的作者，他原是一個醫療器械廠的工人，他父親曾是晚清武舉子，把一生武功和治療內傷、外傷的本領全傳授給了他。他一拳能把一兩寸厚的桌面打穿，一指頭點中穴位——能叫對方不動彈。他個子不高，身體表面看也不是很健壯，但十來個漢子如果要跟他動手，根本攏不了他的邊。有一次他騎自行車上街，一個一米八的高大結實小夥騎車從他面前飛馳而過，順嘴吐了一口痰，痰就落到了文禮的臉上。文禮立刻騎車趕過去，把小夥子攔下，讓小夥子把他臉上的唾沫擦掉並道歉。小夥子不幹，還想打人。文禮說：「你要動手嗎？」對方說：「打你還不像踩死個螞蟻！」文禮說：「那你就試試。」對方真地揮拳打了過來，文禮順手接招，抓住他的手，只輕輕一扭，這一米八的大漢子就哇哇大叫地蹲到地上了：「哎呀，疼死我了，疼死我了……」武漢人都愛看熱鬧，頓時圍了一圈觀戰，紛紛說：「這小子碰到個祖師爺、真把式了，看他以後還張不張狂？」小夥子這時便喊：「老師傅，饒命，饒了我，我有眼不識泰山，以後再也不敢了。」謝文禮就拋下一句話：「你回去好好反省，告訴你們單位領導，下午到我廠裏來道歉！」說畢，把自己的工作地址說了出來，準備騎車就走。小夥子又大喊：「師傅，我的手彎不過來了，人也起不了身了，你幫我解了套再走吧。」文禮說：「你今天下午到我單位道歉後，我再給你解！」周圍人也說：「對對對，讓這傢伙吸取點教訓！」文禮這才走過去，拍了拍小夥子的肩，讓他能站起，但他右手還是彎不過來，說：「你先用一隻手推車回去，下午到我廠，我們見面再說。」講完，掉頭而去。之後，文禮告訴我，那小子和其單位領導下午果然到醫療器械廠向他道歉了。他才恢復那小子手的功能。我兒子老三李基春喜歡武功，就拜文禮為師，學硬氣功。硬氣功大概有十五招，文禮只教我老三八招，便不教了。我問文禮，為什麼不教到底，文禮說：「你這孩子年輕，又愛講義氣，打抱不平，有時連歪門邪道義氣也講，如果他用硬氣功後面幾手對付人，是會打死人的，我能教麼？」我也後悔讓文禮教老三學氣功，為什麼呢？小時候老三不聽話，我不管怎麼打他，他一用氣，就不疼了，也就不聽我的訓示了。當然，老三也學了文禮許多好品質，比方助人為樂等等。在我「說不清」的那一段，每當我挨批後，文禮經常和文學愛好者黃秀文一起，用一輛自行車駝我到他們家裏喝酒，說是給我壓驚，完全是一派江湖作風。他們代表了武漢老百姓的俠義之氣。他們只要認定誰是好人，誰能交個「整」朋友，他們的感情就永不變色。我一生都在受他們這方面的教育和恩惠。念念不忘啊！

而涂懷章，湖北大學文學院的教授，著名的文學評論家和小說家，他只要一上街，或到作協來開什麼會，就一定會到我那陰暗的房裏看我，跟我談一些文壇上的爭論和新聞，絲毫也不避嫌。有時，他在我那裏呆久了，我就叫他趕快走。他說：「我都不怕，你怕什麼？」我說：「我怕你沾了我身上的晦氣和腥氣。」他有一次是這樣回答的：「什麼腥氣、晦氣，是人氣、義氣！」我便說：「這號人氣、義氣你可別學呀！」他說：「麼辦咧，我就願跟你交朋友，越是這個時候，越要與你多處處。」真沒想到，涂懷章是這麼個重感情，不怕背黑鍋、受牽連的一個人。倒是我這個背了大黑鍋的人前怕狼、後怕虎……

三、在漢口，我為什麼老記得陳東華、陳金安、邱祥凱、周代等同志？

陳東華（原湖北美術出版社社長）、陳金安（原湖北人民出版社總編）、邱祥凱（原湖北人民出版社編審）和周代（原《長江日報》、《武漢晚報》副刊部主任；《武漢文藝》主編）——他們都是我「文革」前和「文革」後的老朋友、好朋友。我在湖北人民出版社出版的那幾本書，比如《典型報告》、《鄂北紀事》、《三個》、《高山盛開大寨花》、《地下長龍》等，陳東華、陳金安、邱祥凱他們都在文字上、結構上、語言上指導過我。邱祥凱是我《地下長龍》的責任編輯。陳東華則在一九八二年初，以長江文藝出版社為依託，偕同他的同事和穆熙、汪誠，以及他的朋友王春桂、汪正光、黃大榮與我——籌辦了文藝期刊《藝叢》、大型通俗刊物《中國故事》、《中華傳奇》。《藝叢》發表了我與孫國光同志寫的小說《春雨紛紛》、王小鷹寫的《金泉女與水溪女》，先後被中國作協辦的《小說選刊》選載，引起著作界和讀者廣泛好評。再就是我在《長江日報》、《武漢晚報》、《武漢文藝》能發表一系列小說、散文、詩歌，比如〈在電梯上遇到的事〉、〈不聽話的孩子〉、〈第一個回合〉、〈威力〉、〈早晨〉、〈半邊天〉、〈一個戴眼鏡的技術員〉、〈紅色

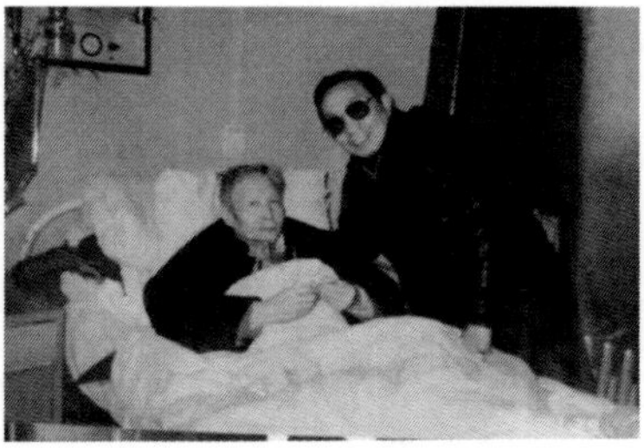

李德復探望病床上的周代同志

管家人〉、〈階級情〉、〈兩個年輕人〉等等，幾乎都是周代給我提意見，讓我反覆修改，才得以發表。他是我的老鄉，湖南人，說話特別耿直，一是一，二是二，不僅在文藝上，就是在怎麼做人上也對我有很大的啟發。在我「說不清楚」的一九七六年秋天到一九七九年底，他們經常在星期天約我到他們家裏去喝酒吃飯，並反覆開導我：不要在運動中瞎講、失態，或想不開，只要是實事求是，對得起黨，對得起人民，對得起良心，總有一天能說清楚的。即使有人不放過你，你也不要害怕。還跟我開玩笑說：「你不是和孫悟空一個屬性嗎？孫悟空被太上老君關到煉丹爐裏，最終還煉成了火眼金睛哩！說不定你老兄經過這一次血和淚的洗禮，在寫作上會更上一層樓的。」所以，我在作協黑屋子和挨批會上痛苦了一個禮拜，就能在星期天和他們高興一天，這就大大地減輕了我心靈的壓力，同時也增強了在「說清楚」中的耐力，讓我能繼續苟延殘喘地活下去。

我是怎麼輪流在這幾個朋友家裏過星期天的呢？我在「文革」後寫了篇發表在《當代作家》上的散文，題目是〈周代的美麗〉。現在，我把中間的一段摘錄如下，大家就可看出我是懷著什麼心情進入他們的生活：

> 最使我難以忘懷的，是史無前例的「文革」後期，我雖從襄樊調入了武漢，卻被這偉大的「階級鬥爭」第五次拋入「黑屋子」。開始，五天一小批，十天一大鬥，但在每天下班後及節假日，我還有點出入本單位的自由。這「自由」珍貴是珍貴，自己除了用於寫反省和獨自到長江邊看滾滾的波濤外，還能做什麼？找領導談心，哪個領導能諒解？那冰冷的眼光像尖刀刺心；去拜訪朋友，哪個朋友敢接待？都怕惹身揩不乾淨的腥氣！孤獨——是無形的最高懲罰。它常常逼我到幾個老友家門口徘徊，想進去又不

敢進。有時，自己在外面轉悠到大半夜，才慢慢踱回「小黑屋」。我真正懂得羅曼・羅蘭講過的一句話：「最難忍受的痛苦，是欲去的地方不能去，欲幹的事不給你幹……」

也就在這期間，一個星期天的晚上，我在周代家門口——幽靈似地蕩來蕩去。忽然，一個熟悉的聲音迎面撲來：「是德復麼？」

我低下頭，沒吭。

「是德復！」接著大門打開，乳黃色的燈光像一股熱泉，好溫暖，好溫暖，灑瀉在巷道上，撫摸著我刀削似的臉，一下暖和了我冰冷的心……

那時的周代，高大，強壯，一把把我拉進屋，接著，他愛人——王淑芳大嫂，把杯熱呼呼的香茶遞到我面前。

我還掙扎著要走。

他將我按到籐椅上：「強麼子？天塌下來，在這裏吃飯。」又緊握我的手，「我瞭解你……再不來，我還要去找你哩！」

世上有什麼語言能表達我當時的心情？只有無聲的淚水，一滴一滴，一滴一滴，朝心的深處流。

從此，在那階段，我幾乎每個星期日都在他和其他幾個老朋友家裏過，我完全沒有想到，在那個幾乎天天鬥爭「黑幫」的時代，周代，陳東華、陳金安、邱祥凱等卻沒有把我當黑幫，都把我這個黑幫當成他們心裏的知己。士為知己者死，情

李德復和愛人與李加猶一家（後排左二為李加猶）

為同心者生，有的生命，像我這號不值錢的命，不就是這樣繼續活在世上嗎？

在此，我還要加一筆，除了武漢的諍友、畏友給我生命的溫暖外，外地的一些老友也常給我送來活下去的溫馨，像襄樊的羅元德、羅愛德、李加猶、張月斌、胡樹國、衛世洪等。

人間有真情嗎？

是啊，在最黑暗的時候，也有最光明的情；在最痛苦的時候，也有最動心的愛。

到一九八〇年，我感覺自己在作協的確是浪費時間，浪費生命，於是，我多次到省委宣傳部找羅明副部長、李曉明副部長，請求調動。不論作協給我戴什麼帽子，加什麼罪名，我都請求調走。我也不知道我對兩位部長講的話是否起了作用，這一年，我調到了湖北電影製片廠任專職編劇兼文學部的負責人。黨的眼睛是亮的，陽光總會普照人間。

我和《五百萬》的命運

在調向湖北電影製片廠的過程中，有個老友給我提意見，說：「你在省作協『說清楚』運動中說了三年多，走時，一定讓他們給你寫個結論，鑒定你到底算是什麼。否則，以後你到任何地方，還是說不清。」這是個理。可作協同意調走我的同時，沒給我「說清楚」下什麼結論，也沒當面給我談這個問題，我不知道他們是不是在我檔案裏附了一筆。既沒人給我提這碼事，我亦不過問，心想，他們不可能把一個黑幫、反革命分子輸送給電影製片廠，製片廠也不可能接受一個反黨、反社會主義的壞人吧，就這麼，我就來到新單位。

在電影製片廠那幾年，應該說，我的心情還是比較好的。在創作上，不能說大豐收，至少也算小豐收：我在報刊上發表的各種小說、散文、報告文學、詩歌、兒童文學、雜文等近五十篇，像〈愛情樹下的故事〉、〈會看手相的姑娘〉、〈內奸〉、〈沒看透〉、〈為什麼我們忘不了你〉、〈矯健的身影〉、〈領頭馬〉、〈張良和他的妻子〉、〈頭等獎〉、〈火光〉、〈春雨紛紛〉、〈染髮〉、〈一千零九十個夜晚〉等，都得到評論家和讀者的好評，其中有兩篇還獲得武漢地區優秀短篇作品獎；而在武漢廣播電臺連播半個多月的《貳佰大洋》，在《長江日報》連載的中篇《藍色狂想曲》，一個深得市民喜愛，不斷給我來信，要我寫續篇；一個後來被北京群眾出版社合集出版，印了二十萬冊；再就是與老省長張體學的兒子張明鳴、湖北軍區宣傳處長尹興家合作，在湖北人民出版社出了一本由王震將軍題寫書名的、張體學的傳記《人民公僕》；另外，也是我重點著力寫的五個電影和電視劇本：《甜笑》（《電視文藝》一九八三年十二月發表）、《五百萬》（一九八二年九月《戲劇與電影》雜誌發表）、《漁火》（《藝叢》雜誌一九八二年一月發表）、《錢》（《東風》雜誌一九八二年二月發表）、《幸福》（與謝文禮同志合作，一九八〇年由湖北電視臺採用），但我最失望的，就是這五個劇本儘管發表了，有一個寫出就由本省電視臺拿去拍攝，而其中四個，開始只是白紙黑字，上了鉛版，卻上不了銀幕和螢光屏，特別是我費了很大心血寫的《五百萬》。本來此劇一出籠，《戲劇與電影》雜誌一發，兆頭蠻好，峨嵋電影製片廠的導演李亞林同志就來信要拍這部片子。我高興極了。要知道，他不僅在一九六一年就被評為中國大陸二十二個優秀電影演員中的前幾位，且拍攝的電影，如《虎穴追蹤》、《如此多情》、《寂靜的山林》、《徐秋影案件》、《冰上姐妹》、《前哨》、《我們村裏的年輕人》（上下集）在全國均獲好評，與另一導演合拍的《為什麼生我》，還獲文化部頒給的優秀影片獎。由他來拍《五百萬》，肯定成功！他為取得此片拍攝權，還專門到武漢來看我，我倆交談甚歡，一拍即合。可是，當我將此好事向湖影負責人和省文化廳領導彙報後，他們都反對，說：「你李德復是我們湖北廠的專職編劇，你寫的本子怎麼能給外省拍呢？第一優先權應該是我們。」這倒是個理，再加上下級要聽命上級，我不能因為自己的傾向，就不服從組織。於是，我拒絕了李亞林的好意，心甘情願把《五百萬》交給了湖北廠，算是我在本廠完成的第一個任務和頭一個拿得出手的貢獻吧。可誰知本子交出後，我廠管拍攝的領導和文化廳領導遲遲不表態，一個勁叫我改，改，改……我一連改了八次都通不過，後來，他們又請本省著名大導演許伯然同志掛第一編劇的名來改，改了幾次，仍通不過，時間前後花了一年半……劇本最後被槍斃！我真是傷心之至，欲訴無處，無哭無淚。

他們為什麼要否定這個劇本呢？一個最重要和可怕的理由是，我不應該把一個原來出身很好的共產黨員和工廠的一把手，寫成走入歧途的蛻化變質分子，似乎這就誣蟣了黨員和工人階級出身的幹部……可他們根本不看我在劇中還塑造了一個非常優秀的、出身好的、年輕的共產黨員和一個能掌握全盤的、正派的老幹部——市委書記。也只有這樣，正反兩方面才能引起矛盾衝突，劇本才能一個懸念接著一個懸念把觀眾吸引，最後達到光明戰勝黑暗，正義剷除腐敗，這不是既歌頌了黨，又展示了壞人壞事終究沒有好下場的報應麼？這有什麼錯誤，又有什麼不好呢？

為說清這件多年一直耿耿於懷的事，我在此把《五百萬》的故事簡約地介紹一二：二十世紀八〇年代初，大江機械廠女廠長陳瑤，在五〇年代「三反」、「五反」中，是一個打「虎」的積極分子，而大江機械廠的前身資華機械廠的老闆林資華是個「大老虎」。他倆是敵對階級，亦是武松與老虎的、你死我活的對立面。那時，林資華的父親已攜帶大量資金逃往香港，留下林資華看管資華廠的剩餘財產。林資華那會兒十分囂張，囤積居奇，投機倒把，偷稅漏稅，擾亂市場，還趁抗美援朝之機，大發損害國家利益的不義之財。因此，作為打虎隊員的陳瑤，帶領群眾，對「五反」分子林資華窮追猛打，令他把侵害國家的不義之財吐出來。在此，還要交代的一個背景：是林資華當少爺和小老闆的時候，曾看上並追求在他們廠當女工的、年輕漂亮能幹的陳瑤，還轉彎抹角送給陳瑤一串價格十分昂貴的黃金鑽石項鏈，以求得陳瑤的歡心，但陳瑤覺悟高，當場拒收，把項鏈甩到林資華的腳下。「三反」、「五反」後，林資華跑到香港，入了外國籍，改名為喬治・林，並用他父親帶走的資金，在國外開公司，當了資本家。現在，二十多年過去了，黨的十一屆三中全會後，咱們國家的方針是以經濟建設為中心，兩個基本點：堅持四項基本原則（堅持社會主義道路，堅持人民民主專政，堅持共產黨的領導，堅持馬列主義、毛澤東思想），堅持改革開放。就在這期間，喬治・林來到中國大江市，進入大江機械廠，與已主持工廠一切事務的廠長陳瑤談業務、做生意，經過幾年時間，幾個來回，喬治・林用盡心思，讓曾經在「五反」中把他打成老虎的陳瑤接受了他的誘惑和賄賂——十萬美元和解放前的那一串黃金鑽石項鏈，而陳瑤則利用自己的職權，讓這個曾經是他的大少爺、小老闆竊取了大江廠的財產五百萬。陳瑤為什麼會蛻變至此呢？請聽她在劇中一段醉酒後的臺詞：「……林先生、林資華、喬治・林……解放前，他是主人；解放後，我是主人！我們是敵對階級，我們走著不同的路。我揭發他，批他，鬥他……可到了文化大革命，我這個廠長，怎麼成了『走資派』，也是挨批、挨鬥、挨整啊……這是為什麼？為什麼？如今，一晃眼，二十幾年了，林資華、喬治・林又來了，還是那麼闊氣，還是大少爺排場，還是比我富，比我強……什麼『三以』、

『五反』，什麼幹革命就要流血流汗，什麼搞社會主義就要受冤枉，受委屈……還是林資華、喬治・林過得好，過得美啊——應該說是他天天享受的中國茅臺、英國威士卡；日本的豐田、德國的賓士；世界各地五星酒店，還有那迷人的探戈、華爾滋……是當共產黨人劃得來，還是當喬治・林這樣的資本家劃得來……當初『五反』運動……和每次的階級鬥爭運動，我為什麼都那麼積極，為什麼一而再、再而三地爭取入黨？入黨又如何？當了廠裏的一把手又如何？還不是在『文革』中坐噴氣式，被批鬥得家破人亡，如今孤家寡人一個……慘啊，我還能這麼傻麼？我還能這麼下去麼？喬治・林中年喪妻，到現在還對我有情有義，還想用大價錢收購我們的廠子，亦是他父親解放前破產的廠子……賤價賣給他吧！賣給他吧……人生如夢，三十年河東，三十河西啊……」看到沒？陳瑤就這樣被收買、腐化、墮落下去了，喬治・林的「反攻倒算」眼看就要成功了。可就在這關鍵時刻，陳瑤在未喪失信念前培養的一個年輕的、非常堅定又非常能幹的女共產黨員劉芳挺身而出了。她是工廠總會計、陳瑤弟弟陳琪的女朋友。陳瑤以為劉芳是她的親信，又是她今後的弟媳，絕不會揭發她的。可恰恰是劉芳猶如陳瑤一九五三年當打虎隊的積極分子，在忠告陳瑤無效後，直接向大江市市委書記楊紫舟揭發了陳瑤。陳瑤弟弟陳琪是楊書記的司機，也支持未婚妻這麼做，認為只有這樣，不光打擊揪出了喬治・林，還能給姐姐陳瑤一個自新的機會。大江機械廠也從此走上了光明征途。我完全沒想到，我寫的這個《五百萬》到今年——二〇〇九年十一月十一日《參考消息》上發的一則新聞——〈重慶打黑傳達「政府強烈信號」〉中得到照應：「……中國腐敗問題的根源在於自三十年前改革開放起，官商利益便開始曖昧糾結。雖然國家向國有企業占主導地位的經濟投入了大量資金，但是其法規制度仍然過時落後，缺乏透明度。重慶開展嚴打活動受到廣泛歡迎，邁出了萬眾期待的第一步，政府也借此傳達了一個強烈的信號。」看來，我的這個劇本不僅沒貶低能在任何時候堅持信仰的共產黨員，而真正歌頌了有黨性的、有原則性的共產黨人。讀者也許會問：《五百萬》是不是到此就止步了，Pass了呢？沒有！在湖北廠和文化廳棄之不用後，湖南電視臺卻看上了，想揀起來拍電視劇，但他們有個條件，即要我為這個電視劇投點資。我可為難了，因我一無權，二無勢，三無錢，麼辦？幸天無絕人之路，湖北省會計協會負責人之一張元奎見此劇的主要正面人物劉芳是個正派、能幹的會計，宣傳了會計在改革開放中的反貪污、反腐化的重要作用，於是他答應拿錢，和湖南電視臺一談判，就馬到成功。電視劇《五百萬》在一九八二年秋天拍攝畢，除湖北外，全國其他各地都放映了。評論還不錯，一九八三年一月號的《廣播電視》雜誌還由署名「言由衷」的同志寫了篇專評〈揭示人物內心的奧秘——談電視劇《五百萬》的人物刻畫〉。這，總算沒讓其胎死腹中。而其他三個劇本《甜笑》、《漁火》、《錢》（即《血染的銀元》）就沒那麼幸運了，至今的發表本子仍躲在抽屜裏睡大覺，不知有沒有蘇醒的一天。

不過，我從《五百萬》的命運中得到了一點啟示，那就是，想觸電，想讓自己的劇本上銀幕，上螢光屏，除了會寫劇本外，還得有權，即有權將本子交哪個廠、由哪個導演拍，或自己拍；其次，要有錢，有拍電影、電視劇的資本；第三，要有一個關係圈子，能上通下達打順各路關節，以及有一批與自己相好的哥們「演員和導演」，否則，單槍匹馬，是很難闖電影的「關東」的。

於是，有一天，我突然想脫離電影廠，想下海，至少做一個半自由人，有點權，有點錢，有點關係……為自己的創作打點物質和人脈基礎……我成功了沒有呢？或是落落大敗……讀者有興趣的話，就請看下回分解！

冒險下海：九死而不悔

我脫離了電影廠沒有？下海了沒有？當時，有兩個單位要我，一個是湖北省科學技術協會，正廳級單位，其黨組書記兼當家副主席曹野同志，曾擔任過沙市市委書記、襄樊市委書記，省工辦副主任，是個一談如故的、心靈相印的領導和朋友。他準備在省科協成立出版社，約我去主持。我想，只要能正兒八經地管轄一個單位，自然有點權。有些事，包括自己寫的小說、電影，便可以作主了。由此，愉快地答應了曹野。可後來，科協申請辦出版社沒成功，此事就泡了湯。

第二個機會是：上一章提及的湖北省會計協會負責人之一張元奎同志，他非常想調我到他單位協助工作。他雖然和我初相識，但對我在電視劇《五百萬》中寫了個好會計很欣賞，再者，他向《五百萬》投資拍攝時，曾向我提出個要求，讓他弟弟張佳奎參加劇本創作並署名，我爽快答應了。於是，他覺得與我這個人好共事。加之，他那個時候新成立了一個武漢書刊發行聯合公司，下分七個獨立分公司（黃鶴書刊發行社、振興書刊發行社、特約書稿發行部等），還有一個他正籌辦的《書刊導報》社。他之所以能從主持一個會計協會，發展到包容一個總公司和總公司下八個分支，人員近八百，各類大小汽車達二十多輛，是因為他是國內改革開放後，第一個主張在發行書、報、刊上——除郵局為第一渠道外，民間可開辦公司建第二渠道，這樣才有利於文化事業的發展，才能更好地為全國人民服務。他這樣思考了，亦在武漢積極地實踐了，從一九八〇年起，三年三大步，一步賺了人民幣一百萬，三年三百萬，在當時是相當大的資本，並以此做為他的經濟基礎，把事業轟轟烈烈地幹了起來，用那時的時髦話說，亦是一個改革開放創新的先行者、排頭兵。當然，他在幹這新生事業的過程中，受到不少排斥和眾多的意想不到的困難。於是他在一個晚上給黨中央總書記胡耀邦同志寫了封信，彙報了這些情況，並請求得到幫助。很快，他收到了總書記支持他開展發行工作上的、以民間為主的、第二渠道的回信。在這封信上，總書記還作了重要批示：高度肯定了張元奎和他的團隊「以智力開發智力」的、幹事業的經驗，鼓勵他們要有好心（一心為公的公心），還要有好氣（百折不回的勇氣）。只要真心實意擁護黨的十一屆三中全會以來的路線，在各自崗位上積極奮鬥，是能幹出一番事業的！《人民日報》為此還專門發了消息。這一來，張元奎和他的團隊在開拓發行書、刊、報的事業上更躍一層樓，張元奎本人無形中亦名揚全國出版發行界。也就在這火候上，《當代》雜誌約我和人民日報記者郭晨寫一篇關於張元奎的報告文學。我倆寫了，取名〈張旋風〉，二萬七千多字，不久，發表在《當代》一九八四年第四期上。大概我為張元奎的協會寫了個《五百萬》的電視，又參與了寫〈張旋風〉，且很支持他的會計事業和他的總公司、分公司，再加上他和我對改革開放以及許多觀念上的看法一致，所以，他動員我到他的單位工作，委任我為他正在籌備的《書刊導報》社的社長兼總編輯。我熱情一湧，就答應了。

從電影製片廠調往《書刊導報》社沒費什麼周折，只是後來才知道，我為公家工作二十八年的、由國家財政撥款的人頭費、工資沒有了。因為由武漢發行聯合公司主管的《書刊導報》社，國家是不撥款的。聯合公司是集體性質，自負盈虧，還要每月向國家交稅。《書刊導報》社自然也屬於這一類。對此，我愛人妮娜堅決反對我去導報社上班，說「你這樣一定，國家就不給你發餉了，你原來辛辛苦苦工作、挨鬥的二十八年不是打水漂了？如果你仍在作協、電影廠忍著不走，每月工資總是跑不了的，上班又自由。當專業作家、劇作家，一個星期去一兩次就可以了，且寫的稿子還能拿稿費，何樂而不為！」可我不聽妮娜的「現實主義」，「若為自由故，什麼皆可拋」，既然下了決心，就冒險地走一遭吧！

到了《書刊導報》，我才知道，張元奎原來是請《長江日報》經濟部一個著名編輯黃學忠同志來辦該報的，還撥給黃十萬元開辦費。黃招兵買馬，且出了一兩期試刊。後來，黃與元奎意見不和，元奎就辭退了黃，把我招了去。我接了黃的班後，發現十萬元開辦費基本花完，招來的二十幾個員工發工資已困難。我向元奎反映後，元奎在我去後的三個月，每月給了七千元的辦公費和人員工資。三個月後，就再不給了，說「所有的分公司都自負盈虧，你們報社也應自負盈虧。這是改革開放的新規矩。處處依靠上級，或只會向上伸手，咋行？」他說得有理，可皇天天，我到哪裏去找錢？怎麼養活這幾十名職工？特別使我傷腦筋的，還不僅是錢，是我社有沒有資格辦報？因按當時的國家政策，只有國家正規的廳級單位——才能主辦和主管一個報或一個刊物。而武漢書刊發行聯合公司，是個民營的集體單位，根本沒資格主管和辦報刊的。我到報社後，才明白這個理，真是上馬難，下馬更難！麼辦？麼辦？問張元奎，他也毫無辦法，真有點叫天天不應，喊地地無門。也巧，我這個熱鍋上的螞蟻，屋漏還偏遇連夜雨，雖經一天一天，一月一月，一年一年地拼搏，可謂上竄下跳，滿天下奔走，到處求爺爺拜奶奶，以求打通各方關節，讓這張報歪歪倒倒、磕磕碰碰——不至於馬上死亡，可我的右眼，卻在我到宜昌參加一個理論研討會回報社途中，突然視網膜脫落——瞎了！瞎了！一住院，什麼都幹不成了！

上述全過程，我在我的一個報告文學〈九死而不悔〉中敘述過。此文刊於國內的《中國故事》，後得獎，還被日本的〈中國報告文學創刊號〉轉載。我現在摘錄如下：

九死而不悔

A

一九八九年三月三十日下午三點三十一分，我從湖北醫院附屬第一醫院大門出來，下意識地用手捂了一下右眼，頓時，整個天地都黑暗了；我又捂住左眼，陰暗的街道，熙熙攘攘的人群……才搖搖晃晃地從我視線裏顯現出來。

「老同志，您來晚了。」醫院眼科門診部一位年輕大夫的聲音在我腦際裏迴響，「你雙眼過分疲勞，右眼的視網膜已剝脫、失明……左眼的情況也不太好，晶體有混濁現象，再不注意，視網膜也會出問題……你是從事文字工作的吧，怎麼不懂得愛護你的眼珠呢？它可是你的武器、你的生命啊！」

難道我真不懂得這一點麼？

我回到自己的辦公室，拿起電話筒，準備給我的上級——武漢書刊發行聯合公司和市新聞出版局的領導通個話，告訴我眼睛的情況，可線一通，我又放下了話筒。

我把辦公室的秘書喊來，請他叫各科室的負責人來我辦公室，想立刻把我右眼視網膜脫落——告訴他們。但秘書剛出去我又把他喊回，請他別通知了。

我回到家裏，往沙發上一靠，就想把今天下午在醫院眼科門診部檢查的結果詳細地告訴與我生活了三十二年的妻子，並讓她把三個成年的兒子喊回來，但話到嘴邊，我又咽下。

孤獨！孤獨！孤獨！孤獨！

有人講，孤獨是強者內心的苦果，是強者勝利的反襯。

我也算是個強者？自從我被一九八四年春天的熱流捲入中國改革的大潮——在書刊發行聯合公司老闆張元奎的鼓勵下，與幾十個社會青年和幾個不甘寂寞的離退休幹部辦報刊、開書店，探索和建立意識

20世紀80年代中期的李德復

形態與經濟實體相結合的當代模式，五年來，酸、鹹、苦、澀、麻、辣、甜，人生七味俱嚐遍；一會兒身臨九天衝霄漢，一會兒魂落地獄骨髓寒！

孩子們埋怨我：「爸，您這是有福不享，自找苦吃。」

妻子指責我：「你是天生的雞扒命，哪兒有霉頭，就往哪裏奔，拖不住，攔不住，還說不得。」

老朋友勸我：「夥計，你可是年過華蓋了，得抓緊時間寫點正兒八經的東西，何必到『自由市場』上翻滾摔爬，吆喝叫賣，與年輕人一爭雌雄呢？」

說的有理，可誰叫我被當代明媚的春光、萌芽的紅柳迷住了呢？我等了那麼多年，好容易等到這美好的、能發展我的個性和想像的年代啊。我最欣賞《共產黨宣言》中的一句話：「每個人的自由發展是一切人自由發展的條件。」（人民出版社一九四九年九月第一版，第46頁。）結合到當前的改革環境，就是《鄧小平文選》中講的：「只有解放思想、堅持實事求是，一切從實際出發，理論聯繫實際，我們的社會主義現代化建設才能順利進行……幹革命、搞建設，都要有一批勇於思考、勇於探索、勇於創新的闖將。」（人民出版社一九八三年七月第一版，第133頁。）這不就是「五四運動」以來，先烈們一貫提倡的、真正解放人們物質與精神的生產力麼？機不可失，時不再來，我就抓住這剛剛升起的絢麗朝霞，去追求我那逝去的青春，找回我那年少的夢幻！

可誰知道，開拓、創造是這麼難！在我社開辦之初，曉得幾多熱嘲冷諷，造謠中傷；有幾多含沙射影，暗箭明槍！「李××過去趕政治浪頭，如今去追錢的浪潮……」「李××江郎才盡，只好投筆從商！」××大報的《內參》，×××大報的《讀者論壇》；點名與不點名的，虛虛實實和若明若暗的；匿名信，告狀信；新聞發佈會，聯合檢查組；從上面來的，由下面拱的……真可謂烏雲密佈，五雷轟頂，四面楚歌，靈魂出竅。不知是主宰命運之神打瞌睡去了，還是改革的「上帝」救了我？經過一次又一次的雪雨冰雹，我們這個小小的《書刊導報》社由租旅館辦公，到能購置自己的辦公樓；僅這幾年，就有七篇文章獲得新聞獎，有一百三十多篇文章被《人民日報》等報刊轉載，並由一個幾乎沒有人要的、差一點就被社會拋棄的「新聞孤兒」，成長為新聞部門領導的報紙，新聞出版署「指導讀書，評介書刊」的一個輿論陣地。而今，在一些會議上，有人說我的好話了；在文藝界裏，也有人稱我是「強者」了，說我幹了一件「劃得來」的事。我呢？也像一個剛剛學會走路的孩子，沾沾自喜……這輩子總算又幹成了一件事。可誰知，就在這個時候，我的視網膜脫落了，我眼前又一片黑暗……

B

如今我躺在病床上，我在回憶我這幾年的所作所為：我真是個強者麼？不！對自己，別人不瞭解，我是十分清楚的。

我表面上十分好強好勝，內在卻很弱。實際上，還是弱者中的弱者！誰知道，在這苦苦掙扎的幾年裏，我曾乘著夜幕跑到長江邊去嚎哭？！誰知道，頂著暴雨，我獨自跑到磨山的密林裏去喊天？！我甚至買了登龜山一百多米高的電視塔的門票，想從它的圓盤尖頂上一躍而下——既浪漫又瘋狂地了結一生！我幾乎忍耐不住那一次又一次的痙攣、陣痛；那一次又一次的瀕於滅頂的危機；那一次又一次的鈍刀子殺人喲：風向的變化，部下的背叛；無恥的上告，好友的出賣；金錢的轟炸，色相的誘惑；騙子的高招，後院的內亂……難道這就是初級階段中的一個縮影？改革狂飆中的一片落葉？

我彷徨，我痛苦，我悲愴，同時，我也異常興奮！這就是生活本身比文學更複雜、更典型吧？我就像十幾歲時寫處女作，有一種想表達自己所見、所聞、所體驗、所遭遇的瘋狂的寫作慾望。真可謂胸中存萬事，下筆如流水。可這五年裏，一千八百多個日日夜夜，腦海裏成天需要解決的是：新聞紙由一千六百元一頓漲到三千六百元一頓，怎麼辦？每月工資額由三千元增加到一萬多元，怎麼發得出？出的「一報一刊」怎麼才能做到既使管我的幾個「婆婆」滿意，又使百萬讀者愛買、愛讀？再就是廣告戰，搶電戰，購房戰，內耗戰，打官司、打官司、打官司……無窮無盡的問題，永遠也解決不了的矛盾，以及關係網加關係網的漩渦……我哪有時間提筆反映這只屬於我個人內心的狂瀾呢？它已是蓄在水庫裏的洪水，一打開閘門，便會奔騰而出。

現在，由於右眼罷工了，我只好躺在協和醫院眼科病房的走廊病床上。也許，還是天賜良機，使我能用尚可工作的左眼——把我這段高節奏的頻率錄製下來。妻子不許我寫，醫生不許我寫，朋友不許我寫：來日方長呀！可我一生的經驗告訴我，機遇給人就一次，「一萬年太久，只爭朝夕」。誰知道左眼什麼時候罷工呢？它是和右眼命脈相聯啊。不如急功近利，能寫一點就留下一點，也許這是我最後的作品了，我得把我的全部心血都拼上，用生意人的一句話是：不惜血本，大拍賣了。

從一九五八年我的第一部小說集《典型報告》出版起，彈指間，三十一年過去了。這期間，我斷斷續續出了二十幾本書，但沒一本是完全按著自己意志寫的。這一次，我將完全按自己的心靈譜曲，憑自己的本嗓唱歌，哪怕是個粗啞嗓子，唱出的是支難聽的歌。

在上中學時，我讀過盧梭的《懺悔錄》，其中一段話，我始終記得：「請看！這就是我所做過的，這就是我所想的，我當時就是那樣的人，不論善與惡，我都同樣坦率地寫了出來，我既沒有隱瞞絲毫壞事，也沒有增添任何好事，假如在某些地方作了一些無關緊要的修飾，那也只是用來填補我記性不好而留下的空白。其中可能把自己以為是真的東西當真的說了，但決沒有把明知是假的硬說成是真的。當時我是什麼樣的人，我就寫成什麼樣的人；當時我是卑鄙齷齪的，就寫我的卑鄙齷齪；當時我是善良忠厚的，道德高尚的，就寫我的善良忠厚和道德高尚……」我知道，我做的事和我寫的書，不及盧梭的萬分之一，甚至連他的頭髮絲也比不上，但是我想，我總可以向他學吧！學他對人生的誠實，也是對自己的誠實。

人生的旅途是漫長的，我走走停停，進進退退，真真假假，虛虛實實……已經走了一大半了。現在，在我最後的一段路程中，我將毫不隱瞞地、誠摯地面對這個既豐富又殘酷的生活，一步一個腳印地走下去。

此時，假如我是個孩子，我真想躺在母親懷裏，訴說自己摔了幾跤，還挨了誰的打，以得到她的安撫和溫暖。

假如我還是個年輕的小夥子，我將把自己的頭枕在愛人懷裏，吹噓我酸甜苦辣的遭遇，以及我的勇敢和我的痛苦，以博得她的柔情和親吻。

但少年青春是買不到的，白髮衰老也賣不掉，這樣的機會，我永遠也不會有了。

「天若有情天亦老」，我幻想，這個世界上一定有一個十分溫柔的、帶著濃厚母性的、又有一雙使任何創傷都能癒合的美麗眼睛的宇宙女神，她將耐心地聽我慢慢敘述。

我一定要把我的這個〈九死而不悔〉寫出來，把我的，以及與我相處的某些人的面貌赤裸裸地暴露給她，並展現給這個既美好又醜惡的大世界。

C

當我瞎著右眼在構思本篇時，不知怎麼搞的，總朝另一方面想：右眼的視網膜怎麼會掉下來呢？就像我書房裏的兩扇乳黃色窗簾，平常都掛得好好的呀！除非是遇到了特大風暴……對了，首先，大概是「文革」中的遺傷還在那裏發餘威吧？一九六六年六月二十四日上午，那個老工人在臺上點著我鼻子批判時，沒點准，在我右眼眼底打下了一個血斑似的階級烙印；再後來，這幾年在改革中求生存、圖發展，馬不停蹄地追風趕浪，使這個受過傷害的、在熬夜中顫抖的右眼無法堅持下去。但導火線，還是因為我今年三月二十八日在宜昌開完企業家讀書理論研討會回來，吉普車在離武昌水果湖加油站的二百米處——油盡停駛了。我和本單位司機下來推車，車剛到加油站，右眼猛一黑，視網膜在用力過度的情況下，就如窗簾的拉繩突然綳斷，滑落下來。

是偶然還是必然？現在看，是偶然中的必然。早在七十年代初，醫生就查出我右眼眼底的傷痕，告誡過我：不要幹重體力勞動。但當時客觀條件不允許，自己也沒認識到它的嚴重性，一直不大在乎，如今是自食其果了。

由此，聯想到這幾年，我和報社的幾十位同仁，千方百計地尋找一個廳級主管單位、一個上級黨委、一個黨支部書記，總之，是在找共產黨的領導……不也像我和司機推著那輛北京一二一型吉普車——去找加油站嗎？改革以來，我們這個單位的「馬達」，總是缺乏能源，太需要黨給我們加油了。說心裏話，即使推車把我兩隻眼睛推瞎，只要能找到一個願意到我單位擔任黨支部書記的同志，一個願意管我們的廳級上級黨委——黨的加油站，允許我們在改革的征途中加油，我也心甘情願！

可當年我一捧《書刊導報》這個泥飯碗，沒多久，我就感到鐵飯碗有著無窮的優越性，而泥飯碗卻有著無法承受的沉重壓力。我與當時許多熱衷改革的同志一樣，只看到改革順利的一面，沒看到改革困難的一面；只想到改革既能給國家和老百姓帶來好處，又能發揮自己儲備了一輩子的能量，沒想到在改革的過程中，會給人們，特別是自己，帶來那麼多的挫折：報紙未出幾期，張元奎因公司遇到困難，就截斷了對這張報紙的經濟來源。一時間，報紙印刷費無著落，職工工資發不出。心一橫，我一面借債硬著頭皮幹，一面做了在迫不得已的情況下，帶領全體同仁開早點鋪、炸油條糊口的準備……

D

這還不算滅頂之災啊！使我感到挖心斷肝的，是黨和政府有可能不承認這張報。是不是我們犯了不可饒恕的錯誤？沒有，我是非常小心地在下這步決定我下半生命運的棋呀！客觀原因是，政策在不斷調整：「文革」後，全國報刊猶如一覺睡醒，數量猛增（我們這張報不也是隨此大潮蹦出來的麼？）。到了八十年代中期，國家意識形態的決策部門感到，不能這樣無限制地發展報刊了，這樣會越多越雜越濫，於是，一個又一個措詞嚴厲的、帶著權威性的文件公佈下來。老實說，這些紅頭文件對黨的機關報和一些有歷史影響的大報，只是起整頓與改進的作用，但對我們單位辦的這號小報，卻是實實在在的「尚方寶劍」，隨時可以問斬；也使我這號「民間」總編，惶惶不可終日。我還記得，上頭文件的大意是：凡違背四項基本原則的，凡不符合原定辦報辦刊宗旨的，凡無黨委和堅強黨組織領導的，凡無資金來源的，凡無固定辦公場所的，凡無足夠專業人員的……不論是報或刊，統統在停辦之列。當時，我們的《書刊導報》，除了與上述的第一、第二條對上號外，以下四條都靠不上，特別是第三條，是我們的致命傷。省委宣傳部新聞出版處的一位領導，也是我的老朋友，曾語重心長地告誡我：「夥計，你開張之前為什麼不想一想？一、你不是黨員，你單位沒黨組織。報紙是黨的喉舌，沒黨的領導能生存嗎？二、你的上級——武漢書刊發行聯合公司，儘管經武漢市體改辦（即市委黨政機構體制改革辦公室）下文，說它相當於『處級』單位，但實質上是個民間公司，它的黨組織根本沒有資格管報。你們雖是張小報，但在全國公開發行，至少得有個相當於廳局級的、國家正式機關的黨委來管。否則，誰給你們承擔政治責任？我們宣傳部門也不放心啊。」從我國的實際情況講，他說的完全是實情。看來，《書刊導報》的主要矛盾，是要解決黨的領導問題；碰到的首要危機，是需找個能領導報紙的黨支部書記和上級黨委。

開始，我把這個問題看簡單了，心想，在中國大陸，何處不是共產黨的領導？就是廳、局級黨組織，也成千上萬，哪兒都能看到黨委機關的、引人注目的門牌，加之我的一些親戚、老鄉、同學、文藝界的朋友，很多都是共產黨員，還能找不到黨的領導？於是，頭一步，我學習《杜鵑山》中的雷剛，「找一個中國共產黨領路向前」，一心找位德高望重的黨員，來我報擔任黨支部書記。誰知，從一九八四年五月到十一月，我一共找了二十九個黨員親戚和朋友，沒一個「柯湘」願意上我這個「杜鵑山」。一位與我有三十年交情的黨員好心開導我：「德復，你是不是發神經？為什麼去幹這沒屁股眼的總編？如果是省報、專區報、甚至縣一級的小報……你去過個癮，當個小官也無妨！可你這個《書刊導報》，連一平方米的落腳地都沒有，連一分錢的財政撥款也不給，工資沒保障，職稱不能評，醫療費、退休金自籌。用八人大轎抬也沒有誰願去！同志，還是去當你的專業作家吧！如今的中國，作家好當，寫不出東西國家照發工資。寫出了有稿費，稿費不高嘛，總是額外收入。老兄，千萬三思，別去作八十年代的唐•吉軻德了！」這時，我真明白過去人們講過的一句話：「有黨的幸福，無黨的痛苦啊。」

E

由於沒找到黨支部書記，促我不斷反思，問題出在哪裏呢？我反覆分析了失敗的原因：一、不該從在職人員中去找，特別是有點地位的黨員，決不會上我這條漏水的小船；二、如今的人精得很，講實惠，我這塊鬼不下蛋的土壤誰願播種？三、沒有過硬的後臺，就等於沒有政治保險。哪個肯把自己的政治生命押在這個「賭台」上？

為此，我一面找大靠山，一面從離退休人員中去找共產黨內的、捨得下海的「唐•吉軻德」。這時，我的一個朋友，武漢工業大學副教授許友梅，給我介紹了該校一位離休的、有三十多年黨齡的黨員王景良。他六十歲出頭，身體健朗，擔任過《長江日報》經濟部副主任和《羊城晚報》總編室副主任；離休前，是該大學學報的主編。這麼一位同志，當然令我滿意。可他瞧不瞧得起我們這一窮二白的民間單位呢？

我展開了猛烈「進攻」——來了個「三顧茅廬」。首先，我請許友梅把我領到他家，介紹我們認識。鑒於以前幾十次請不到「柯湘」，在與他交談時，我有意掩蓋本報一無權、二無錢的窮酸相，一反常態地吹噓自己認識省委某某領導、市委某某領導，他們怎麼支持《書刊導報》，讚揚《書刊導報》……其目的，是讓他以為我背後有大老闆，報紙前途無量，能情不自禁地加入我們的行業。在這裏，我除了要向武漢市市長黎智同志（聞一多的侄兒）道歉外，還得向省委許道琦同志、李爾重同志道歉。我是打著他們的旗號去拉攏王景良的。因為湖北知識界都知道：（聞）黎智是市長、是老報人；許道琦是中國作家協會會員、湖北管意識形態的老省委書記；李爾重是著名老作家，湖北省顧問委員會副主任，解放初期的武漢市市委書記處書記。他們是那種喜歡與知識界交朋友的、學者型的領導，黨的十一屆三中全會以來，又熱情地支持改革。我還厚著臉皮請許道琦同志、李爾重同志擔任我報的高級顧問。總之，我是在利用他們的權威，去謀求我報的生存。對此，我還自我安慰，只要目的是正確的，手段不妨多樣化，一切由社會達爾文主義牽著鼻子走吧……不知我第一次向王景良同志的遊說是否有效？但臨別時，他笑著說：「我考慮考慮。」

王景良一考慮就是一個星期。我見他沒回話，急了，便「二顧茅廬」。去之前，我設計了一個新的「進攻」方案，即不再講某某大領導支持本報，而是暗示報社比較有錢，看能否進一步吸引他？可當時報社實在窮，又怎麼打腫臉充胖子呢？我想了個法子，就是以遠景說近景，以未來襯托現在，如講我們報社要成立書刊發行公司，一年能賺××萬元；要成立新聞函授部，一年能賺××萬元；要成立賣科學儀器和文具的公司，一年能賺××萬元……職工的工資每年會增加百分之幾，資金如何逐月提高，福利待遇怎樣越來越好……我忽然發現，自己說謊，毫不臉紅，而且繪聲繪色，很有感染力。這可不是虛構故事、寫小說！但為了把這位老共產黨員拉著和自己一塊兒幹，真是什麼也不顧了。心想，即使他以後知道，揭露我麒麟皮下的馬腳，我再檢討自己的良苦用心吧。

這回，王景良依然微笑地聽著，好像被打動了又像沒打動，臨別前，還是那話：「我考慮考慮。」

我耐著性子又等了十天，個子一米八、模樣非常溫文爾雅的王景良仍不給回聲。是否又泡湯了？我急匆匆地進行了第三次拜訪。這天，我沒主意了，權力象徵和金錢圖景的信號已傳給對方了，為什麼他還無動於衷？是不是不吃這一套，或有更高的要求？我無精打采地走進他那號稱「五朵金花」的小洋房，沒絲毫「進攻」意識，就等著他客客氣氣地推辭了。

按我前兩次的印象，他總坐在我的對面，很有禮貌地聽我吹牛。可這回，他與我坐在同一張沙發上，彎過身先問我：「德復同志，您能否把您單位的真情實況講講……」

我一驚：莫非這位老記者明查暗訪了？還是通過介紹人進行了瞭解？我陡地站起，以往那種不合時宜的、直來直去的老脾氣一下爆發：「老王，前兩次，我來動員您，賣的是狗皮膏藥。說實話，我們單位在新聞界，算是九姨太太養的小子，一沒得地位，二沒得賞錢；每天求老爺、太太們施捨，等著米下鍋，連街道上那些婆婆媽媽辦的小廠都不如。因為那些小廠——還有黨支部領導，而我們這裏，連個共產黨的黨支部書記都找不到。我之所以一而再、再而三地求您，彎著眉毛向您微笑，還不是為了『找個共產黨領路向前』嗎？你們共產黨員說得好聽：哪兒有困難，就在哪兒出現……現在，我們急需一個這樣的黨員，可他在哪？您老兄是我找的第三十位黨員了，和前面的二十九位，似乎有同樣模式的、講究實惠的價值觀。那好，今天，我就拜訪到此，原諒我的幾次打擾……」說完，我起步要走，沒想到，他一把攔住我：「老李，我想聽的，就是這番話。要是你那兒啥都是高級的，是金字塔，是皇宮，我還不會去！告訴你，想幹一番事業的共產黨還是有的。我願把自己的餘生捆在你們的戰車上！」

這不就是柯湘、唐・吉軻德麼！

這位老先生，從一九八四年底一直與我同甘共苦到現在。如今已六十八歲，仍然很硬朗。我這次視網膜脫落，住院動手術，報社工作就由他主持。每當他和同仁到醫院看我，由於我兩眼包紮，啥都看不見，他就和大家緊緊握我的手……我那乾枯的心，頓時像注入了涓涓甘泉，猛然湧出幾句話：

握住男同志的手，披荊斬棘不回首，
握住女同志的手，萬水千山亦溫柔，
握住老戰友的手，同舟共濟九萬九，
握住年輕人的手，後繼有人喜心頭。

王景良問我：「那九萬九指的什麼？」我說：「既是九萬九千次痛苦，也是九萬九千個困難中的取樂！」

F

我們單位的「柯湘」找到了，但最困難的，是要找個願意管我們的上級黨委。因此，王景良雖在我們報社與另幾個招聘來的黨員，組成一個黨小組——我們對外號稱：「中國共產黨《書刊導報》支部委員會」，但它只是個上不挨天下不著地的獨立大隊。前面講過，張元奎的武漢書刊發行聯合公司黨委，按上面宣傳部門要求的規格，它無資格管我報；在實際工作上它也不沾我們的邊，我們看不到黨的文件，得不到黨的指示，只能從《人民日報》的社論中，去猜想黨指引的方向。再就是，我報想發展黨員也不行，即使「獨立大隊」的黨支部通過×××入黨，也無上級黨委批准。至於我們組建的共青團支部和工會，也都是獨立大隊式的、自以為是的模式。這號特殊條件下產生的黨、團、工會，就似大海中沒舵的孤舟，在迷迷糊糊地闖自己的路。也許，自我感覺有時還不錯；但從上面傳來的，報刊需要整頓的、一日緊似一日的風聲，逼得我像熱鍋上的螞蟻，感到末日就要來臨。於是，我與王景良商量：他掌管報社內務，保證按期出報；我則專司「公關」和「外交」，到九百六十萬平方公里的祖國去找本報的歸宿。

我先請省市領導，如李爾重、黎智等同志，對我準備去找的廳局單位一把手，寫封推薦信或打個溝通電話。我深知，有的人是不認單位好壞，只看領導條子和眼色行事。就說我自己，有時不也這樣，領導推薦的文章，質量不算好，咬著牙，登！領導介紹的人，水平不怎麼樣，勉強說，要！我寫小說、雜文時，批評諷刺這類現象，實際上是鞭撻自己的兩面派。

我還準備了一套介紹我報的資料。這裏面最要緊的，是領導同志的題詞。為達到此目的，我和同仁們三上北京，到

李爾重同志（右五）與李德復在電影劇本《四百銀元》研討會上

處生門路，費盡心機，總算求到了方毅同志題的刊頭報名，王任重同志題的《賀詞》，前中宣部副部長郁文同志題的《創刊紀念》等等，這無疑對我們是個莫大的鼓勵，但更重要的，是能促使一些省、市黨政部門收留我們，若某部門的領導恰是王任重、方毅或郁文同志的老部下，那就容易溝通多了。其次，這份資料要包含上級對我們的表揚和全國各報刊對本報文章的轉載。這一點，經全體同仁努力，有點小效果。如中宣部出版局在一份材料裏提到我報，說我報是全國書評陣地之一，湖北省委宣傳部在一九八五年初把我報列為全省六家優秀小報之一，並登在湖北日報上，我們把這些文字當成寶貝複印多份；至於《人民日報》、《工人日報》、《文匯報》等中央和省市報刊轉載我報文章，我們複印後，剪貼成冊。這都是求別人「招安」我報的政治和文化資本啊！再是，要寫個簡明的、本報的基本情況。其中除介紹本單位的工作人員、組織結構、業務概況外，為了對考察我們的單位有誘惑力，我繞開有弊的一面，專渲染有利的方面：我們的資金短缺，辦公場地是臨時租的，我便不寫；而剛辦的書刊發行部賺了點錢，就大書特書；甚至提出，只要對方黨委收留我們，我報一不要資金，二不要住所，三不要編制，每月還上交占本月利潤百分之三的管理費。其實，那時每月虧損，哪有利潤？我明白是自欺欺人，但寫時心不跳，臉不紅。另一個李德復還安慰良心：「你又不是為你自己，是為整個單位……」人，是不是就這麼慢慢地變壞，滑下去了呢？

美國前總統詹森在多年競選和搞好公共關係的過程中，總結了一條經驗：「想辦成事情，想取得好效果，就必須不露聲色先為人家做好事，這是一種特殊的藝術，是能取得成功的要素之一。」我很欣賞此信條，故在向某單位祈求掛靠前，就打聽該單位領導個人有什麼為難之事，該單位有什麼集體利益需要解決？我們則不吭不聲地用報社的便利條件給予幫助，如在報上表揚他們讀書學習的好經驗，助人為樂的雷鋒精神，並免費贈送報紙雜誌……等等，讓對方自自然然地、在沒有與我們接觸以前就有好印象。

與此同時，對我們的「目標」，還要像作家徐遲寫報告文學那樣，來點週邊戰、包抄戰，徐遲的週邊包抄是先詳細瞭解描寫對象周圍的環境；我呢？則是瞭解「目標」最好的朋友是誰？誰的話對方最入耳？這些人的作用，在某特定時期，甚至超過他的上級。若是他生死與共的戰友，我便設法先把他戰友這個「堡壘」拿下來；如果是他的「太太」、「嬌女兒」或他的形如手足的秘書，就把他貼身的這幾個「前沿哨所」攻下。週邊一掃清，「目標」便容易得手了。

儘管有這些超前準備，自己也認為考慮細緻，佈局周到，但現實生活總是躍出人們的想像。你有千條計，它有萬變身，就似歌星陳汝佳唱的：「外面的世界很精彩，外面的世界很無奈……」有時，它把你甩到無人救援的冰洞裏，無氧氣存在的太空中，是無論哪門課程的教學大綱也找不到門的。生活啊，為什麼這麼難——又叫人永遠也學不夠、學不完哩？！

G

我單位找的第一個上級黨委領導，是中華全國總工會宣傳教育部。按說，求這個大老闆，我報是有點自不量力。但我把本報當時的主、客觀條件分析了一下，認為不是不可能。因當時全國正在國內開展振興中華的職工讀書活動，據《工人日報》消息，參加人數已達一千三百多萬。我們《書刊導報》的宗旨是：指導讀書，評介書刊。不正能為他們服務麼？我還瞭解：全總機關報《工人日報》的報導任務重，不能拿很多篇幅反映職工讀書情況，而我報恰恰能做到這一點。我們若不失時機地毛遂自薦，會不會投其所需，正中下懷呢？另外，我還有一張王牌，即支持我報的黎智同志，與全總管意識形態的書記處書記劉實是老戰友，只要黎智為我們給劉實寫一封推薦信，千里姻緣便可能「一信」牽了？！故我對此滿懷信心，全力爭取。不久，就請黎智同志給劉實書記寫了信，但我沒有馬上攜信上京，而是根據美國公共關係學專家柯特得普與森特提出的「雙向對稱」理論，先與全總宣傳教育部門建立起和諧融洽的良好氣氛。具體手段，是學廣東健力寶飲料公司的「欲得之，先與之」的辦法。該公司曾無償地送給中國女排三百箱健力寶——作為女排參加第二十三屆奥運會的飲料，日本《東京新聞》為此寫了報導，說中國女排之所以取得冠軍，就靠這種「魔水」。這下子，送去的三百箱，得到超過幾萬個三百箱的利潤！由此，我報亦先精心編輯了數期反映職工讀書的報導，無償向全總領導和他們宣傳部負責人，以及部分工作人員贈閱本報。此招果然奏效，一九八四年六月，反饋來了：他們邀請我參加全總在北京召開的第一屆全國職工讀書的自學活動經驗交流會。我立刻帶兩個記者和幾百份導報上京，會上，我一面現身說法為《書刊導報》作活廣告，一面展開微笑外交，與全總專管職工讀書自學活動的宣傳處處長李培元同志交上了朋友，並在他那個處建了個可通資訊的渠道。

事情做到這一步，是否立刻拿黎智同志的信去見劉實同志？我想了想，覺得還沒到火候。急於求成，會欲速不達。不如乘此機會，連續為他們作幾件扎扎實實的好事，加深他們對我報的印象，然後再提出我們的要求。於是，在會議結束的第二天，我帶著記者到全總宣傳教育部，專門拜訪李培元同志。他以為我是去辭行的，沒預料我提出了事先想好的、為他們賣力的工作。一、請他們編兩本書，即中央領導關於讀書、寫作的講話和這次參加會議的、讀書活動積極分子的先進事蹟彙集。書編好後，出版社由我們聯繫，出版費用由我們付。他們要多少書，我們免費供應；二、我報願意給全國直轄市、省的總工會各出一個反映他們領導職工讀書活動經驗的專版。稿子由各省、市工會供給，全總宣傳教育部審編，我們出版，凡有此專版的報紙，全總和各省、市工會要多少，我們免費供應多少；三、請他們給我報提供一個熱心支持職工讀書活動的領導名單，我們將對他們免費贈閱《書刊導報》。

李培元同志與我年齡相仿，是五十年代那種一心幹工作、一心為領導服務的知識型幹部。他聽我講完後，非常高興，連問：「老李，你真這麼幹？」

我笑著點頭。

「這要費不少錢，不少精力……」

這，我何嘗不知道？但我為了通過他得到全總的支持，運用適應他的辦法——希望他將來為我們講話。當天，他拍板同意了上述三項工作。我和我的記者，對這次「公關」鋪墊，都比較滿意，雖沒請客送禮，但目的達到，開局不錯。以後，只須小心謹慎地一步一步下棋落子了。

一九八四年秋，我得知培元同志來武漢檢查工作，便立刻找輛小汽車，陪他參觀東湖、磨山，並在欣賞大自然的紅楓綠水中，向他詳細地彙報了我報不僅努力宣傳報導職工學習；不僅向職工們推薦適合他們閱讀的好書好報好刊，還組織人們進行知識評獎大賽……培元同志對我們的做法很欣賞，流露出一點意思——願向上級請求：能否由全總宣傳教育部來領導我報……這正是我的目的啊。幸福不是慢慢地向我招手了麼？！

H

一九八五年五月，經過聯繫、籌款，培元同志主持編的兩本書：《中央領導同志談職工讀書活動》、《奮起求知》（即全國職工讀書活動積極分子先進事蹟集錦），終於在北京知識出版社出版了。《奮起求知》的封面很氣派，是幾隻海鷗在驚濤湧天的海面上擊風搏浪。可我想，咱報哪是擊風搏浪？而是小心翼翼地到處求人啊！

從我想投靠全總起，到一九八五年夏，《書刊導報》發表了全國各地職工讀書的文章一百三十四篇，各省、市的讀書專版二十五個，我把這些消息、通訊、經驗……當成本報爬向全總的階梯。腦子裏常出現閱讀本報的、工會領導的形象，他們是否注意到：有個想依附他們這棵大樹的小鳥？

他們注意到了。沒多久，他們又通知我參加全總召開的第二屆全國職工讀書的自學活動經驗交流會，主持人就是劉實同志，這可是天助我也，千載難逢的好機會！我要充分利用這次機遇，進一步讓各地工會領導、代表喜歡導報，並造成群眾輿論，影響有拍板權的劉實同志。為此，我乘火車一到開會地點——哈爾濱友誼宮，就帶著隨行記者，利用開會業餘時間，見縫插針地開展「外交」攻勢。每天，我規定自己，至少拜訪五位外省、市的工會領導和代表，向他們介紹本報，約稿，以及贈送我帶去的培元同志主持編的那兩本書，並徵求意見：能否在他們那裏建立《書刊導報》記者站，請他們之中哪一位當站長？交談時，我簡直像演員，使出渾身解術，利用自己一點點可憐的歷史、地理、風俗和文學知識，用信手拈來和不在意的口吻，講對方所在省、市的名人軼事和風土人情……跟隨我去的記者也在旁邊添油加醋，有時還吹捧兩句，說我是作家，五、六十年代有哪些「轟動作品」，以引起聽者的注意。總之，我儘量與他們套近乎，以取得好感和支持。由於我態度誠懇，語氣謙虛，基本上能打動人。我呢，也適可而止，見好就收。每當我拜訪後疲憊不堪地回房休息，一面為自己的表現感到噁心，一面又為自己的所作所為打一百分。為了單位生存，也還為一點所謂的「志氣」吧，人，是什麼模樣都能裝得出來的。那幾天啊，我是天天在做我們《書刊導報》嫁給全總宣教部的夢……

I

就在我用「微笑外交」取得各省、市工會的同情時，卻碰到了怎麼也沒料到的「侮辱與憐憫的複合效應」。那天，會議告一段落，大會組織者安排大家橫渡松花江，到太陽島上去觀光。我無心欣賞北國江南，卻想趁此機會，多接近幾個會議代表，當我和隨身記者踏上輪渡，走到×地總工會的一個年輕領導面前……沒等我開口，他直呼：「你是李德復？！」

「是的，是的。」我滿臉含笑，伸過手去。

他讓我的手停在離他兩尺多遠的空間，根本沒有握的意思，一臉輕蔑顏色：「《書刊導報》是你們編的吧？」

「對，對。」我尷尬地縮回手，臉仍帶著笑。

「夥計，」他晃著頭，「你那報……儘是官樣文章，沒啥看頭！」

「有的文章是不行，」我連連點頭，「您批評得對……還請您多指教正，有空望給我報賜稿……」

「叫我給你們寫稿？」他鼻子哼出一股冷氣，大聲說：「那『撮白』的事，我可不幹！」

「撮白」，是×地方言，我懂。大意是：扯謊、欺騙的意思。這話太刺激人了，按照我的本性，非大吵一頓不可：什麼「沒啥看頭」？《人民日報》，以及中央許多省市一級的報紙，還轉載我報的文章咧！至於「撮白」，我報什麼時候「撮」過？有何憑據？這不是血口噴人嗎？我在上學時，就好與人辯論，加上愛寫小說，肚子裏早就儲蓄了各種各樣的挖苦人的、刁鑽刻薄的語言；只要一打開損人的匣子，會像放機關槍似地壓過去……可這會兒能這樣麼？四周的、其他省市工會的代表，正望著對方向我質問、嘲笑、發難，我若不冷靜，對吵了起來，即使占上風，自己張牙舞爪的姿態，能給旁觀者好印象？我近日對他們做的工作，會不會因此付之東流？「忍」字頭上一把刀。只要能忍，這把刀便會飛向對方。

我壓著顫抖的靈魂，滿腔的怒火，竭力保持原來的姿態，問：「同志，你的『撮白』指的是什麼？如果是事實，我報保證改。」

「你還要我點明？」這位年輕的工會領導越發得意了，「你報不是與某刊授大學聯合招生麼？那就是撮白！把學費騙到手，便不管別人了，對不對？」

我沒有說不對，耐著性子解釋：「學生寄來的錢，我們都按『招生簡章』的要求，寄了教材、報刊；老師們也按時在輔導站進行面授。但也有個問題學員意見很大——這所大學原來講由本校考核發文憑，現在卻通知——得通過全國成人統考……我們為此在做工作，凡不同意這麼改的，可以退學，學費還給本人。」

這位年輕領導眨了眨眼，想說什麼又沒說了。

由於對方的年齡起碼比我小二十歲，我頭髮已呈斑白，他一頭黑油油；他年少氣傲，得寸進尺……也許是弱者容易得到憐憫，哀兵必勝吧？周圍的人竟把同情撇向了我。一個在這次會議上才認識的某市總工會宣傳部長，故意大聲問：「李總編，請問訂閱一份《書刊導報》，一年得幾多錢？」

「便宜，三元八角四分。」

「那咱市每個基層工會閱覽室訂它一份。」

顯然，這是故意說給那位想出我洋相的年輕領導聽的。接著，好幾個我才相識的工會朋友圍了過來，問我這問我那……驕傲的年輕人感到不是滋味，悄然離開了。

過後，與我一起去的記者講，這位角色之所以如此，是因我報發行部給他單位的另一個領導贈送了報，而沒給他寄。他可能認為這是瞧不起年輕接班人，故要給點厲害我瞧瞧！「人在屋簷下，焉能不低頭？」誰讓我們有求於人？誰讓我報可憐得連個「上級黨領導」都沒有？真是「有黨的幸福，無黨的痛苦」呀！回到單位後，我立刻叫發行部按期給這位小老弟贈送報紙。當今社會還是多上點潤滑油，少搞點摩擦，上下左右的重重阻力，已經夠多、夠狠了，是不是？

當我認為，已把找上級黨委領導的週邊工作做得差不多了，就在這次職工自學經驗交流會閉幕前，有一天參觀齊齊哈爾市的職工自學作業展覽，我故意跟在劉實同志後面，一面與他欣賞展品，一面順著他的思路與他交談。等他漸漸與我熟悉了，我才把黎智同志要我帶信給他的意圖透露了一點，並請求他能給我時間，聽我彙報。他很高興地答應了。後來，在湖濱飯店他的房間裏，我把久久藏於心裏的、希望全總宣傳教育部黨組織領導我報的請求，誠惶誠恐地端了出來。當時，我用哀求的眼光望著他，盯著他，深怕對方搖頭，或口裏冒出個不字。還好，他沒有。看來，這幾個月，他讀了我們贈閱的、不斷反映職工讀書活動的導報，見我們帶來的、給大會獻禮的《中央領導同志談職工讀書活動》與《奮起求知》兩本書；也許，前一陣李培元同志在他面前還燒了我們的好香；這一次各省市來的工會代表又在會議期間說了我報的好話……起了一定作用。所以，他雖沒有馬上點頭接受我報，但表揚了我報，勉勵我和同仁們好好辦下去。我看他高興，就告訴他，我們正在辦一個取名為《愛情婚姻家庭》的雜誌。他說：「這好嘛，《書刊導報》指導職工讀書，《愛情婚姻家庭》指導職工生活。」我邀請他去武漢參加我報創刊一周年紀念會。他說，若無特殊情況，一定去。從他和藹的態度和爽朗的言詞中，我隱隱約約感到：他願意接受我報，領導我報……上帝保佑，如來佛保佑，盼望這就是現實！

一九八五年黨的生日到來之際，我報在武漢軍區曹家花園招待所，舉行了創刊一周年紀念會，全國總工會書記處書記劉實同志真的來了。他與部分省、市領導李爾重、黎智等同志，以及二百多位社會各界名流到會祝賀。他還在會上發了言，表揚「《書刊導報》始終把社會效益放在第一位，在一些庸俗、色情、黃色書刊充斥書刊市場時，能引導廣大讀者讀好書、批壞書……只要繼續堅持這個方向，導報就越來越為廣大職工喜愛，真正成為指導職工讀書學習的一張好報。」這些話，我不僅記在筆記本上，還刻印在心上。這不是在表示：全總宣教部已準備接受我報了嗎？

緊接著，全總發了個通知，把《中央領導同志談職工讀書活動》、《奮起求知》、《書刊導報》列入一九八五至一九八六年度全國職工讀書、自學活動推薦的書目和報紙。

在此之前，全總還向各省、市總工會發了個紅頭文件，文件指出：郵局發行的三千五百餘種報刊中，以指導讀書為辦報宗旨的，只有《書刊導報》，因此，希望各地總工會「積極向所屬市、縣、大中型企業基層工會和圖書館（室），以及廣大讀書積極分子推薦、宣傳此報，並動員他們訂閱……」

看來，這都是準備接受我報的一個又一個信號，我報的幾十位同仁像吃了定心丸，個個歡欣鼓舞，幹勁倍增。上級黨領導終於向我們伸出雙手了。

可日子一天一天、一個月一個月過去了，到一九八五年底，還沒有「招安」的資訊，真是「白頭吟處變，青眼望中穿」，望穿秋水也不見伊人呀。我實在沒耐心了，於一九八六年元月乘車赴京，欲找李培元同志摸個底。

K

那是一天夜晚，我剛下火車，找了旅館後，就直奔李培元同志住的、全總工會大廈後面的幹部宿舍。

培元同志在家，見我行色匆匆，風塵僕僕，連說：「請坐，請坐！」給我倒茶。幾句寒暄過後，我正要點進京的目的，他搶先說了：「老李，我知道您的心情，是來問我們接不接受導報吧？」

我點點頭，舉杯喝茶，但滴水未進，心跳得厲害。

「怎麼跟您說呢？」培元在十二平方米的書房裏踱來踱去，「劉實同志，還有我們宣傳教育部的老領導，已退居二線……」

這句潛臺詞一出口，我就明白它的含意了，那就是：劉實同志和原來宣教部門的負責同志可能想接受我報，可現在換了新領導，原來的領導「不在其位」，便不好拍板了。

他還講了些其他的理由：導報在武漢，他們在北京，天高皇帝遠，怎麼管呢？報紙是黨的喉舌，不出事便罷，一出事是要負政治責任的，到時候就不好說了。

從他的角度講，言之有理！

我知道，此時我再哀求，說好話，也無濟於事了。即使找到劉實同志，也只能給他為難。

我從培元家出來，經過工會大廈，來到北京寬闊的復興門大街。本來，我可乘一路或四路公共汽車到我下榻的、位於建國門的旅館去。但當時的大腦中樞有點混亂，自己竟盲目地一直朝天安門廣場走。初冬的北風，雖不算冷，但吹到身上，好像許多細針在紮，一頭兩個多月沒有剪理的亂髮，被風一會揚起，一會橫掃面前的近視眼鏡……我心田的螢光屏上，忽然閃現幾串數字：

投資全總宣傳教育部編的兩本書的費用，三萬元。

免費贈閱全總領導同志、各省市總工會領導同志、各地讀書積極分子的報刊款項，以及為打通關節，幾上北京的費用一萬元；

所花時間，一年零三個月；

精神委屈投資——長年裝著笑臉，長年低聲下氣，長年迎合對方，長年靈魂下跪……是無法用數字概括的。

現在，這一切「投資」都化為肥皂泡了，像是丟在長江裏的鎳幣，連影子都看不見了……

李德復在北京

我就這麼走著、想著，從人行道上走到自行車道上，又從自行車道上，走到汽車道上，一輛輛進口豪華小車從我身邊閃過，一個個司機從駕駛台窗口伸出頭罵我：「你瘋啦？你他媽的喝醉了吧？想死怎麼的？」我不僅對此不反感，反覺得北京司機罵人有一種特殊的韻味，像挺好聽的大鼓書……我還突發寫小說的想像力：如果這會有一輛汽車把我撞倒，但不能撞死，有中等以上的傷，至少嘴可以說話，最好有個大報的記者恰恰從這兒過，能俯身向我採訪，聽我訴說我這一年零三個月的追求；這些追求素材引起了他的興趣，促他寫成消息、通訊，登在報上……全總領導一看此報，頓發惻隱之心，派人到醫院來慰問我，並帶來了一個使我立刻痊癒的消息：「我們宣傳教育部門黨組決定：領導《書刊導報》，並在今天下了紅頭文件！」

我多麼希望，這馬路上幻夢竟奇成為現實。我真願為此折一隻胳膊或一條腿。因我們單位是四十雙胳膊和四十雙腿啊，要是沒有黨的指引，到哪兒工作？到哪兒走路？到哪兒吃飯？生活卻不按人們的想像進行，我的一雙胳膊和一雙腿如今還好好的，可我的眼睛卻正走向黑暗的深淵……

那天晚上，是一個年輕民警把東倒西歪的我，從馬路中心拽到人行道。開始，他大聲斥責我，要按交通條例罰我，後來見我一副麻木和傻裏傻氣的模樣，便成了老舍筆下的老好員警了。他怕我出事，還陪我走了一段，輕言細語地問：「是單位扣了您獎金了？是和老婆吵架了？是孩子不聽話……？」感動得我直流淚，真想抱著這個年輕人哭一場。俄羅斯詩人涅克拉索夫在紀念列寧時寫過一首詩，其中有一句：「有人流淚，但不是為了自己。」我是不是為了自己呢？不是為自己！也是為自己！

」

我這個人的毛病多得出奇，但也有個優點，就是痛苦了一陣子之後，便自我安慰，自找下樓的臺階。這是我四十年來的經驗。當今如果自己不為自己解疙瘩，找出路，有時一天可以上三次吊。故我在回武漢的途中，就給自己開了藥方；不能灰心，要找出此次找上級黨組織失利的原因，然後對症下藥，組織下一個戰役。我總結了兩條：一是，要找更大的靠山；二是，滿湖撒網，不能在一棵樹上吊死。主意一定，到家後，我先給湖北省委書記關廣富同志寫了封信，此信，我留了底稿，現抄錄如下：

廣富同志：您好！

現請我的老朋友，電影《武當》作者謝文禮同志給您送上這封信。

我叫李德復，原省作家協會專業作家，本應本本分分搞自己的專業，寫自己的文章，在如今明朗的政治氣候下安度一生。但三中全會的改革政策激勵了我，使我這個五十幾歲的人和一批年輕的知識份子，情不自禁地辦了一張報《書刊導報》、又正在辦一個雜誌《愛情婚姻家庭》。現已陷入絕境，騎虎難下，只好找您求援求救了。

是不是《書刊導報》、《愛情婚姻家庭》雜誌辦砸了呢？這倒沒有。在省、市委宣傳部的領導下，在四項基本原則的指導下，積極為職工讀書、學習服務，為職工工作、生活服務。不僅沒有向國家伸手要一分錢，還為幾十個社會青年提供了工作崗位，為本單位積累了一部分資金。

從上述情況看，我們似乎還可以，但有一個根本問題一直得不到解決，即我報我刊像《杜鵑山》戲中的雷剛，直到如今，找不到上級黨的領導。沒有上級黨的領導，就似無水的魚，無娘的兒。這次報刊整頓，肯定會砍掉。為此，關書記，懇求您為這流浪兒找一個「娘」……

我有很多話想向您彙報，半小時就夠了，望能得到您的接見與支持。此致

敬禮！

《書刊導報》社
《愛情婚姻家庭》雜誌社總編 李德復

除寫這封信外，我還帶著當時編的幾期《書刊導報》和《愛情婚姻家庭》雜誌再上北京，通過我年輕時代的老師、原中國文聯黨組書記、戲劇家趙尋同志，上訪了中宣部新聞局和出版局，請求開綠燈，幫助我報找一個「婆婆」。

沒多久，省委宣傳部新聞出版處處長、我的老朋友陳放同志打電話叫我去，開著玩笑說：「好哇，李德復，你在關書記面前告我們的狀哇！」

一聽，就知道，關廣富同志已把我的信轉給他們了。我說：「我早料到這一著，所以，信中寫的是，在省、市委宣傳部領導下，在四項基本原則的指導下，取得了一些成績……」

「你是狡猾狡猾的。」陳放笑著說，「關書記叫我們核實你信上彙報的情況，具體問題具體幫助。」

「那你看，我講的是不是事實呢？」

「你們的難處，我們早就知道了。」陳放說，「現在關書記又打了招呼，你就大著膽子去找『婆婆』，只要有正兒八經的單位要導報，我們一定支持！」

那天走出宣傳部，我是蠻高興；以後找黨，可以來它一句：「省委一把手關廣富書記支持！」

李德復和中共湖北省委書記關廣富同志在一起

M

在北京，由於趙尋老師的熱情幫助，中宣部新聞局領導在我社給他的、請求支持找「婆婆」的簡短報告上，批了「同意」兩個大字，還蓋了他們的大紅章子。

這都是「尚方寶劍」呀！我揮舞著「尚方寶劍」，展開了全方位攻勢，在短短半年內，通過各種各樣的社會關係，在北京找了中國電視藝術家協會；在湖北省、武漢市找了省社聯、市社聯、省文聯、市文聯、省出版事業管理局、市廣播電視局、華中師範大學、長江文藝出版社、省國防工辦、省總工會、市總工會、中國民主建國會湖北省委等二十幾個單位，都由於種種原因，眼看要成功，又因一個小關卡失敗……醜小鴨還是沒人要啊。多少個不眠之夜，多少趟馬路上徘徊，多少回首長大門口的等待，多少次忍受冷板凳的滋味……每到這時，我總好回憶五十年代讀過的書，像陶承的《我的一家》，以及從俄語翻譯過來的《丹娘》、《古麗雅的道路》、《保爾．柯察金》……那裏面的黨為何都那麼可親可愛？！無產階級的階級情比天高、比海深！這些書中，常有白色和法西斯恐怖下群眾找黨的情節。黨是難找，差不多都是「山窮水盡疑無路」，才能「柳暗花明又一村」。不過，只要一找到，黨組織是那麼溫暖、那麼有情！為了革命，同志之間的關係，猶如心與心連成的同心結。而如今，沒有白色恐怖，沒有法西斯壓迫，抬眼就可以看到黨。但你找到的一些黨組織，懇求她，她為什麼那麼冷漠？總戴副有色眼鏡瞧著你？我們還不是為了一個共同的目標——改革，走到一起來的嗎？為什麼不願助一臂之力？有時只是吹灰之力啊……是時代變了？變了！是不是把政治、黨性、教育、新聞、感情、友誼、道德……統統商品化了？是不是把一切物質和精神，都放到交易的天平上去衡量了？五十年代的老頭子說這是墮落，八十年代年輕人說這是進步。我怎麼辦？只好儘量適應，不斷克服吧，有時，自己完全麻木了；有時，靈與肉都在顫抖！

最後，我把自己所有的精力投向培育我、改造我的搖籃——湖北省作家協會。別的單位不瞭解我，娘家還不瞭解麼？我的能耐和不肖，我的思想深處和幾十層靈魂「覆蓋」面，同志們早在運動中像剝竹筍那樣，已一張皮一張皮地全揭開了。麻布袋下露出了髒腳桿，胸口也剖出顆想革命，雖不鮮紅，但至少是黑紅色的、跳動的心吧？徐遲、洪洋等同志對這顆總想搞點名堂、寫點東西的，想入非非的心——也還是欣賞的吧？

有次，省作協在東湖南山賓館開會，邀我參加了。某天晚餐後，作協副主席張祖慰到我住房，尋我開心：「德復，聽說你想把獨立大隊帶回娘家？」

「可不，」我說，「請老兄高抬貴手，在作協主席團投我一票。」其實，他是小老弟。我在作協，他常詼諧地論資排輩：稱我是「第七個銅像」，他是「第八個銅像」（阿爾巴尼亞一影片名）。

「可以，開個價吧。」

他伸出四根手指頭。

「四千元。」我咬著嘴唇答應了。當時，我報經濟「四面楚歌」。但四千元能「買」個上級黨委來領導，價不高，劃得來！

我馬上將此資訊正兒八經地告訴了省作協黨組書記洪洋同志。洪洋與我是同時代的人，拍著我的肩膀說：「你倒是蠻爽快。可人們的心與過去不一樣了，不只多一個窟窿眼，你越是大方，他越是懷疑……覺得你還有什麼別的目的；或者，像小說裏的懸念，猛然來個悲喜交替！」

我有什麼不可告人的目的呢？不就是找個上級黨委領導麼？為達此目的，我真可以下跪、磕頭，喊三聲「爺爺」；要安排子女給安排子女；要發文章，給騰出版面；要出書，我們出錢買書號……至於請客送禮等等，只要一個眼色，我們就心領神會，不在話下……

在我努力巴結作協一年零兩個月後，洪洋同志在一天傍晚，到我家神聊，臨別時，突然來了句：「主席團通過了。」

五十多歲的我差點跳起來：「作協要我們啦！」

「要你一個人。這幾年你積累了不少生活，也該寫寫啦。」

我脫口而出：「那我單位的幾十個同志麼辦？」

洪洋歎了一口氣：「你知道，我個人作不了主，我是非常喜歡你那支不吃大鍋飯的隊伍的……」

洪洋的家在我家斜對門。我默默送他回去後，有種無「家」的失落感，便沿著十四路公共汽車的去向，朝前面默默地走，走，走……前面，不就是美麗的東湖麼？

N

時值深秋，天空藍浸浸的，彎鐮似的明月，像電視劇中林黛玉的柳眉眼：美麗、皎潔、憂鬱。我望望天上的月兒、星星，又瞄瞄湖水中的銀波蕩漾，心潮一起一伏，似乎什麼都想，又什麼都不想。按說，「尋找上級黨委」兩年來，我已經鍛煉得很有韌性了。每找一個新單位，我都先給自己打預防針；盡力而為，全心爭取，但別抱太大的希望，以免搞不成，垂頭喪氣。可我萬萬沒有想到，有那麼多文學老前輩的省作協，改造我「戰鬥」成長的省作協，教育我文學上要創新、工作上要開拓的省作協，在我完全答應他們提出的條件後，竟拒絕收留我這個走了幾步新路、沒有黨的戶口的孩子。我知道，不是「娘家」不要我，只因為我既當過「說清楚」的黑幫，又生了個「私生子」呀！

往哪兒走？哪兒走？如果連自己的「家」都不願意收留，會有什麼不相干的單位能大發慈悲？我雖安慰自己：別絕望，莫悲哀，但心如鉛沉，簡直沉到十八層地獄去了。沿著湖岸，我糊糊塗塗地從水果湖散步到瀕湖畫廊，又從畫廊到長天樓、九女墩……後來，走累了，就坐在岸邊的一塊青石上，信手摸索地下的石子，一塊一塊地朝湖裏丟。隨著擊水的聲音，水中閃耀著一個光圈又一個光圈；水中月一會兒粉碎，一會兒又復原了。難道人的命運也是如此輪轉麼？幾年黑暗，又幾年光輝？可我的「光輝」呢？大概是天上的掃帚星吧，軌跡就那一瞬間，而黑暗卻是那探不到底的深潭……此刻此景，使我想起「文革」中一個老幹部跟我講的親身經歷：運動初期，他被「造反派」打成「走資派」，除了肉體受折磨外，最難忍受的，是靈魂的孤獨。一肚子冤屈，總想找個能夠容納和諒解自己的人傾吐……一天深夜，他悄悄走出家門，來到他過去管轄單位的職工宿舍。由於過道的電燈全被打破，整棟樓裏黑沉沉。他就摸著樓梯扶把，一層一層地從一樓摸到八樓，一家一家地敲門。這些過去都非常尊重他的同事和下屬，現在一聽外面是他，有的伸出個頭就把門關了，有的根本不睬……全棟三十二戶，他從第一戶的門敲到第二十九戶的門，沒有一戶請他進去。人情淡如水，人世間竟這麼冷！看著那一扇扇緊閉的門，一頁頁緊閉的窗，他全身癱軟，沒任何指望了……這些年來，自己不也敲了二十幾扇「門」麼？有的給我吃閉門羹，有的也只打開個縫兒瞄瞄……我是多麼想看那乳黃色的、溫暖的光芒啊，多麼希望一個上級黨委能伸出那只拉我單位進去的手啊……東湖、東湖，你能聽到我的心聲麼？大地之神，你能幫幫忙麼？

湖水不搭理，四周靜悄悄，前面的來旺山——東湖的老朋友，正在與東湖下棋吧，雙方全神貫注，怎麼會注意我這個大千世界裏的一顆即將沉入水底的小石子呢？我站起身來，默默朝回走，像一隻無巢的夜鳥，孤獨地面對著冰冷的凝固的天空。忽然，對面武漢大學的廣播喇叭傳來了音樂。也許，今天是禮拜六，大學生們正在體育館裏跳舞；也許，是圖書館閉館了，讓學生就寢前聽幾支輕鬆的歌……一支非常熟悉的、殷秀梅唱紅的歌曲飄飄地灌入我的耳膜：

媽媽呀媽媽
親愛的媽媽
您用那甘甜的乳汁
把我餵養大
教我學走路
教我學說話
唱著夜曲伴我入眠
心中時常把我牽掛
媽媽呀媽媽
親愛的媽媽
您的品德多麼樸實無華
親愛的媽媽

黨啊黨啊
親愛的黨啊
您就像媽媽一樣
把我哺養大
教育我愛祖國
鼓勵我學文化
幸福的明天在向我招手
四化美景您描畫
黨啊黨啊
親愛的黨啊
您就是我最親愛的媽媽
親愛的媽媽……

歌聲真美、真甜，我打心眼裏喜歡，主要是曲譜得好，聽著聽著，軀體像吹入了陣陣暖氣，殷秀梅的嗓子：寬廣、淳厚、抒情、誠摯，真像一個胸容大海的母親，在向她的孩子們輕言輕語，諄諄教導……可「媽媽」啊，你在哪？「黨」啊，你在哪？你知道這裏有你的一個孩子，不，你的一群孩子在找你麼？你知道嗎？知道嗎……在東湖的林蔭小道上，我就這麼聽著，走著，想著。人生到底是幹什麼的呢？我，是烏托邦型的理想主義，是打著大旗幹自己勾當的偽君子，是領著一群小雞尋食的老母雞？不管是哪一號卑鄙角色，或哪一類借著聖光走路的同路人，我都渴望那黑濛濛的天邊，也能露出一抹彩霞、一絲陽光……

○

陽光在此後的三個月——一九八六年十二月十九日開始照耀我了。那天，我到武漢市委宣傳部新聞處開會。會後，新聞處一個領導告訴我：「市新聞出版局成立了。你們《書刊導報》、《愛情婚姻家庭》雜誌不是為新聞出版界服務麼？可投靠到她的門下！」

「找誰說話靈呢？」我問。

他兩手上下一合。

我知道，既要走上層路線，還要走下面的羊腸小徑。

我馬不停蹄地立刻行動起來，先利用本報前兩年造的一些影響：中宣部新聞局蓋的大紅章子啊，湖北省委關廣富書記打的招呼啊，全國總工會推薦我報的批文啊，省委宣傳部給的榮譽啊，等等。通過各種關係、網路、渠道，把資訊傳給市新聞出版局，試圖超前渲染一下……接著，我找一貫支持我報的黎智同志。我真有點兒不好意思了。為找「婆婆」，他曾寫信介紹我去求市總工會，沒成功；又介紹我去找市廣播電視局，沒結果；還叫我去找市社會科學聯合會……他不怕對方不答應、丟面子；見我灰心喪氣，還笑著給我打氣。在今天中國，這樣的領導還不多吧？我的一個朋友，把這歸結為——他身上有聞一多的血統。這次我找他，他答應請市委宣傳部部長李岩同志出面做工作。市新聞出版局屬宣傳部管。李岩同志能打個招呼，上面這條線就算通了。與此同時，我又拜訪了李爾重同志，因為，我打聽到：這個新成立的局負責人之一——沈堯鵬，曾是他五十年代的老秘書。爾重同志對《書刊導報》是非常支持的，聽了我的訴說，當場就給沈堯鵬寫了信。我感慨地對李老說：「如今應在前門解決的問題，要開好幾個後門；而見不得人的、過去在後門悄悄進行的勾當，卻能在前門堂而皇之地辦。」李老歎息、苦笑說：「可你還得規規矩矩地、老老實實地按黨的原則去辦。」

就在這當口，還有個推動我報進新聞出版局的動力，即一年前，一些憂國憂民的正人君子到處寫信告我，不僅告到省、市上級，還把狀子呈到中央有關部門，一家大報點「形象」不點名地指責我發了財。由此，市里便派了個有公、檢、法，以及紀委、審計局等單位組成的黨風檢查組，對這個沒有上級黨委領導的報紙和我這個非黨員進行了黨風教育。這裏面有許多挺逗趣的故事，將在以後有時間了再寫。但一年的風整下來，幾年的「辮子」梳下來，我暫時還不屬於投改革之機和貪污枉法之列。我和同仁們也誠心地給他們送了塊讚揚的玻璃匾。這個插曲使新聞出版局在經濟問題上對我消除了懷疑，也增強了他們考慮要我們的決心。

當然，這裏面還有些小細節：三堂會審、三闖難關，內線告密，老馬出山……但不管怎樣，幾個月奮戰，幾個月乞求，到一九八七年四月十九日下午一點四十三分，我終於在省新聞出版局報刊審批處章岩處長那裏，辦妥了我報歸屬市新聞出版局的手續。當我看到導報登記證上主辦單位一欄中填寫的「武漢市新聞出版局」八個大字，淚水便不由自主地從我這五十五歲的男人臉上淌下來！男兒有淚不輕彈呀！是痛快、辛酸、激動，還是三者的混合？我自己也說不清。

從一九八四年春天算起，我為此整整花了三年時間，一千零九十五個日日夜夜，無時無刻不為此操心、動情、傷神！

導報、《愛》刊有了歸宿後，有個記者問我：「李總，聽說你的組織問題還沒解決？」

我點了點頭。

「殼卡在哪裏？」

我怎麼回答？

比較起來，我報尋黨只花了三年便有了句號，而我申請入黨已三十二年了，還像天上飄浮的雲，不知哪天能凝成雨點，落到大地上？！我這一代的知識份子很奇怪，好像不入黨，今生就枉來人世，蓋棺論定就缺乏最重要的一頁。要不，為什麼像宋慶齡那樣的偉人，到臨終一口氣，也要走這一步……

一九八七年四月二十八日下午，為我報歸屬武漢市新聞出版局黨組領導，我們召開了一個有省、市領導、局領導和各界人士參加的慶祝會。其目的：一是發佈新聞，我們找到「婆婆」了，以後可以挺著腰桿做人了；二是真心誠意感謝那些幫助我們找上級黨委的領導和朋友。沒有這些好關係和「聯絡圖」，不要說找黨，幹什麼都寸步難行！我向他們敬酒，一杯又一杯，人生能有幾回搏？人生難得幾回醉？

晚上，同志們高興地跳舞去了，我獨自登上旅館涼臺（報社臨時住址），下午的激動與奮，此時變成了莫名的孤獨。旅館涼臺上的夜空一片蔚藍，繁星耀眼，它們是在向我們道喜、祝賀吧？是的。可我在這祝賀的背後，總像看到一雙雙討債的、虎視眈眈的眼睛。就在下星期，一連幾場數十萬元的債務官司在等著我上法庭！

三年前，我親口向全社職工允諾的：今年要把辦公樓蓋起。可現在只磚片瓦在哪？！

與自己同難共苦的小夥子、姑娘們，未必還要他們拿百分之七十的工資？過年過節只能帶幾個象徵性的蘋果回家？！

職工宿舍呢？答應給年輕人結婚的自由領地呢？是一張永遠兑現不了的支票吧？

還有醫療費、退休金，進人的指標，評職稱的百分比，初級階段各

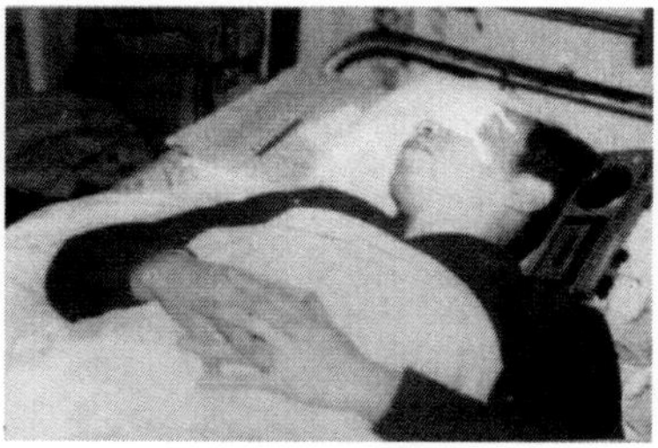
1989年，李德復做完視網膜手術後，在協和醫院的病床上

種各樣涉及集體與個人利益的份額……都要去賺、求、討、爭、吵！

總之，還得掙扎，還得忍耐，還得流淚……我，仍在這生活的漩渦裏打滾、沉浮！也許，我能踩浪戲水，從渾濁的水裏冒出個頭來；也許，接著湧來的滅頂之災就在眼前！

生活美麼？

生活是殘酷的美和美的殘酷！

P

上述紀實，是我一九八九年四月七日至六月十八日在自己右眼視網膜脫落、入協和醫院開刀、於眼科病房中以口述和用一隻眼躺在床上寫的辦法，吭吭哧哧完成的。

讀者可能會問，你右眼恢復視力了嗎？你和幾個離退休老人以及幾十個年輕人組建的《書刊導報》社和《愛情婚姻家庭》雜誌社，自從一九八七年四月底有了上級黨委領導後——如今匆匆過去了四年，情況又怎樣了？

應該告慰大家，協和醫院的大夫妙手回春，使我的右眼從黑暗裏又看到了人間，雖然它看不甚清，有點朦朦朧朧，但朦朧中的山山水水不更美麼？在朦朧中跋山涉水，不更有想像力和帶點不管三七二十一的莽莽撞撞的詩意麼？

而我們報社，有了上級黨委與沒有上級黨委——的確大不一樣了。讓我也像孩子似的唱那首流傳在祖國大地上的電影《媽媽再愛我一次》中的歌曲吧：「世上只有媽媽好，有媽的孩子像個寶，無媽的孩子是根草……」

如今，我們是有媽的孩子了，有黨的孩子了。在黨組織領導下，四年裏，我們雖然在生活的險灘激流中死命地拉縴，一面流著汗，一面淌著淚，卻終於把這只漂泊的小舟拉入到社會主義祖國的大艦隊中來了。我過去親口向全社職工許諾的「烏托邦」，也一件件的在全社會的支持下，在全體同仁的盡力下，慢慢地，硬是實實在在地實現了。我的一個朋友，有次眯著眼笑著對我說：「你們這只新聞界的『醜小鴨』，這會兒也能與美麗的天鵝在一起散步了。」我呢？也脫不了俗，情況稍微好一點，就如妻子講的，有時還庸人般的小有得意……把過去全忘了。

那麼，這就是本篇的尾聲了吧？我說，既是，也不是。因上述一段小史，只是我和我這群老少爺們淌過的九十九道河中的一條小溪，遇到十三次危機中的頭次小險。今後，長征途中，曉得還有幾番風雨？加之，我還有好多話要向世上說，我還有許多苦與樂的篇章要向願意聽我囉嗦的朋友們囉嗦，否則，我尚不想離開這個世界。就選用我日記中的幾段話來做本文的結束語吧：

「凡事一定要忍。成功就在這忍字中。即使全部失敗，也要忍。就在這忍中會尋到生機。」

「不管怎麼說，自殺是虛弱無能的表現。不管是悲憤也好，清醒地看透了一切也好，也絕不能上這條能解除一切痛苦的船，否則，到了那個世界——還是痛苦的鬼，那我——不如做個真正的痛苦的人。」

「這種方式活不下去，就換另一種方式，無非是捨棄原來的努力，又從頭開始——至少有個從奮鬥到失敗的經歷吧，這也是不虛度年華，不枉來人世一遭。」

「要永遠記住魯迅的話：冷笑家的贊成，是在見了成效之後……」

讀者們，你們說是不是？以上是我近年生活中的十三次危機中的第一次危機。剩下的十二次危機，讓我們在下次的敘述中再見！

還沒有到謝幕的時候

《九死不悔——一個黑五類的回憶錄》到此就打上一個句號。至於其續卷什麼時候完成，只要身上的絕症——癌還沒將我置於死地，我一定在我有限的生命裏將其披露出來。

另外，我在上一節已經把《九死不悔——一個黑五類的回憶錄》續篇的開端——頭三腳難踢給大家講了個大概，而其後繼——尚有好幾次受騙上當，以及滅頂之災。當時真想跳樓，一了百了！社會主義的市場經濟，既是「恭喜發財」之門，亦是卑鄙小人「落井下石」的可乘之機。比方我在二十世紀八〇、九〇年代以及二〇〇〇年之後所遭遇的建樓「圈套門」、「武漢天下第一案」，以及「沿海老實人的『特不老實』」等等，讓我不僅瞄到了「人心不古」，還看到了經濟鬼魅，真讓我學之不盡，亦能積累數部長篇小說的素材。生活的確是教育、改造人的最佳課本！

在此，我應有些看過我博客《後代》的讀者之約——將《九死不悔——一個黑五類的回憶錄》續篇的最後結果展示一角：即這些年，我這個湖南蠻子在學習、挨鬥、工作、辦報刊期間，在人民文學出版社、外文出版社、長江文藝出版社、北嶽文藝出版社、湖北教育出版社、農村讀物出版社、上海文藝出版社、湖北少兒出版社——出版長篇、短篇小說集、詩歌集、報告文學和散文集：如《典型報告》、《高高的山上》、

在國外、境外考查的李德復

《愛情婚姻家庭》、《真情》雜誌社及武漢市
愛愛愛心文化發展有限責任公司辦公地點

《愛情正在誕生》、《送麥種》（五種外文譯本）〈死角〉、《人民公僕》、《愛情的悄悄話》、《李德復文集》（三卷），以及主編的《中學生班主任手冊》、《湖北民俗志》、《當代企業家》、《古今中外愛情小說選》（四卷）等二十二本，共八百餘萬字，其中有的作品和文章進入學校課本，如《典型報告》；有的分別獲得國家、本省，以及各類級別的創作獎，如《三個》、《張旋風》、《中學生班主任手冊》、《從兩個村的經濟狀況看當前農村工作之關鍵》、《論文摘報的導向功能及其社會性》等；有的被翻譯成俄、英、日等外文，在國外發行，如《「啥都管」與「只管己」》、《九死而不悔》、《紅心一號》等；有的還拍成電影和電視劇，如《典型報告》、《五百萬》、《幸福》、《血吻》等。由此，一九八九年，我被武漢市新聞工作者協會評為優秀工作者，在一九九九年獲第二屆湖北出版名人獎，二〇〇九年，獲由中國出版科學研究所和中國期刊協會評選的「中國大陸六十年有影響力的期刊人」的榮譽稱號，與此同時，被推薦為武漢市作家協會名譽主席、湖北省通俗文學學會會長、湖北省期刊協會副會長、湖北省成功學會副會長，並被華中科技大學聘為客座教授、被武漢工程大學郵電與資訊學院聘為教授，與此同時，主管我的上級黨委還推薦我為政協第七、第八屆湖北省委常委，享受政府專項津貼補助。

也就在這一階段，我領頭辦的一報（《書刊導報》）一刊（《愛情婚姻家庭》雜誌），開始沒一寸土一分錢，經過二十多年我與同仁們一起奮鬥，如今購置房地產四處，僅樓房面積就有七千多平方米，固定資產加流動資金達五千萬元人民幣以上；另外，我們還上交國家稅金及資助社會公益事業近千萬元，在二十世紀九〇年代，就進入了小康境界！

為什麼一個像我這樣的官僚資產階級兼地主階級家庭出身的後代，能邁上省政協常委的主席臺，能帶領職工創造五千萬元人民幣的財富？能為每個職工辦好勞動保險和醫療保險，以及給與我一起奮鬥的老職工建築和分配福利房，給新來的職工籌備住房公積金？這在過去是想都不敢想的，這是鄧小平理論的賜予，是胡錦濤時代的以人為本、科學發展觀與和諧社會帶來的一個果實。我雖然歷經艱難困苦，但我從內心深深感謝黨，感謝社會主義社會，使我在享受痛苦、享受孤獨、享受「敢為天下後」中獲得了從量變到質變的昇華！我這一生也夠曲折和幸福了。

最後，我想講一點，只要我不死，我決心寫一部我思考多年的長篇，即以我國從晚清到中國大陸——完成土地改革這百多年的歷史為背景，加上我親身體驗和瞭解的、我祖宗五代既辛酸又跳躍的家史，描繪一幅長卷——「階級論」與「人性論」的殘酷鬥爭連環油畫。取名為「白的血、紅的血、黑的血」或「鐵門、水門、性門」，將我人生的一切感受，不論醜惡與美麗，不管血淋淋與春之歌，全部放進去！到那個時候，我大概要封筆了，真正向你們說一聲謝幕！謝謝你們看我的博客，謝謝你們在互聯網上對我的支持，謝謝，再謝謝！

史地傳記類　PC0207

九死不悔
——一個黑五類的回憶錄

作　　者 / 李德復
主　　編 / 蔡登山
責任編輯 / 陳佳怡
圖文排版 / 郭雅雯
封面設計 / 蔡瑋中

發 行 人 / 宋政坤
法律顧問 / 毛國樑　律師
印製出版 / 秀威資訊科技股份有限公司
114台北市內湖區瑞光路76巷65號1樓
電話：+886-2-2796-3638　傳真：+886-2-2796-1377
http://www.showwe.com.tw
劃撥帳號 / 19563868　戶名：秀威資訊科技股份有限公司
讀者服務信箱：service@showwe.com.tw
展售門市 / 國家書店（松江門市）
104台北市中山區松江路209號1樓
電話：+886-2-2518-0207　傳真：+886-2-2518-0778
網路訂購 / 秀威網路書店：http://www.bodbooks.com.tw
國家網路書店：http://www.govbooks.com.tw
圖書經銷 / 紅螞蟻圖書有限公司
114台北市內湖區舊宗路二段121巷28、32號4樓
電話：+886-2-2795-3656　傳真：+886-2-2795-4100

2012年2月BOD一版
定價：500元

國家圖書館出版品預行編目

九死不悔：一個黑五類的回憶錄 / 李德復
著.-- 一版. -- 臺北市 : 秀威資訊科技, 2012.02
面； 公分. -- (史地傳記類)
BOD版
ISBN 978-986-221-901-0(平裝)

1. 李德復 2. 傳記 3. 階級鬥爭

782.887 100027339

讀者回函卡

感謝您購買本書，為提升服務品質，請填妥以下資料，將讀者回函卡直接寄回或傳真本公司，收到您的寶貴意見後，我們會收藏記錄及檢討，謝謝！

如您需要了解本公司最新出版書目、購書優惠或企劃活動，歡迎您上網查詢或下載相關資料：http:// www.showwe.com.tw

您購買的書名：________________________________

出生日期：________年________月________日

學歷：□高中（含）以下　□大專　□研究所（含）以上

職業：□製造業　□金融業　□資訊業　□軍警　□傳播業　□自由業

□服務業　□公務員　□教職　□學生　□家管　□其它_____

購書地點：□網路書店　□實體書店　□書展　□郵購　□贈閱　□其他

您從何得知本書的消息？

□網路書店　□實體書店　□網路搜尋　□電子報　□書訊　□雜誌

□傳播媒體　□親友推薦　□網站推薦　□部落格　□其他__________

您對本書的評價：（請填代號　1.非常滿意　2.滿意　3.尚可　4.再改進）

封面設計____　版面編排____　內容____　文／譯筆____　價格____

讀完書後您覺得：

□很有收穫　□有收穫　□收穫不多　□沒收穫

對我們的建議：________________________________

____

____

____

請貼
郵票

11466
台北市內湖區瑞光路 76 巷 65 號 1 樓
秀威資訊科技股份有限公司 收
BOD 數位出版事業部

(請沿線對折寄回，謝謝！)

姓　名：＿＿＿＿＿＿＿＿＿＿　年齡：＿＿＿＿　性別：□女　□男

郵遞區號：□□□□□

地　址：＿＿＿＿＿＿＿＿＿＿＿＿＿＿＿＿＿＿＿＿＿＿＿＿

聯絡電話：(日)＿＿＿＿＿＿＿＿＿＿＿＿(夜)＿＿＿＿＿＿＿＿＿＿＿＿

E-mail：＿＿＿＿＿＿＿＿＿＿＿＿＿＿＿＿＿＿＿＿＿＿＿＿